Reinhold Bernhardt • Monotheismus und Trinität

TVZ

Beiträge zu einer Theologie der Religionen 25

Herausgegeben von Reinhold Bernhardt und

Hansjörg Schmid

Eine Liste der bereits in der Reihe BThR erschienenen Titel findet sich am Ende dieses Bandes.

Reinhold Bernhardt

Monotheismus und Trinität

Gotteslehre im Kontext der Religionstheologie

T V Z

Theologischer Verlag Zürich

Die Druckvorstufe dieser Publikation wurde vom Schweizerischen Nationalfonds zur Förderung der wissenschaftlichen Forschung unterstützt.

Bibliografische Informationen der Deutschen Nationalbibliothek
Die Deutsche Nationalbibliothek verzeichnet diese Publikation in der Deutschen Nationalbibliografie; detaillierte bibliografische Daten sind im Internet über http://dnb.dnb.de abrufbar.

Umschlaggestaltung
Simone Ackermann, Zürich

Druck
CPI books GmbH, Leck

ISBN 978-3-290-18525-1 (Print)
ISBN 978-3-290-18526-8 (E-Book: PDF)

DOI: https://doi.org/10.34313/978-3-290-18526-8

Inhalt

0. Einleitung:
Gotteslehre im Kontext der Religionstheologie

Schon vor einigen Jahrzehnten schrieb David Tracy: «We are fast approaching the day when it will not be possible to attempt a Christian systematic theology except in serious conversation with the other great ways.»[1] So schnell ging es dann doch nicht; dieser Tag liegt immer noch in der Zukunft. Noch immer gibt es theologische Abhandlungen, die ganz ohne «conversation with the other great ways» auskommen. Sie operieren traditionsintern, d. h. sie beziehen ihre Fragestellungen und die Materialgrundlage zu deren Bearbeitung aus den biblischen Überlieferungen, der abendländischen Theologie- und Philosophiegeschichte sowie aus theologischen Entwürfen der jüngeren Vergangenheit und Gegenwart, mit denen sie sich auseinandersetzen, ohne dabei Bezüge zu anderen Religionstraditionen herzustellen. Eine Gotteslehre im Kontext der Religionstheologie will diesen Rahmen weiten, indem sie ihre Fragestellungen und Themen in Referenz zu außerchristlichen Religionen entwickelt und sich in der Bearbeitung dieser Themen mit deren Anfragen und den von ihnen in Geschichte und Gegenwart beschrittenen Denkwegen auseinandersetzt. Diese Auseinandersetzung kann sich virtuell im Denken der Theologinnen und Theologen oder in Form eines realen Dialogs mit Vertreterinnen und Vertretern dieser Religionen vollziehen. Bei einer solchen religionsdialogischen Theologie wird die Beschäftigung mit den Gotteslehren anderer Religionen zum *locus theologicus*.

In dem vom ÖRK herausgegebenen Band «Who Do We Say That We Are? Christian Identity in a Multi-Religious World» wird ein solcher Ansatz folgendermaßen beschrieben: «So in responding to the challenges offered to us by other faiths and their peoples, Christians are not only answering queries and critiques posed by our religious interlocutors, *we are also rethinking, re-interpreting and reformulating the understanding of our own faith* in a way that is congruent with the tradition of Christian self-reflection and theological development that has existed since the very beginnings of Christianity. This is, of course, a mutual process, and just as Christians may be transformed by their encounter with the religious other,

---

[1]   David Tracy: Dialogue with the Other: The Inter-Religious Dialogue, Louvain 1990, xi.

so authentic interreligious engagement may also pose to such others challenges which can lead to transformation.»[2]

Das heißt nicht, dass sich die christliche Theologie die Auslegung ihrer Gotteslehre von außerchristlichen Theologien und Religionsphilosophien vorgeben ließe. In *normativer* Hinsicht ist sie dem *christlichen* Gottesverständnis verpflichtet, das sein Zentrum in der Selbstkommunikation Gottes in Jesus Christus hat. Die Auseinandersetzung mit den Gotteslehren anderer Religionen stellt nicht die *Quelle* ihrer Erkenntnis, sondern den *Auslegungszusammenhang* ihrer Gotteslehre dar. Diese sind nicht ihr «Text», sondern ihr Kontext.

Der systematisch-theologische Bezugsrahmen dieses Projektes ist die «Theologie der Religionen».[3] Darunter verstehe ich zum einen die Erörterung der Grundfragen, die sich im Blick auf das Verhältnis des christlichen Glaubens zu anderen Religionen stellen. Diesem Verständnis nach ist sie eine Unterdisziplin der systematischen Theologie und hat ihren Ort in der Fundamentaltheologie bzw. in den sogenannten «Prolegomena zur Dogmatik». Zu den Themen, mit denen sie sich beschäftigt, gehören grundsätzliche und allgemeine Überlegungen, wie die Frage nach Möglichkeiten und Modellen der theologischen Beziehungsbestimmung und praktischen Beziehungsgestaltung zwischen den Religionen, nach dem Wahrheitsverständnis und -anspruch des christlichen Glaubens, nach Kriterien interreligiöser Urteilsbildung usw.

Zum anderen fasse ich «Theologie der Religionen» als Ausrichtung der Theologie insgesamt auf: als Auseinandersetzung mit den Lehr- und Lebensformen anderer Religionen. Diesem Verständnis zufolge besteht ihre Aufgabe darin, die Inhalte des christlichen Glaubens in Bezug auf die Lehrtraditionen und die praktischen Erscheinungsformen anderer Religionen zu bedenken und zu artikulieren. Das geschieht in der Erörterung einzelner dogmatischer *topoi,* wie der Gotteslehre, der Christologie, der Pneumatologie usw. Das vorliegende Buch versteht sich als religionstheologisches Projekt dieser Art.

---

2 World Council of Churches: Who Do We Say That We Are? Christian Identity in a Multi-Religious World. Interreligious Dialogue and Cooperation, Genève 2016, § 10 (Kursivsetzung R. B.).

3 Siehe dazu: Reinhold Bernhardt: Inter-Religio. Das Christentum in Beziehung zu anderen Religionen, Zürich 2019, 267–339.

Wie schon angedeutet, kommt die religionstheologische Ausrichtung der Gotteslehre schon in der Auswahl der zu behandelnden Themen und in der Akzentuierung der im Resonanzraum außerchristlicher Gottesverständnisse zu besprechenden Fragen zum Ausdruck. Im Blick auf die Begegnung mit Judentum und Islam ist das vor allem das Verhältnis von Monotheismus und Trinitätslehre; in der Begegnung mit den fernöstlichen Religionen, vor allem mit dem Buddhismus, ist es die personale Gottesvorstellung. Viele weitere Themen ließen sich noch anführen[4] und sie werden zum Teil in der folgenden Darstellung auch angesprochen. Aber die Kristallisationszentren, die für eine christliche Theologie im Horizont religiöser Pluralität von besonderer Relevanz sind, bestehen in den genannten *topoi*.

Die Entfaltung der christlichen Gotteslehre im Blick auf die in anderen Religionstraditionen vorherrschenden Auffassungen des transzendenten Seinsgrundes kann auf verschiedene Weise erfolgen. In der Vergangenheit ist sie in der Regel auf eine apologetische oder polemische Weise vorgenommen worden. Die Wahrheit des christlichen Gottesverständnisses wurde verteidigt und erhärtet, indem man die Geltung außerchristlicher Konzepte bestritt oder zumindest infrage stellte. Transformationen der christlichen Auffassungen waren nicht vorgesehen. Demgegenüber geht die hier vorgelegte Gotteslehre davon aus, dass durch Bezugnahmen auf andere Religionstraditionen Neuperspektivierungen und -akzentuierungen der christlichen Auffassungen erfolgen können und sollen. Das geschieht

---

[4] Etwa die Lehre von den «Eigenschaften» Gottes. Siehe dazu: Reinhold Bernhardt: Timeless Action? – Temporality and/or Eternity in God's Being and Acting, in: Christian Tapp, Edmund Runggaldier (Hg.): God, Eternity, and Time, Farnham (GB), Burlington, VT 2011, 127–142; ders.: Gottes Allmacht und die Freiheit der Schöpfung. Wie kann das Handeln Gottes in Natur und Geschichte unter den Bedingungen der Gegenwart gedacht werden?, in: Die christliche Rede von Gott in fundamentaltheologischer, homiletischer und liturgischer Perspektive. Klausurtagung der Bischofskonferenz der VELKD, hg. von Mareile Lasogga, Eberhard Blanke im Auftrag der Bischofskonferenz der VELKD, Hannover 2012, 39–64; ders.: Ewigkeit als Seinsfülle. Response auf Christian Tapp, in: Georg Gasser, Ludwig Jaskolla, Thomas Schärtl (Hg.): Handbuch für analytische Theologie, Münster 2017, 403–428; ders.: Freiheit als Eigenschaft Gottes in der reformatorischen Theologie, in: Klaus von Stosch u. a. (Hg.): Streit um die Freiheit. Philosophische und theologische Perspektiven, Paderborn 2019, 347–364.

durch ein theologisch verantwortliches Ausloten von Auslegungsspiel-
räumen, die in den biblischen Überlieferungen und in der theologischen
Tradition angelegt sind. Es sollen diejenigen Auslegungen hervorgehoben
werden, die der Verständigung mit anderen Religionen dienen, ohne dabei
christliche Grundüberzeugungen preiszugeben.

Als ein Beispiel dafür sei die Trinitätslehre genannt, die im zweiten Teil
dieses Bandes ausführlich behandelt wird. Sie bietet verschiedene Auslegungs-
möglichkeiten, von denen einige in nahezu unüberwindlicher Spannung
zum Gottesverständnis des Judentums und des Islam stehen, während
andere erlauben, Brücken des Verstehens und der Verständigung zu bauen.

Es gibt Theologieprogramme, die das unterscheidend Christliche betonen,
die sich also durch *Abgrenzung* von anderen Religionen definieren, und
andere, die das Verständnis des christlichen Glaubens *in Beziehung auf*
andere Religionen entwickeln. Diese relational-dialogischen Ansätze sind
nicht weniger christlich als die differenzhermeneutischen. Wenn es zudem
auch genuin theologische Gründe für die Bevorzugung der interreligiös
vermittelbaren Ansätze gibt, so spricht nichts gegen, sondern vieles dafür,
diesen den Vorzug zu geben. Interreligiöse Vermittelbarkeit ist dabei kein
Indikator für eine problematische Selbstrelativierung der christlichen Theologie. Denn es werden ja – wie vorher dargelegt – nicht die Traditions-
quellen anderer Religionen zur Norm der christlichen Theologie erhoben.

Zu einer Selbstrelativierung der christlichen Theologie kommt es erst
dann, wenn die normative Erkenntnisgrundlage der christlichen Theologie
hin zu einer metareligiösen «global theology» ausgeweitet wird, die aus den
Quellen verschiedener Religionstraditionen schöpfen will.[5] Davon ist die
hier vorgelegte Gotteslehre jedoch weit entfernt. Sie bleibt im Rahmen der
christlichen Theologie, lässt sich darin aber herausfordern durch das Gottesverständnis anderer Religionen und der davon ausgehenden Kritik an christlichen Gotteslehren. In dieser Kritik liegen durchaus berechtigte Warnungen, auf die zu hören im Eigeninteresse der christlichen Theologie ist.

Es geht bei diesem Ansatz auch nicht primär um die Suche nach
religionsübergreifenden Gemeinsamkeiten. Religionstheologie zielt nicht

---

[5]   Siehe dazu: Reinhold Bernhardt, Perry Schmidt-Leukel (Hg.): Interreligiöse Theologie. Chancen und Probleme, Zürich 2013; Reinhold Bernhardt: Von
der «neuen Katholizität» zur «Theology without Walls». Strategien zur Globali-
sierung der Theologie, in: Mariano Delgado, Volker Leppin (Hg.): Globales
Christentum. Transformationen, Umbrüche, Interaktionen, Denkformen, Perspektiven, Basel, Stuttgart 2022 (im Druck).

notwendigerweise auf den Aufweis solcher Gemeinsamkeiten; zumal sich diese bei näherem Hinsehen doch wieder als Verschiedenheiten erweisen. Schon gar nicht zielt sie auf einen Konsens oder eine Konvergenz mit den Lehren anderer Religionen. Sie will aber auch nicht lediglich Auffassungen und Lehren verschiedener religiöser Traditionen einander gegenüberstellen, ohne dass dies zu Transformationen der eigenen Theologie führt (wie es zuweilen in Entwürfen der Komparativen Theologie der Fall ist). Vielmehr sollen die religionsdialogischen Überlegungen theologieproduktiv werden und so die bisherigen Denkwege über sich hinausführen. Das habe ich schon in der Christologie versucht[6] und das soll nun auch in der Gotteslehre geschehen.

Der Aufbau des vorliegenden Bandes orientiert sich an den im Titel genannten zwei Themenkomplexen, die man auch als Leitfragen formulieren kann:

- Verbindet der Monotheismus die monotheistischen Religionen oder trennt er sie nicht ebenso sehr?
- Wie verhält sich der Glaube an den *einen* Gott als Grundüberzeugung von Judentum, Christentum und Islam zum christlichen Verständnis der Dreieinigkeit?

Diese Fragen wurden und werden in theologischen Religionsdialogen immer wieder aufgeworfen. Die Verständigung darüber ist aber nicht nur religionstheologisch von Interesse. Es geht dabei auch um die Plausibilität, d. h. um die intellektuelle Glaub-Würdigkeit des christlichen Gottesglaubens und seiner theologischen Durchdringung.

Großer Dank gebührt Katharina Merian, Dr. Gesine von Kloeden und Kathrin Schäublin für die kritisch-konstruktive Durchsicht des Manuskriptes und viele substanzielle Anregungen, Helena Neijenhuis für wertvolle Assistenzarbeiten, den Teilnehmenden des Kolloquiums an der Theologischen Fakultät der Universität Basel, in dem wir den Entwurf dieses Bandes im Frühjahrsemester 2022 besprochen haben, und Tobias Meihofer vom Theologischen Verlag Zürich für sein gründliches Lektorat.

Wenn nichts anderes vermerkt ist, stammen die Bibelzitate aus der Zürcher Bibel von 2007.

---

6 Siehe dazu: Reinhold Bernhardt: Jesus Christus – Repräsentant Gottes. Christologie im Kontext der Religionstheologie, Zürich 2021.

1. Verbindet der Monotheismus die monotheistischen Religionen?

Es scheint eine triviale Feststellung zu sein, dass der Monotheismus die nach ihm so genannten «monotheistischen Religionen» verbindet. Dagegen sind allerdings erhebliche Zweifel angemeldet worden. Es handelt sich daher bei der im Titel dieses Kapitels genannten Leitfrage nicht um eine rhetorische, sondern um eine offene Frage, der ich nun nachgehen möchte.[1] Dazu soll zunächst der *Begriff* «Monotheismus» historisch – im Blick auf seine Entstehung und Entwicklung – lokalisiert werden (1.1). Die theologischen Diskussionen, die im 20. Jahrhundert um diesen Begriff geführt wurden, nehme ich in den folgenden Abschnitten auf.

Im zweiten Abschnitt dieses Kapitels (1.2) nenne ich exemplarisch bi- oder trilaterale Positionsbestimmungen, die im Monotheismus den gemeinsamen Grund und Bezugspunkt und damit das Verbindende von Judentum, Christentum und Islam sehen. Im Anschluss daran kommt die Gegenthese zur Entfaltung, dass der Glaube an den einen und einzigen Gott diese Religionen nicht verbindet, sondern trennt (1.3). In einem nächsten Schritt soll die von den Vertretern dieser Gegenthese ins Feld geführte Unterscheidung zwischen «abstraktem» und «konkretem» Monotheismus genauer beleuchtet werden (1.4). Mit ihr ist die Frage aufgeworfen, wie sich das philosophische Gottesdenken zu den Gottesbezeugungen der religiösen Traditionen verhält. In 1.5 betrachte ich einen weiteren kritischen Einwand gegen das monotheistische Gottesverständnis: Die Anklage lautet, dass es die «monotheistischen» Religionen nicht nur nicht verbinde, sondern sogar zu religiöser Intoleranz führe.

---

[1] Zum Thema insgesamt: Clemens Thoma, Michael Wyschogrod (Hg.): Das Reden vom einen Gott bei Juden und Christen, Bern 1984; Rudolf Weth (Hg.): Bekenntnis zu dem *einen* Gott? Christen und Muslime zwischen Mission und Dialog, Neukirchen 2000; Magnus Striet (Hg.): Monotheismus Israels und christlicher Trinitätsglaube, Freiburg i. Br. 2004; Stefan Stiegler, Uwe Swarat (Hg.): Der Monotheismus als theologisches und politisches Problem, Leipzig 2006; Gesine Palmer (Hg.): Frage nach dem einen Gott. Die Monotheismusdebatte im Kontext, Tübingen 2007; Richard Heinzmann, Muallâ Selçuk (Hg.): Monotheismus in Christentum und Islam, Stuttgart 2011.

Von dieser in der jüngeren Vergangenheit geführten Diskussion blicke ich dann zurück in die biblischen Überlieferungen und frage nach der religionsgeschichtlichen Entwicklung des monotheistischen Gottesverhältnisses und Gottesverständnisses (1.6). Das Interesse ist dabei weniger ein historisches und mehr ein systematisch-theologisches: Es geht um das Verhältnis von Gottesverständnis und Gottesverehrung.

Im Anschluss daran stelle ich drei Konkretionen des Monotheismus vor: den «ethischen Monotheismus» des liberalen Judentums im ausgehenden 19. Jahrhundert (1.7), die islamische Auffassung von *tawḥīd* (1.8) und den trinitarischen Monotheismus von Karl Rahner und Karl Barth sowie die Kritik, die Jürgen Moltmann daran übte (1.9).

Dann wende ich mich dem Programm einer «Abrahamischen Ökumene» von Judentum, Christentum und Islam zu, die sich auf Abraham als Begründer und/oder Symbolfigur des Monotheismus bezieht (1.10).

Bei der Frage, ob und auf welche Weise der Monotheismus die monotheistischen Religionen verbindet, geht es nicht nur um die *Einheit,* sondern um die *Selbigkeit* Gottes. Gibt es Gründe für die Annahme, dass der im Koran bezeugte Gott derselbe ist wie der Gott, den Jesus seinen «Vater» nannte (1.11)? Die Antwort auf die Frage nach der Selbigkeit Gottes hängt ganz wesentlich davon ab, ob und wie zwischen Gott und den religiösen Gottesverständnissen unterschieden wird (1.12). In 1.13 fasse ich meine Antwort auf die Ausgangsfrage zusammen.

Am Ende dieses ersten Teils (in 1.14) stehen Überlegungen zur Anwendung des Personbegriffs auf Gott. Bietet er sich an, um die Einheit Gottes zum Ausdruck zu bringen? Mit der Erörterung dieser Frage treten die fernöstlichen Religionen, besonders der Buddhismus, als Dialogpartner stärker ins Blickfeld.

1.1   Entstehung, Entwicklung und Bedeutung des Begriffs «Monotheismus»

Der Begriff «Monotheismus» ist eine späte Geburt der abendländischen Geistesgeschichte. Weder in der griechischen noch in der römischen Religionskultur hat er eine unmittelbare Entsprechung. Es handelt sich auch nicht um einen *terminus theologicus,* der in der biblischen Überlieferung verankert ist und in der vorneuzeitlichen Theologiegeschichte profiliert wurde, sondern um ein «Fremdwort»; um einen religionsphänomenologischen Neologismus. «Der Begriff gehört zu der Familie verwandter Neubildungen der Frühneuzeit, wie ‹Atheismus›, ‹Theismus›, ‹Polytheismus› und ‹Pantheismus›, die zuerst oft im polemischen oder programmatischen Sinn verwendet, dann in die konstruktive Reflexion der philosophischen Theologie übernommen und später vornehmlich als Klassifikationsbegriffe der Entwicklung und Systematik von Religionsformen und Weltanschauungen gebraucht werden.»[2]

Es ist ein Kontrastbegriff, der seine Bedeutung in Referenz zu Gegenbegriffen bekommen hat. Schon in seinem Entstehungskontext im 17. Jahrhundert war seine Bedeutung durch eine Abgrenzung nach zwei Seiten hin bestimmt: zum einen gegenüber dem «Polytheismus»,[3] zum anderen gegenüber dem Gottesverständnis des Islam. Die mit dieser Begriffsprägung verbundene Absicht lässt sich auch als Reaktion auf die konfessionellen Spaltungen verstehen. Der Begriff verweist auf den allen christlichen Konfessionen gemeinsamen Kern des Gottesglaubens, wie er sich auch der natürlichen Vernunftreligion erschließt.

Der Begriff «Monotheismus» kommt in einer Zeit auf, in der die offenbarungstheologische Geltungsbegründung des christlichen Glaubens in Konkurrenz zu religionsgeschichtlichen, -phänomenologischen und -philosophischen Betrachtungen tritt, in der also außenperspektivische Sichtweisen gegenüber den biblisch-theologisch fundierten Entfaltungen des christlichen Glaubens zunehmend Raum gewinnen. Kirchliche Autoritäten werden durch die Berufung auf die Vernunft hinterfragt; das von ihnen

---

2   Christoph Schwöbel: Art. «Monotheismus IV. Systematisch-theologisch», in: TRE 23, Berlin, New York 1994, 257. Zur Entstehung des Begriffs siehe auch: Laurel C. Schneider: Beyond Monotheism: A Theology of Multiplicity, Abingdon 2008, 17–26; Reinhold Bernhardt: Art. «Monotheism. V.C: Christianity. Modern Europe and America», in: Encyclopedia of the Bible and its Reception (EBR), Bd. 19, Berlin, Boston 2021 (www.degruyter.com/document/database/ EBR/entry/MainLemma_15233/html [29.01.2022]).

3   Dieser schon in der Antike, etwa bei Philo von Alexandria, benutzte Begriff wurde im 16. Jahrhundert von Jean Bodin wieder aufgegriffen und in die Diskussion eingeführt. Philo hatte die griechische und ägyptische Religion als «polutheia» (πολυθεία) bzw. «polutheotes» (πολυθεότης) beschrieben und ihnen den Gott Israels als den absolut unteilbaren Einen entgegengesetzt. In De somniis (LCL 275) 1,229 schreibt er: «Der wahre Gott ist einer, die fälschlicherweise so genannten Götter sind viele.»

vertretene Weltbild gerät durch die Erkenntnisse der naturwissenschaft-
lichen Kosmologie unter Druck.

1660 wurde der Begriff vom englischen Philosophen und Theologen
Henry More in kritischer Wendung gegen den ägyptischen Polytheismus
geprägt, den er als Atheismus be- und verurteilte.[4] Zwanzig Jahre später,
in seinem 1680 veröffentlichten Kommentar zur Johannesapokalypse,
kritisierte er dann mit diesem Begriff auch diejenigen, die Jesu Gottessohnschaft leugnen. Damit waren nicht die Unitarier dieser Zeit[5] und
auch nicht die Juden[6] gemeint. Der Angriff richtete sich – wie aus den
vorangehenden Auslegungen von Apk 9,2–9 eindeutig hervorgeht – gegen
den Islam und seine Auffassung des Monotheismus: «[…] they would
bring in a Religion contrary to that of Christ, and destroy the worship of
the Son of God under an ignorant pretense of Monotheisme, as if the
Christian Religion were inconsistent with the worship of one God,
whereas the more distinct knowledge of that one God does not make us
less Monotheists than they.»[7]

Edward Herbert von Cherbury[8] und andere englische Deisten
gebrauchten den Begriff demgegenüber in einem positiven Sinne zur

---

4   Henry More: An explanation of the grand mystery of godliness, or, A true
and faithfull representation of the everlasting Gospel of our Lord and Saviour
Jesus Christ, the onely begotten Son of God and sovereign over men and angels,
London 1660, III, 62.

5   Diese (falsche) Auskunft gibt: Étienne Balibar: Secularism and Cosmopol-
itanism: Critical Hypotheses on Religion and Politics, New York 2018, 76. Sie
geht offensichtlich zurück auf eine ungenaue Lektüre des Artikels «Monotheism»,
in: Oxford English Dictionary (OED Online, September 2019 www.oed.com/
view/Entry/121673, 25.11.2019). Aus einer früheren Veröffentlichung Balibars
(Monotheismus. Anmerkungen zu Ursprung und Gebrauch des Begriffs, in:
Mittelweg 36/5, 2006, 71) hat Rolf Schieder diese Missdeutung übernommen:
Sind Religionen gefährlich? Berlin 2008, 69f.

6   So: Reinhold Hülsewiesche: Art. «Monotheismus II. Der Begriff ‹M.›», in:
HWPh 6, DOI: 10.24894/HWPh.5282); Friedrich Wilhelm Graf: Missbrauchte
Götter. Zum Menschenbilderstreit in der Moderne, München 2009, 32.

7   Henry More: Apocalypsis Apocalypseos, or, The revelation of St. John the
Divine unveiled containing a brief but perspicuous and continued exposition
from chapter to chapter, and from verse to verse, of the whole book of the Apoc-
alypse, London 1680, Auslegung zu Apk 9,10, S. 84 (https://quod.lib.umich.edu/
e/eebo/A51286.0001.001/1:4.9?rgn=div2;view=fulltext [09.11.2019]).

8   Edward Herbert von Cherbury: De religione gentilium, errorumque apud

Bezeichnung der «ursprünglichen» Religion. Im Rahmen dieser deistischen Religionstheorie meint «ursprünglich» nicht nur den zeitlichen Anfang der Religionsgeschichte, sondern auch deren vernunftgemäßen Inhalt, der allen historischen Religionen zugrunde liegt und sich in ihnen auf verschiedene Weise manifestiert.

In den religionsphänomenologischen Prolegomena seiner «Glaubenslehre» führte Schleiermacher den Monotheismusbegriff – möglicherweise durch Kant vermittelt[9] – in die systematische Theologie ein, wobei er von einem apologetischen Interesse geleitet war. Weil das Bewusstsein der schlechthinnigen Abhängigkeit von dem einen allumfassenden Grund der Wirklichkeit seines Erachtens in dem Glauben an den *einen* Gott am klarsten zum Ausdruck kommt, wertete er den Monotheismus als höchste Entwicklungsstufe des religiösen Bewusstseins. Die «drei großen monotheistischen Gemeinschaften, die jüdische, die christliche und die muhamedanische»[10] stehen miteinander auf der höchsten Religionsstufe, dem Monotheismus. Im Christentums kommt diese aber zur reinsten Ausprägung.

In der Religionswissenschaft vor allem des 19. Jahrhunderts war der Begriff «Monotheismus» Teil von Theorien der Religionsentstehung und -entwicklung.[11] Dem religionsgeschichtlichen Fortschrittsmodell, das von einer Evolution der Religion über die Stufen des Fetischismus (bzw. Animismus oder Totemismus) und des Polytheismus hin zum Monotheismus als höchster Entwicklungsform ausging,[12] wurde die Annahme

---

eos causis, Amsterdam 1663, Nachdruck Stuttgart-Bad Cannstatt 1967.

[9] Immanuel Kant: KrV B 618. Nach Reinhold Hülsewiesche scheint der Begriff «durch Kant seinen Weg in die kontinental-europäische Philosophie gefunden zu haben» (Hülsewiesche: Art. «Monotheismus II. [siehe Anm. 6]). Zum Gebrauch dieses Begriffs bei Henry St. John (1. Viscount Bolingbroke) und David Hume, an die Kant angeknüpft haben dürfte, siehe ebenfalls: Hülsewiesche, a. a. O.

[10] Friedrich Schleiermacher: Der christliche Glaube. Nach den Grundsätzen der evangelischen Kirche im Zusammenhange dargestellt, 2. Auflage 1830/31, hg. von Rolf Schäfer, Berlin, New York 2008, § 8.4, S. 70. Hier wie auch bei den weiteren Zitaten aus Schleiermachers «Glaubenslehre» passe ich die Schreibweise heutiger Rechtschreibung und Stilistik an.

[11] Siehe dazu die Übersichtsdarstellung von Åke V. Ström: Art. «Monotheismus I. Religionsgeschichtlich», in: TRE 23, Berlin, New York 1994, 233–237.

[12] Auguste Comte: Cours de philosophie positive, Bd. 5, Paris 1869; ders.: Rede über den Geist des Positivismus, übersetzt, eingeleitet und hg. von Iring

entgegengesetzt, am Beginn der Religionsgeschichte stünde ein «Urmonotheismus», der dann pluralisiert worden sei.[13] Mit dem Fortschritts- wie
auch mit dem Verfallsmodell war (vor allem dann, wenn theologische
Interessen im Spiel waren) das Werturteil verbunden, dass es sich beim
Monotheismus um die eigentliche Religion handelt: Die Annahme eines
Urmonotheismus bzw. eines ursprünglichen Hochgottglaubens sah in ihm
die «natürliche» bzw. in einer Uroffenbarung gründende Menschheitsreligion, während die These, dass der Monotheismus am Ende der Religionsgeschichte stehe, diesen zur höchstentwickelten Religionsform
erklärte.

Von solchen Globaltheorien mit ihren theologischen Implikationen
hat sich die Religionswissenschaft der Gegenwart allerdings längst verab-
schiedet. Im Zusammenhang damit wird auch die Frage aufgeworfen, ob
die Unterscheidung von Polytheismus und Monotheismus überhaupt
geeignet sei, als Klassifikationsschema der Religionen zu dienen. Denn sie
geht allein von den Gottesvorstellungen aus. Für religiöse Systeme sind
aber andere Dimensionen und Distinktionen oft ebenso wichtig oder
sogar noch wichtiger, wie etwa soteriologische, kosmologische oder
eschatologische.[14] Zudem zeigt der Blick in die Religionsgeschichte, dass
diese Idealtypen zumeist nicht in Reinform vorkommen und dass es im
Lauf der geschichtlichen Entwicklung Transformationen in und zwischen
ihnen gegeben hat, wie sich gerade auch in der alttestamentlich bezeugten
Religionsgeschichte Israels feststellen lässt (→ 1.6).

Was den *Gebrauch* des Monotheismusbegriffs angeht, so lässt er sich –
wie gesehen – in einem differenzhermeneutischen Sinn zur (wertenden)
Unterscheidung der verschiedenen monotheistischen Religionen heranziehen. Er lässt sich aber auch verwenden, um einen gemeinsamen Grund
des jüdischen, christlichen und islamischen Gottesglaubens auszuweisen.
Das Spezifische der einzelnen monotheistischen Religionen tritt dann
hinter dem Gemeinsamen zurück. Das wiederum ruft die Kritiker auf den

---

Fetscher, Hamburg 1994, bes. 1–14. Schon David Hume hatte diese Auffassung
in seiner «Naturgeschichte der Religion» von 1757 vertreten.

[13]   Die entfaltete Form dieser (auf Andrew Lang: «The Making of Religion»
[1898] zurückgehenden) These findet sich, in: Wilhelm Schmidt: Der Ursprung
der Gottesidee, Bd. 6, Münster 1934. Sie war u. a. angeregt durch die Entde-
ckung, dass die Ureinwohner Australiens ein «Höchstes Wesen» verehrten.

[14]   Gregor Ahn: Art. «Monotheismus und Polytheismus. I. Religionswissen-
schaftlich», in: RGG⁴, Bd. 5, 1458f.

Plan, die bei einer solchen Betonung des Gemeinsamen die Propria ihrer jeweiligen Religionstradition unter dem Dach eines Allgemeinbegriffs eingeebnet sehen.

In interkultureller und -religiöser Perspektive stellt sich in diesem Zusammenhang auch die Frage, ob religionsphänomenologische Allgemeinbegriffe, die in der Geistesgeschichte des Abendlandes geprägt wurden, zum Gemeinsamkeitsgrund von Religionen erklärt werden können und sollten, die ihre Prägung in anderen kulturellen Kontexten bekommen haben.[15] Führt die Suche nach einem gemeinsamen Nenner dieser Religionen nicht zu einer Vereinnahmung außerchristlicher Religionen? Ist sie Ausdruck eines Religionsimperialismus?

Der *Begriff* «Monotheismus» wird im Judentum und im Islam nicht gebraucht, um deren Gottesverständnis auszudrücken. Die *Sache,* die er benennt, ist dort allerdings von zentraler Bedeutung. Im heutigen Judentum ist von *emunah bekel ehad* («Glaube an den einen Gott») die Rede, im Islam von *tawḥīd.* Dem werden wir in späteren Abschnitten weiter nachgehen und die eben angedeutete Problemanzeige dabei mitführen.

Systematisch-theologisch betrachtet besteht der Inhalt des Begriffs «Monotheismus» im Verweis auf *ein* Gottesprädikat: das der Einheit.[16] Einheit Gottes kann dabei mindestens die folgenden drei Bedeutungen haben:

• Einzigkeit (in Bezug auf andere Gottwesen): Gott ist der allein wahre oder gar der allein existierende Gott. Einheit ist hier verstanden als Allein-heit, die durch Exklusion aller gegenüber Gott bestehenden göttlichen Alterität zustandekommt. Es gibt keine anderen Götter und göttliche Wesenheiten neben ihm. Dieses Verständnis tendiert zu einem monopolistischen oder monarchischen Theismus.

• Ganzheit (in Bezug auf das Sein): Gott ist der *eine* schöpferische Grund allen Seins, die universale unendliche Wirklichkeit, die alle partikulare und endliche Wirklichkeit konstituiert und damit deren Einheit

---

[15] Exemplarisch: Rémi Brague: Schluss mit den «Drei Monotheismen»!, in: IKZ Communio 36, 2007, 98–113.

[16] Schleiermacher war allerdings der Meinung, dass «dieser Ausdruck Einheit Gottes weniger eine einzelne Eigenschaft [ist], als der monotheistische Kanon, welcher aller Untersuchung über göttliche Eigenschaften immer schon zu Grunde liegt, und ebenso wenig irgendwie bewiesen werden kann, als das Sein Gottes selbst.» (Schleiermacher: Der christliche Glaube [siehe Anm. 10], § 56.2, S. 352).

garantiert. Kein weltliches Seiendes besteht demnach aus sich selbst. Diese All-Einheit kann als radikale Transzendenz des Seinsgrundes aufgefasst werden[17] oder auch als dessen Immanenz in allem Seienden (als innere Ursache, die die Welt im Innersten zusammenhält), sodass es keine gott-lose oder gar widergöttliche Wirklichkeit gibt.[18] In beiden Varianten – in der eines «akosmischen Theismus»[19] und in der des Pantheismus – handelt es sich um einen theologischen Monismus. Deshalb sind beide auch nicht klar zu unterscheiden, sondern lassen sich miteinander verbinden.

- Einfachheit: Gott ist reines Sein, ohne innere Unterschiedenheit *(esse simplex)*. Einheit ist hier verstanden als Einheitlichkeit, als numerische Einsheit, als Singularität. Diese Auffassung tendiert zu einem «monolithischen», unitarischen Verständnis Gottes.

Diese Unterscheidung ist wichtig, um möglichst genau zu erfassen, worum es in den jeweiligen Verwendungsweisen des Begriffs «Monotheismus» geht. Dabei kann auch die folgende, an den Ausdrucksmöglichkeiten des Lateinischen orientierte Unterscheidung, die mit der obigen nicht deckungsgleich ist, hilfreich sein: Meint «Einheit» in Bezug auf Gott: den Einen bzw. das Eine *(unus/unum)*, die Einheit *(unitas)* Gottes, die Einfachheit *(simplicitas)* Gottes oder die Einung *(unio)* in Gott und/oder mit Gott.

1.2   These: Der Monotheismus verbindet die monotheistischen Religionen

In zahlreichen Positionspapieren von christlicher und mittlerweile auch von jüdischer und muslimischer Seite wird die Auffassung vertreten, dass der Monotheismus die monotheistischen Religionen verbindet. Leitend ist

---

[17] So etwa bei Hermann Cohen (→ 1.7.2.3).

[18] Wie etwa bei Baruch de Spinoza und in der theologischen Spinoza-Rezeption.

[19] Fichte bezeichnete seine eigene Philosophie als «Akosmismus», weil er die eigenständige «Realität des Zeitlichen und Vergänglichen» leugne, «um die des Ewigen und Unvergänglichen in seine ganze Würde einzusetzen. [...] Unsere Philosophie leugnet die Existenz eines sinnlichen Gottes und eines Dieners der Begier; aber der übersinnliche Gott ist ihr Alles in Allem; er ist hier derjenige, welcher allein ist.» (Fichte, Appellation [1799], in: Gesamtausgabe der Bayerischen Akademie der Wissenschaften [siehe Anm. 366 in Abschnitt 1.14], Bd. I/5, 440).

dabei die Absicht, dialogische Beziehungsbestimmungen zwischen diesen Religionen zu etablieren und zu fördern, indem man grundlegende Gemeinsamkeiten zwischen ihnen ausweist. Nur andeutungsweise nenne ich vier bekannte Beispiele für solche Positionsbestimmungen:

(a) In *Nostra Aetate* (NA) heißt es in Artikel 3 zur «muslimischen Religion»: «Mit Hochachtung betrachtet die Kirche auch die Muslim, die den *alleinigen Gott* anbeten, den lebendigen und in sich seienden, barmherzigen und allmächtigen, den Schöpfer Himmels und der Erde, der zu den Menschen gesprochen hat.»[20] Zu diesem Satz gibt es eine Anmerkung im Text, die auf ein (diplomatisches) Schreiben von Papst Gregor VII. an Al-Nasir, den König von Mauretanien, aus dem Jahr 1076 verweist. Darin redet der Papst den muslimischen Herrscher mit «Bruder in Abraham» an. Die Anerkennung, dass Christentum und Islam im Monotheismus eine gemeinsame Grundlage haben, für die Abraham als gemeinsamer Stammvater steht, machte schon damals diese Verbrüderung möglich.

(b) Im Schlussdokument der ersten Konsultation des ÖRK mit Vertretern des Islam, die 1969 in Cartigny (Schweiz) stattfand, heißt es: «Judaism, Christianity and Islam do not only belong together historically; they speak of *the same God,* Creator, Revealer and Judge.»[21] Die Differenzen im Verständnis Gottes werden dabei nicht ausgeblendet: «Both religions have their own centre, from which they can be understood in their wholeness [...] [W]hat is common is not formulated in the same way on both sides.»[22] Die genannten drei Religionen beziehen sich also

---

[20] Siehe auch *Lumen Gentium* (LG) 16: «Der Heilswille umfaßt aber auch die, welche den Schöpfer anerkennen, unter ihnen besonders die Muslim, die sich zum Glauben Abrahams bekennen und mit uns den einen Gott anbeten [...].»

[21] Stuart E. Brown (Hg.): Meeting in Faith. Twenty Years of Christian-Muslim Conversations Sponsored by the World Council of Churches, Geneva 1989, 4.

[22] Ebd. Siehe auch: ÖRK: Beziehungen zwischen Christen und Muslimen. Ökumenische Überlegungen, in: Materialdienst der EZW 6/1993, 169–179; Andreas Renz: Stellungnahmen und Dokumente der orthodoxen und evangelischen Kirchen sowie des Ökumenischen Rates der Kirchen zum Islam, in: Andreas Renz, Stephan Leimgruber (Hg.): Lernprozess Christen Muslime. Gesellschaftliche Kontexte, theologische Grundlagen, Begegnungsfelder, Münster 2002, 126–141; Douglas Pratt: Christian Engagement with Islam. Ecumenical Journeys since 1910, Leiden, Boston 2017 (zum Treffen in Cartigny siehe S. 48).

auf den *einen* und *selben* Gott, auch wenn dieser gemeinsame Bezug auf verschiedene Weise erfolgt.

(c) In *Dabru emet*, der aus dem «National Jewish Scholars Project» in den USA hervorgegangenen und von 220 Gelehrten unterzeichneten «jüdischen Stellungnahme zu Christen und Christentum» vom 10. September 2000 wird auf die Gemeinsamkeit des Gottesbezugs zwischen Juden und Christen hingewiesen: «Juden und Christen beten den gleichen Gott an.» Denn «auch Christen beten den Gott Abrahams, Isaaks und Jakobs, den Schöpfer von Himmel und Erde an».[23] Der christliche Gottesglaube wird damit als Glaube an den einen und einzigen Gott anerkannt, zu dem sich die Juden im *Schma Israel* (Dtn 6,4f.) (→ 1.6) bekennen. Wie dieser Vers, so zielt auch die zitierte Aussage aus *Dabru emet* nicht auf das *Wesen* Gottes, sondern auf die Gottes*verehrung* der Israeliten damals und der Juden heute.

(d) In dem offenen Brief *A Common Word* («Ein Gemeinsames Wort zwischen Uns und Euch»), den 138 muslimische Gelehrte am 13. Oktober 2007 an führende Persönlichkeiten und leitende Gremien christlicher Kirchen gesandt haben, werden zwei «absolut grundlegende[] Prinzipien» von Christentum und Islam benannt: «Liebe zu dem Einen Gott» und «Liebe gegenüber dem Nächsten».[24] Zum Beleg für die Einheit Gottes wird auf Q 112,1–2 und auf Mk 12,29 verwiesen, wo sich Jesus auf das *Schma Israel* bezieht. Q 112 stellt die entfaltete Form des islamischen Glaubensbekenntnisses, der *Šhahāda*, dar.

Eine solche Anerkennung des Christentums als monotheistischer Religion ist für Muslime (wie auch für Juden) allerdings keineswegs selbstverständlich, denn nicht wenige unter ihnen sprechen dem Christentum dieses Merkmal unter Hinweis auf die Christologie und die Trinitätslehre kategorisch ab. Die christliche Trinitätslehre wird als Verrat am Monotheismus gesehen. Wir kommen in Abschnitt 2.2.2 darauf zurück. Die 138 muslimischen Gelehrten hingegen gestehen dem christlichen Glauben zu, dass es darin zentral um die Liebe zu dem *einen* und *einzigen* Gott geht.

---

[23] www.jcrelations.net/de/artikelansicht/dabru-emet-redet-wahrheit.pdf (17.01.2023).

[24] www.acommonword.com/wp-content/uploads/2018/05/ACW-German-Translation-1.pdf (31.03.2021).

(e) Die Programme einer «Abrahamischen Ökumene» von Judentum, Christentum und Islam rekurrieren auf den Monotheismus als gemeinsame Grundlage der drei Religionen. Abraham steht dabei als Symbolfigur für den Glauben an den einen und einzigen Gott. Zuweilen wird er sogar als Begründer des Monotheismus bezeichnet. In Abschnitt 1.10 kommen wir darauf zurück. Nach Hans Küng repräsentieren Judentum, Christentum und Islam den Glauben an den einen Gott, sie «haben allesamt teil an der einen großen monotheistischen Weltbewegung».[25]

All den genannten Erklärungen, Stellungnahmen und Programmentwürfen ist das Bemühen gemeinsam, im Monotheismus die theologische Grundlage für eine interreligiöse Verständigung zwischen Judentum, Christentum und Islam zu sehen. Diese Grundlage kann dabei historisch-genealogisch in Analogie zu einer Familie und/oder systematisch als Hinweis auf den Bezug zum selben Gott ausgedeutet werden. Beide Argumentationsweisen lassen sich natürlich auch miteinander verbinden.

1.3 These: Der Monotheismus trennt die monotheistischen Religionen

Gegen die Anwendung des Monotheismusbegriffs auf den christlichen Glauben im Allgemeinen und insbesondere gegen die Auffassung, dass der Monotheismus die monotheistischen Religionen verbindet, ist nun aber – vor allem von evangelischer Seite und vor allem im Blick auf die theologische Beziehungsbestimmung zum Islam – immer wieder Einspruch erhoben worden. Die für das 20. Jahrhundert geradezu klassische Ausprägung dieser Kritik findet sich schon bei Karl Barth, auf dessen Auseinandersetzung mit dem Monotheismus daher etwas ausführlicher eingegangen werden soll.[26] Die Linie dieser Kritik lässt sich bis in die Theologie Luthers zurück- und über Jürgen Moltmann bis in die Gegenwart weiterverfolgen.

---

[25] Hans Küng: Der Islam. Geschichte, Gegenwart, Zukunft, München, Zürich [3]2004, 128.

[26] Siehe dazu auch: Reinhold Bernhardt: Klassiker der Religionstheologie im 19. und 20. Jahrhundert. Historische Studien als Impulsgeber für die heutige Reflexion, Zürich 2020, 89f. Ich übernehme im Folgenden einige Zitate und Textpassagen von dort.

(a) In *Von den letzten Worten Davids* (1543) schrieb Luther: «Darum hilft es den Juden, Türken, Ketzern nichts, dass sie sehr großen Wert darauf legen und sich rühmen gegenüber uns Christen, wie sie an den Einigen Gott, Schöpfer des Himmels und der Erden, glauben. Sie nennen ihn auch Vater mit großem Ernst. Und doch sind das nichts anderes als eitle, vergebliche, unnütze Worte, in denen sie den Namen Gottes unnütz führen und missbrauchen [...] Fürwahr das geht nicht zusammen: den Vater Gott nennen, und nicht wissen, wer er ist.»[27] Für Luther lässt sich das wahre Wesen Gottes nur von der Christusoffenbarung her erkennen.

(b) In seinen Gifford-Lectures über das Schottische Bekenntnis von 1560, gehalten an der Universität Aberdeen im Frühjahr 1937 und 1938, sagte Karl Barth, es beruhe auf einer optischen Täuschung, wenn man das Christentum mit dem Islam zusammen als eine «monotheistische» Religion bezeichne.[28] Die Begründung für diese Aussage erschließt sich aus Barths Verständnis der Offenbarung Gottes und des christlichen Glaubens, die keinem religionsphänomenologischen oder -philosophischen Oberbegriff (wie dem Begriff des «Monotheismus») untergeordnet werden darf. Es ist eine Offenbarung *sui generis*.[29]

In § 31 der «Kirchlichen Dogmatik» (1940), in dem «Die Vollkommenheiten der göttlichen Freiheit» entfaltet werden, kommt Barth auf die Einheit, Einzigkeit und Einfachheit Gottes, mithin auf den Monotheismus zu sprechen. Er unterscheidet Gottes Einheit vom philosophischen Postulat des absolut Einen. In diesem Zusammenhang wirft er einen

---

[27] WA 54, 67,39–68,7 (in heutiges Deutsch übertragen von R. B.). Im Großen Katechismus heißt es: «Darum unterscheiden und sondern diese Glaubensartikel uns Christen von allen anderen Leuten auf Erden. Denn die außerhalb der Christenheit sind, seien es Heiden, Türken, Juden, falsche Christen und Heuchler, mögen zwar nur *einen* wahrhaftigen Gott glauben und anbeten, aber sie wissen doch nicht, wie er gegen sie gesinnt ist. Sie können von ihm auch weder Liebe noch etwas Gutes erhoffen; deshalb bleiben sie in ewigem Zorn und Verdammnis.» (zit. nach: Unser Glaube. Die Bekenntnisschriften der evangelisch-lutherischen Kirche, Gütersloh [4]2000, § 751).

[28] Karl Barth: Gotteserkenntnis und Gottesdienst nach reformatorischer Lehre. 20 Vorlesungen (Gifford-Lectures) über das Schottische Bekenntnis von 1560 gehalten an der Universität Aberdeen im Frühjahr 1937 und 1938, Zollikon 1938, 57.

[29] Vgl. Thomas von Aquins These: «Deus non est in genere» (STh I, qu.3, a.5), aufgenommen von Barth in KD II/1, 349.

Seitenblick auf den Monotheismus des Islam: «Was es mit der Verabsolutierung der Einzigkeit auf sich hat, zeigt in exemplarischer Weise
das fanatische Geschrei des Islam von dem einen Gott, neben dem dann
humorvollerweise ausgerechnet nur die barocke Gestalt seines Propheten
auch noch einen Ehrenplatz einnehmen soll.»[30] Mit seiner Verabsolutierung der Idee der Einzigkeit stelle der Islam eine «Potenzierung alles
sonstigen Heidentums»[31] dar. «Es bedeutet darum eine Gedankenlosig-
keit, den Islam und das Christentum in der Weise zusammenzustellen, als
ob sie wenigstens im ‹Monotheismus› ein Gemeinsames hätten. Nichts
trennt sie vielmehr so gründlich als die Verschiedenheit, in der sie
scheinbar dasselbe sagen: es ist nur ein Gott!»[32]

Die Trennung besteht nach Barth darin, dass der Islam menschen-
gemachte Einheitsprinzipien dem realen Gott vorordnet. Demgegenüber
habe christliches Gottesdenken nicht von einem allgemeinen Begriff eines
ens vere unum auszugehen, sondern von der in der Trinitätslehre und
Christologie zum Ausdruck gebrachten Selbstkundgabe Gottes. *Von dort
aus* habe sie die Einheit Gottes zu denken. «Wir werden also wohl sagen
müssen, daß Gott der absolut Eine, wir werden aber nicht etwa sagen
können, daß das absolut Eine Gott ist.»[33]

Was unterscheidet Gott nach Barth vom absolut Einen? Es ist die
Konkretion, mit der sich Gottes Wort in der Person Jesu Christi eine
Lebensgestalt gegeben hat. Gott hat sich in seinem Wort vergegenwärtigt
und dieses Wort ist konkret und inhaltlich bestimmt. Unter Hinweis auf
diese Konkretion weist er die Abstraktion aller bloßen Gottesideen, die
eine ungeschichtliche und unbestimmte Absolutheit Gottes propagieren,
als Projektion der religiösen Phantasie zurück. Den Anspruch des Islam,
dass dieses Gottesverständnis in einer Offenbarung Gottes gründet, lässt
er nicht gelten. Er zieht ihn nicht einmal in Betracht, sondern wendet
Feuerbachs Projektionsthese darauf an. Ein «abstrakter» Monotheismus
geht nach seiner Auffassung nicht von der Offenbarung Gottes, sondern

---

[30] KD II/1, 504.
[31] KD II/1, 505.
[32] Ebd.
[33] KD II/1, 504. Auf der gleichen Seite schreibt Barth, der Monotheismus
sei «das esoterische Geheimnis so ziemlich aller bekannten und gerade auch der
primitivsten Religionen».

von der religiösen Vernunft aus und konstruiert auf diese Weise einen Gemeinsamkeitsgrund der sogenannten monotheistischen Religionen.

Noch in dem letzten, Fragment gebliebenen Teil der «Kirchlichen Dogmatik», in dem er unter dem Titel «Die Begründung des christlichen Lebens» seine Tauflehre entfaltet (1967), hebt Barth den kategorialen Unterschied zwischen dem christlichen Glauben und allen anderen religiösen «Lebensbegründungen»[34] hervor. In den nicht-christlichen Konzeptionen eines sich im Göttlichen begründenden neuen Lebens werde dieser Grund in einer «raum- und zeitlos existierenden gegenwärtigen und wirksamen Gottheit»[35] gesucht. Die Begründung des *christlichen* Lebens sei davon aber grundlegend verschieden. Der Gott, auf den sie sich beziehe, sei nicht eine vom Menschen postulierte allgemeine Gottheit, sondern der wirkliche Gott, wie er sich in Christus offenbart habe. Diese Lebensbegründung stehe den Lebensbegründungen anderer Weltanschauungen, Heilslehren und Religionen in «völlige[r] Andersheit»[36] gegenüber.

Zutreffend kommentiert Reinhard Leuze Barths Kritik am Begriff des Monotheismus: «Man gewinnt den Eindruck dass er hier, wie so oft, einen Begriff mit einer polemischen Bedeutung auflädt, der, seinem eigentlichen Aussagegehalt nach betrachtet, eine auch von ihm gebilligte Wahrheit zum Ausdruck bringt.»[37] Der Monotheismus, so Leuze weiter, stehe «in der Geschichte des Volkes Israel am Ende einer langen religiösen Entwicklung; er bezeichnet die entscheidende Erkenntnis dieses Volkes, die dann von den großen Universalreligionen Christentum und Islam übernommen worden ist.»[38]

(c) Jürgen Moltmann hält den Begriff «Monotheismus» für untauglich und will ihn destruieren.[39] Der Begriff sei vieldeutig und weit entfernt von den Phänomenen, zu deren Bezeichnung er gebraucht wird. Er spreche von Einheit Gottes, ohne diese näherzubestimmen und auch ohne die religiösen, kulturellen oder politischen Funktionen der Rede von «Einheit Gottes» mitzubedenken. In den Näherbestimmungen aber lägen die

---

34 KD IV/4, 12.
35 KD IV/4, 13.
36 KD IV/4, 12.
37 Reinhard Leuze: Christentum und Islam, Tübingen 1994, 118.
38 Ebd.
39 Jürgen Moltmann: Kein Monotheismus gleicht dem anderen. Destruktion eines untauglichen Begriffs, in: EvTh 62, 2002/2, 112–122.

Spezifika der Gottesvorstellungen, die mit dem Gebrauch dieses Begriffs verwischt würden. Seine Erklärungsbedürftigkeit sei größer als seine Erklärungskraft.

Das Motiv für den Gebrauch dieses untauglichen Begriffs sieht Moltmann im «Versuch, alle ‹Weltreligionen› auf einen möglichst abstrakten, transzendenten Einheitspunkt im Unendlichen zusammenzufassen»,[40] den dafür zu zahlenden Preis in einer «Islamisierung des christlichen Gottesbegriffes».[41] Er dürfte dabei das Projekt einer «Abrahamischen Ökumene» der Religionen im Auge gehabt haben, das sein Tübinger Kollege Karl-Josef Kuschel vorangetrieben hat (→ 1.10). Demgegenüber plädiert er dafür, auf die real existierenden Erscheinungsformen des Glaubens an den einen und einzigen Gott zu schauen und sie in ihrer Eigen- und Andersheit wahrzunehmen. Und er fordert eine ideologiekritische Betrachtung monotheistischer Vorstellungen. Es handle sich dabei um eine religiöse Verklärung der Macht, um «uralte Politische Theologie»,[42] die auch zur Begründung des Patriarchats diente. Moltmann interpretiert den Monotheismus als theologischen Monarchianismus und unterstellt ihm eine Tendenz zum Absolutismus.

Im Unterschied zu den altorientalischen Göttern – und auch im Unterschied zum Gott des Islam[43] – sei der Gott Israels «kein Gott der Mächtigen, sondern der Geringen. In ihm wird nicht die Steigerung der Macht zur Übermacht und Allmacht, sondern die sich-entäußernde und darin schöpferische Liebe erfahren.»[44] Universalität und Totalität, uneingeschränkte Allmacht, Allgegenwart und Allwissenheit Gottes sind für Moltmann eschatologische Prädikate Gottes, die in Fülle zum Tragen kommen, wenn Gott alles in allem ist (1Kor 15,28), während er sich in seinem Weltbezug dieser Hoheitstitel entäussert.

(d) Der Grundlagentext der EKD «Christlicher Glaube und religiöse Vielfalt in evangelischer Perspektive» aus dem Jahr 2015 setzt sich in einem Abschnitt mit der Frage auseinander, ob Juden, Christen und

---

[40] A. a. O., 113.

[41] A. a. O., 119.

[42] Moltmann: Kein Monotheismus (siehe Anm. 39), 113. Siehe dazu Abschnitt 1.5.

[43] «Der islamische Monotheismus ist ein dualistischer Kampfmonotheismus» (a. a. O., 121). Nicht ganz so drastisch wie bei Barth, aber doch unüberhörbar klingt auch bei Moltmann eine antiislamische Polemik an.

[44] A. a. O., 117.

Muslime an denselben Gott glauben. Dabei konstatieren die Verfasser, dass noch nicht einmal das gemeinsame Prädikat der «Einheit und Einzigkeit Gottes» unter den monotheistischen Religionen unstrittig sei. Darum bleibe die Auffassung, alle drei glaubten an denselben Gott, eine Abstraktion, «die von allem absieht, worauf es in Judentum, Islam und Christentum konkret ankommt. Leere Abstraktionen helfen nicht weiter».[45] Statt solche konstruierten Gemeinsamkeiten zu beschwören, empfiehlt der Grundlagentext, die Differenzen zwischen den Religionen unverkürzt stehen zu lassen. «[E]rnsthafte Anerkennung der Andersheit des anderen» werde «durch eine gutgemeinte Integration eher verhindert als vollzogen».[46]

1.4   «Abstrakter» und «konkreter» Monotheismus

In der Diskussion um die Frage, ob das monotheistische Gottesverständnis die monotheistischen Religionen verbindet oder trennt, wird von den Theologinnen und Theologen, die sich eher für die zweite Seite dieser Alternative aussprechen, die Unterscheidung zwischen einem «abstrakten» und einem «konkreten» Monotheismus eingefordert. Ihr Argument lautet, dass sich die Rede vom «einen und gleichen Gott», an den Juden, Christen und Muslime glauben, einer Entleerung des Gottesgedankens, also einer Abstraktion von allen inhaltlichen Bestimmungen verdanke. Bei dieser Rede handle es sich um den kleinsten gemeinsamen Nenner, der die konkreten Identitätsbestimmungen Gottes, wie sie von den religiösen Traditionen bezeugt werden, zurückstellt. Der Preis für die religionsverbindende Berufung auf den *einen* Gott bestehe also in der Ausblendung dessen, was diesen Gott nach Auskunft der Religionstraditionen charakterisiert.

Im folgenden Abschnitt (1.4.1) blicke ich zunächst in die Philosophiegeschichte zurück, um dort die beiden klassischen philosophischen Ansatzpunkte für die theologische Entfaltung «abstrakter» (mono-)theisti-

---

45   Christlicher Glaube und religiöse Vielfalt in evangelischer Perspektive. Ein Grundlagentext des Rates der Evangelischen Kirche in Deutschland (EKD), Gütersloh 2015, 64f.

46   A. a. O., 65.

scher Konzepte aufzuweisen (a). Dann wird der Entstehungszusammenhang des Begriffs «abstrakter Monotheismus» beleuchtet (b). Nach diesen historischen Betrachtungen wende ich mich der gegenwärtigen Diskussion um den «abstrakten» Monotheismus zu (c). In 1.4.2 werden die «konkreten» Monotheismen charakterisiert, wie sie sich in den monotheistischen Religionstraditionen finden. Im Anschluss daran frage ich nach dem Verhältnis von «abstraktem» und «konkretem» Monotheismus (1.4.3) und kehre zur Ausgangsfrage zurück, ob der Monotheismus die monotheistischen Religionen eher trennt oder eher verbindet (1.4.4).

1.4.1 «Abstrakter» (Mono-)Theismus des philosophischen Gottesbegriffs

(a) Das philosophische Gottesdenken hat das jüdische, christliche und islamische Gottesverständnis nachhaltig geprägt. Im ersten Jahrtausend n. Chr. stand dabei der Platonismus bzw. Neuplatonismus im Vordergrund. Der Gottesbegriff kam darin auf eine vorwiegend ontologisch-substanzhafte Weise zur Entfaltung. Gott wurde als der Seinsgrund, das Ur- und Einheitsprinzip der Wirklichkeit vorgestellt. So sprach Plato vom «wahrhaft Seienden» (τὸ πάντως ὄν), Plotin vom «Ureinen» (τὸ ἕν), dem göttlichen Sein, das überfließt (Emanation) und den Kosmos hervorbringt, und die Stoa von der Urkraft, dem Urgeist, der Weltseele und der Weltvernunft (λόγος), dem Weltgesetz (νόμος), das in Vorsehung (πρόνοια, providentia) und Schicksal (εἱμαρμένη, fatum) wirksam wird.

Im Mittelalter kam es zu einer theologischen Aristoteles-Rezeption – sowohl im Judentum (etwa bei Maimonides) als auch im Christentum (etwa bei Thomas von Aquin) und im Islam (etwa bei Avicenna). Das aristotelische Substanz- und Kausalitätsdenken mit seiner Frage nach einer *prima causa* – Aristoteles hatte ein «erstes bewegendes Unbewegtes» (πρῶτον κινοῦν ἀκίνητον) postuliert –, führte zu einer natürlichen Theologie des Ein-Gott-Glaubens. Wenn die Zurückverfolgung der Ursachenketten – im Blick auf die vier von Aristoteles angenommenen Ursachen: die materiale, die formale, die kausale und die teleologische Ursächlichkeit – kein infiniter Regress sein soll, muss eine erste Ursache angenommen werden. So identifizierte man nun *das* erste unbewegte Bewegende des Aristoteles mit *dem* ersten unbewegten Beweger des christlichen Gottesglaubens. Gott kann aber nur *einer* sein.[47] Das

---

[47] Bei Aristoteles selbst ist nicht von einem personal gedachten göttlichen

Verursachte geht letztlich auf ein Unverursachtes zurück, das Zusammengesetzte auf ein Einfaches, das Kontingente auf ein Notwendiges, das Begrenzte auf ein Unbegrenztes, das Veränderliche auf ein Unveränderliches, das Unvollkommene auf ein Vollkommenes, das Zeitliche auf ein Ewiges, das Endliche auf ein Unendliches, das Viele auf ein Eines.

In der jüdischen Religionsphilosophie des Mittelalters ist der philosophische Monotheismus vor allem bei Moses Maimonides deutlich ausgeprägt. Seine Gotteslehre lässt sich als eine Art «Entmythologisierung» verstehen. Die altrabbinische Frömmigkeit und Theologie kannte eine Vielzahl von Engeln und himmlischen Mächten. «Diese Oberengel wurden, vergleichbar dem Christus der Kirche, mit ungeheurer Machtfülle ausgestattet, sodass sie fast zu einer zweiten Gottheit im Himmel aufrückten.»[48] Den Oberengel Metatron bezeichnete man «als *JHWH hakatan* oder als *Adonaj ha-katan*, der ‹Kleine JHWH›, der ‹Kleine Adonaj›, d. h. der ‹Kleine Herrgott›».[49] Karl E. Grözinger summiert, «dass in der anthropomorphistisch-personalistisch denkenden Theologie des antiken Judentums die Vorstellung von nur einem Gott noch nicht die absolute Schärfe hat, die sie hernach in der mittelalterlichen jüdischen Philosophie gewinnen sollte».[50] Diese Schärfe tritt dann bei Maimonides zutage.

In der zweiten seiner 13 Grundlehren stellt Maimonides die Einheit Gottes pointiert heraus: «Das heißt, daß Er, die Ursache von allem, EINER ist, und zwar nicht einer von einer Art oder einer von einer Gattung und auch nicht wie ein Einzelding, das zusammengesetzt und in viele Teile teilbar ist, und auch nicht wie ein Einzelkörper einzig der Zahl nach ist und dabei unendlicher Teilbarkeit unterliegt, sondern Er […] ist EINER nach einer Einheit, die ihresgleichen nicht hat.»[51]

«unbewegten Beweger» die Rede. *Das* eine unbewegte Bewegende (Neutrum!) löst die Bewegung der Fixsternsphäre (des ersten Himmels) aus. Um die Bewegung der Planetensphären zu erklären, nahm Aristoteles allerdings eine Mehrzahl unbewegter Bewegender an. Siehe dazu: Michael Bordt: Art. «Unbewegter Beweger», in: Christof Rapp, Klaus Corcilius (Hg.): Aristoteles-Handbuch: Leben – Werk – Wirkung, Stuttgart 2011, 367–371.

48 Karl E. Grözinger: Wozu dient der *Monotheismus* in der jüdischen Religion angesichts der Zehnfaltigkeitslehre der Kabbala, in: Aschkenas 2016; 26/1 (DOI 10.1515/asch-2016-0003), 18.

49 Ebd.

50 A. a. O., 19f.

51 Die 13 ʾIqqarim finden sich in Maimonides' Mischna-Kommentar (Kitāb

Es handelt sich also um eine absolute Einheit, wie sie etwa im Neuplatonismus gelehrt wurde. Sie bezieht sich nicht nur auf die «äußere» Einzigkeit bzw. Alleinheit Gottes, neben der es keine anderen Götter gibt, sondern auch auf die innere Einfachheit in Gott, auf die Ununterschiedenheit (Simplizität) in seinem Wesen. Damit war der Annahme einer Dreifaltigkeit in Gott widersprochen. Frederek Musall weist darauf hin, dass die 13 Glaubenslehren des Maimonides an die «Glaubensgrundsätze» des almohadischen Reformers Ibn Tumart erinnern, der darin das Prinzip der Einheit *(«tawḥīd»)* Gottes betont.[52]

Unter dem Einfluss des nachaufklärerischen Geschichtsdenkens kam es zu einer Akzentverlagerung in der Entfaltung des Gottesbegriffs. Er wurde nun weniger ontologisch-substanzhaft und mehr subjekthaft-dynamisch bestimmt. Hatte noch Spinoza seine Gottesvorstellung mit Begriffen wie «Substanz» oder «Natur» entfaltet, so fasste Hegel Gott als in sich (in einem Prozess von Selbstdifferenzierung und Selbstidentifikation mit der Selbstdifferenz) bewegten, sich entäußernden und den Weltprozess teleologisch auf seine Bestimmung ausrichtenden und dabei sich selbst realisierenden Geist auf. Auch bei dieser Verlagerung von einem substanzhaften zu einem subjekthaften Verständnis war die Vorstellung von der Einheit Gottes leitend.

(b) Die Bezeichnung «abstrakter Monotheismus» kam in der ersten Hälfte des 19. Jahrhunderts auf. Sie wurde einerseits kritisch auf bestimmte Religionen angewandt. So sprach Heinrich Leo in seiner «Vorlesung über die Geschichte des jüdischen Staates» vom «abstrakten Monotheismus» des Judentums.[53] Andererseits wurde sie im Rahmen religionsphilosophischer Monotheismustheorien gebraucht. So steht dieser Begriff in den Vorlesungen zur «Philosophie der Mythologie»,[54] die

---

al-Sirāj), Traktat Sanhedrín, Kapitel 10,1, Einleitung zu Pereq Heleq. Ich zitiere sie nach der Übersetzung von: Johann Maier: Geschichte der jüdischen Religion, Freiburg i. Br. 1992, 399.

[52] Frederek Musall: Christentum ist Götzendienst (?). Einige Anmerkungen zu Moses Maimonides' Haltung zum Christentum in ihrem kulturgeschichtlichen Kontext, in: Jehoschua Ahrens u. a. (Hg.): Hin zu einer Partnerschaft von Juden und Christen: Die Erklärung orthodoxer Rabbiner zum Christentum, Berlin 2017, 90–106, bes. 98.

[53] Heinrich Leo: Vorlesung über die Geschichte des jüdischen Staates, gehalten an der Universität zu Berlin, Reutlingen 1829, 3.

[54] Friedrich Wilhelm Joseph von Schelling: Philosophie der Mythologie in

Schelling 1837 und 1842 hielt, im Kontext seiner Deutung des Monotheismus als urreligiöses Bewusstsein der Menschheit. Ihm zufolge setzt der
Mensch Gott, und er setzt ihn als *einen*. Ohne das Gegenteil seiner selbst –
den Polytheismus – konnte sich dieses Bewusstsein aber noch nicht – als
monotheistisches Bewusstsein – verstehen. Es war ein «natürlicher, blinder»[55]
Monotheismus, noch nicht ein reflexiver, noch kein *Mono*theismus,
sondern bloß ein Theismus. Erst als sich der ursprüngliche Gottesgedanke
zu einem Polytheismus vervielfältigt hatte (weil sich der Gottesgedanke am
vielfältigen Naturgeschehen brach: die verschiedenen Naturphänomene
wurden unterschiedlichen Göttern zugeschrieben), erkannte sich der
Urtheismus am Gegenteil seiner selbst als *Mono*theismus. Aus dem
abstrakten wurde der wirkliche Monotheismus.[56] «Abstrakt» steht also hier
für «vorbewusst».

(c) Im heutigen Begriffsgebrauch ist dieser Theoriehintergrund nicht
mehr vorhanden. «Abstrakter Monotheismus» bezeichnet den von den
inhaltlichen Bestimmungen der Religionstraditionen weitgehend freien
Begriff des einen und einzigen Gottes. Es kann sich dabei um einen
einzelnen Terminus handeln, wie die neuplatonische Bezeichnung «das
EINE», den philosophischen Begriff «das Absolute» oder den theologischen Begriff «Gott». Dem können auch weitere Gottesprädikate beigefügt
werden, die diesen Begriff im Sinne des (klassischen) Theismus näher-
bestimmen: Gott als notwendiges, allmächtiges, allwissendes und moralisch vollkommenes Wesen, das der schöpferische Grund allen Seins ist.
Der Gottesbegriff wird dabei auf eine transreligiöse Weise bestimmt, so
also, dass er von den historischen Religionstraditionen relativ unabhängig
ist, auch wenn diese Bestimmung im Rahmen dieser Traditionen erfolgt.
Gott wird nicht mit einem Namen benannt und nicht mit einer
bestimmten Identität und Geschichte vorgestellt. Ein klassisches Beispiel
für einen abstrakten Gottesbegriff ist Anselms Formel: Gott ist «das,
worüber hinaus Größeres nicht gedacht werden kann» *(aliquid quo nihil
maius cogitari possit)*. Es ist dies nicht einmal ein Begriff im eigentlichen
Sinn, sondern eine Regel für die Theo-Logie, das Gott-Denken. Sie lautet:
Steigere das Denken über Gott bis zur Grenze des Denkbaren und sei dir

---

drei Vorlesungsnachschriften, 1837/1842, hg. von Klaus Vieweg, Christian Danz,
München 1996.

[55] A. a. O., 149.
[56] A. a. O., 87, 149f.

bewusst, dass Gott jenseits dieser Grenze liegt. Alle inhaltlichen Bestimmungen werden dabei zurückgelassen.

Der «konkrete» Monotheismus verweist dagegen auf die unterschiedlichen Narrative und Konzepte der jeweiligen Religionstraditionen. Gott wird beim Namen genannt.[57] Die für die jeweilige Religion konstitutive Offenbarung Gottes und die Geschichte Gottes mit seinem Volk bzw. mit der Menschheit bildet den Ausgangs- und Bezugspunkt des Gott-Denkens und der Rede von Gott.[58]

Das eigentliche Unterscheidungsmerkmal zwischen «abstraktem» und «konkretem» Monotheismus besteht dabei nicht im Gebrauch philosophischer Denkformen, sondern im Geschichtsbezug der Rede von Gott. Auch der «konkrete» Monotheismus durchdringt sich reflexiv und entfaltet sich mithilfe philosophischer Rationalität (wie im Fall des trinitarischen Monotheismus). Er zielt dabei aber nicht auf eine möglichst allgemeine Fassung des Gottesbegriffs (bei der das Merkmal der Einheit im Vordergrund steht), sondern operiert im Rahmen der religionsspezifischen Traditionen, die sich auf geschichtliche Offenbarungsquellen berufen. Von dort aus kann sich die religionsphilosophische Reflexion aber durchaus auch zu «abstrakten» Gottesbegriffen erheben, wie es bei Anselm der Fall war oder wie es in den Bezeichnungen Gottes als höchstes, notwendiges und vollkommenes Wesen (*summum ens, ens realissimum, necessarium, perfectissimum*) zum Ausdruck kommt. Gleichwohl kann man konstatieren, dass der Ansatzpunkt beim Gottes*gedanken* zu eher abstrakten philosophischen Gottesbegriffen führt, während der Bezug auf die biblisch erzählte, theologisch reflektierte und in der religiösen Praxis vergewisserte Gottes*geschichte* konkrete Bezeichnungen hervorbringt.

Die Unterscheidung zwischen «abstraktem» und «konkretem» Monotheismus steht der von Blaise Pascal vorgenommenen Gegenüberstellung zwischen dem «Gott der Philosophen» und dem «Gott Abrahams, Isaaks

---

[57] Wobei der Name des monotheistisch gedachten Gottes zugleich ein Allgemeinbegriff sein kann, weil es eben nur diesen Gott gibt. Das ist etwa beim Namen «Allah» der Fall. Er ist zugleich Name und Allgemeinbegriff für Gott.

[58] In diesem Sinne gebraucht, findet sich die Unterscheidung u. a. bei: Walter Kasper: Der Gott Jesu Christi, Mainz 1982, 358. Wolfhart Pannenberg hat sie aufgenommen: Systematische Theologie, Bd. 1, Göttingen 1988, 363. Siehe auch: Paul Tillich: Systematische Theologie, Bd. 1, Berlin ⁸1987, 265; Christoph Schwöbel: Artikel «Monotheismus IV. Systematisch-theologisch», in: TRE 23, Berlin, New York 1994, 258.

und Jakobs» nahe, ist aber nicht deckungsgleich mit ihr. Auch der «Gott der Bibel» kann mit abstrakten Formeln benannt werden (wie in Ex 3,14 oder Apk 1,4); auch die unmittelbaren Prädikationen Gottes – als Geist, Weisheit, Logos, Liebe, Leben, Licht usw. – sind von relativer Abstraktheit, sodass sie sich mehr oder weniger auch religionsübergreifend für die Rede von Gott anwenden lassen.

Die Kritik am «abstrakten Monotheismus» ist oft eine Kritik am Konzept des Monotheismus oder sogar des Theismus insgesamt. Sie steht dabei nicht immer in einem religionstheologischen Bezugsrahmen, d. h. sie dient nicht immer dazu, die Rede vom einen und gleichen Gott in den monotheistischen Religionen zurückzuweisen. Auch aus anderen Motiven kann dieses Konzept problematisiert werden, etwa, weil es zur Legitimation politischer Theologien dienen konnte. Die Debatte um den Monotheismus kann also auf die Klärung des Gottdenkens *innerhalb* der je eigenen Tradition und/oder auf die Beziehungsbestimmung zu *anderen* Religionstraditionen ausgerichtet sein. Zumeist sind das jedoch zwei Seiten *einer* Medaille.

Die Kritiker weisen u. a. darauf hin, dass die Hervorhebung der Einheit und Einzigkeit Gottes dessen Transzendenz überbetont. Die Beziehung Gottes zur Welt, seine normative Kundgabe (wie sie das Judentum in der Thora, das Christentum in Christus und der Islam im Koran sieht) sowie deren Vergegenwärtigungen treten dabei in den Hintergrund. Gerade an der Weise, wie die Offenbarung(en) und Vergegenwärtigung(en) von den Religionstraditionen erfasst und überliefert werden, gewinnen die «konkreten» Monotheismen aber ihr Profil. Darin liegt ihr jeweiliges Proprium, mit dem sie sich von anderen Religionen unterscheiden.

1.4.2 «Konkrete» Monotheismen der religiösen Gottesverständnisse

Im Gegenüber zum philosophisch-«abstrakten» Gottesbegriff, der Gott als transzendentes Urprinzip versteht, ist der biblische Gottesglaube und die auf ihm basierende Gottesverehrung geschichtlich konkret. Das gilt in vergleichbarer, allerdings anders akzentuierter Weise auch für den koranisch-islamischen «konkreten» Monotheismus. Während der «abstrakte» Monotheismus auf der intellektuellen Ebene angesiedelt ist, weisen die «konkreten» Monotheismen darüber hinaus auch auf die sinnlichen, anschaulichen, mythischen, rituellen und praktischen Dimensionen des Ein-Gott-Glaubens. Es geht dabei nicht nur um das Gottes*verständnis,*

sondern auch um das Gottes*verhältnis,* d. h. um die gelebte Gottes-
beziehung.

Religionsgeschichtlich gesehen wurzelt der christliche Monotheismus
im Gottesbekenntnis des biblischen Israel (→ 1.6). Aus dieser einen
Wurzel sind auch die «konkreten» Monotheismen des nachbiblischen
Judentums und – wenn auch mit deutlich größerer Distanz dazu – des
Islam hervorgegangen. Sie haben sich aneinander geschärft. Mit der
Zurückweisung des Christusglaubens durch das synagogale Judentum
trennten sich die Wege der rabbinischen und der christlichen Theologie.
Aus dieser Abscheidung entstanden zwei «konkrete» Monotheismen: der
christlich-trinitarische und der rabbinisch-talmudische Monotheismus.
Mit dem Islam kam ein dritter «konkreter» Monotheismus hinzu, der
beansprucht, den wahrhaften und ursprünglichen Ein-Gott-Glauben
unverbrüchlich wiederherzustellen.

Die drei Konkretionen des Monotheismus differenzierten sich intern
in den Religionsgeschichten von Judentum, Christentum und Islam weiter
aus. Es entwickelten sich weitere Spezifikationen des Glaubens an den
einen Gott, die zueinander und zu den rationalen Entmythologisie-
rungsbestrebungen des philosophischen Gottesdenkens in Spannung
standen, was zu Kämpfen, aber auch zu Ausgleichsbemühungen führen
konnte. So entstand beispielsweise im Christentum ein Antitrinitarismus,
der sich als Bewahrung des reinen Monotheismus verstand.

Im Abschnitt 1.7 werde ich ein religionstheologisch interessantes
Konzept des «konkreten» Monotheismus ausführlicher darstellen: den
«ethischen Monotheismus», der sowohl im liberalen Judentum des
19. Jahrhunderts als auch in der zeitgenössischen christlichen Theologie
eine wichtige Rolle spielt(e). Im Abschnitt 1.8 wende ich mich dem
Zentralbegriff des islamischen Monotheismus – *tawḥīd* – zu und in 1.9
führe ich in den trinitarischen Monotheismus des christlichen Glaubens
ein. Zunächst aber will ich nach dem Verhältnis von «abstraktem» und
«konkretem» Monotheismus fragen.

1.4.3 Zum Verhältnis von «abstraktem» und «konkretem» Monotheismus

Ich betrachte diese Verhältnisbestimmung in zwei Perspektiven: zunächst
(a) in pragmatischer Hinsicht im Blick auf ihren Gebrauch, dann (b) in
systematischer Hinsicht als eine für das Verständnis Gottes wichtige

Spannungseinheit zweier Pole, die nicht nach einer Seite hin aufgelöst
werden sollte. Dann zeige ich, wie das philosophisch-«abstrakte» Gottesdenken in den Religionstraditionen selbst verankert ist und gebe dabei zu
erkennen, worin ich seine theologische Relevanz sehe (c).

(a) Im Blick auf ihren faktischen Gebrauch in religionstheologischen
Debatten erweist sich die Unterscheidung zwischen «abstraktem» und
«konkretem» Monotheismus als nicht unproblematisch. Denn sie gibt sich
als deskriptive und analytische Betrachtung aus, enthält aber eine
polemische Stoßrichtung gegen den «abstrakten» Monotheismus. Diesem
wirft sie vor, die Gottesverständnisse der historischen Religionstraditionen, die sich auf spezifische Offenbarungen in der Geschichte gründen,
einem «reinen» Begriff Gottes als dem einen höchsten Wesen, das als
Grund und Macht des Seins von allem Seienden kategorial unterschieden
ist, unterzuordnen. Damit würden die Gottesverständnisse der Religionen
zu bloß uneigentlichen Anschauungsformen herabgewürdigt. Diese Gegenüberstellung dient also in der Regel der Kritik eines allgemeinen,
religionstranszendenten Gottesbegriffs. Sie kann aber auch umgekehrt
gegen den Offenbarungsglauben der Religionen gewendet werden, wie es
etwa bei Karl Jaspers der Fall ist. Jaspers kritisiert die sich auf Offenbarungen berufenden Gottesverständnisse der Religionen und stellt ihnen
einen «philosophischen Glauben» gegenüber, der vom «Umgreifenden»
statt von «Gott» spricht.[59]

Besonders problematisch ist die Anwendung dieser Unterscheidung auf
die Monotheismen bestimmter Religionstraditionen – etwa so, dass der
Monotheismus des Islam «abstrakt» und der des Christentums «konkret»
zu nennen wäre.[60] Wo solche Anwendungen erfolgen, geschieht das in
polemischer Absicht nicht nur gegen den philosophisch-«abstrakten»
Gottesbegriff, sondern gegen die als «abstrakter» Monotheismus bezeichnete konkrete Religionsform.[61] Auch wenn der Monotheismus des Islam
stark durch den Neuplatonismus geprägt ist, so ist er doch nicht weniger
konkret als der des christlichen Glaubens. In der islamischen Theologie
selbst gab es – vor allem in Auseinandersetzung mit dem Gottesverständnis

---

[59]   Karl Jaspers: Der philosophische Glaube (1948), München ²2017; ders.:
Der philosophische Glaube angesichts der Offenbarung (1962), Basel 2016.

[60]   So etwa: Eberhard Busch: Die Trinitätslehre (siehe Anm. 240 in Teil 2), 232.

[61]   Nach Karl Barth vertreten das Judentum und der Islam «*irgend*einen Monotheismus» (KD I/1, 373, Hervorhebung K. B.).

der Mu'taziliten, die Gottes Wesen von allen Eigenschaften entkleiden wollten – Debatten um die Abstraktheit des Gottesbegriffs.

Jede monotheistische Religionstradition stellt eine Konkretion des Monotheismus dar. Die Unterscheidung zwischen «abstraktem» und «konkretem» Monotheismus kann also nicht sinnvoll auf die historischen Religionstraditionen im Blick auf ihr Verhältnis zueinander angewendet werden. Und doch hat sie eine unaufgebbare Berechtigung. Diese kommt in den Blick, wenn man fragt, welches theologische Anliegen der «abstrakte» Monotheismus zur Geltung bringt. Die Antwort auf diese Frage lautet:

(b) Abstrakte Gottesbegriffe lassen sich verstehen als theologisch notwendige Korrektive gegen die zu starke Ausmalung der konkreten Gottesverständnisse, wie sie in den Heiligen Schriften der Religionen bezeugt sind und in ihren Traditionen reflektiert werden. Als solche bilden sie Grenzbestimmungen. Sie stellen das Gottesdenken unter einen theologisch sachgemäßen und notwendigen Vorbehalt, indem sie die Differenz zwischen der Gottheit Gottes und den religiösen Gottesbildern, -vorstellungen und -begriffen ins Bewusstsein rufen. Das schließt dann allerdings auch die abstrakten Gottesbegriffe selbst ein. Auch sie müssen sich unter diesen Vorbehalt stellen.[62] Das führt zur Mahnung, diese Bilder, Vorstellungen und Begriffe nicht zu verabsolutieren. Absolut ist Gott allein, nicht aber das Gottesdenken und die Gottesverehrung der Religionen. Darin kommt das Anliegen des Ersten Gebots in einem weiter gefassten Sinn zum Ausdruck: Du sollst Dir kein Bildnis von Gott machen, keine Vorstellung von Gott für letztgültig erklären und kein Gotteskonzept vergötzen.

Andererseits steht ein philosophisch-«abstrakter» (mono-)theistischer Gottesbegriff in der Gefahr, aus dem lebendigen einen bloß gedachten Gott zu machen. Ein solch «abstrakter» philosophischer Monotheismus mag die Reinheit des Gottes*gedankens* verbürgen, für die Gestaltung der Gottes*beziehung* aber bietet er nur wenig Stimulanz. Es geht in der Religion nicht nur – und nicht zuerst – um das Gottes*verständnis,* sondern

---

62 Das hat Paul Tillich mit seiner Rede von «Gott über Gott», vom «Gott über dem Gott des Theismus», vom «transzendierten Theismus» und vom «Gott, der den Gott der Religionen transzendiert» zum Ausdruck gebracht (siehe dazu: Bernhardt: Klassiker [siehe Anm. 26], 180–196; dort finden sich auch die Belegstellenangaben zu den zitierten Aussagen).

vor allem um das praktizierte Gottes*verhältnis*. Die gelebte Religion verlangt nach mehr Anschaulichkeit, mehr Geschichtlichkeit und mehr Spiritualität.[63] Ein in seiner Absolutheit ruhender zeitloser Gott kann wohl verehrt werden, er ist aber kein Gegenüber im Gebet. Mit ihm lassen sich keine Lebensgeschichten und auch keine Weltgeschichten verbinden. Er ist geschichtslose reine Essenz oder absolute Subjektivität oder Substanz. Man kann ihn nicht auf seine Bezogenheit zur Welt und zum Menschen ansprechen, denn er ist unempfänglich für deren existenzielle Anliegen. Die gelebte Religion braucht aber Kommunikation mit Gott, Gestalten der Vergegenwärtigung Gottes, Manifestationen seiner Immanenz. All das bietet die biblische Überlieferung von dem sich offenbarenden, in die Geschichte eingehenden und seinem Volk vorausgehenden Gott. Und das bietet auch die koranisch-islamische Religiosität in ihren vielfältigen Formen.

Die philosophisch-«abstrakte» und die religiös-«konkrete» Perspektive stehen innerhalb des christlichen Glaubensdenkens (wie auch in der Selbstreflexion anderer Religionstraditionen) in einer fruchtbaren Spannung zueinander. Wo sie gegeneinander ausgespielt wurden, geschah und geschieht dies zumeist zum Schaden der Theologie. Es braucht beides. Wo das Moment des Logoshaften und damit die Rationalität, die auf einen abstrakten Gottesbegriff hinausläuft, zurückgedrängt wird, tritt die Narration an die Stelle der Reflexion. Glaube wird dann leicht zur Mythospflege. Die Gefahren des Biblizismus und/oder Traditionalismus und/oder Fideismus drohen. Wo eine religionsphilosophische Theologie ihre Quellen in der Erfahrung, in Schrift und Tradition dagegen nur als Stichwortgeber für die Arbeit am Gottesbegriff versteht, droht ein blutleerer Rationalismus. Es braucht beides: Abstraktion und Konkretion, Begriff und Anschauung, ein Bewusstsein für die Transzendenz Gottes und die Bezeugung seiner Immanenz.

Das spiegelt sich auch in den Gottesverständnissen der monotheistischen Religionen. «Konkreter» und «abstrakter» Monotheismus stehen sich darin nicht wie zwei klar unterscheidbare Typen gegenüber,

---

[63] Karl E. Grözinger zeigt das für das mittelalterliche Judentum. Ihm zufolge war die Kabbala der Versuch, «den philosophischen Rationalismus mit der emotional-spirituellen religiösen Aktivität (Performanz)» zu verbinden (Grözinger: Wozu dient der *Monotheismus* [siehe Anm. 48], 22).

sondern bilden zwei Pole auf einer Skala, auf der sich die Gottesverständnisse einordnen lassen. Diese sind nicht entweder abstrakt oder
konkret, sondern immer beides, aber mit unterschiedlicher Gewichtung
der beiden Seiten. Je mehr die traditionsspezifischen inhaltlichen Bestimmungen des Gottesverständnisses zurückgedrängt werden, je stärker es aus
der Geschichte der Gottesbezeugungen gelöst, also entgeschichtlicht und
verallgemeinert wird, umso abstrakter fällt es aus. Es ist, als würde man
von den konkreten Manifestationen der Geschichte Gottes mit seinem
Volk, wie sie in den Heiligen Schriften und Traditionen der Religionen
aufbewahrt sind, wegzoomen und mit kurzer Brennweite nach dem
überzeitlichen Wesen des darin bezeugten Gottes fragen.

Die dabei vorgenommenen Abstraktionen sind allerdings nicht nur für
das Gottes*denken* wichtig, sondern auch für die Gottes*verehrung,* denn in
der Doxologie werden oft abstrakte Prädikate zur Verherrlichung Gottes
verwendet. Eine interessante Verbindung zwischen dem «abstrakten»
Monotheismus der philosophischen Rationalität und den Konkretionen
der geschichtlichen theistischen Religionen stellt auch der Monotheismus
der mystischen Erfahrung dar. Gott wird dabei als der eine religions-
transzendente Seinsgrund erfahren und verstanden, mit dem der Myste
eins wird. Zur Einheit Gottes kommt die Einheit *mit* Gott hinzu. Die
Wege zu dieser Einheitserfahrung, die Anschauungsformen, in denen diese
erfasst, und die Konzepte, in denen sie reflektiert wird, sind wieder von
den Traditionen der jeweiligen Religionen geprägt. Auch den mystischen
Monotheismus gibt es demnach nur in konkreten Ausprägungen der
Kabbala, der christlichen Mystik und des Sufismus. Doch kann er sich in
einem abstrakten philosophischen Gottesbegriff reflexiv durchdringen
und entfalten, wie es etwa bei Meister Eckhart der Fall war oder bei den
Kabbalisten, welche die Lehre vom En Sôf (das Unendliche, Unbegrenzte)
entwickelten.

(c) Das philosophische Gottesdenken stellt nicht eine fremde
Außenperspektive auf die monotheistischen Religionstraditionen dar. Der
Impuls dazu ist vielmehr in ihnen selbst angelegt: in ihrem Bedürfnis nach
einer rationalen Durchdringung und Darstellung ihrer Gottesvorstellungen *(fides quaerens intellectum).*

Diese kann affirmativ oder kritisch erfolgen. Im ersten Fall geht sie von
der Anwesenheit Gottes in der Schöpfung aus und strebt danach, den
Gottesbegriff vernunftgemäß zu entfalten; das führt zu Ansätzen einer
«natürlichen Theologie». Im zweiten Fall setzt sie beim Bewusstsein der

letztlichen Entzogenheit Gottes an und erinnert das Reden von Gott an die Grenzen der theologischen Vernunft; daraus ergeben sich Ansätze einer «apophatischen Theologie». Beide Ausrichtungen der Theologie stehen in einer Polarität zueinander, wobei sich in jedem der beiden Pole eine für die Gotteslehre unaufgebbare Intention zum Ausdruck bringt: Die «natürliche Theologie» fragt nach Gott als dem Grund von allem Seienden, die «apophatische Theologie» unterscheidet ihn grundlegend von diesem. Erstere betont das Moment der Immanenz und die Erfahrung der Anwesenheit Gottes, die zweite stellt seine Transzendenz und die Abwesenheit in den Vordergrund.

Man darf «apophatisch» nicht mit «abstrakt» oder «negativ» gleichsetzen. Es geht vielmehr darum alle «konkreten» und «positiven» Aussagen vor Festlegungen zu bewahren. «Apophatische Theologie» ist daher auch nicht ein eigener Typus von Theologie, sondern ein «Grenzbewusstsein», d. h. eine Erinnerung an die «Grenzen der theologischen Vernunft» angesichts der intellektuellen Unverfügbarkeit ihres «Gegenstands» bzw. transzendenten Referenzpunktes. Dieses Bewusstsein sollte bei allem Theologietreiben mitgeführt werden.

Philosophische Reflexionen, welche die Validität und Plausibilität des Gottesglaubens ausweisen wollten, konnten religionintern, aber auch transreligiös, d. h. unabhängig von bestimmten Glaubensvoraussetzungen und dem Rekurs auf Offenbarung angestellt werden. Immer wieder in der Theologiegeschichte gab es theologische bzw. religionsphilosophische Ansätze, die von den religionsspezifischen Ausprägungen des Gottesglaubens absehen wollten, um den (Mono-)Theismus als solchen rational zu rechtfertigen.

Folgende Beispiele zeigen, wie sich das Bedürfnis nach Begründungen und Entfaltungen eines abstrakten Gottesbegriffs aus unterschiedlichen Motiven ergeben kann:

• Die klassischen «Gottesbeweise» – der «ontologische Gottesbeweis» des Anselm von Canterbury oder die «fünf Wege» des Thomas von Aquin – wollen die Denk- und Seinsnotwendigkeit Gottes demonstrieren, ohne das Wesen Gottes näher zu bestimmen. Damit bieten sie eine Plattform der interreligiösen Verständigung über die Existenz

Gottes.[64] Sie sind selbst auch aus interreligiösen Bezugnahmen hervorgegangen oder von diesen beeinflusst.[65]

- In der Auseinandersetzung mit dem Judentum und dem Islam konnte die philosophische Theologie dazu herangezogen werden, eine gemeinsame Argumentationsbasis zu schaffen; so etwa in den fiktiven Religionsdialogen von Raimon Lull[66] und Nikolaus von Kues.[67] Beim Cusaner stand die philosophische Theologie allerdings im Dienste der Apologetik: Auf der gemeinsamen Argumentationsbasis sollte die Überlegenheit des christlichen Gottesglaubens erwiesen werden.
- In der Literatur, Philosophie und Theologie der Aufklärung trat diese apologetische Ausrichtung zurück und die Berufung auf den Theismus

---

[64] Siehe etwa: Christian Kanzian, Muhammad Legenhausen: Proofs for the Existence of God. Contexts – Structures – Relevance, Innsbruck 2008.

[65] Winfried Löffler weist darauf hin, dass die «fünf Wege» des Thomas von Aquin zum Teil auf Vorformen bei Moses Maimonides und arabischen Philosophen zurückgehen (Winfried Löffler: Argumente für Gottes Existenz und ihre Bedeutung für Theologie und Glaube, in: Gasser u. a. [Hg.]: Handbuch für analytische Theologie [siehe Anm. 4 in der Einleitung], 159–187.

[66] Siehe dazu: Annemarie C. Mayer: Drei Religionen – ein Gott? Ramon Lulls interreligiöse Diskussion der Eigenschaften Gottes, Freiburg i. Br. 2008; Peter Walter: Muss(te) Raimundus Lullus scheitern? Die Möglichkeiten des Religionsdialogs damals und heute, in: Johannes Heil u. a. (Hg.): Abrahams Erbe. Konkurrenz, Konflikt und Koexistenz der Religionen im europäischen Mittelalter, Berlin 2015, 50–68; ders.: Raimundus Lullus (um 1232–1316) – Ein früher Wegbereiter des Dialogs der Religionen, in: Petrus Bsteh, Brigitte Proksch (Hg.): Wegbereiter des interreligiösen Dialogs, Bd. 1, Wien, Berlin 2012, 15–22; Martin Repp: Der eine Gott und die anderen Götter. Eine historische und systematische Einführung in Religionstheologien der Ökumene, Leipzig ²2021, 127–154.

[67] Repp: Der eine Gott (siehe Anm. 66), 155–188; Felix Körner: Kirche im Angesicht des Islam. Theologie des interreligiösen Zeugnisses, Stuttgart 2008, 129–144; Walter Andreas Euler: Nikolaus von Kues (1401–1464) – Der Vordenker des Dialogs der Religionen, in: Petrus Bsteh, Brigitte Proksch (Hg.): Wegbereiter des interreligiösen Dialogs, Bd. 2. Wien 2018, 31–38; Volker Leppin: Fiktive Religionsgespräche im Mittelalter. Petrus Abaelard – Raimundus Lullus – Nikolaus von Kues, in: Mariano Delgado, Gregor Emmenegger, Volker Leppin (Hg.): Apologie, Polemik, Dialog. Religionsgespräche in der Christentumsgeschichte und in der Religionsgeschichte, Basel, Stuttgart 2021, 207–229.

wurde zur Begründung des Religionsfriedens herangezogen, so etwa in
Lessings «Nathan der Weise».[68]

- In der Analytischen Theologie der jüngeren Vergangenheit und Gegenwart ist die Frontstellung wieder eine andere: Gegenüber positivisti-
schen, naturalistischen und atheistischen Bestreitungen des Gottesglaubens soll die Rationalität des theistischen Gottesbegriffs demonstriert
werden.[69] Auch dabei treten dessen religionsspezifische Füllungen
zurück. Es werden Gründe für und gegen die Annahme der Existenz
Gottes angeführt und die Gottesprädikate des klassischen Theismus
diskutiert.[70]

- Aus dem dezidiert religionstheologischen Interesse, den göttlichen
Grund allen Seins mit einem Ausdruck zu bezeichnen, der die Religionstraditionen transzendiert, zieht John Hick den neutralen Begriff
«the Real» heran.[71] Dieser Begriff umfasst personale wie nicht-perso-
nale Gottesvorstellungen und ist inhaltlich lediglich durch zwei Merkmale gekennzeichnet: «The Real» existiert und es besteht die Möglichkeit, sich zu ihm in Beziehung zu setzen.[72] Hinzu kommt die
Eigenschaft der Einheit: «it is the unique One without a second».[73]

Neben dem Bedürfnis, die Rationalität des Gottesbegriffs zu erweisen, und
dem Versuch, diesen von einem religionsübergreifenden Standpunkt aus
zu entfalten, führt auch das Bewusstsein der letztlichen Entzogenheit,
Unbegreifbarkeit und Unverfügbarkeit Gottes zu Abstraktionen von den

---

[68]   Gotthold Ephraim Lessing: Nathan der Weise. Ein dramatisches Gedicht,
in fünf Aufzügen, Berlin [8]2021.

[69]   Etwa: Richard Swinburne: The Coherence of Theism, Oxford [2]2016.

[70]   Siehe dazu: Gasser u. a. (Hg.): Handbuch für Analytische Theologie
(siehe Anm. 4 in der Einleitung), 159–361; Klaus Viertbauer, Georg Gasser
(Hg.): Handbuch Analytische Religionsphilosophie. Akteure – Diskurse – Perspektiven, Berlin 2019, 91–174.

[71]   John Hick: An Interpretation of Religion. Human Responses to the
Transcendent, London 1989, 233–296; dt.: Religion. Die menschlichen Antwor-
ten auf die Frage nach Leben und Tod, München 1996, 254–320. Siehe dazu:
Reinhold Bernhardt: The Real and the Trinitarian God, in: Paul F. Knitter (Hg.):
The Myth of Religious Superiority: Multifaith Explorations of Religious
Pluralism, Maryknoll, NY 2005, 194–207.

[72]   Hick: An Interpretation of Religion (a. a. O.), 239.

[73]   A. a. O., 249. Siehe auch: ders: The Rainbow of Faiths. Critical Dialogues
on Religious Pluralism, London 1995, 69ff.

konkreten Gottesvorstellungen der Religionen. Dieses Bewusstsein hat apophatische Ansätze der Theologie hervorgebracht, die Gott «negativ» – als das, was er *nicht* ist – beschreiben oder ihm nur abstrakte Grundbestimmtheiten – wie eben Einheit und Einzigkeit – zuschreiben.

Diese Ansätze sind zu verstehen als theologische Religionskritik im Sinne einer Selbstkritik der Theologie bzw. einer Kritik an allzu konkreten (und anthropomorphen) Ausdrucksformen des christlichen Glaubens. Kritisiert wird dabei nicht so sehr die Konkretheit der Gottesvorstellungen an sich, als vielmehr deren Verabsolutierung. Demgegenüber zielt die Überwindung inhaltlicher Bestimmungen in der Gottesrede darauf, die uneinholbare Transzendenz Gottes zu wahren. Es geht diesen Ansätzen darum, die Gottheit Gottes vor Vergegenständlichung und «Verbegrifflichung» zu schützen, wobei nicht der Begriff selbst das Problem darstellt, sondern dessen Verfestigung zur Behauptung «so und nicht anders ist Gott».

Um die Absolutheit des Absoluten nicht anzutasten, sollte – so deute ich den Impetus des «abstrakten» Monotheismus – alle Rede über das Absolute deabsolutiert, d. h. unter den Vorbehalt der letztlichen «Vorletztheit», d. h. Vorläufigkeit und Unangemessenheit aller menschlichen Gottesrede gestellt werden. «Gott als der immer größere Gott, der in eine von der Welt her entworfene Formel nie eingeht.»[74] Das gilt auch für eine Gottesrede, die sich offenbarungstheologisch begründet. Auch sie hebt die kategoriale Differenz nicht auf, die zwischen dem sich aller Beschreibung entziehenden göttlichen Einen und allem Weltlichen, das durch Vielheit und Endlichkeit charakterisiert ist, besteht. Dazu gehören auch die Erscheinungsformen der Religion einschließlich der Denk- und Ausdrucksformen des «konkreten» Gottesglaubens. Der/Die/Das Eine ist unsagbar *(árrhēton)*.[75] Damit muss dann letztlich auch der (Mono-) Theismus selbst noch einmal überstiegen werden. Woraufhin? Nicht auf ein bestimmtes Konzept hin, auch nicht auf das eines philosophischen Monismus, denn auch dieses müsste dann noch einmal transzendiert werden. Im «abstrakten» Monotheismus liegt also eine Tendenz, den Monotheismus zu überwinden. Wo die monotheistischen Religionen diesem Impuls folgen, müssen sie von allen Zentrierungen auf sich selbst

---

74 Karl Rahner: Über den Versuch eines Aufrisses einer Dogmatik, in: Schriften zur Theologie, Bd. 1, 29, Anm. 1 (Sämtliche Werke, Bd. 4, 419).

75 Plotin, Enneaden V./3, 13,1f.

absehen und sich ex-zentrisch immer wieder neu auf Gott zentrieren (lassen), der nicht nur ihr Grund ist, sondern sie – einschließlich ihrer Gottesrede – auch grundlegend infrage stellt.

Auch die trinitarische Bestimmtheit Gottes steht – wie jede Bestimmtheit Gottes – unter dem Vorbehalt der letztlichen Entzogenheit Gottes. Trinität ist keine «Definition» («Festlegung», wörtlich «Begrenzung») des Wesens Gottes. Das Gottsein Gottes liegt allen Erschließungen – auch der trinitätstheologischen – voraus und relativiert diese in einem theologisch sachgemäßen Sinn. Das christliche Gottesverständnis beansprucht auf der einen Seite, mit der Trinitätslehre das Wesen Gottes authentisch zu erfassen, schließt aber andererseits das Bewusstsein ein, dass Gottes Wesen sich letztlich jeder lehrhaften Erfassung entzieht.

Alle Eigenschaftszuschreibungen in Bezug auf Gott, alle Vorstellungen von Vollkommenheit, Allmacht, und auch die von Einfachheit und Einzigkeit wie von innerer Dreiheit sind vor dogmatischer Verfestigung zu bewahren und so gewissermaßen nach «oben» offenzuhalten. Das bedeutet nicht, jegliche inhaltliche Bestimmung von Gott fernzuhalten, sondern all diese Bestimmungen einem letzten Relativierungsvorbehalt zu unterstellen, anders gesagt: keine Definitionshoheit über Gott in Anspruch zu nehmen, seine Entzogenheit zu respektieren und damit theologische Idolatrie im Ansatz zu vermeiden. Es kann und muss von Gott in inhaltlicher Bestimmtheit gesprochen werden, doch diese Bestimmungen sind als Umkreisungen eines letztlich nicht fassbaren Geheimnisses aufzufassen.

Gegenüber einer einseitigen Betonung des Apophatischen einerseits oder des Kataphatischen andererseits steht das Gottesdenken der monotheistischen Religionen damit vor der Aufgabe, die Polarität von Abstraktion und Konkretion, Entzogenheit und Offenbartheit, Unbestimmtheit und Bestimmtheit, Unsagbarkeit und Reden von Gott immer neu auszutarieren.

Der Gott, den Anselm von Canterbury als das zu denken versuchte, worüber hinaus Größeres nicht gedacht werden kann; der Gott, von dem Nikolaus von Kues sagte, er stehe «supra omnia opposita»;[76] der Gott

---

[76] Nikolaus von Kues: De principio (Philosophisch-Theologische Schriften. Studien und Jubiläumsausgabe, Bd. 2, Wien 1964, 252). Siehe auch ders.: De docta ignorantia II (Philosophisch-Theologische Schriften, Studien- und Jubiläumsausgabe, Bd. 1, Wien 1982, 321).

«über dem Gott des Theismus»,[77] von dem Tillich gesprochen hat, ist keine blutleere Abstraktion. Es ist der Gott, «der in unzugänglichem Lichte wohnt» (1Tim 6,16),[78] dessen Licht aber in die Welt – besonders in die Geschichte des Volkes Israel – leuchtete und den Jesus in seinem ganzen Existenzvollzug verleiblicht hat. Abstrakte Gottesbegriffe wollen und sollen den Gott des Glaubens nicht ersetzen, sondern die Intelligibilität des Gottesglaubens untermauern und die Transzendenz Gottes wahren. Sie bilden ein kritisches Gegengewicht gegen vergegenständlichende und/oder anthropomorph-bildhafte Redeweisen von Gott.

1.4.4 Zurück zur Ausgangsfrage

Wenn wir von hier aus noch einmal zur Frage zurückkehren, ob der Monotheismus die monotheistischen Religionen eher trennt oder eher verbindet, so scheint sich zunächst die Auffassung nahezulegen, dass es der «abstrakte» Monotheismus ist, der verbindet, während die «konkreten» Monotheismen, wie sie sich in der Religionsgeschichte entwickelt haben, trennen. Demgegenüber ist allerdings erstens zu fragen, ob ein abstrakter Gottesbegriff wirklich eine religionsverbindende Kraft hat oder ob er nicht lediglich einen «ultimate point of reference»[79] anzeigt. Zweitens gilt: Nicht die «konkreten» Monotheismen an sich trennen, sondern der Umgang mit ihnen, d. h. die Weise, wie sie aufeinander bezogen oder gegeneinander ausgespielt werden. Sie können als zu bekämpfender Irrglaube, als theologisch irrelevante Manifestationen vergeblicher menschlicher Gottsuche, aber auch als unterschiedliche religiöse Antworten auf die Selbstmitteilungen des einen und gleichen Gottes gedeutet werden. Ob sie also dialogisch oder konfrontativ in Beziehung zueinander gesetzt werden, hängt nicht von ihnen selbst ab, sondern von denen, die mit ihnen operieren. Das gilt auch für den Monotheismus der mystischen Erfahrung.

Die eher «orthodoxen» Strömungen in den Religionstraditionen bestimmen das normative und identitätsstiftende Proprium der je eigenen Religion in Abgrenzung zu den Lehren und Praxisformen anderer

---

[77] Paul Tillich: Der Mut zum Sein, in: ders.: Sein und Sinn. Zwei Schriften zur Ontologie (GW XI), Frankfurt a. M. ³1982, 138.

[78] Jochen Klepper dichtete in Anlehnung an diesen Vers: «Gott wohnt in einem Lichte, dem keiner nahen kann» (Evangelisches Gesangbuch 379,1).

[79] Gordon D. Kaufman: In Face of Mystery. A Constructive Theology, Cambridge, MA, London 1993, 9 u. ö.

Religionen. Die auf intra- und interreligiöse Verständigung ausgerichteten Strömungen sind demgegenüber bemüht, die Spannungen zwischen den verschiedenen Ausprägungen des Monotheismus innerhalb und zwischen den Religionstraditionen abzumildern und Vermittlungen herzustellen. Dafür bieten sich zwei Wege an: zum einen der Rückbezug auf den philosophisch «abstrakten» Monotheismus der neuplatonisch-apophatischen Theologie, zum anderen der Aufweis von inhaltlichen Ähnlichkeiten (oder sogar Gemeinsamkeiten) zwischen den «konkreten» Monotheismen. Wer den ersten Weg favorisiert, wird stärker im Sinne einer philosophischen Theologie argumentieren, während sich der zweite Weg in Ansätzen einer biblischen und traditionsgeschichtlichen Theologie entfaltet (so etwa die Konzepte einer «Abrahamischen Ökumene», die ich in Abschnitt 1.10 bespreche). Beides lässt sich aber auch miteinander verbinden.

Dabei kann die Überzeugung, dass Juden, Christen und Muslime an den einen und gleichen Gott glauben, eine wichtige Rolle spielen, weil sie eine basale Gemeinsamkeit benennt. Diese Überzeugung ist nicht notwendig mit dem Monotheismus verbunden. Sie kann aber aus ihm abgeleitet werden. Doch auch dann gilt, dass es nicht der Monotheismus ist, der die monotheistischen Religionen verbindet, sondern der Gott, auf den sie ausgerichtet sind.

Nun wurde aber in der weiter zurückliegenden und in der jüngeren Vergangenheit immer wieder der Vorwurf gegen den Monotheismus erhoben, dass er nicht nur zu schiedlich-friedlichen Trennungen zwischen den Religionen führt, sondern auch zu Verfeindungen – bis hin zur Legitimation von Gewaltanwendung.

1.5   These: Der Monotheismus ist autoritär und intolerant

In diesem Abschnitt wende ich mich dem Vorwurf zu, dass der Monotheismus die Religionen nicht nur trennt, sondern zur Intoleranz gegenüber anderen Religionen, wie überhaupt gegenüber allen ihm entgegenstehenden Wahrheitsansprüchen neigt. Dieser Einwand wurde in der weiter zurückliegenden und in der jüngeren Vergangenheit immer wieder mit Emphase erhoben und z. T. hitzig diskutiert. Man warf und wirft dieser Religionsform vor, dass sie mit ihrem scharfkantigen Wahrheitsanspruch religiöse Feindschaft sät, ja sogar Gewaltanwendung fordert oder zumindest fördert oder sich wenigstens für deren Legitimation in Anspruch nehmen lässt. Und dabei wurde und wird nicht selten der Polytheismus als Toleranz-evozierender Gegenentwurf aufgebaut.

1.5.1 Die Stimmen der Kritiker: von Hume bis Assmann

In «The Natural History of Religion» (1757) schrieb David Hume: «Die Intoleranz nahezu aller Religionen, die die Einheit Gottes behaupten, ist ebenso bemerkenswert wie das entgegengesetzte Prinzip des Polytheismus. Der unversöhnliche, engherzige Geist der Juden ist wohlbekannt.»[80]

Arthur Schopenhauer konstatierte: «In der Tat ist Intoleranz nur dem Monotheismus wesentlich: ein alleiniger Gott ist seiner Natur nach ein eifersüchtiger Gott, der keinem anderen Leben gönnt. Hingegen sind polytheistische Götter ihrer Natur nach tolerant: sie leben und lassen leben.»[81]

Die Kritik von Friedrich Nietzsche hat eine etwas andere Stoßrichtung. Ihm geht es nicht um eine Neigung zu Intoleranz und Gewalt im Umgang mit Andersglaubenden, sondern um die Abtötung freier Geistigkeit, um Konformitätszwang, also um eine Form geistig-kultureller Repression innerhalb der Religionsgemeinschaft, aber auch darüber hinaus. Damit sei der Monotheismus die «vielleicht [...] größte Gefahr der bisherigen Menschheit».[82] Nietzsche sprach vom «erbarmungswürdige[n] Gott des christlichen Monotono-Theismus»:[83] «Zwei Jahrtausende beinahe und nicht ein einziger neuer Gott!»[84] Im Monotheismus sieht er einen Götzendienst: die Verehrung eines zum *ens realissimum* aufgeblasenen abstrakten Begriffs. Der «Gott» der Metaphysik sei ein «hybride[s] Verfalls-Gebilde aus Null, Begriff und Widerspruch», das aber zum eigentlich Wirklichen erklärt werde.[85] Hier werde der Normalmensch zu

---

[80] Zitiert nach der Übersetzung von Lothar Kreimendahl, in: David Hume: Die Naturgeschichte der Religion; Über Aberglaube und Schwärmerei; Über die Unsterblichkeit der Seele; Über Selbstmord, Hamburg 1984, ²2000, 38.

[81] Arthur Schopenhauer: Paralipomena (Sämtliche Werke, Bd. 5), Darmstadt 1974, 422.

[82] Friedrich Nietzsche: Die fröhliche Wissenschaft (Sämtliche Werke. Kritische Studienausgabe = KSA, München, Berlin 1999, Bd. 3), Nr. 143, 490,32f.

[83] Friedrich Nietzsche: Der Antichrist (KSA, Bd. 6), 185,26.

[84] A. a. O., 185,22f.

[85] A. a. O., 183–185.

einem «Normalgott, neben dem es nur noch falsche Lügengötter gibt»[86] verabsolutiert. Dieser «Gott» treibe die Menschheit auf einen «vorzeitige[n] Stillstand».[87] Es sei dies der Zustand, den «die meisten andern Tiergattungen schon längst erreicht haben, als welche alle an ein Normaltier und Ideal in ihrer Gattung glauben».[88] Im Polytheismus sieht Nietzsche dagegen «die Freigeisterei und Vielgeisterei des Menschen vorgebildet: die Kraft, sich neue und eigne Augen zu schaffen und immer wieder neue und noch eigenere».[89]

In eine ähnliche Richtung geht die Kritik wie auch das Plädoyer von Odo Marquard: «Im Monotheismus negiert der eine Gott – eben durch seine Einzigkeit – die vielen Götter. Damit liquidiert er zugleich die vielen Geschichten dieser vielen Götter zugunsten der einzigen Geschichte, die nottut: der Heilsgeschichte; er entmythologisiert die Welt. [...] Der christliche Alleingott bringt das Heil, indem er die Geschichte exklusiv an sich reißt.»[90] Auch Marquard plädiert demgegenüber für den Polytheismus mit seiner Vielfalt an Erzählungen und Mythen. Dieser sei lebensnäher, anschaulicher, freiheitsfördernder, pluralismusoffener und friedfertiger.[91]

In seiner psychologischen Deutung verbindet Sigmund Freud beide Anklagepunkte: den Vorwurf der kultur- und religionsinternen Sedierung und den der Gewaltneigung in den «äußeren» Beziehungen zu Andersglaubenden. In seinem historischen Roman «Der Mann Mose und die monotheistische Religion» (1939) stellt er den jüdischen Monotheismus

---

[86] Friedrich Nietzsche: Die fröhliche Wissenschaft (KSA, Bd. 3), 490,31.
[87] A. a. O., 490,33.
[88] A. a. O., 490f.,34ff.
[89] A. a. O., 491,4ff.
[90] Odo Marquard: Lob des Polytheismus. Über Monomythie und Polymythie, in: Hans Poser (Hg.): Philosophie und Mythos. Ein Kolloquium, Berlin, Boston 1979, 48; abgedruckt in: ders.: Abschied vom Prinzipiellen. Philosophische Studien, Stuttgart 1981, 100f. Siehe dazu: Alois Halbmayr: Lob der Vielheit. Zur Kritik Odo Marquards am Monotheismus, Innsbruck, Wien 2000.
[91] Diese These hat vielfältige Kritik provoziert. So etwa: Arnold Angenendt: Gewalttätiger Monotheismus – Humaner Polytheismus?, in: StZ 223, 2005, 319–328. Auch Assmann weist das «alte Klischee vom ‹toleranten Polytheismus›» zurück (Die «Mosaische Unterscheidung» und die Frage der Intoleranz. Eine Klarstellung, in: Rolf Kloepfer, Burckhard Dücker [Hg.]: Kritik und Geschichte der Intoleranz, Heidelberg 2000, 189).

als Vaterreligion dar, die zu Triebunterdrückung und Vergeistigung drängt. Diese subtile Autoaggression wende sich dann auch nach außen und führe zu Intoleranz gegenüber Andersgläubigen: «[…] mit dem Glauben an einen einzigen Gott wurde wie unvermeidlich die religiöse Intoleranz geboren.»[92]

In der jüngeren Vergangenheit hat Martin Odermatt den Monotheismus einer scharfen psychologischen Kritik unterzogen. Odermatt ist dabei weniger von Freud und mehr von Carl Gustav Jungs Tiefenpsychologie geprägt. Mit Eigenschaftszuschreibungen wie «aggressiv, intolerant und auf die Auslöschung anderer Götter und damit anderer Überzeugungen und Wertesysteme angelegt»,[93] «hierarchisch, prophetisch, exklusiv, männlich, geistig und theokratisch (auf den Anspruch und die Ausübung weltlicher Macht aus)»,[94] «undemokratisch oder sogar demokratie-feindlich»[95] rückt er den Monotheismus in die Nähe des religiösen Fundamentalismus und des politischen Totalitarismus. Die genannten Eigenschaften sind nach seiner Diagnose im Dualismus von Gut und Böse angelegt, der die mentale Grundstruktur des monotheistischen Religionstypus bildet.

Eine andere Argumentationslinie, die sich mit den bisher dargestellten allerdings partiell überschneidet, sieht den Monotheismus vor allem als *politisches* Problem. Theologen wie Erik Peterson[96] und später Jürgen Moltmann[97] wiesen auf die Verbindung des Monotheismus mit monarchischen Staatsformen und hierarchischen Gesellschaftsordnungen hin.

---

[92] Sigmund Freud: Der Mann Mose und die monotheistische Religion. Schriften über die Religion, Frankfurt [16]2013, 36. Siehe dazu: Peter Schäfer: Der Triumph der reinen Geistigkeit. Sigmund Freuds «Der Mann Moses und die monotheistische Religion», Wien 2003.

[93] Martin Odermatt: Der Fundamentalismus. Ein Gott – eine Wahrheit – eine Moral? Psychologische Reflexionen, Zürich 1991, 47.

[94] A. a. O., 48.

[95] A. a. O., 84.

[96] Erik Peterson: Der Monotheismus als politisches Problem. Ein Beitrag zur Geschichte der politischen Theologie im Imperium Romanum, Leipzig 1935.

[97] Etwa in: Moltmann: Trinität und Reich Gottes. Zur Gotteslehre, München [3]1994, 208–217. Dabei spielt die Auseinandersetzung mit Carl Schmitts «Politischer Theologie» eine wichtige Rolle: Carl Schmitt: Politische Theologie. Vier Kapitel zur Lehre von der Souveränität, München 1922, Berlin [11]2021; ders:

Autokratische und absolutistische Herrschaft konnte sich durch die
Bezugnahme auf die absolute Autorität des einen und einzigen Gottes
legitimieren und dafür waren nach Peterson nicht nur die Herrscher
verantwortlich. Das Problem sah er im monotheistischen Gottesverständnis selbst. Das trinitarische Verständnis Gottes durchbrach seiner Auffassung nach hingegen diese Art von politischer Theologie: «[D]ie Lehre
von der göttlichen Monarchie musste am trinitarischen Dogma [...]
scheitern. Damit ist [...] theologisch der Monotheismus als politisches
Problem erledigt.»[98] Dem schloss sich Moltmann an: «Nur wenn die
Trinitätslehre die monotheistischen Vorstellungen vom großen Welt-
monarchen im Himmel und vom göttlichen Weltpatriarchen überwindet,
finden die Herrscher, Diktatoren und Tyrannen auf der Erde keine
rechtfertigenden religiösen Archetypen mehr.»[99] Die Berufung auf das
trinitarische Gottesverständnis mit der Vorstellung einer Relationalität in
Gott verband Moltmann mit dem Motiv der *kenosis* des Gottessohnes bis
zum Tod am Kreuz, an dem Gott leidend teilnimmt. Im zweiten Teil
dieser Studie komme ich auf Moltmanns trinitätstheologischen Ansatz
zurück und unterziehe ihn einer kritischen Würdigung.

Peterson, Moltmann und andere Vertreter dieser neuen politischen
Theologie[100] sehen das Kernproblem des Monotheismus also im Monarchianismus des Gottesverständnisses und die Lösung dieses Problems
erblicken sie in der Trinitätstheologie.

Politische Theologie II. Die Legende von der Erledigung jeder politischen Theologie, Berlin 1970.

[98] Peterson: Der Monotheismus (siehe Anm. 96), 99. Siehe dazu auch:
Giancarlo Caronello (Hg.): «Monotheismus, ein ganz leeres Wort?» Versuche zur
Monotheismustheorie Erik Petersons, Tübingen 2018.

[99] Moltmann: Trinität (siehe Anm. 97), 214.

[100] In einem weiteren Sinn ist auch die *feministisch-theologische* Monotheismuskritik diesen Ansätzen zuzurechnen. Grundlegend dafür ist das Werk von
Marie-Theres Wacker: Von Göttinnen, Göttern und dem einzigen Gott. Studien
zum biblischen Monotheismus aus feministisch-theologischer Sicht, Münster
2004; darin besonders: Feministisch-theologische Blicke auf die neuere Mono-
theismus-Diskussion, 77–103. Auch von jüdischer Seite gibt es Beiträge dazu,
etwa von Judith Plaskow, die für einen «inklusiven Monotheismus» plädiert
(Judith Plaskow: Standing Again at Sinai. Judaism from a Feminist Perspective,
San Francisco, CA 1991, 151f.). Sie kritisiert den monotheistischen Gottesglauben nicht als solchen, sondern nur in seinen patriarchalen Anwendungen und

Die außertheologischen Kritiker verweisen eher auf die religiöse Exklusivität des Wahrheitsverständnisses mit den sich daraus ergebenden intoleranten und zur Gewalt neigenden Handlungsorientierungen. Im Chor mit Hume, Schopenhauer und Nietzsche stimmen sie im Namen der (inter-)religiösen Toleranz und Vielfalt ein Loblied auf den Polytheismus an. Wie sich hier zeigt, hängt die Wertung des monotheistischen Gottesglaubens von der Anschauung der Welt ab: Wo die *Einheit* der Wirklichkeit betont wird, wie es in der Tradition der griechischen Philosophie im Abendland bis zum 19. Jahrhundert nahezu durchgehend der Fall war, bietet der Monotheismus eine religiöse Grundlage dafür. Wo hingegen das Einheitspostulat infrage gestellt wird, wo ihm eine Tendenz zum weltanschaulichen Totalitarismus und zur Unterdrückung devianter Weltsichten unterstellt wird und wo demgegenüber die *Vielfalt* zum obersten Prinzip erklärt wird, erfährt der Polytheismus eine neue Wertschätzung. Er scheint dem weltanschaulichen und religiösen Pluralismus besser zu entsprechen als der Glaube an den einen und einzigen Gott.

Eine besonders intensive Diskussion löste die Monotheismuskritik von Jan Assmann aus.[101] Ihm zufolge ist der Monotheismus mit der «Mosaischen Unterscheidung» von wahrer und falscher Religion verbunden. «Mose ist die Symbolfigur einer menschheitsgeschichtlichen Wende [...]. Diese Wende verbindet sich mit dem exklusiven Monotheismus, der die Verehrung eines einzigen als des einzig wahren Gottes fordert und alle anderen Götter zu ‹Götzen›, d. h. Lug und Trug erklärt. Mit diesem neuen Religionstypus zieht die Unterscheidung von wahr und falsch in die Religionsgeschichte ein.»[102] Die als «unwahr» be- bzw.

---

führt ihn als Kritik an hierarchischen Verhältnissen ins Feld. Indem Gott das Machtmonopol zugeschrieben wird, werden politische Machtansprüche, die zur Legitimation hierarchischer Machtverhältnisse dienen, unterlaufen. Fügt man dem noch das befreiungstheologische Motiv der Solidarisierung Gottes mit den Armen und Unterdrückten hinzu, kann gerade der Monotheismus die Begründung für eine auf Gerechtigkeit und Gleichberechtigung zielende politische Theologie liefern.

[101] Jan Assmann: Moses der Ägypter. Entzifferung einer Gedächtnisspur, Darmstadt 1998, Frankfurt a. M. [7]2011; ders.: Die mosaische Unterscheidung oder der Preis des Monotheismus, München, Wien 2003, Nachdruck München 2010 (Diskussion mit Kritikern); ders.: Totale Religion. Ursprünge und Formen puritanischer Verschärfung, Wien 2016; und zahlreiche weitere Veröffentlichungen.

[102] Jan Assmann: Herrschaft und Heil. Politische Theologie in Altägypten,

verurteilten Religionsformen werden als Häresie, Idolatrie, Heidentum, Ketzerei, Aberglaube, Unglaube etikettiert und bekämpft. Der im Namen der absoluten Wahrheit geführte Zurückdrängungskampf kann dabei unterschiedliche Formen annehmen: von Ausgrenzung bis zur Vernichtung. Dazu konnte man sich auf Mose berufen, der (nach Ex 32,26–29; 34,12–16; Dtn 13,2–19; 20,10–18) die Anwendung von Gewalt im Namen der wahren Gottesverehrung nicht nur legitimiert sondern gar gefordert hatte.

Assmann konstatiert, dass «der Monotheismus eine Religion ist, in deren kanonischen Texten die Themen Gewalt, Hass und Sünde eine auffallend große Rolle spielen und eine andere, nämlich spezifisch religiöse Bedeutung annehmen als in den traditionellen ‹heidnischen› Religionen. Dort gibt es Gewalt im Zusammenhang mit dem politischen Prinzip der Herrschaft, aber nicht im Zusammenhang mit der Gottesfrage. Gewalt ist eine Frage der Macht, nicht der Wahrheit».[103]

Dem Monotheismus inhäriert demnach ein Wahrheitsabsolutismus, dessen Kehrseite die Negation all dessen ist, was ihm widerspricht. Auf diese Weise neigt er zu Intoleranz, die bis zur (Legitimation von) Gewaltanwendung führen kann. «Durch diese Kraft der Negation gewinnt der Monotheismus den Charakter einer ‹Gegenreligion›, die ihre Wahrheit im Ausschluss des mit ihr Unvereinbaren bestimmt.»[104]

Ich verzichte auf eine ausführlichere Darstellung dieser Position, den kritischen Auseinandersetzungen damit und auch der Modifikationen, die Assmann als Reaktion auf die Kritik vorgenommen hat,[105] weil sich all

---

Israel und Europa, Frankfurt a. M. 2002, 262.

[103] Jan Assmann: Monotheismus und die Sprache der Gewalt (Wiener Vorlesungen 2004), Wien 2006, 20; abgedruckt mit leicht verändertem Wortlaut, in: Peter Walter (Hg.): Das Gewaltpotential des Monotheismus und der dreieine Gott, Freiburg i. Br. u. a. 2005, 23.

[104] Jan Assmann: Die Monotheistische Wende, in: Klaus E. Müller (Hg.): Historische Wendeprozesse. Ideen, die Geschichte machten, Freiburg i. Br. u. a. 2003, 50.

[105] Sie besteht im Wesentlichen aus der Unterscheidung zwischen einem Monotheismus der Wahrheit und einem Monotheismus der Treue. Assmann bezog die «mosaische Unterscheidung» nun primär auf die Treue, d. h. die absolute Loyalitätsverpflichtung gegenüber Gott. Die Untreue stelle einen Bruch des Bundes dar, der in der Metaphorik des Ehebruchs und der «Hurerei» beschrieben werde. Die Sprache, in der sich dieser Monotheismus artikuliere,

dies bereits in zahlreichen Publikationen findet.[106] Stattdessen frage ich, welche Absicht er mit dieser Monotheismuskritik verfolgt und was sich daraus für seine Deutung der biblischen Texte ergibt, die den Monotheismus propagieren. Es geht mir also um seine Intention und seine Hermeneutik.

Assmann will die «Sprache der Gewalt» des *heutigen* religiösen Fanatismus auf ihre historischen Quellen hin zurückverfolgen, aus denen sie sich speist bzw. die in ihrem Gebrauch und zu ihrer Rechtfertigung in Anspruch genommen werden. Er verfolgt nicht in erster Linie ein historisches, sondern ein gegenwartsbezogenes Interesse: den religiösen Legitimationen von Gewalt soll der Boden entzogen werden: «Das semantische Dynamit, das in den heiligen Texten der monotheistischen Religionen steckt, zündet in den Händen nicht der Gläubigen, sondern der Eiferer, der Fundamentalisten, denen es um politische Macht geht und die sich der religiösen Gewaltmotive bedienen, um die Massen hinter sich zu bringen. Die Sprache der Gewalt wird als eine Ressource im politischen Machtkampf mißbraucht, um Feindbilder aufzubauen und Angst und Bedrohungsbewußtsein zu schüren. Daher kommt es darauf an, diese Motive zu historisieren, indem man sie auf ihre Ursprungssituation zurückführt. Es gilt, ihre Genese aufzudecken, um sie in ihrer Geltung einzuschränken.»[107]

Mit diesem gegenwartsbezogenen Interesse blickt Assmann auf die alttestamentlichen Überlieferungen vom Exodus, der Wüstenwanderung

---

stamme aus assyrischen Vasallenverträgen, in denen all jenen, die den Gehorsam verweigern, Gewalt angedroht wird (Jan Assmann: Monotheismus der Treue. Korrekturen am Konzept der «mosaischen Unterscheidung» im Hinblick auf die Beiträge von Marcia Pally und Micha Brumlik, in: Rolf Schieder [Hg]: Die Gewalt des einen Gottes. Die Monotheismus-Debatte zwischen Jan Assmann, Micha Brumlik, Rolf Schieder, Peter Sloterdijk und anderen, Berlin ²2014, 249–266).

[106] Exemplarisch: Jürgen Manemann (Hg.): Monotheismus, Münster ²2005; Thomas Söding (Hg.): Ist der Glaube Feind der Freiheit? Die neue Debatte um den Monotheismus, Freiburg i. Br. 2003; Gesine Palmer (Hg.): Fragen nach dem einen Gott. Die Monotheismusdebatte im Kontext, Tübingen 2007; Miled Abboud: Monotheismus zwischen Gewalt und Frieden. Eine Auseinandersetzung mit aktuellen religionskritischen Thesen, Berlin 2013, 29–49; Schieder (Hg.): Die Gewalt (siehe Anm. 105).

[107] Jan Assmann: Monotheismus und die Sprache der Gewalt, Wien 2006, 57; abgedruckt in: Walter (Hg.): Das Gewaltpotential (siehe Anm. 103), 38.

und dem Einzug in das gelobte Land. Es geht ihm dabei nicht um eine
möglichst exakte bibelwissenschaftliche Auslegung dieser Texte selbst und
auch nicht um eine möglichst genaue Rekonstruktion der Realgeschichte,
die sich in ihnen – wie gebrochen auch immer – zu erkennen gibt.
Vielmehr geht es ihm um die Aufarbeitung der *Sinn-* oder *Gedächtnis-*
geschichte. Er betrachtet diese Texte zum einen in ihren Entstehungs- und
zum anderen in ihren wirkungs- bzw. rezeptionsgeschichtlichen Kontexten,
d. h. einerseits retrospektiv als kritische Auseinandersetzung mit der (teils
überlieferten, teils imaginierten) Vergangenheit des Volkes Israel und
andererseits im Licht ihrer späteren Inanspruchnahme. Die Figur des
Mose kommt dabei als Gestalt der Erinnerung und weniger als real-
geschichtliche Person in den Blick. Daher vermögen auch alle Einwände
Assmann nicht zu treffen, welche die Existenz des Mose infrage stellen
oder das Bild von ihm historisch korrigieren wollen. Es geht ihm nicht um
den «wirklichen», sondern um den vorgestellten Mose. Es geht ihm auch
nicht darum, die Entstehung des altisraelitischen Monotheismus historisch
zu rekonstruieren,[108] sondern sie als Inhalt des kollektiven Gedächtnisses
zu imaginieren, ähnlich wie es Freud in seinem «historischen Roman» unternommen hatte. Seine Blickrichtung verläuft nicht (synchron) dem Zeit-
pfeil entlang, sondern ihm entgegen. Er blickt von heute aus rückwärts.

Assmanns eigentliches Thema ist nicht der Monotheismus als religionsgeschichtliche Formation, sondern die Frage nach den religiösen
Wurzeln der religiösen Intoleranz – und zwar nicht nur der Intoleranz
gegen Andersgläubige außerhalb der eigenen Religionsgemeinschaft,
sondern auch gegen die Heterodoxen innerhalb der Gemeinschaft. Er will
aufdecken, dass die Verfasser und Redaktoren der biblischen Überlieferungen, die den Monotheismus propagieren, in ihrer Gegenwart die
Identität ihrer Religionsgemeinschaft bestimmen wollen, indem sie sich an
vermeintlichen Abweichungen von dieser idealen Identität in der eigenen
Vergangenheit abarbeiten. «Ich lese etwa das fünfte Buch Moses so, dass
mit ‹Kanaan› eigentlich die eigene heidnische Vergangenheit gemeint ist.

---

[108] Wäre das seine Absicht gewesen, so müsste diese Rekonstruktion als ge-
scheitert betrachtet werden. Hans-Peter Müller konstatiert lapidar: «Auf einen
historischen Mose, der uns weitgehend unbekannt bleibt, oder auf Amenophis
IV. (Echnaton) geht der israelitische Monotheismus nicht zurück.» (Hans-Peter
Müller: Art. «Monotheismus und Polytheismus, II. Altes Testament», in: RGG[4],
Bd. 5, 1461).

Und der glühende Hass auf die Kanaanäer, der sich in diesen Texten ausdrückt, ist in Wahrheit ein retrospektiver Selbsthass, ein Hass auf die Vergangenheit, von der man sich befreien möchte. Dahinter steckt in meinen Augen die Erfahrung einer Art von Konversion.»[109]

Assmann ist ein Aufklärer, der gegen religiöse Absolutheitsansprüche kämpft. Er entwickelt eine Geschichtskonstruktion, mit der er den Geschichtskonstruktionen derer, die sich zur Begründung religiöser Intoleranz auf den Monotheismus berufen, entgegentritt. Sein positiver Vorschlag besteht darin, den Monotheismen der geschichtlichen Religionen – wie in der Aufklärung – eine ethische Menschheitsreligion überzuordnen, die sich an den Menschenrechten orientiert. Diese kann durchaus an den biblischen Monotheismus anknüpfen, denn in diesem sei Gott nicht nur mit Wahrheit, sondern auch mit Recht und Gerechtigkeit verbunden.[110] Diese Gedanken werden wir in Abschnitt 1.7 unter dem Leitwort «ethischer Monotheismus» aufnehmen und weiter verfolgen.

1.5.2 Gegenkritik: Essenzialisierung

Folgt man dieser vielstimmigen Monotheismuskritik, so dient der monotheistische Religionstypus nicht der *Verständigung* der Religionen, sondern gießt mit den Exklusivansprüchen, die er für die Wahrheit der eigenen Religion erhebt, Öl in das Feuer religiöser Selbstbehauptungen und interreligiöser Abgrenzungen, auch und gerade zwischen den monotheistischen Religionen. Demnach wäre es im Interesse einer dialogischen Beziehungsbestimmung zwischen den Religionen gar nicht ratsam, auf ein monotheistisches Gottesverständnis zu rekurrieren. Ein solches müsste zunächst von seiner latenten oder offenen Tendenz zur Selbstdurchsetzung gegenüber anderen Religionen und damit von seiner Tendenz zur interreligiösen Verfeindung befreit werden – falls das überhaupt möglich ist. Möglich kann es aber nur sein, wenn diese Neigung zu Intoleranz nicht im *Wesen* des Monotheismus liegt, sondern ihm nur akzidenziell zukommt: unter bestimmten Bedingungen, in bestimmten Situationen, in

---

[109] Jan Assmann in einem Interview mit Welt-Online am 13. Januar 2007: www.welt.de/print-welt/article708288/Ist-eine-Spiegel-Titelgeschichte-massiv-antisemitisch.html (07.05.2021).

[110] Keine andere Religion außer dem monotheistischen Jahwe-Glauben habe Recht und Ethos zu ihrer Hauptsache gemacht (Assmann: Die mosaische Unterscheidung [siehe Anm. 101], 76).

bestimmten Auslegungs- und Anwendungsformen. Die Frage lautet also, ob die Beziehung zwischen Monotheismus und Gewaltneigung eine notwendige oder eine kontingente – etwa situationsbedingte – ist. Im ersten Fall wird behauptet, dass monotheistische Religionsformen von sich aus – aus eigenem Antrieb – zu Abgrenzung, Intoleranz und Gewalt neigen, im zweiten Fall, dass es sich dabei um eine Potenz handelt, die jederzeit durch bestimmte Handlungssubjekte in bestimmten Situationen aktiviert und aktualisiert werden kann.

Viele der z. T. emotionsgeladenen und polemischen Monotheismuskritiken unterstellen eine *essenzielle* und damit notwendige Verbindung des exklusiven Ein-Gott-Glaubens mit einer intoleranten oder gar aggressiven Haltung gegenüber Andersglaubenden. In einem im Jahr 2000 in der ZEIT erschienenen Artikel «Der Fluch des Christentums» beschrieb der Philosoph Herbert Schnädelbach, der bis 2002 an der Humboldt-Universität in Berlin lehrte, «die sieben Geburtsfehler einer alt gewordenen Weltreligion» – so der Untertitel seines Beitrags. Die Geschichte des Christentums sei eine Geschichte der Intoleranz und daraus resultierend eine Geschichte der Schuld. Und das deutet er nicht als eine *Abweichung* von den Ursprüngen dieser Religion, sondern als deren notwendigen Ausfluss. «Nicht bloß die Untaten einzelner Christen, sondern das verfasste Christentum selbst als Ideologie, Tradition und Institution lastet als Fluch auf unserer Zivilisation.»[111] Die der christlichen Religion anzulastenden Verfehlungen bestehen demnach nicht in der falschen Anwendung richtiger Grundsätze, sondern im ideellen Kernbestand dieser Religion selbst – in ihren grundlegenden Glaubensüberzeugungen.[112] Schnädelbach verbindet die Neigung zur Intoleranz allerdings nicht in erster Linie mit dem Monotheismus, sondern mit dem Missionsauftrag, den er als einen dieser sieben Geburtsfehler betrachtet. Er bezeichnet ihn

---

[111] Herbert Schnädelbach: Der Fluch des Christentums. Die sieben Geburtsfehler einer alt gewordenen Weltreligion. Eine kulturelle Bilanz nach zweitausend Jahren, abgedruckt in: ZEIT dokument 2/2000, 6.

[112] Nicht nur Christentumskritiker, sondern auch christliche Theologen wie Eberhard Jüngel konnten das Christentum als «eine ausgesprochen polemische ‹Religion›» bezeichnen (Eberhard Jüngel: Extra eccesiam nulla salus – als Grundsatz natürlicher Theologie? Evangelische Erwägungen zur «Anonymität» des Christenmenschen, in: ders.: Entsprechungen. Gott – Wahrheit – Mensch, München 1980, 178).

als «Toleranzverbot» und als «Ermächtigung zum christlichen Kultur-imperialismus».[113]

Ich erwähne diese Kritik, um zu zeigen, wie sich die für den Vorwurf der Intoleranz und Gewaltneigung angeführten Begründungen austauschen lassen, ohne dass zwischen ihnen ein notwendiger Zusammenhang besteht. Der Missionsauftrag ist nicht ein notwendiges Implikat des Monotheismus und umgekehrt. Mit dem jüdischen Monotheismus ist er nicht verbunden, mit dem islamischen in anderer Weise. Er ergibt sich weniger aus einem Exklusiv-, als aus dem Universalanspruch des Glaubens. Mit hierarchischen Sozialstrukturen und monarchischen Herrschaftsformen hat er nichts zu tun.

Das Problem der Monotheismuskritiken – wie vieler Religionskritiken überhaupt – besteht in der angedeuteten Essenzialisierung. Dabei werden Eigenschaften wie Friedfertigkeit oder Gewaltneigung zu Wesensmerkmalen bestimmter Religionsformen erklärt, die ihnen demnach an sich zukommen. Dagegen ist einzuwenden, dass es sich dabei nicht einmal um Eigenschaften handelt, sondern um Erscheinungsformen, die in spezifischen Kontexten und Situationen entstehen und vergehen können. Wie (in-)tolerant eine spezifische Religionsformation ist, hängt immer auch von den jeweiligen Trägergruppen, ihren Geschichtserfahrungen und Lebenswelten, vor allem von ihren Interessen und ihren Selbstermächtigungsstrategien zur Durchsetzung dieser Interessen ab.[114]

Die Religionstraditionen enthalten normative Ressourcen, die sich unterschiedlich interpretieren, konstellieren und anwenden lassen. Dabei verändern sie sich. Es sind keine zeitlos-statischen Glaubenssysteme mit inhärenten Handlungsorientierungen. Gewaltanwendung und Friedfertigkeit kann zu unterschiedlichen Zeiten in unterschiedlichen Kontexten verschieden bestimmt und gewertet werden. Friedfertigkeit kann als Trägheit erscheinen, als sündhafte Weigerung, für die Sache Gottes zu kämpfen, während Gewaltanwendung als Gottesdienst ausgegeben werden kann. Ebenso lässt sich der vollkommene Gewaltverzicht in einem radikalen Pazifismus als das religiös Gebotene proklamieren.

---

[113] Schnädelbach: Der Fluch des Christentums (siehe Anm. 111), 8.

[114] Siehe dazu auch: Reinhold Bernhardt: «Im Glauben liegt ein böses Princip» (Ludwig Feuerbach). Ist religiöser Glaube wesenhaft intolerant?, in: Brigitte Hilmer (Hg.): Religion und Toleranz, Basel 2022 (im Druck).

Alles entscheidet sich an der Auslegung und der Anwendung der in den Religionstraditionen enthaltenen normativen Ressourcen. So konnten etwa Zwangstaufen im Mittelalter als Akt christlicher Nächstenliebe verstanden und vollzogen werden, um die Getauften vor ewiger Verlorenheit zu bewahren. Die Auslegungen und Anwendungen werden dabei in bestimmten Handlungskontexten vorgenommen. Bei den darin Handelnden verbinden sich religiöse Überzeugungen immer auch mit außerreligiösen Interessen von einzelnen oder Gruppen: mit Machtansprüchen, dem Streben nach ökonomischen Vorteilen und sozialen Privilegien etwa.

Wo der Monotheismus «an sich» für intolerant erklärt wird, sagt das mehr über die religionskritische Haltung derer aus, die sich auf diese Weise äußern, als über den Monotheismus selbst. Das gilt auch für die Charakterisierung einzelner Religionen. Wenn etwa der Islam heute oft mit Gewalt in Verbindung gebracht wird, dann handelt es sich dabei um eine essenzialisierende Pauschalisierung. Sie geht von bestimmten Erscheinungsformen des Islam zu bestimmten Zeiten aus und macht von dort aus eine Aussage über «den Islam» als solchen. Es handelt sich dabei um eine bestimmte *Wahrnehmung* und *Bewertung* des Islam, die ihrerseits wieder zeit-, perspektiven- und interessenbedingt ist. Gleiches gilt für «den Monotheismus». Statt pauschaler Zuschreibungen braucht es genaue Analysen der konkreten Erscheinungsformen religiös motivierter und konnotierter Gewalt in den jeweiligen Ereignungskontexten.

Zu erinnern ist auch daran, dass mit dem Rationalitätsverständnis der griechischen Philosophie ein mindestens ebenso starkes Exklusionsprinzip in das Gott-Denken des Judentums, des Christentums und des Islam Einzug gehalten hat. Für die Wahrheit einer Aussage gilt nach der aristotelischen Logik, dass alles ihr Widersprechende unwahr sein muss. Wo dieses Prinzip nicht nur auf den Bereich des Denkens und der Aussagen, sondern auch auf den des Seins angewandt wird, gilt: Ein Phänomen, das als «wahr» wahrgenommen wird (etwa «wahre Liebe») kann nicht zugleich «falsch» sein. Erst durch die Verbindung des exklusiven Monotheismus mit der Logik der griechischen Philosophie nahmen die abendländischen Monotheismen die Unterscheidung von *vera religio* und den *falsae religiones* vor.

Wie sich der «mosaische» Monotheismus mit seiner Unterscheidung zwischen wahr und falsch als «Gegenreligion» einem mythischen Kosmotheismus entgegenstellte, so stellte sich die griechische Philosophie (schon der Vorsokratiker) mit ihrer Betonung des Logos dem Mythos – in Gestalt des plastisch ausgemalten homerischen Götterpantheons – entgegen. Bei beiden Gegenbewegungen handelte es sich um Prozesse der Rationalisierung und der Ethisierung.

Zu bedenken ist auch, dass der «mosaische» Monotheismus nicht nur eine Strategie zur Durchsetzung religiöser oder politischer Machtansprüche gegen andere Religionsformen und ihre Trägergemeinschaften war. Vielmehr gewann er seine Überzeugungskraft durch die mit ihm verbundenen *inhaltlichen* Füllungen und theologischen Anliegen. Es ist nicht der formale Alleinherrschaftsanspruch, der den wahren Gott qualifiziert, sondern die Bestimmtheit seines Wirkens: Er schenkt Leben, führt in die Freiheit, schafft und fordert Gerechtigkeit. Er stellt nicht die Überhöhung von Weltinstanzen dar, wie es im Kosmotheismus der Fall ist, sondern steht der Welt – einschließlich der Religionen! – transzendent gegenüber und leitet zu einer theologischen Religionskritik an. Die «mosaische Unterscheidung» von wahr und falsch ist Instrument dieser Religionskritik. Angesichts des von Religionen verbreiteten Unheils ist sie damals wie heute notwendig. Sie muss allerdings selbstkritisch gehandhabt, d. h. im Blick auf ihre Anwendung immer wieder selbst der religionskritischen Betrachtung ausgesetzt werden.[115]

Mit der Behauptung, dass es neben diesem Gott keine anderen Götter gebe, mit der Forderung nach exklusiver Jahwe-Verehrung und der Zuschreibung von schöpfungsumspannender Allmacht ist noch kein religiöser Imperialismus aufgerichtet. Erich Zenger weist darauf hin, dass der Monotheismus der Hebräischen Bibel dort, wo er sich selbst reflektiert, gewalt- und herrschaftskritisch ist und Utopien von Gewaltverzicht und Gewaltüberwindung entwirft.[116]

Wo mit dem Monotheismus die Forderung verbunden wurde und wird, nicht über andere zu richten, sondern Gott allein das letzte Urteil zu überlassen (Mt 13,24–30; 1Kor 4,5 u. ö.), war und ist sogar ein Toleranzgebot aufgerichtet, das gegen die Verfolgung von Ketzern ins Feld geführt werden konnte und kann. Die Zuschreibung von Allmacht lässt sich als Reklamierung des Gewaltmonopols für Gott deuten, das damit den Menschen gerade entzogen ist. Die klare Unterscheidung von Gott und

---

[115] Siehe dazu auch die Unterscheidung zwischen einem usurpatorischen und einem privativen Monotheismus von Eckhard Nordhofen: Corpora. Die anarchische Kraft des Monotheismus, Freiburg i. Br. ³2020, bes. 305–316.

[116] Erich Zenger: Mose (siehe Anm. 145), 17.

Welt/Mensch verhindert die Vergöttlichung der Welt und des Menschen –
sowohl in Form der Hybris einer (individuellen und kollektiven)
Selbstermächtigung als auch in Form von Vollkommenheitsforderungen,
die an andere Individuen und Gruppen gerichtet werden. Zudem ergibt
sich aus der Verbindung von Gottesliebe mit Nächstenliebe ein religiöser
Imperativ zur Humanität (Mt 22,34–40 parr). Das Gebot der Gottesliebe
geht zurück auf das *Schma Israel,* den Grundtext der alttestamentlichen
Ein-Gott-Verehrung (Dtn 6,4f.). «Liebe» zu Gott meint dabei nicht ein
Gefühl bzw. eine innige persönliche Beziehung, sondern die Anerkennung
Gottes und das Tun des von ihm Gebotenen.

Bei der These, dass dem Monotheismus eine Neigung zur Intoleranz
eingeschrieben ist, handelt es sich um eine grobe Vereinfachung kom-
plexer Zusammenhänge, die aber in einer religionskritischen Zeit auf
offene Ohren stößt. Abgesehen von den vielfach in der Literatur dar-
gelegten historischen (auf die Religionsgeschichte Israels bezogenen),
exegetischen und hermeneutischen Unzulänglichkeiten dieser These, geht
sie von einem Allgemeinbegriff des «Monotheismus» aus, ohne die Vielfalt
seiner historischen und gegenwärtigen Erscheinungsformen ausreichend
zu berücksichtigen.[117] Und sie essenzialisiert dessen Bedeutungsgehalt. Ob
eine monotheistische Glaubensform intolerant wird, hängt davon ab, mit
welchem Inhalt sie gefüllt wird (mit einem Gott der Selbstherrlichkeit oder
der Selbsthingabe), von wem sie gebraucht wird (von Mächtigen oder
Machtlosen), wie und mit welchem Interesse sie vertreten wird (ver-
teidigend, aggressiv oder einladend) und wie sie gegen Andersglaubende
ins Feld geführt wird («zur Durchsetzung eigener Machtansprüche, zur
Abwertung der anderen, zur kulturellen Selbstbehauptung der Unter-
legenen, zur Betonung der Gleichheit aller vor Gott»[118]).

---

[117] Siehe dazu u. a.: Markus Thurau (Hg.): Gewalt und Gewaltfreiheit in Judentum, Christentum und Islam. Annäherungen an ein ambivalentes Phänomen,
Göttingen 2019.

[118] Ingolf U. Dalferth: Radikaler Monotheismus als Lebensform der Freiheit, in:
Archivio di Filosofia 82, 2014 (www.jstor.org/stable/24488844 [16.05.2021]), 34.

1.6 Monotheismus und Monolatrie

In diesem Abschnitt gehe ich der Frage nach, wie sich der Glaube an den *einen* Gott in der Religionsgeschichte Israels herausgebildet hat. Dabei ist mein Interesse wiederum kein primär historisches, sondern ein systematisches: Es geht um das Verhältnis von Monotheismus und Monolatrie und damit um das Verhältnis von Gottes*verständnis* und Gottes*verehrung*. Die Einsicht, dass das Gottdenken in Beziehung zur Praxis der Gottesbeziehung geht, ist auch für heutige religionstheologische Debatten von einiger Bedeutung.

Im Blick auf den Gottesglauben und die Gottesverehrung, wie sie im Alten Testament bezeugt sind, hat man zwischen Monotheismus und Monolatrie unterschieden. «Monolatrie» bezeichnet demnach die (Selbst-) Verpflichtung zur alleinigen Verehrung Jahwes, wobei aber angenommen wird, dass es mehrere Götter geben kann oder gibt. Unter «Monotheismus» versteht man demgegenüber die reflektierte (theoretische) Bestreitung der Existenz bzw. des wahren Gottseins anderer Götter. Dabei wird angenommen, dass sich in der Religionsgeschichte Israels eine Entwicklung von der Monolatrie zum Monotheismus ergeben hat.

1.6.1 Zur Terminologie

Beide Bezeichnungen sind erst in der Neuzeit geprägt worden: der Begriff «Monotheismus» in der zweiten Hälfte des 17. Jahrhunderts (→ 1.1), der Ausdruck «Monolatrie» zu Beginn des 19. Jahrhunderts. Er dürfte auf Schleiermachers religionsphänomenologische Betrachtungen zurückgehen,[119] wird aber später im 19. Jahrhundert anders ausgedeutet. In beiden

---

[119] Alfons Fürst notiert zur Herkunft des Begriffs «Monolatrie»: «[I]n der zweiten Hälfte des 19. Jahrhunderts wird er verschiedentlich verwendet, ohne dass sich ein *primus inventor* ausmachen ließe.» (Alfons Fürst: Die Rhetorik des Monotheismus im Römischen Reich. Ein neuer Zugang zu einem zentralen historischen Konzept, in: ders. u. a. [Hg.]: Monotheistische Denkfiguren in der Spätantike, Tübingen 2013, 9). Nach Christoph Auffarth geht der Ausdruck auf Julius Wellhausen zurück (Christoph Auffarth: Art. «Henotheismus / Monolatrie», in: Hubert Cancik u. a. [Hg.]: Handbuch religionswissenschaftlicher Grundbegriffe, Bd. 3, Stuttgart u. a. 1993, 105). Diese Auskunft lässt sich aber nicht verifizieren. Schon Schleiermacher gebrauchte diesen Begriff in § 8 seiner «Glaubenslehre»

Fällen ist «Polytheismus» der Kontrastbegriff. Im Unterschied zum Polytheismus, bei dem verschiedene Götter unterschiedlichen Lebensbereichen
zugeordnet sind (und in oft spannungsreichen Beziehungen zueinander
stehen), geht es bei der Monolatrie und beim Monotheismus um den
Glauben an einen Hoch- bzw. Universalgott.

Die von Friedrich W. J. Schelling geprägte[120] und von Max Müller
(vor allem im Blick auf die indischen Religionen) für die Religionswissenschaft fruchtbar gemachte Bezeichnung «Henotheismus» ist nahezu
bedeutungsgleich mit «Monotheismus», hat bei Müller aber zwei
spezifische Bedeutungsaspekte: Der Begriff meint zum einen ein dem
Menschen angeborenes Urbewusstsein der eigenen Geschöpflichkeit und
Verbundenheit mit einem personalen Gott, zum anderen die vor allem in
Krisensituationen gesteigerte Hinwendung zu diesem Gott, der dann mit
besonderer Intensität und Eindringlichkeit angerufen wird. Die Existenz
anderer Götter muss dabei nicht bestritten werden.[121]

Mit z. T. unterschiedlichen Bezeichnungen wird zwischen einem exklusiven und einem inklusiven (bzw. synthetischen) Monotheismus
unterschieden. Während der exklusive Monotheismus andere Götter und
göttliche Wesen ausschließt, lässt der inklusive Monotheismus diese
entweder in der *einen* Gottheit aufgehen oder ordnet sie dieser unter. Es

---

(2. Aufl.) im Rahmen seiner eher religions*phänomenologisch* und *axiologisch* als religions*geschichtlich* zu verstehenden Unterscheidung von Fetischismus (= Götzendienst), Polytheismus und Monotheismus. «Monolatrie» ist dabei auf der Stufe
des Fetischismus angesiedelt und bezeichnet die Verehrung *eines* Idols, also gewissermaßen eine Mono-Idolatrie oder einen Mono-Dämonismus. Im Gegensatz
zum Monotheismus werde dabei dem Idol/Götzen «nur ein Einfluss auf ein be-
schränktes Gebiet von Gegenständen oder Veränderungen zu[geschrieben]»
(Schleiermacher: Der christliche Glaube [siehe Anm. 10], § 8.1, S. 65). Der Begriff «Monolatrie» könnte also als Kontraktion von «Mono-Idolatrie» entstanden
sein. In der 1. Auflage der «Glaubenslehre» findet er sich in § 15 noch nicht.

[120] Schon in seiner Magisterdissertation «de malorum origine», Tübingen
1792, § 10f. In seiner «Einleitung in die Philosophie der Mythologie» sprach
Schelling von «Eingötterei» bzw. «relativem Monotheismus» im Gegenüber zum
«absoluten Monotheismus» (Sämmtliche Werke, hg. von Immanuel H. Fichte,
Abt. IIe, Bd. 1, Stuttgart, Augsburg 1856, Nachdruck Darmstadt 1976, 133; 137).

[121] Friedrich Max Müller: Vorlesungen über den Ursprung und die Entwicke-
lung der Religion mit besonderer Rücksicht auf die Religionen des alten Indiens,
Strassburg ²1881, 298–355.

wird eine Identifikation bzw. Assimilation, Integration oder Subordination vorgenommen.

Das Modell der Subordination begegnet etwa im «monarchischen» Monotheismus.[122] Dabei wird Gott als himmlischer König verstanden, der von einem Hofstaat umgeben ist und durch göttliche Wesen (wie etwa die himmlischen Boten im Buch Sacharja, den Satan im Hiobbuch oder die Götter[-söhne] in den Psalmen, z. B. Ps 29,1; 82,1.6; 89,7, 97,9 u. ö.[123]) regiert. Jahwe ist der «Gott der Götter und Herr der Herren» (Dtn 10,17; Ps 136,2f.). Eine solche hierarchisch-inklusive Zuordnung, bei der die göttlichen Gestalten nicht *neben* Gott bzw. in Konkurrenz zu ihm stehen, sondern ihm untergeben sind, ist dann durchaus kompatibel mit einem exklusiven Monotheismus. Das ist dann der Fall, wenn der himmlische Monarch als ein Gott proklamiert wird, der keine anderen Götter neben sich duldet, aber Göttergestalten «unter» sich hat. So kann sich auch der exklusive Monotheismus mit seiner Behauptung, dass es keinen Gott neben Gott gibt, im Metaphernfeld einer himmlischen Monarchie ausdrücken. Auch im Islam werden göttliche Wesen wie die Erzengel angenommen, ohne dass dadurch der absolute Monotheismus in Gefahr gerät.

Formen des «inklusiven Monotheismus» finden sich verbreitet in der altorientalischen Religionswelt. So gab es etwa im Alten Ägypten «die Idee des Einen Verborgenen Gottes, der sich in der Vielfalt der weltimmanenten Götter und deren Namen, Symbolen, Bildern, Gliedern und Erscheinungsformen manifestiert».[124] Diese anderen Götter wurden nicht verdrängt oder zu Götzen erklärt, sondern dem obersten Gott dienstbar gemacht. Sie konnten als dessen Manifestation und Mittler verstanden werden. Ihre Verehrung war erlaubt, wurde aber so gedeutet, dass sie

---

[122] Bernhard Lang: Art. «Monotheismus», in: NBL 2, 1996, 834–844. Lang unterscheidet zwischen «absolutem» und «monarchischem» Monotheismus.

[123] Vgl. auch Dtn 32,8 («Als der Höchste den Nationen ihren Erbbesitz zuteilte, als er die Menschen voneinander schied, bestimmte er die Gebiete der Völker nach der Zahl der Israeliten»). Dieser Vers lautete im vormasoretischen Text wahrscheinlich: «Als der Höchste (den Göttern) die Völker übergab, als er die Menschheit aufteilte, legte er die Gebiete der Völker nach der Zahl der Göttersöhne fest» (aufgrund eines Fragments aus Qumran; siehe: Julie Ann Duncan: 4QDeutj, in: Eugene Ulrich u. a. [Hg.]: Qumran Cave 4/IX. Discoveries of the Judaean Desert XIV, Oxford 1995, 90).

[124] Assmann: Die mosaische Unterscheidung (siehe Anm. 101), 51.

letztlich dem obersten Gott galt. Ihre Namen konnten angerufen werden –
als Namen des einen Gottes.

Der inklusive Monotheismus konnte aber auch auf dem Weg der
Identifikation bzw. Assimilation zustande gebracht werden. Schon in
Mesopotamien wurden sumerische mit akkadischen Gottheiten identi-
fiziert. Der ägyptische Seth wurde mit dem syrischen Baal gleichgesetzt.
Ex 6,2 gibt einen Hinweis auf die Integration von El-Schaddai in Jahwe.
Der ägyptische Amun wurde mit dem griechischen Zeus («Interpretatio
Graeca») und dieser mit dem römischen Jupiter («Interpretatio Romana»)
identifiziert. Solche Gleichsetzungen geschahen nicht zuletzt aus politi-
schem Interesse.

Beide Begriffe – «Monotheismus» und «Monolatrie» – können in
einem deskriptiven oder in einem normativen Sinn gebraucht werden,
d. h. als Beschreibung einer bestehenden Praxis oder als Forderung, die
jeweilige Gottesvorstellung anzuerkennen. Im religionsphänomenologischen Gebrauch handelt es sich um Beschreibungen einer Religionsform
aus einer (etischen) Betrachterperspektive, in der (emischen) Praxisper-
spektive der Akteure, die in dieser Religionsform engagiert sind, dagegen
um ein Programm.

1.6.2 Blick in die Religionsgeschichte Israels

Blicken wir nun auf die Entwicklung von Monolatrie und Monotheismus,
wie sie sich aus den alttestamentlichen Überlieferungen und aus den
außerbiblischen Quellen aus dieser Zeit rekonstruieren lässt. Die darin
umrisshaft aufscheinenden komplexen Prozesse können und sollen hier
nicht detailliert nachgezeichnet werden.[125] Ich beschränke mich auf

---

[125] Aus der Fülle der themarelevanten Literatur nenne ich nur: Othmar Keel
(Hg.): Monotheismus im Alten Israel und seiner Umwelt, Fribourg 1980;
Bernhard Lang: Die Jahwe-allein-Bewegung, in: ders.: Der einzige Gott. Die
Geburt des biblischen Monotheismus, München 1991, 47–83; Walter Dietrich,
Martin A. Klopfenstein (Hg.): Ein Gott allein? JHWH-Verehrung und biblischer
Monotheismus im Kontext der israelitischen und altorientalischen Religions-
geschichte, Fribourg, Göttingen 1994; Fritz Stolz: Einführung in den biblischen
Monotheismus, Darmstadt 1996; Manfred Weippert: Jahwe und die anderen
Götter. Studien zur Religionsgeschichte des antiken Israel in ihrem syrisch-
palästinischen Kontext, Tübingen 1997, bes. 1–24; Manfred Oeming, Konrad
Schmid: Der eine Gott und die Götter. Polytheismus und Monotheismus im

knappe und damit unvermeidlich oberflächliche Anmerkungen, die – wie eingangs offengelegt – einem eher systematischen als historischen Erkenntnisinteresse folgen.

Zunächst ist zu konstatieren, dass die Herausbildung der Monolatrie und ihre Weiterführung zum Monotheismus nicht als eine lineare Entwicklung zu verstehen ist. Es sind verschiedene Phasen der Auseinandersetzung in unterschiedlichen Kontexten mit jeweils neu konstellierten Interessenlagen zu unterscheiden. Zu allen Zeiten scheint sich der Jahwe-Glaube in Interaktion mit – und Konkurrenz zum – Glauben an andere Götter (Hausgötter, Lokalgötter, Götter für besondere Lebensbereiche und Schutzbedürfnisse) befunden zu haben. Dagegen formierte sich die Jahwe-allein-Bewegung schon in der Königszeit und dann vor allem zur Zeit des Exils. Doch selbst der reflektierte Monotheismus der Exilszeit und danach ist polyvalent und polyfon.[126]

Die Entwicklung des Monotheismus in der kanaanäisch geprägten Frühzeit Israels beginnt mit der Durchsetzung des Jahwe-Glaubens gegenüber der Verehrung der altkanaanäischen Fruchtbarkeitsgöttin

---

antiken Israel, Zürich 2003; Sven Petry: Die Entgrenzung JHWHs. Monolatrie, Bilderverbot und Monotheismus im Deuteronomium, in Deuterojesaja und im Ezechielbuch, Tübingen 2007; Nathan MacDonald: Deuteronomy and the Meaning of Monotheism (FAT 2/1), Tübingen ²2012; Christoph Levin: Integrativer Monotheismus im Alten Testament, in: ZThK 109, 2012, 153–175; Hubert Irsigler: Gottesbilder des Alten Testaments. Von Israels Anfängen bis zum Ende der exilischen Epoche, Freiburg i. Br. 2021, bes. Kap. 5; 7 und 8.3. Überblicksdarstellungen bieten: Müller: Art. «Monotheismus und Polytheismus» (siehe Anm. 108), 1459–1462; Werner H. Schmidt: Art. «Monotheismus II. Altes Testament», in: TRE 23, Berlin, New York 1994, 237–248; Klaus Bieberstein: Von Göttinnen und Göttern zur einen Gottheit. Israels Weg vom Polytheismus zum Monotheismus, in: Alexandra Bauer, Angelika Ernst-Zwosta (Hg.): «Gott bin ich und nicht Mann». Perspektiven weiblicher Gottesbilder, Ostfildern 2012, 17–49; Weitere Literaturhinweise finden sich in den folgenden Anmerkungen.

[126] Erich Zenger: Der Monotheismus in Israel. Entstehung – Profil – Relevanz, in: Thomas Söding (Hg.): Ist der Glaube Feind der Freiheit?, Freiburg i. Br. 2003, 6; ders.: Thesen zum Proprium des biblischen Monotheismus, in: Jahrbuch Politische Theologie 4, 2002, 160–163. Siehe etwa Jes 41,22f., wo zu einer Prüfung anderer Götter aufgerufen wird, was deren Existenz voraussetzt. Es geht hier mehr um die Macht und Wirksamkeit als um die Existenz Gottes und der Götter (41,24: «wertlos ist euer Tun»!).

Aschera (die durch die Identifizierung von El mit Jahwe zeitweise auch in Israel als Gattin Jahwes angesehen werden konnte),[127] der Liebesgöttin Astarte und des Wettergottes Baal.[128] Diese Kulte waren nicht zentralisiert. Es gab viele Baalim, die als Stadtgottheiten verehrt wurden oder mit bestimmten Heiligtümern außerhalb der Städte verbunden waren. Als David Jerusalem eroberte, stieß Jahwe als Volksgott der Stämme Israels dort auf einen ägyptisch geprägten Sonnenkult, symbolisiert durch eine geflügelte Sonne. Dabei nahm die Vorstellung Jahwes auch dessen Wesenszüge in sich auf.[129] Im weiteren Verlauf der Religionsgeschichte Israels wurden weitere Gottheiten in den Jahwe-Glauben eingeschmolzen. Othmar Keel spricht von einem «integrativen-kumulative[n] Monotheismus».[130] Mit dieser «Sesshaftwerdung» Jahwes in Jerusalem, seiner Bindung an das Königtum, der Durchsetzung gegen andere Götter und der Universalisierung seines Herrschaftsbereichs begann die Entwicklung des Monotheismus.

Solange der Machtbereich des eigenen Gottes auf den eigenen Sozialverband (Stamm, Volk) beschränkt blieb, konnten die anderen Götter als irrelevant für das Gottesverhältnis der eigenen Gemeinschaft betrachtet werden. Wenn dagegen für die Herrschaft des eigenen Gottes ein Universalanspruch erhoben wurde, mussten entweder die anderen Götter diesem untergeordnet werden oder sie mussten zu Nicht-Göttern erklärt, d. h. ihr Gottsein musste bestritten werden. Damit sind die beiden Varianten des Monotheismus – der inklusive und der exklusive – angezeigt.

Generell ging die vorexilische deuteronomistische Theologie von der Existenz mehrerer Götter aus, gebot aber die Verehrung nur dieses einen Gottes. Nach Jos 24,2.14 werden die Israeliten daran erinnert, dass ihre Vorfahren nicht Jahwe gedient haben. Josua fordert sie auf, sich zu

---

[127] Manfred Weippert: Historisches Textbuch zum Alten Testament, Göttingen 2010, Nr. 216f. (S. 365f.); 220 (S. 368).

[128] Einen Überblick gibt: Sebastian Grätz: Art. «Baal», in: WiBiLex (www.bibelwissenschaft.de/stichwort/14309/ [08.05.2021]); Klaus Koch: Art. «Baal/Baalat», in: RGG⁴, Bd. 1, 1038–1040. Ausführlicher: Irsigler: Gottesbilder [siehe Anm. 125], 312–336.

[129] Othmar Keel: Die Geschichte Jerusalems und die Entstehung des Monotheismus, Göttingen 2007; ders.: Jerusalem und der eine Gott. Eine Religionsgeschichte, Göttingen 2014.

[130] Keel: Die Geschichte, 21 u. ö.; ders.: Jerusalem, 11–13.

entscheiden, ob sie Jahwe oder fremden Göttern dienen wollen. Sie verpflichten sich auf die Verehrung Jahwes. Die Existenz der fremden Götter wird dabei nicht bestritten. In Gen 14,18–20 und Dtn 32,8f. wird ein «höchster Gott» (*el-elion* / אֵל עֶלְיוֹן) genannt, der (nach Gen 1,19) Schöpfer des Himmels und der Erde ist und über alle Völker herrscht; Jahwe ist ihm offensichtlich untergeordnet. Jer 44,15–19 erwähnt die Verehrung einer Himmelsgöttin.[131] Jeremia kämpft für die Alleinverehrung des Gottes Israels.

Das Dekaloggebot, keine fremden Götter zu verehren (Ex 20,2f.; Dtn 5,6f.) ist der *locus classicus* dessen, was mit «Monolatrie» bezeichnet wird. Auch hier wird die Existenz anderer Götter nicht bestritten. Gerade aus der Annahme ihrer Existenz ergibt sich das Verbot, sie zu verehren.[132] Die Götterpolemik richtet sich dabei gegen die Götter*bilder* und deren Verehrung. Das Medium des Monotheismus ist demgegenüber nicht das Bild, sondern das Wort und die Schrift.

Von besonderer Bedeutung ist in diesem Zusammenhang das *Schma Israel.*[133] Louis Jacobs bezeichnete es als «the great text of monotheism»[134] und Esther Starobinski-Safran als «die höchste gelebte Bejahung des Monotheismus».[135] Im Hebräischen handelt es sich bei Dtn 6,4 um einen

---

[131] Sie lässt sich nicht eindeutig einer bestimmten altorientalischen Göttin zuordnen. Es könnte auch die ägyptische Isisverehrung oder eine phönizische Gottheit im Blick gewesen sein. Nach Irsigler hat sie «wahrscheinlich Merkmale der westsemitischen Astarte und der ostsemitischen Ischtar und damit auch den Charakter der griechischen Aphrodite Ourania angenommen» (Gottesbilder [siehe Anm. 125], 334).

[132] Vgl. Martin Luthers Auslegung des Ersten Gebots im Kleinen Katechismus. Er deutet die Aussage: «Ich bin der Herr, dein Gott. Du sollst nicht andere Götter haben neben mir» als Aufforderung: «Wir sollen Gott über alle Dinge fürchten, lieben und vertrauen» (Unser Glaube. Die Bekenntnisschriften der evangelisch-lutherischen Kirche, Gütersloh ⁴2000, § 490), also im Sinne einer Monolatrie, nicht eines Monotheismus.

[133] Im Kern besteht das *Schma Israel* aus Dtn 6,4f., im täglichen jüdischen Morgen- und Abendgebet umfasst es Dtn 6,4–9; 11,13–21 und Num 15,37–41.

[134] Louis Jacobs: A Jewish Theology, London 1973, 21; siehe auch ders.: Art. «Shema, Reading of», in: Encyclopaedia Judaica, 2. Aufl., Bd. 18, Jerusalem 2007, 453–456.

[135] Esther Starobinski-Safran: Art. «Monotheismus III. Judentum», in: TRE 23, Berlin, New York 1994, 249.

Nominalsatz, der ohne Verb steht. Das macht unterschiedliche Übersetzungen möglich. Martin Buber und Franz Rosenzweig übersetzen ganz wörtlich: «ER unser Gott, ER Einer.»[136] Gott ist *ächad* (אֶחָד), d. h. «einer». Die katholische Einheitsübersetzung und die Zürcher Bibel übersetzen *ächad* mit «einzig».

Bei *ächad* handelt es sich um das Zahlwort «eins», das hier adjektivisch gebraucht wird. Es kann auch «einzig», «einmalig/hervorragend», «allein», «gleich/einheitlich», «ganz/ungeteilt» bedeuten.[137] Dabei wird die quantitative Bedeutung des Zahlattributs «eins» in einem qualitativen Sinn erweitert. Weitere Bedeutungsmöglichkeiten sind: «(in sich) ununterschieden», «einzigartig», «unvergleichlich». Norbert Lohfink konstatiert: «Zu einem theologischen Programmwort ist אחד im hebr. AT noch nicht geworden. Von Monotheismus ist daher im Folgenden nicht zu handeln.»[138]

Nach Daniel Krochmalnik sind folgende vier Übersetzungen von Dtn 6,4f. möglich, die er mit den vier Begriffen synkretistisch, partikularistisch, exklusiv und inklusiv-universalistisch kennzeichnet:[139]

• Gott ist ein *einheitlicher* Gott: Die an verschiedenen Orten bezeugten Jahwe-Kulte (der Jahwe von Samaria, der Jahwe von Teman usw.) sind nicht auf verschiedene Götter mit dem gleichen Namen ausgerichtet, sondern beziehen sich auf denselben *einen* Jahwe (Monojahwismus).

• Gott ist *einzig* im Sinne der Monolatrie: auch wenn es viele Götter gibt, verehren wir nur diesen einen.

• Gott ist *einzig* im Sinne eines exklusiven Monotheismus. Es gibt keinen anderen Gott.

---

[136] Die Schrift, Darmstadt 1997, Bd. 1, 494.

[137] Siehe dazu: Norbert Lohfink, Jan Bergmann: Art. «אחד», in: ThWAT I, 210–218, bes. 211; zu Dtn 6,4: 213f.

[138] Ebd. – Dtn 6,4 sei «in der sonst gern wiederholenden dtn/dtr Sprache nicht zu einem wiederkehrenden Sprichwort» geworden (a. a. O., 213).

[139] Daniel Krochmalnik: Ein Gott – drei Wege. Ein jüdischer Beitrag zur Theologie der Religionen, in: Christian Danz, Kathy Ehrensperger, Walter Homolka (Hg.): Christologie zwischen Judentum und Christentum. Jesus, der Jude aus Galiläa, und der christliche Erlöser, Tübingen 2020, 342f. Siehe auch: ders.: Echad. Monopolytheismus im Judentum, in: Bernhard Nitsche u. a. (Hg.): Gott – jenseits von Monismus und Theismus, Paderborn 2017, 95–110; Louis Jacobs: Principles of the Jewish Faith. An Analytical Study, Eugene, OR, 1964, 95–117.

- Gott ist *einig* im Sinne eines inklusiven Monotheismus oder Monopolytheismus: Gott ist die Einheit aller Götter.

Es geht in Dtn 6,4 aber nicht um eine numerische Singularität Gottes, sondern um die Affirmation seiner Herrlichkeit und Herrschaft, der Souveränität seines Willens und der Macht seines Handelns. Dtn 6,5.13f. zeigt an, dass es sich bei 6,4 um einen Aufruf zur alleinigen *Verehrung* Jahwes handelt, also um Monolatrie. Es ist nicht eine Aussage zum Wesen Gottes, sondern ein Appell, Gott mit *ganzem* Herzen zu fürchten und zu lieben. Dtn 6,4 ist von Vers 5 her zu lesen: vom Gebot, Gott zu lieben.[140] Mit «Liebe» zu Gott ist dabei nicht ein Gefühl bzw. eine innige persönliche Beziehung gemeint, sondern die Anerkennung Gottes, aus der Ehrfurcht und ein Handeln im Sinne Gottes folgt. Diese Anerkennung und dieser Gehorsam sollen allein dem einen und wahren Gott entgegengebracht werden (vgl. Dtn 11,13).

Erst später setzte sich die exklusive Deutung durch. Dtn 6,4 wurde als monotheistisches Bekenntnis «einzig Jahwe ist Gott» und damit als Zurückweisung anderer Götter aufgefasst. Dies geschah in den jüngeren Schichten des Deuteronomiums[141] sowie in spät- und nachexilischen Prophetenschriften. Dort kam es zur Bestreitung der Existenz, genauer: des wahren Gottseins anderer Götter. Besonders in Deuterojesaja wird die Universalität der Herrschaft Gottes als eine exklusive behauptet.[142] Doch geht es auch bei diesen Aussagen nicht um metaphysische Existenz- oder Wesensaussagen, sondern um die Proklamation des alleinigen Herrschaftsanspruchs Gottes. «Das eigentliche Ziel von Deuterojesajas Botschaft und Argumentation ist *soteriologisch,* die Heilszusage: Der eine Gott ist ‹allein› Schöpfer (Jes 44,24) und Erlöser.»[143]

---

[140] Siehe dazu: Lohfink, Bergmann: Art. «אהד» (siehe Anm. 137), 213; Lohfink sieht dieses Liebesgebot in Analogie zu entsprechenden Forderungen in altorientalischen Verträgen und Königsbriefen. Er vermutet, dass *ächad* bei den Rezipienten Assoziationen an die Liebeslyrik wachrief, in der damit die Geliebte als die «einzige» bezeichnet wird, wie in Cant 8,6f. (ebd.).

[141] Sven Petry sieht im Deuteronomium eine Entwicklungslinie von der Monolatrie zum Monotheismus «vom Gebot der Kultzentralisation über das Erste Gebot bis hin zu Dtn 4» (Petry: Die Entgrenzung [siehe Anm. 125], 140).

[142] Siehe dazu: Jes 43,11; 44,6.8; 45,5f.14.18.21f.; 46,9.

[143] Schmidt: Art. «Monotheismus» (siehe Anm. 125), 239 (Hervorhebung W. H. S).

Bei der Ausbildung des Monotheismus, die sich vor allem in der Exilszeit vollzog, wirken drei Profilmerkmale zusammen: das Postulat der Einheit und Einzigkeit Gottes, die Universalisierung seines Herrschaftsbereichs und die Zuschreibung von umfassender Souveränität bzw. Allmacht. Jahwe wurde dabei auch weiterhin als Gott des Volkes Israel vor allem mit der Rettung aus Ägypten, mit den Rettungserfahrungen der Richterzeit und mit dem davidischen Königtum in Verbindung gebracht, doch stieg er zugleich zum einen und einzigen Gott aller Lebensbereiche, aller Völker und der ganzen Welt auf.[144] Seine Herrschaft über die Geschichte wurde in der Metaphorik des Königtums zum Ausdruck gebracht, seine Herrschaft über die Natur in der Metaphorik des schöpferischen Handelns. Neben ihm war kein Raum mehr für andere Götter. Exklusivität, Universalität und Souveränität sind die Identitätsmarker des monotheistischen Gottes.

Im Lauf der religionsgeschichtlichen Entwicklung des Gottesverständnisses Israels wurde der Jahwe-Glaube in einer Weise profiliert, welche die Ausbildung des Monotheismus begünstigte. Erich Zenger nennt in diesem Zusammenhang den starken Geschichtsbezug Gottes, das personal gedachte Verhältnis zu seinem Volk, die Vereinzelung Gottes (gegenüber der Vorstellung einer Götterfamilie oder eines Pantheons) und das Fehlen von Götterbildern.[145] Bei der Bestreitung des wahren Gottseins anderer Götter spielten aber auch religionspolitische Interessen eine Rolle, wie das Bestreben, den Kult zu zentralisieren und damit die politische Herrschaft zu stabilisieren.

In hellenistischer Zeit geriet der Ein-Gott-Glaube wieder unter massiven Druck. Auch wenn die Darstellungen in 1Makk 1,47–54 polemisch überzeichnet sein mögen, so geben sie doch einen Eindruck davon. Der Seleukidenherrscher Antiochus IV. Epiphanes befahl, in Jerusalem und anderen Städten Judäas «Altäre, Tempel und Heiligtümer für die Götzen zu errichten, Schweine und andere unreine Tiere zu opfern» (1Makk 1,47). Das löste den Makkabäeraufstand (167–160) aus.

---

[144] Sach 14,9 zufolge wird Jahwe erst in der Endzeit «König sein über die ganze Erde. An jenem Tag wird der HERR einzig sein, und sein Name wird einzig sein». Vgl. 1Kor 15,28.

[145] Siehe dazu: Erich Zenger: Mose und die Entstehung des Monotheismus, in: Stiegler, Swarat (Hg.): Der Monotheismus (siehe Anm. 1 in Teil 1), 15–38.

Ich schließe an diesen knappen und ausschnitthaften Blick in die Religionsgeschichte Israels zwei systematische Überlegungen zum Verständnis und Verhältnis der Begriffe «Monotheismus» und «Monolatrie» an.

1.6.3 Zum Verständnis und Verhältnis von «Monotheismus» und «Monolatrie»

(a) Beide Bezeichnungen dienten in ihrem neuzeitlichen Gebrauch zur Beschreibung von Religionsformen. Es waren religionsphänomenologische Begriffe. Darin liegt ihre Erschließungskraft, aber auch ihre Problematik in der Anwendung auf die alttestamentlich bezeugte Rede von der Einheit und Einzigkeit Gottes. Denn diese Rede ist nicht konstativ, als religionstypologische Beschreibung, sondern als appellativer, proklamativer, adhortativer und evokativer Sprechakt zu verstehen. Er trifft keine Feststellung, sondern führt in eine Haltung ein und leitet zum Handeln an. Bei der alttestamentlichen «Monolatrie» und beim «Monotheismus» handelt es sich um ein umkämpftes Programm bzw. um eine Forderung, deren Sinn sich erst aus der Differenz des Gebotenen zum Faktischen ergibt. Das Faktische war die gelebte Religion, die neben oder statt Jahwe auch andere Götter und göttliche Wesen kannte und verehrte. Der biblische Monotheismus ist ein normatives theologisches Postulat, das dieser volksreligiösen Praxis kritisch entgegengestellt wurde. Wenn die anderen Götter im Volk tatsächlich als «Nichtse» gegolten hätten (Ps 96,5 u. ö.), wäre die Verpflichtung nicht notwendig gewesen, Jahwe allein zu verehren. Das war aber offenbar nicht der Fall. So konstatiert Sven Petry, «dass gerade die Adressaten des Deuterojesajabuchs sich mit anderen Göttern konfrontiert sahen, mit deren Existenz rechneten und sie vielleicht auch verehrten.»[146] «Monolatrie» und «Monotheismus» sind also *Gegen*programme gegen Teile der praktizierten (Volks-)Religion.

(b) Eine zweite Überlegung betrifft das Verhältnis der beiden Bezeichnungen zueinander. «Monolatrie» und «Monotheismus» sind keine Alternativbegriffe. «Monotheismus» ist vielmehr die radikalisierte

---

[146] Petry: Die Entgrenzung (siehe Anm. 125), 140. Dass Deuterojesaja das gesamte Weltgeschehen der Herrschaft des einen Gottes unterstellt, könnte auch der Abwehr eines gnostisch-persischen Dualismus geschuldet sein (So etwa Grözinger: Wozu dient der *Monotheismus* [siehe Anm. 48], 20f., im Blick auf Jes 45,5f.).

Form der «Monolatrie», wobei die Radikalisierung auf der Ebene der *Gottesvorstellung*, des Gottes*verständnisses* und des Gottes*denkens* liegt, also Theologie, Verkündigung und Glauben betrifft. Was das Gottes*verhältnis* angeht, so besteht zwischen Monolatrie und Monotheismus kein Unterschied. Die geforderte Ausschließlichkeit kann bei der Monolatrie ebenso ausgeprägt sein wie beim Monotheismus, der die Existenz bzw. das wahre Gottsein anderer Götter bestreitet.

Es geht beim Monotheismus nicht um eine Gott-Theorie (daher ist der oft gebrauchte Begriff «*theoretischer* Monotheismus» problematisch). Es handelt sich nicht um ein Feststellungsurteil, sondern um das Gebot, die Majestät Gottes im praktischen Vollzug des Gottesglaubens zu achten. Deshalb wird nicht einfach die Existenz anderer Götter bestritten. Ihr Gottsein wird geleugnet, um ihnen damit die Verehrungswürdigkeit abzusprechen. Es sind keine *wahren* Götter. In der gelebten Religion folgt das Gottesdenken oft der Gottesverehrung, nicht umgekehrt. Die Gottesverehrung aber bezieht sich nicht einfach auf die Existenz, sondern auf die machtvolle Gegenwart und das Wirken Gottes. Und so geht es im Monotheismus letztlich um die Proklamation des einen Gottes als der «alles bestimmenden Wirklichkeit».[147] Der Unterschied zwischen Monolatrie und Monotheismus ist kein qualitativer oder kategorialer; vielmehr besteht er in der Akzentsetzung.

Die Ausbildung des Monotheismus brachte jedoch auch theologische Probleme mit sich. Die drei gravierendsten sind:

• Die «Unschärfe des Gotteskonzepts»:[148] Indem Jahwe die Funktionen anderer Götter zugeschrieben wurden, was sich auch in seiner Benennung mit verschiedenen Titeln niederschlägt, verliert die Gottesvorstellung an konkreter inhaltlicher Bestimmtheit und wird zunehmend abstrakt. In der fortgeschrittenen nachexilischen Zeit avancierte dann der «Name» Jahwes zum Integral dieser Verschiedenheit.[149] Der «Name» wurde zur Chiffre für Jahwe, wobei die Nennung des Eigennamens vermieden wurde.

---

[147] Rudolf Bultmann: Welchen Sinn hat es, von Gott zu reden? (1925), in: ders.: Glaube und Verstehen. Gesammelte Aufsätze, Bd. 1, Tübingen 1933, 26.

[148] Friedhelm Hartenstein: Die Geschichte JHWHs im Spiegel seiner Namen, in: Ingolf U. Dalferth, Philipp Stoellger (Hg.): Gott nennen. Gottes Namen und Gott als Name, Tübingen 2008, 79.

[149] Am 4,13; 5,8; 9,5f.; Jer 31,35.

- Der «unendlich[e] qualitative Abstand» (Søren Kierkegaard):[150] Je mehr die Transzendenz Gottes betont wurde, umso größer wurde die Notwendigkeit, diesen Abstand durch Mittlerwesen zu überbrücken, die den Weltbezug herstellen, um die Herrschaft Gottes auszuüben. Dazu ließ sich etwa auf die im Tanach, der Hebräischen Bibel, genannten eschatologischen Figuren, Gesandten Gottes sowie Boten- und Mittlerwesen verweisen: etwa auf die Gestalt des in Jes 9,1–6 u. ö. verheißenen Messias, auf den Menschensohn in der Vision Daniels (Dan 7) oder auf den Engel Gottes.[151]
- Die «Theodizeefrage»: Mit der Ausdehnung des Machtbereichs Gottes, mit der Zuschreibung von Allmacht oder sogar Allwirksamkeit in allem Weltgeschehen, musste Gott auch für das Unheil verantwortlich erklärt werden. Die negativen Erfahrungen des menschlichen Daseins und der Geschichte – das leidverursachende Übel – mussten auf sein Handeln, zumindest auf seine Zulassung zurückgeführt werden. Er wird zum *auctor mali*. Nach Jes 45,7 bildet Gott nicht nur das Licht, sondern schafft auch die Finsternis, vollbringt nicht nur Heil, sondern auch Unheil. Es stellt sich dann die «Hiob-Frage» nach den Gründen für das von Gott verordnete Übel und Leid. Ein dunkler Schatten legt sich über das Gottesbild. Gottes Güte und Gerechtigkeit werden fragwürdig. Zur theologischen Bearbeitung dieser Frage wurde u. a. die Figur des Satans als des im Auftrag Jahwes handelnden Anklägers eingeführt (Sach 3; Hi 1,6–11; 2,1–7; 1Chr 21,1).

1.6.4   Monotheismus im NT?

Im NT ist in dieser Hinsicht besonders die (an Mi 4,5 anklingende) Aussage des Paulus bemerkenswert, dass es «viele Götter und viele Herren gibt» (1Kor 8,5), die Christen aber nur den *einen* Gott verehren, «den Vater, von dem alle Dinge sind und wir zu ihm» (1Kor 8,6). Die Existenz anderer Götter im Glauben der Nichtchristen wird anerkannt, ihre Relevanz für den christlichen Glauben aber bestritten. Es handelt sich also

---

[150] Søren Kierkegaard: Einübung im Christentum (KGW, Bd. 9), Jena 1912, 114, 126; auch in: Abschließende unwissenschaftliche Nachschrift zu den philosophischen Brocken (1846) (KGW, Bd. 6, Jena 1910) u. ö.
[151] In Ri 6,11ff.; 13,3ff.; 1Kön 19,5ff.

offenbar um die Forderung nach Monolatrie, nicht aber um einen Monotheismus im Sinn der Behauptung, dass es keine anderen Götter gibt.

Paulus setzt sich in dieser Passage mit der Auffassung der Korinther auseinander, die er in 1 Kor 8,4 referiert: «dass es in der Welt keine fremden Götter gibt und dass kein anderer Gott ist außer dem einen». Diese Aussage weist über eine Monolatrie hinaus in Richtung eines Monotheismus. Wolfgang Schrage rekonstruiert die Position der Korinther folgendermaßen: «Wir haben die Vollmacht, Götzenopferfleisch zu essen, denn wir haben alle γνῶσις und wissen, dass es keinen Götzen in der Welt und keinen Gott gibt außer dem einen.»[152] Mit den «Götzen» (εἴδωλον) sind die in den Tempeln Korinths verehrten Götter gemeint. Ihnen wird die Realexistenz abgesprochen. Die bildlichen Darstellungen, in denen sie verehrt werden, beanspruchen zwar, auf eine dahinterliegende göttliche Wirklichkeit zu verweisen, erheben diesen Anspruch aber in den Augen der Christen zu Unrecht. Es sind von Menschenhand gemachte Phantome: «Wind und Nichts [sind] ihre gegossenen Bilder» (Jes 41,29b). Die Korinther berufen sich also auf ein monotheistisches Glaubensbekenntnis, das sich offensichtlich auf das *Schma Israel* bezieht. Das wird besonders in 1 Kor 8,4b deutlich.

Mit der Formulierung «Wir wissen» (Vers 4b) schließt sich Paulus dieser Auffassung zunächst an, modifiziert sie in Vers 5f. aber in nicht unerheblicher Weise: Es *gibt* andere Götter (bzw. vieles, was «Gott genannt wird»), diese sind aber für die Christinnen und Christen nicht verehrungswürdig. Für sie kann und darf allein der eine wahre Gott Adressat ihrer Anbetung sein.[153] Damit einher geht auch der Wechsel der Begrifflichkeit: Paulus spricht in Vers 5 nicht mehr von «Götzen»

---

152 Wolfgang Schrage: Der erste Brief an die Korinther, Teilband 2: 1 Kor 6,12–11,16 (EKK 7/2), Zürich 1995, 221. Zu 1 Kor 8,1–7 siehe auch 433–450. Hans Conzelmann: Der erste Brief an die Korinther (KEK 5), Göttingen ¹¹1969, 164–172; Volker Gäckle: Die Starken und die Schwachen in Korinth und in Rom. Zu Herkunft und Funktion der Antithese in 1 Kor 8,1–11,1 und Röm 14,1–15,13, Tübingen 2005, 227–236; Darina Staudt: Der eine und einzige Gott. Monotheistische Formeln im Urchristentum und ihre Vorgeschichte bei Griechen und Juden, Göttingen 2011, 236–243.

153 Vgl. aber Gal 4,8, wo Paulus den anderen Göttern abspricht, wesenhaft und damit wahrhaft Gott zu sein: τοῖς φύσει μὴ οὖσιν θεοῖς. In Gal 3,20b konstatiert er: «Gott aber ist ein Einziger». In 1 Kor 10,20f. bezeichnet er die anderen Götter als Dämonen (δαιμόνια). Siehe auch 1 Thess 1,9 und Röm 1,24.26.

(εἴδωλον), sondern von «Göttern» (θεοί). Er bezeichnet die anderen «Götter» (θεοί) und «Herren» (κύριοι) mit den gleichen Begriffen, die er auch auf den wahren Gott (θεὸς ὁ πατήρ) und den Herrn Jesus Christus (κύριος Ἰησοῦς Χριστός) anwendet. Allerdings fügt er das Wort λεγόμενοι hinzu: Es sind «sogenannte» Götter, also wohl wirkliche, aber keine wahren Götter. Sie haben Macht, aber keine *göttliche* Macht. Diese Aussage des Paulus ist dem bekannten Wort Luthers vergleichbar «Woran du […] dein Herz hängst und [worauf du dich] verlässest, das ist eigentlich dein Gott.»[154]

Es geht Paulus dabei nicht eigentlich um das Gott*sein* der Götter, sondern um das Gott-*haben* der Christen. Wenn er in Vers 6 erklärt, dass «es für uns doch nur einen Gott» *gibt,* dann ist gemeint, dass Christinnen und Christen nur den einen Gott *haben* (sollen). Bei diesem Vers 6 handelt es sich sehr wahrscheinlich um das Zitat einer vorpaulinischen Bekenntnisformel.[155] Sie spielt auf Dtn 6,4 an, nimmt dabei aber nicht Bezug auf die Herausführung aus Ägypten, sondern auf die Schöpfung. Die Botschaft an die Korinther besteht nicht in einer metaphysischen Aussage zur Existenz oder Nichtexistenz anderer Götter; sie zielt vielmehr auf die Gottes*beziehung* der Christinnen und Christen. Und dabei wird auch die Beziehung zwischen dem einen wahren Gott und Jesus Christus bestimmt: Christus ist der *eine,* von Gott bevollmächtigte Herr, dem die Christinnen und Christen exklusiv verpflichtet sind.

Der im Jahwe-Glauben Israels auf Gott angewandte Titel «Herr» wird Jesus Christus beigelegt.[156] Paulus bezeichnet Christus aber nicht als «Gott» (θεός). Christus ist der für die Christinnen und Christen allein maßgebliche Repräsentant Gottes.[157] Er tritt nicht *neben* den einen und einzigen Gott, sondern vergegenwärtigt ihn. Der Monotheismus (in einem

---

[154] Der Große Katechismus, zit. nach: Unser Glaube. Die Bekenntnisschriften der evangelisch-lutherischen Kirche, Gütersloh ⁴2000, § 587.

[155] Klaus Wengst: Christologische Formeln und Lieder des Urchristentums, Gütersloh 1972, 136–141; Staudt: Der eine und einzige Gott (siehe Anm. 152), 241f.

[156] Vgl. etwa die Aufnahme von Joel 3,5LXX in Röm 10,12f.; siehe auch 1Kor 1,31; 2,16; 10,26; 2Kor 10,17 u. ö. Zu bedenken ist dabei, dass der römische Kaiser mit κύριος angeredet wurde. Siehe auch Apg 25,26. «Herr» bezeichnet die höchste Autorität, der Gehorsam zu schulden ist. In 1Kor 8,6 wird diese Autorität Jesus zugesprochen.

[157] Siehe dazu: Bernhardt: Jesus Christus – Repräsentant Gottes (siehe Anm. 6 in der Einleitung).

die Monolatrie einschließenden Sinn) bleibt uneingeschränkt gewahrt.[158] Das kommt auch in 1Kor 3,22f.; 11,3; 12,6 u. ö. zum Ausdruck.

Dies gilt ebenso vom Johannesevangelium. In Joh 5,44 wird die Alleinheit Gottes betont (τὴν δόξαν τὴν παρὰ τοῦ μόνου θεοῦ). Joh 17,3 bezeichnet Jesus Christus als den Gesandten des einzig wahren Gottes (τὸν μόνον ἀληθινὸν θεόν).

Auch die neutestamentlichen Aussagen zum Wort/Logos/Sohn Gottes und zum Geist Gottes, die den Anknüpfungspunkt für die spätere Ausbildung der Trinitätslehre darstellen, bewegen sich ganz im Rahmen des jüdischen Monotheismus.

Die Vorstellung, dass Wesensäußerungen Gottes – wie Weisheit, Geist, Wort, Name oder Herrlichkeit Gottes als relativ selbstständige Aktinstanzen auftreten, ist schon alttestamentlich bezeugt. Nach Spr 8,30 stand die präexistente Weisheit Gott «als Werkmeisterin [...] zur Seite und war seine Freude Tag für Tag, spielte vor ihm allezeit». In Ez 3,12–14; 8,3 wird vom Geist Gottes als einer quasi physisch wirkenden Kraft gesprochen. Durch das Wort übt Gott seine schöpferische Macht aus. Die deuteronomische Theologie des Namens Gottes nennt den Tempel als Wohnort des Namens Gottes (Dtn 12,5.11.21), während Gott selbst im Himmel thront (Dtn 26,15). Die Herrlichkeit Gottes (כָּבוֹד), die in der rabbinischen Theologie mit der *Schechina* verbunden wurde, stellt Gottes Machtsphäre dar.

Solche Quasi-Hypostasierungen, die den Weltbezug Gottes auf verschiedene Weise zum Ausdruck bringen, wurden weder im Judentum noch im Christentum als Verletzung des Eingottglaubens verstanden. Aus der Weisheitstheologie ging die für die Christologie so wichtige johanneische Logoslehre hervor. Nach Joh 1,1f. besitzt auch der Logos eine relative Eigenständigkeit gegenüber Gott. Nicht in der Annahme, dass es Hypostasen[159] der Gottheit Gottes gibt, unterscheidet sich die frühchristliche Theologie von der alttestamentlichen Überlieferung und der jüdischen Religionsphilosophie, wie sie etwa bei Philo von Alexandria entwickelt wurde, sondern nur darin, dass *Jesus* als Inkarnation des Logos

---

[158] Vgl. auch Gal 3,20; 4,8; 1Tim 1,17; 6,15; Röm 3,30.

[159] Zur Geschichte des Begriffs «Hypostase» siehe: Heinrich Dörrie: Hypostasis. Wort- und Bedeutungsgeschichte, Göttingen 1955.

(nach Joh 1,14) angesehen wurde.[160] Hier trennen sich die Wege: nicht
erst bei der Trinitätslehre, sondern beim Glauben an Jesus Christus als
Inkarnation des Wortes Gottes.

Ein Seitenblick auf die jüdische Religionsphilosophie des Philo von
Alexandria ist an dieser Stelle aufschlussreich, denn auch dieser führende
Vertreter des hellenistisch geprägten Frühjudentums entfaltet die Vor-
stellung von Wesenheiten Gottes, die eine gewisse Selbstständigkeit
besitzen, ohne damit den Glauben an die Einheit Gottes infrage zu stellen.
Gott manifestiert sich in seinem Namen, in seiner Herrlichkeit, in seiner
Weisheit, in seinem Wort und seinem Geist. Diese Manifestationen sind
Hypostasen mit einer ihnen von Gott verliehenen Mächtigkeit. Philo
bezeichnet den Logos sogar als «zweiten Gott»[161] oder einfach als «Gott»
(ohne Artikel).[162] Doch war der «zweite Gott» dem einen und einzigen
Gott nicht gleichgestellt, sondern ihm – als dessen Mittler zur Welt hin –
zu- und untergeordnet. Deshalb sah Philo in dieser Lehre nicht eine
Unterminierung, sondern eine Untermauerung des Monotheismus.

Je transzendenter Gott gedacht wurde, umso mehr stellte sich die
Notwendigkeit ein, dessen Selbstvermittlung zur Welt hin zu bestimmen.
Um diese Vermittlungsleistung erbringen zu können, musste der Logos
einerseits göttlichen Wesens sein und als *von Gott* ausgehend gedacht
werden. Zugleich musste er als von Gott *ausgehend* von ihm unterschieden
sein, d. h. eine relative Selbstständigkeit gegenüber Gott haben. Es wurden
damit «binitarische»[163] Denkformen entwickelt, die mit dem Monotheismus kompatibel waren. Denn damit war wohl die Einfachheit, nicht
aber die Einheit und schon gar nicht die Einzigkeit Gottes infrage gestellt.
Der Monotheismus blieb uneingeschränkt in Geltung, musste aber nicht
als ein monolithischer bzw. unitarischer verstanden werden. Der «Binitarismus» war dabei nicht exklusiv gedacht. Auch andere Manifestationen –

---

[160] Siehe dazu auch: Bernhardt: Jesus Christus (siehe Anm. 6 in der Einleitung), 190.

[161] Quaest. Gen. II 62 (LCL, ed. R. Marcus, Bd. 380, 180).

[162] De somniis 1,228f. (LCL, ed. E. H. Warmington, Bd. 275, 416–422).

[163] Siehe dazu die Diskussionen um den frühjüdischen «Binitarismus»: Larry
W. Hurtado: One God, One Lord. Early Christian Devotion and Ancient Jewish
Monotheism, Edinburgh 1988, ²1998; Daniel Boyarin: The Gospel of Memra:
Jewish Binitarism and the Prologue of John, in: HThR 94, 2001, 243–284; Peter
Schäfer: Zwei Götter im Himmel. Gottesvorstellungen in der jüdischen Antike,
München 2017.

wie die in der Weisheitsliteratur personifizierte Gestalt der Weisheit –
konnten als solche Wesenheiten bei/mit/unter Gott gesehen werden. Hier
boten sich Anknüpfungspunkte für die Entwicklung der Christologie und
der Trinitätslehre.[164]

Weder in der Religionsphilosophie des Philo noch in der johanneischen
Lehre von der Inkarnation des Logos liegt eine Verletzung des Monotheismus vor. Das NT steht ganz in der Geschichte des Glaubens Israels
an den einen Gott – den Gott Abrahams, Isaaks und Jakobs – und schreibt
diese Geschichte fort. Das *Schma Israel* (Dtn 6,4f.) ist ungebrochen in
Geltung.[165] Dass auch Jesus selbst diesem Grundbekenntnis verpflichtet
war, gibt Mk 12,32 deutlich zu erkennen.

Nach dieser Exkursion in die Religions- und Theologiegeschichte
Israels und dem Blick auf die Rezeption des alttestamentlichen «Monotheismus» im NT und bei Philo springe ich nun ins 19. Jahrhundert, wo
der Begriff «ethischer Monotheismus» geprägt wurde und eine interessante
religionsübergreifende Bedeutungsentwicklung nahm.

1.7   «Ethischer Monotheismus»

Der Begriff «ethischer Monotheismus», der zu Beginn des 19. Jahrhunderts im Kontext religionsphänomenologischer und -philosophischer
Reflexionen aufgekommen ist, wurde im ausgehenden 19. Jahrhundert in
der christlichen Theologie vor allem von der alttestamentlichen Wissenschaft rezipiert und erlangte in der Selbstdarstellung des liberalen Judentums die Bedeutung einer Programmformel.

Die Verbindung von Ein-Gott-Glaube, Ethos und Rationalität eta-
blierte sich im Ausgang der Aufklärung. Kant hatte explizit (wenn auch

---

[164] Siehe dazu: David Flusser: Der jüdische Ursprung der Christologie, in
ders.: Bemerkungen eines Juden zur christlichen Theologie, München 1984, 54–65.

[165] Siehe dazu: Birger Gerhardsson: The Shema in the New Testament. Deut
6:4–5 in Significant Passages, Lund 1996; Knut Backhaus: Θεός [Theos] im
Neuen Testament. Zehn Thesen zum christologischen Monotheismus, in:
Heinzmann, Selçuk (Hg.): Monotheismus in Christentum und Islam (siehe
Anm. 1), 42–49. Siehe auch: Mark Grundeken: Art. «Monotheism, III. New
Testament», in: Encyclopedia of the Bible and its Reception, Bd. 19, Berlin,
Boston, 2021, 863–867.

nur in einer Vorbereitungsnotiz) vom «moralisch bestimmten Monotheismus» gesprochen.[166] Doch ist es nicht diese Begriffsbildung, sondern seine Monotheismusdeutung insgesamt, die dem Konzept des «ethischen Monotheismus» den Weg bereitete.[167] Der monotheistische Gottesbegriff bezeichnet das «gesetzgebende [...] Oberhaupt in einem moralischen Reiche der Zwecke»[168] und wird von dieser Bestimmung her – also moralteleologisch – begründet. Als moralische Religion[169] ist der Monotheismus Vernunftreligion. Das rechtfertigt aber nach Kant noch nicht, die historischen Monotheismen – Judentum, Christentum und Islam – in prinzipiell gleicher Weise der allgemeinmenschlichen Vernunftreligion mit ihrem theistischen Gottesglauben zuzuordnen, wie es Lessing getan hatte. Allein das Christentum werde diesem Anspruch gerecht.[170] Denn allein hier sei der Gottesdienst «ein freier, mithin moralischer Dienst»[171] und nicht eine Knechtschaft unter dem «Joch eines Gesetzes (des statutarischen)».[172] Die Vernunftreligion des «moralisch-bestimmten Monotheismus» enthält die Kriterien der wahren Religion und diese sind nach Kant im Christentum erfüllt.

Für die Theologie war Schleiermacher der wichtigste Impulsgeber für das Konzept des «ethischen Monotheismus». In seiner Religionsklassi-

---

[166] Immanuel Kant: Vorarbeiten zum «Streit der Fakultäten», AA 23, 440. In den «Vorlesungen Philosophische Religionslehre nach Pölitz» (1783f.), AA 28.2.2., 1002, ist die Rede vom «Theismus moralis».

[167] Siehe dazu: Rudolf Langthaler: Kant – ein Kritiker Lessings? Übereinstimmungen und Differenzen im Kontext von Religion und Aufklärung, Berlin, Boston 2021, bes. 30–35; 220–233; 309–316; ders.: Kants «moralisch-bestimmter Monotheismus» – Eine an der «wahren Aufklärung» orientierte Kritik an Lessings Ringparabel?, in: Kantian Journal 39/2, 2020, 46–79 (DOI: 10.5922/0207-6918-2020-2-3); Stefan Klingner: Kant und der Monotheismus der Vernunftreligion, in: AGPh 97/4, 2015, 458–480 (DOI: 10.1515/agph-2015-0018).

[168] Immanuel Kant: Kritik der Urteilskraft, AA 5, 444.14f.

[169] «Man kann aber alle Religionen in die der Gunstbewerbung (des bloßen Cultus) und die moralische, d. i. die Religion des guten Lebenswandels, eintheilen» (Immanuel Kant: Die Religion innerhalb der Grenzen der bloßen Vernunft, AA 6, 51,26–28).

[170] A. a. O., 162,14ff.; siehe auch: a. a. O., 51,37 – 52,15.

[171] A. a. O., 179,7.

[172] A. a. O., 179,9.

fikation unterschied er zwischen einem ästhetischen und einem teleologischen Typus des Monotheismus. Der ästhetische Typus führt zu einer
passiven Ergebung in das Vorfindliche. Der teleologische Typus, den er
im Judentum und im Christentum realisiert sah, ist dadurch gekennzeichnet, dass hier «die vorherrschende Beziehung auf die sittliche Aufgabe
den Grundtypus der frommen Gemütszustände bildet».[173] Um das Christentum vom Judentum abzuheben, musste Schleiermacher allerdings Dif-
ferenzbestimmungen in seine Deutung des Monotheismus einfügen. Eine
dieser Bestimmungen betrifft die Form, in der die «sittliche Aufgabe»
wahrgenommen und erfüllt wird. Im Judentum sei die Sittlichkeit zu sehr
vom Motiv des gebietenden Willens geprägt; das Handeln orientiere sich
am Schema von Lohn und Strafe. Im Christentum werde das Individuum
dagegen zur sittlichen Selbstbestimmung (auf das Tun des Gottwohlgefälligen hin) angeleitet.[174]

Obwohl Schleiermacher das Christentum dem teleologischen Religionstypus mit seiner Ausrichtung auf die sittliche Aufgabe zuordnete,
konnte man sich für die Charakterisierung des christlichen Glaubens als
ethischen Monotheismus nicht auf seine Relogionstheorie berufen. Denn
schon in den «Reden» hatte er die Religion in «schneidendem Gegensatz»[175] von der Moral abgegrenzt und sie als «Anschauung und Gefühl»
bestimmt.[176] In der «Glaubenslehre» verstand er sie vom Gefühl der
schlechthinnigen Abhängigkeit her. Kants Überzeugung, dass in der
Religion alles auf das Tun ankommt, war damit grundlegend widersprochen.[177]

Dass die Verbindung von Monotheismus und Sittlichkeit zur Zeit
Schleiermachers in der akademischen Luft lag, zeigt auch Goethe mit
seinem bekannten Diktum: «Wir sind naturforschend Pantheisten,
dichtend Polytheisten, sittlich Monotheisten.»[178]

---

[173] Schleiermacher: Der christliche Glaube (siehe Anm. 10), § 9.1, S. 77.

[174] A. a. O., § 9.2, S. 79.

[175] Friedrich Schleiermacher: Über die Religion. Reden an die Gebildeten
unter ihren Verächtern, Berlin (1799), 50 (KGA I/2, 211).

[176] Ebd.

[177] Immanuel Kant: Der Streit der Fakultäten, AA 7, 41,36f.

[178] Johann Wolfgang von Goethe: Maximen und Reflexionen, in: Sämtliche
Werke 13, Leipzig 1926, 618. = Bibliothek deutscher Klassiker 102, Frankfurt
a. M. 1993, 64 (Nr. 1.422). Das Zitat ist nicht exakt datierbar, zu Lebzeiten
Goethes wurde es nicht veröffentlicht. Der darin ausgedrückte Gedanke findet

Der Begriff «ethischer Monotheismus» erscheint 1826 bei Friedrich Gottlieb von Süskind, einem Vertreter der älteren Tübinger Schule, in seiner kritischen Darstellung des «idealistischen Pantheismus der neueren Zeit». Von Süskind unterscheidet zwischen einer idealistischen und einer naturpantheistischen Deutung des christlichen Glaubens. Der idealistischen Deutung der christlichen Glaubenslehre zufolge sei Gott «eine von der Welt oder Natur verschiedene, mit Selbstbewusstseyn und nach sittlichen (ethischen) Zwecken wirkende, freie persönliche Intelligenz, und als solche nicht blos oberste Ursache der Welt, sondern auch Urheber und Regierer einer sittlichen Weltordnung. Verwerflich ist der Naturpantheismus, dessen Princip Natur, Nothwendigkeit, Objectivität – im Gegensatze gegen Idealismus, dessen Princip Ichheit, Freiheit, Subjectivität ist. Letzterer ist ethischer Monotheismus.»[179]

«Ethischer Monotheismus» ist also der Leitbegriff der «idealistischen» Deutung des christlichen Glaubens. Diese Deutung weist von Süskind ebenso zurück wie die naturpantheistische und stellt ihr einen biblisch-offenbarungstheologisch begründeten rationalen Supranaturalismus gegenüber, der die Verderbtheit des Menschen und die Notwendigkeit der Sündenvergebung bzw. den Erlass der Sündenstrafen betont. Damit will er die Reduktion des christlichen Glaubens auf moralisches Bewusstsein abwehren, wie er sie vor allem bei Fichte (im Gefolge Kants) sieht. Bei der Zurückweisung des Naturpantheismus dürfte er Schellings Philosophie im Auge gehabt haben.

Inhaltlich kann man die Position des ethischen Monotheismus folgendermaßen zusammenfassen: Gott ist nicht nur Schöpfer und Erhalter der Natur sowie Regent der Geschichte, sondern – als Gesetzgeber und Richter – auch die oberste moralische und rechtliche Instanz, die eine humane Lebensordnung erlässt und über deren Einhaltung wacht. Sein Wesen, sein Wille und sein tätiger Weltbezug sind durch Eigenschaften wie Güte und Gerechtigkeit bestimmt. Diese Werthaltungen sollen auch im Zusammenleben der Menschen realisiert werden. Die Sozialordnungen und das gesellschaftliche Handeln der Menschen sollen ihnen entsprechen.

---

sich aber in einem Brief an Friedrich Heinrich Jacobi vom 6. Januar 1813 (Goethes Werke. Weimarer Ausgabe, IV. Abteilung, Bd. 23, 226 (23/6471).

[179] Friedrich Gottlieb von Süskind: Bemerkungen über den idealistischen Pantheismus der neueren Zeit (1826), in: ders.: Vermischte Aufsätze meist theologischen Inhalts, Stuttgart 1831, 245–267, Zitat: 245.

Auf diese Weise ist Gottesglaube mit Weltverantwortung verbunden. Er vollzieht sich in der freien, rationalen Selbstbestimmung zum Tun des Rechten und Gerechten. Mit seiner Abgrenzung gegenüber einem mystischen Enthusiasmus, einem orthodoxen Supranaturalismus und einem heteronomen Legalismus ist diese Auffassung des Gottesglaubens bestrebt, ihre Kompatibilität mit den intellektuellen Standards der Moderne zu erweisen.

Religionstypologisch betrachtet ist die Verbindung des Ein-Gott-Glaubens mit Ethik bzw. Deontologie als Alternative zu einem kultischen, zu einem metaphysisch-spekulativen und zu einem orthodox-doktrinalen Verständnis von Religion zu verstehen. Im Zentrum der (monotheistischen) Religion steht demnach weder das Kultgesetz noch die metaphysische Spekulation oder das Fürwahrhalten von Glaubenslehren, sondern die von Gott gegebene Anleitung zum sittlichen Leben.

1.7.1 «Ethischer Monotheismus» in der alttestamentlichen Wissenschaft des 19. Jahrhunderts

Im Verlauf des 19. Jahrhunderts wurde der Begriff «ethischer Monotheismus» gelegentlich in religionstypologischen[180] und -geschichtlichen[181] Darstellungen aufgegriffen. In der alttestamentlichen Wissenschaft kam er dann zur Anwendung, um die Prophetie zu charakterisieren. Bei Bernhard Duhm ist diese Rezeption vorbereitet, bei Julius Wellhausen und Abraham Kuenen erscheint der Begriff explizit.

---

[180] Alexander Schweizer verwendete den Ausdruck «ethischer Monotheismus» als Gattungsbegriff und ordnete die christliche Religion in diese Gattung ein (Homiletik der evangelisch-protestantischen Kirche: systematisch dargestellt, Leipzig 1848, 61).

[181] So postulierte etwa Pertinax Philalethes (alias Peter Conradin von Planta) im Blick auf die altorientalische Religionsgeschichte eine Entwicklung des ethischen Monotheismus, die bei der Stammesreligion Abrahams einsetzt und über die politische Nationalreligion Moses' zu einer allgemeinmenschlichen Universalreligion der Liebe bei Jesus führt (Die Wissenschaft des Staates. Erster Theil: Der Mensch, St. Gallen, Bern 1848, 120–122).

1.7.1.1 Bernhard Duhm

Duhm zufolge war die Religion Israels darauf ausgerichtet, «Gott als Persönlichkeit zu fassen und mit ihm in sittlichem Verkehr zu stehen».[182] Diese Tendenz sei besonders bei den (vorexilischen und exilischen) Propheten zu Tage getreten, deren Theologie damit die «Grundlage für die innere Entwicklungsgeschichte der israelitischen Religion»[183] darstelle. In der Religionsgeschichte Altisraels vollzog sich ein Kampf, in dem die kanaanäische Naturreligion, die Gott mit den Naturkräften identifizierte und damit die Grenze zwischen Gott und der Welt verwischte, zurückgedrängt wurde. Der Jahwe-Glaube ist nach Duhm also mit dem «theistischen» Religionstypus verbunden. Charakteristisch dafür ist ein persönliches Verhältnis zum personal vorgestellten transzendenten Gott, das auf «Sittlichkeit» basiert, d. h. auf der selbstbestimmten Ausrichtung des menschlichen Denkens und Handelns am Willen Gottes als dem für den Menschen wahrhaft Guten.

Der Kontrastbegriff zu «Sittlichkeit» ist für Duhm zum einen «Gesetz», zum anderen «Sinnlichkeit».

(a) Mit «Gesetz» ist das Regelwerk der Thora gemeint, insbesondere aber das von der priesterlichen Tempelaristokratie institutionalisierte Kultgesetz, auf das die priesterschriftliche Überlieferung fokussiert ist. Einer These von Karl Heinrich Graf[184] folgend, wendet sich Duhm gegen die Frühdatierung dieser Überlieferung. Bis dahin galt die Priesterschrift in der alttestamentlichen Forschung als «Grundschrift» des Pentateuch. Graf hatte sich demgegenüber für eine Spätdatierung ausgesprochen. Er sah in der Priesterschrift die jüngste Quellenschrift des Pentateuchs, die erst nach dem Exil entstanden sei. Das ließ den Schluss zu, dass die ältere Prophetie dem mosaischen Gesetz, den Patriarchenerzählungen, der Geschichte von Exodus, Wüstenwanderung und Sinaioffenbarung vorausliegt. Was aber ist dann deren Quelle? Nach Duhm gründet sie in der

---

[182] Bernhard Duhm: Die Theologie der Propheten als Grundlage für die innere Entwicklungsgeschichte der israelitischen Religion, Bonn 1875, 53. Siehe dazu auch: Henning Graf Reventlow: Die Prophetie im Urteil Bernhard Duhms, in: ZThK 85, 1988/3, 259–274.

[183] So die im Titel seines Buchs und auf S. 24 genannte These.

[184] Karl Heinrich Graf: Die geschichtlichen Bücher des Alten Testaments. Zwei historisch-kritische Untersuchungen, Leipzig 1866; ders.: Die sogenannte Grundschrift des Pentateuchs, in: AWEAT 1, hg. von Adalbert Merx, Halle 1869, 466–477, bes. 474.

individuellen Gottesbeziehung der Propheten. Auch hier steht das personale Moment im Vordergrund.

(b) Zum anderen war es nach Duhm das Anliegen der Propheten, «die
Religion von der Sinnlichkeit zu befreien, in die sie der Kult mit seiner
Förderung des Trieblebens und seinen magischen und mantischen
Anhängseln hinabgezogen hatte, und sie auf die Höhe des sittlichen
Verkehrs zwischen freien Persönlichkeiten zu erheben».[185] Die Religion
soll vom Kultischen befreit werden und vom Ethischen bestimmt sein. Es
sind im Grunde reformatorische Leitvorstellungen, die diese Deutung
bestimmen, angereichert mit dem Ideal der freien, sich selbst bestim-
menden Persönlichkeit, wie es im 19. Jahrhundert vorherrschend war.
Dieses Ideal wird auf Gott, die Propheten und die Gottgläubigen bezogen.

Im Hintergrund steht auch eine Deutung der Religionsgeschichte
Israels im Rahmen eines Fortschrittsmodells. Dem zufolge vollzieht sich
darin eine Entwicklung hin zu einer vergeistigten Gottesvorstellung, die
naive Anthropomorphismen überwindet und die Vorstellung von Gott
von allem Naturhaften und Partikularen abhebt.

1.7.1.2 Julius Wellhausen

In Anknüpfung an diese Interpretation der vorexilischen und exilischen
Prophetie und in (durchaus auch kritischer) Auseinandersetzung mit ihr
gebrauchte Julius Wellhausen die Formulierung «ethischer Monotheismus»: «Dies ist der sogenannte ethische Monotheismus der Propheten; sie
glauben an die sittliche Weltordnung, an die ausnahmslose Geltung der
Gerechtigkeit als obersten Gesetzes für die ganze Welt.»[186] Im «Monotheismus der Moral»[187] sah er den Durchbruch eines neuen sittlichen
Gottesverhältnisses. Nicht mehr die Zugehörigkeit zum Volk Israel ist
demnach entscheidend für die Beziehung zu Gott, sondern das Tun seines
Willens. Dazu braucht es die freie, sittliche Entscheidung des Einzelnen.

Wellhausen sah die im Namen Gottes erhobene Forderung nach
sozialer Gerechtigkeit als das zentrale Thema der Propheten an. Dem liegt
das Verständnis Jahwes als eines Gottes zugrunde, der Freiheit und

---

185 Bernhard Duhm: Israels Propheten, Tübingen 1916, ²1922, 142f.

186 Julius Wellhausen: Israelitische und jüdische Geschichte (1894), Berlin
⁹1958, Nachdruck 1981, Berlin, Boston 2018, 108, siehe auch 109 und 122–131.
Siehe dazu auch: Mathias Thurner: Die Geburt des ‹Christentums› als ‹Religion›
am Ende des 19. Jahrhunderts, Berlin, Boston 2021, 450–458.

187 Wellhausen: Israelitische und jüdische Geschichte (a. a. O.), 108.

Gerechtigkeit gewährt und fordert. Die Propheten sehen Gottes Gerechtigkeit schaffendes Handeln in der Geschichte am Werk, sagen es für ihre jeweilige Zeit an und verpflichten das Volk Israel bzw. seine Führer darauf, sich an diesem Ethos zu orientieren. Wie bei Duhm, spielt auch bei Wellhausen die Individualität und Personalität der Propheten eine wichtige Rolle. Ohne Absicherung durch eine Sakralinstitution sind sie ihm zufolge als charismatische Einzelgestalten ganz auf sich und ihre Gottesgewissheit gestellt. Der ethische Personalismus, wie er im Neukantianismus und in der Ritschlschen Theologie betont wurde, erfährt hier eine theologische Extrapolation zum ethischen Monotheismus. Mit der Hervorhebung des Ethischen in der Bestimmung des Willens und Handelns Gottes verbanden sich dabei die Prädikate der Einzigkeit Gottes und der Universalität seines Wirkens.

Wie Duhm so sah auch Wellhausen im ethischen Monotheismus der Propheten den frühen Höhepunkt der Religionsgeschichte Israels. In der nachexilischen Zeit sei dieser durch den Tempelkult, das Ritualgesetz und zahlreiche moralische Vorschriften verfestigt, d. h. zum einen bewahrt, zum anderen aber auch der Erstarrung preisgegeben worden. Indem sich die nachexilischen Propheten mit dem Priestertum und dem Tempelkult verbunden hätten, seien sie «Begründer der Religion des Gesetzes, nicht Vorläufer des Evangeliums».[188] Jesus habe dann die prophetische Tradition wieder aufgenommen, sie aus der kultischen Verfestigung befreit und aus dem ethnisch-nationalen Partikularismus gelöst. Mit seinem Aufruf zu einer persönlichen Frömmigkeit und einer im Gewissen fundierten ethischen Selbstbestimmung habe er auch den ethischen Individualismus erneuert. Die Pharisäer und Schriftgelehrten hingegen hätten die Vergesetzlichung der prophetischen Botschaft fortgesetzt und zu einer bloß äußerlichen, legalistischen Kasuistik verstärkt.[189] Darin seien sie die Vorläufer des rabbinischen Judentums gewesen. Wie Amos und Jeremia habe sich Jesus demgegenüber kritisch mit seinem eigenen Volk, besonders mit den politischen und religiösen Autoritäten auseinandergesetzt und sie zum Tun des Gerechten aufgefordert. Als Vollender der frühen Prophetie sei er zum Begründer einer neuen Religion geworden,

---

[188] A. a. O., 77.

[189] A. a. O., 283f., 357. Siehe dazu: Rudolf Smend: Wellhausen und das Judentum: In dankbarer Erinnerung an Isac Leo Seeligmann (1907–1982), in: ZThK 79, 1982/3, 249–282.

die durch Universalität, Individualität und «Ethizität» der Gottesbeziehung gekennzeichnet ist. Seine Ethik zielte dabei nicht auf einen
Legalismus, sondern auf die freie, weil von Gott dazu befreite, Selbstbestimmung.

Nach Marie Theres Wacker hat Wellhausen den Begriff «ethischer
Monotheismus» von Abraham Kuenen übernommen.[190] Kuenen, der sich
seinerseits wiederum auf Wellhausen bezog,[191] sah die Propheten als
Initiatoren des «ethischen Monotheismus», d. h. als Verkündiger einer
sittlichen Weltregierung des einen und einzigen, heiligen und gerechten
Gottes, der das moralisch Gute in der Welt durchsetzen will.[192] «Die
Bezeichnung ‹ethischer Monotheismus› kennzeichnet besser als irgendeine
andere die Eigenart ihrer Anschauungsweise, weil sie nicht nur den
Charakter des *einen* Gottes, den sie anbeten, ausdrückt, sondern auch die
Quelle bezeichnet, woraus der Glaube an Ihn entsprungen ist.»[193] Mit
dieser Quelle ist das von Gott gegebene ethische Bewusstsein gemeint.

1.7.1.3 «Ethischer Monotheismus» als Programm

Es kann hier nicht darum gehen, die Geschichte dieses Begriffs detailliert
aufzuarbeiten und weitere Autorinnen und Autoren zu referieren, die ihn
herangezogen haben.[194] Es soll lediglich die mit seiner Prägung und
seinem Gebrauch verbundene Intention in den Blick genommen werden.
Diese besteht darin, die Besonderheit des Gottesglaubens Israels gegenüber
der religiösen Umwelt des Alten Orients, wie sie im ausgehenden
19. Jahrhundert besonders von der Religionsgeschichtlichen Schule
erforscht wurde, zu bestimmen. Diese Forschung bestand nicht nur in

---

[190] Wacker: Von Göttinnen (siehe Anm. 100), 140, Anm. 4.

[191] Abraham Kuenen: Volksreligion und Weltreligion, Berlin 1883, 121–
124. Siehe dazu: Martin Jan Mulder: Kuenen und der «ethische Monotheismus»
der Propheten des 8. Jahrhunderts v. Chr., in: Peter Berend Dirksen, Aad W. van
der Kooij (Hg.): Abraham Kuenen (1828–1891). His Major Contributions to the
Study of the Old Testament. A Collection of Old Testament Studies Published
on the Occasion of the Centenary of Abraham Kuenen's Death (10 December
1991), OTS XXIX, Leiden, New York 1993, 65–90.

[192] Abraham Kuenen: The Prophets and Prophecy in Israel, London 1877, 585.

[193] Kuenen: Volksreligion (siehe Anm. 191), 125.

[194] Zu nennen wäre etwa: Benzion Kellermann: Der ethische Monotheismus
der Propheten und seine soziologische Würdigung, Berlin 1917; Stanley A. Cook:
Ethical Monotheism in the Light of Comparative Religion, London 1932.

einer Beschreibung und Analyse, sondern folgte auch theologisch-apologetischen Interessen.

Nach Ansicht der oben zitierten Alttestamentler unterscheidet sich der Gottesglaube Israels von den benachbarten Religionskulturen dadurch, dass hier das Sittliche über das Sinnliche, das Vernunftgemäße über das Narrative und Mythische, die freie Selbstbestimmung über das Befolgen kultischer, ritueller und moralischer Reglementierungen, das Ethische über das Ethnische und Politische, das Geistige über das Gegenständliche und Naturhafte, das Universale über das national Partikulare, das Individuell-Personale über das Kollektive die Oberhand erlangt hat. Dabei handelt es sich um die Ideale der liberal-bürgerlichen Kultur und der protestantischen Religion des 19. Jahrhunderts, die über die Reformation und über Jesus an den Beginn der Religionsgeschichte Israels zurückprojiziert werden, um darin ihre ursprüngliche Verwurzelung und damit ihre Geltungsbegründung zu finden. Die Kontrastfolie, von der man sich dabei absetzte, war zum einen das pharisäische und nachbiblische Judentum und zum anderen der Katholizismus. Beiden wurde kultische wie moralische Gesetzlichkeit, geistige Erstarrung und die Beschränkung freier Individualität durch Einordnung des Einzelnen in eine Kultgemeinschaft bzw. in eine hierarchisch organisierte Kircheninstitution zugeschrieben. Diese Deutung besagt: So wie das Judentum im Lauf seiner Geschichte den ethischen Monotheismus der frühen Propheten in Kultgesetzlichkeit verfestigt hat, die dann im Urchristentum wieder aufgebrochen wurde, so ist der Katholizismus hinter diese Anfänge zurückgefallen, indem er die von Jesus gestiftete unmittelbare Gottesbeziehung klerikalisierte, wogegen sich der prophetische Protest der Reformatoren erhob.

In einer ähnlichen Stoßrichtung wurde der Begriff «ethischer Monotheismus» auch außerhalb der alttestamentlichen Wissenschaft verwendet, so etwa bei Wilhelm Dilthey. In seiner Aufzählung von «Grundtypen der religiösen Weltanschauung», in denen sich die Religion entmythologisiert, indem sie «das Göttliche aufgrund der Wertbeziehungen, die der religiöse Verkehr zwischen dem Menschlichen und dem Göttlichen, dem Sinnlichen und dem Sittlichen, der Einheit und der Vielheit, den Ordnungen des Lebens und dem religiösen Gute feststellt»,[195] nannte Dilthey auch

---

[195] Wilhelm Dilthey: Das Wesen der Philosophie, in: Gesammelte Schriften,

den «ethischen Monotheismus der Freiheit».[196] Auch hier ist es die Kontrastierung mit Gesetzlichkeit, die diesem Begriff seine Bedeutung gibt.

Theologische Religionstheoretiker wie Ernst Troeltsch legten die mit dem Begriff «ethischer Monotheismus» verbundenen Wertvorstellungen ihrer wertenden (Re-)Konstruktion der Religionsgeschichte zugrunde. Troeltsch verband die Betonung des Individuellen, Universalen und Ethischen mit der Leitunterscheidung von Geist und Natur, die im Gefolge Kants besonders für seinen systematisch-theologischen Lehrer Albrecht Ritschl von Bedeutung war. Daraus gewann er sein Kriterium, um den Entwicklungsstand einer Religion zu beurteilen: Je vergeistigter eine Religion ist, je personal-ethischer, universaler und transzendenter sie die Wirklichkeit und Wirksamkeit Gottes versteht, je mehr sie die Individualität ihrer Anhänger und deren freie sittliche Selbstbestimmung zur Geltung bringt, umso höher ist ihr Wert. Gemessen an diesem Kriterium steht das Judentum – und stehen auch alle anderen Religionen – unter dem Christentum.[197] Dieser Abwertung des Judentums widersprachen nun Vertreter des (vor allem deutschsprachigen) liberalen Reformjudentums, die sich zur Bewegung «Wissenschaft des Judentums» formiert hatten.

1.7.2 «Ethischer Monotheismus» im Reformjudentum des 19. Jahrhunderts

Die Bewegung «Wissenschaft des Judentums» verfolgte das Ziel, die traditionelle jüdische Gelehrsamkeit durch eine moderne historisch-geisteswissenschaftliche Erforschung der Quellen und Traditionen sowie der Kultur des Judentums zu ersetzen oder zumindest zu ergänzen.[198] Das

---

Bd. 5, Leipzig, Berlin 1924, Stuttgart ⁵1968, 387. Siehe auch: ders.: Weltanschauung und Analyse des Menschen seit Renaissance und Reformation, in: Gesammelte Schriften, Bd. 2, Leipzig, Berlin ²1921, 505.

[196] Ebd.

[197] Siehe dazu: Bernhardt: Klassiker (siehe Anm. 26), 55–73.

[198] Siehe dazu: Henry C. Soussan: The Gesellschaft zur Förderung der Wissenschaft des Judentums in its Historical Context, Tübingen 2013; Andreas B. Kilcher, Thomas Meyer (Hg.): Die «Wissenschaft des Judentums». Eine Bestandsaufnahme, Leiden 2019; Paul Mendes-Flohr u. a. (Hg.): Jewish Historiography between Past and Future. 200 Years of Wissenschaft des Judentums, Berlin 2019;

bedeutete vor allem einen Paradigmenwechsel von einer legalistischen zu einer sozialen und ethischen Auslegung der Hebräischen Bibel und der rabbinischen Schriften. Damit war formal eine Systematisierung und inhaltlich eine Universalisierung der jüdischen Glaubenslehre verbunden. Die Bindung der Verheißung an Volk und Land Israels sollte nicht zu einem Partikularismus führen, der den Inhalt und die Geltung des jüdischen Gottesglaubens auf das Judentum beschränkte. Vielmehr wurde die universale Bedeutsamkeit des reinen Ein-Gott-Glaubens und seiner ethischen Gehalte für die Menschheit insgesamt betont. In kritischer Auseinandersetzung mit dem orthodoxen Judentum, aber natürlich auch mit Seitenblick auf die christliche Theologie mit ihren «mythischen» Lehren (etwa von der Dreieinigkeit Gottes oder vom heilwirkenden Opfertod Jesu) ging es um eine vernunftgemäße Auslegung der jüdischen Tradition. Dafür orientierte man sich vor allem an der Religionsphilosophie des Maimonides, besonders an seinem «Führer der Unschlüssigen».[199] Dieser Paradigmenwechsel wirkte sich auch auf die Methode des Theologietreibens und ihre literarische Darstellung aus: An die Stelle von Kommentierungen von Schrift und Tradition trat nun eine systematische, philosophische und historische Theologie als Entfaltung der jüdischen Glaubenslehre nach inhaltlichen Gesichtspunkten.[200]

Zu den wichtigsten Vertretern dieser Bewegung gehörten Leopold Zunz, Isaak Markus Jost, Abraham Geiger, Hermann Cohen und Leo Baeck. Nach dem Urteil George Y. Kohlers war der Begriff «ethischer Monotheismus» zentral für diese Bewegung.[201]

Christian Wiese: «Wissenschaft des Judentums», in: Enzyklopädie jüdischer Geschichte und Kultur, Stuttgart 2011–2017 (http://dx.doi.org/10.1163/2468-2845_ejgk_COM_01111 [14.06.2021]).

[199] Maimonides: Führer der Unschlüssigen, übersetzt und hg. von Adolf Weiß, 3 Bde., Berlin 1923/24, Hamburg ³1995. Siehe dazu: George Y. Kohler: Maimonides and Ethical Monotheism: The Influence of the *Guide of the Perplexed* on German Reform Judaism in the Late Nineteenth and Early Twentieth Century, in: James T. Robinson (Hg.): The Cultures of Maimonideanism. New Approaches to the History of Jewish Thought, Leiden, Boston 2009, 309–334.

[200] So etwa: Kaufmann Kohler: Grundriss einer systematischen Theologie des Judentums auf geschichtlicher Grundlage, Leipzig 1910, Nachdruck: Hildesheim 1979; Die Lehren des Judentums nach den Quellen, Leipzig 1928–1930, hg. vom Verband der deutschen Juden, neu hg. von Walter Homolka, Berlin 1999.

[201] «In the religious philosophy produced by the *Wissenschaft des Judentums,*

1.7.2.1 Samuel Formstecher

Ich wende mich zunächst dem Offenbacher Rabbiner Samuel (alias Salomon) Formstecher zu, der 1841 eine religionsphilosophische Bestimmung des Judentums als «Religion des Geistes» vorlegte.[202] Dieses Buch gilt als das erste philosophisch-theologische Werk der jüdischen Reformbewegung. Es brachte Formstecher den Ruf ein, der erste moderne Historiker des Judentums zu sein. Darin profilierte er den Religionstypus des ethischen Monotheismus, identifizierte ihn mit dem Judentum[203] und sah ihn in der göttlichen Geistbegabung Moses' begründet.[204] Diese Religionsform grenzte er nach zwei Seiten hin ab: zum einen (a) gegen einen philosophisch-«abstrakten» Monotheismus, der die Gottesvorstellung aus dem Gottesbegriff des einen höchsten Wesens ableitet, zum anderen (b) gegen den «physischen», d. h. auf die Natur bezogenen Monotheismus, der eigentlich ein Monismus ist. Die *ethische* Bestimmung Gottes und der Gottesbeziehung wurde also einer *logischen* und einer *ästhetischen* gegenübergestellt.

Ich verzichte darauf, den geistphilosophischen und offenbarungstheologischen Rahmen dieser Religionstheorie darzustellen[205] und wende mich der daraus abgeleiteten Wesensbestimmung des Judentums als «ethischem» im Gegenüber zum philosophischen und zum «physischen»

---

no idea was more important or would have greater influence than ethical monotheism» (Kohler: Maimonides, a. a. O., 309).

[202] Samuel Formstecher: Die Religion des Geistes. Eine wissenschaftliche Darstellung des Judentums nach seinem Charakter, Entwicklungsgange und Berufe in der Menschheit, Frankfurt a. M. 1841. Zu seiner Person und seinem Wirken siehe: Ignaz Maybaum: Samuel Formstecher. Ein Beitrag zur Geschichte der jüdischen Religionsphilosophie im neunzehnten Jahrhundert, in: Monatsschrift für Geschichte und Wissenschaft des Judentums 71 (N.F. 35), 1927/3–4, 88–99; Bettina Kratz-Ritter: Salomon Formstecher – Ein deutscher Reformrabbiner, Hildesheim 1991.

[203] «[...] der ethische Monotheismus [...] ist Judenthum» (Formstecher: Die Religion des Geistes, a. a. O., 107).

[204] Moses, der in Ägypten in das «Mysterium der Naturvergötterung, den physischen Monotheismus» (a. a. O., 209), eingeweiht worden sei, habe unter dem Einfluss der Vorsehung Gottes die (dieser Naturreligion entgegengesetzte) Wahrheit des ethischen Monotheismus (der schon in der «patriarchalischen Vorzeit» bestanden habe) erkannt und seinem Volk vermittelt (ebd.).

[205] Siehe dazu a. a. O., 1–63.

Monotheismus zu. Dabei skizziere ich die erste dieser beiden Abgrenzungen nur kurz, zum einen, weil sie auch bei Formstecher weniger bedeutsam ist, und zum anderen, weil sie in ihrem Sachgehalt bereits in Abschnitt 1.4 unter dem Stichwort «abstrakter» Monotheismus behandelt wurde. Mit der zweiten der beiden Abgrenzungen beschäftige ich mich dann etwas eingehender, weil Formstecher den Begriff des ethischen Monotheismus vor allem an ihr geschärft hat.

(a) Während der ethische Monotheismus von der biblisch bezeugten Offenbarung Gottes ausgeht, setzt der *logische* bzw. *rationale* Monotheismus beim *Begriff* Gottes an und betont dabei vor allem das Begriffsmerkmal der *Einheit*. Im ethischen Monotheismus ist Gott als lebendige *Person* mit einem sich selbst bestimmenden Willen aufgefasst, die in schöpferischer Freiheit agiert. Der logische Monotheismus versteht Gott demgegenüber als oberstes Prinzip aller Wirklichkeit, die (bzw. deren Struktur) aus diesem Seinsgrund ableitbar ist. Für die Gottes*erkenntnis* im Sinne des ethischen Monotheismus braucht es keine besondere Vernunftbefähigung und Erleuchtung. Nicht nur eine intellektuelle Elite, sondern das ganze Volk ist dazu in der Lage. Die Vernunft kann und soll seiner Offenbarung nach-denken, sich aber nicht selbst als erleuchtetes Medium der Gotteserkenntnis ausgeben. Die Offenbarung ist höher als alle Vernunft. Für Formstecher folgt daraus, dass das Judentum aller gnostischen Metaphysik und Theosophie (wie sie etwa bei Philo, in der Kabbala und auch im Christentum aufscheint)[206] mit Skepsis gegenübersteht. Darin sieht er es mit dem Islam verbunden.[207]

(b) Mit *physischem* Monotheismus meint Formstecher den Typus der Naturreligion, der schon im Alten Ägypten zutage trat und in der griechisch-römischen Kultur vorherrschend war. Auch seither bricht er nach seiner Deutung immer wieder in der Religionsgeschichte hervor, vor allem im spinozistisch-romantischen Pantheismus seiner eigenen Zeit bzw. deren jüngerer Vergangenheit.[208] Zusammen mit dem logischen Monotheismus bezeichnet Formstecher diesen Religionstypus schlicht als

---

[206] A. a. O., 280f.

[207] A. a. O., 403.

[208] Zu Formstechers kritischer Anknüpfung an Schelling siehe: Maybaum: Samuel Formstecher (siehe Anm. 202), 89f.

«Heidenthum»[209] und stellt ihm das Judentum als Geistreligion so
diametral entgegen wie die Natur nach seiner Auffassung dem Geist
entgegensteht.

Die Unterscheidung zwischen Natur und Geist ist grundlegend für
seine Religionstheorie. Obwohl beide in Gott gründen, zieht Formstecher
eine scharfe Grenze zwischen ihnen und ordnet die Sphäre des Geistigen
der Natur über. Dabei handelt es sich aber nicht um eine Überordnung
nach einem Erfüllungs- oder Vollendungsmodell. Vielmehr werden beide
Bereiche antithetisch gegenübergestellt. Im Geist sieht Formstecher nicht
die Blüte, sondern den Gegensatz der Natur.[210] Denn nicht die Natur,
sondern nur der Geist kann – in der Vernunft des Menschen – zur
Erkenntnis seiner selbst gelangen. «Nur der Menschengeist ist nach dem
Ebenbilde Gottes geschaffen, aber nicht die Natur.»[211]

Mit der kategorialen Unterschiedenheit von Geist und Natur korreliert
Formstecher die Zuordnung der beiden Religionstypen von Geist- und
Naturreligion, die sich in Judentum und Heidentum historisch
manifestieren. In der Naturreligion mache der Mensch die Natur – und
das heißt auch die menschliche Natur – zur Grundlage der Gottes-
erkenntnis und -verehrung. In ihren niederen Formen des Fetischismus
würden dabei Naturgegenstände zum Gegenstand göttlicher Verehrung
gemacht. In ihren höchsten Formen gerate die Naturreligion zu einer
Apotheose des Menschen, wie sich etwa im römischen Kaiserkult zeige.
Dabei bleibe sie immer an bestimmte Orte, Zeiten, Gegenstände und
Personen gebunden, d. h. ihrem historisch-partikularen Kontext verhaftet.
Sie schaffe sich Bilder und Statuen des Göttlichen und verehre sie. Das

---

[209] Formstecher: Die Religion des Geistes (siehe Anm. 202), 69f. In den Vorlesungen zur «Philosophie der Mythologie» (1837/1842, hg. von Klaus Vieweg,
Christian Danz, München 1996) gebraucht Schelling diesen Begriff in einem ganz
ähnlichen Sinn: «Die mosaische Religion ist also relativer Monotheismus und im
beständigen Kampfe mit dem überall eindringenden Heidenthum» (84). Der Begriff «Heidenthum» steht für die natürliche bzw. mythologische Religion gegenüber der geoffenbarten (bes. 163–168; 195). Siehe dazu: Christel Matthias
Schröder: Das Verhältnis von Heidentum und Christentum in Schellings Philosophie der Mythologie und Offenbarung, München 1936. Es ist anzunehmen,
dass Formstecher den Begriff von dort übernommen hat.
[210] Formstecher: Die Religion des Geistes (siehe Anm. 202), 127.
[211] A. a. O., 69.

aber sei «Naturdienst»[212] und Vergötterung der «Naturkraft».[213] Auf diesem Weg gelange sie nicht zur Verehrung Gottes selbst, sondern falle – weil es viele Naturkräfte gibt – immer wieder in einen Polytheismus zurück.

Die Geistreligion des Judentums steht den Erscheinungsformen der Naturreligion nach Formstecher in einer feindlichen Polarität gegenüber.[214] Ihre reine Geistigkeit bringe sich in ihrer Bildlosigkeit und in ihrer Universalität zum Ausdruck. Das Judentum finde seinen Gott «nicht an einem Flusse, nicht auf einem Berge wohnend, sondern frei von allen climatischen Verhältnissen kann es seinen Gott als reinen Geist auf allen Ecken der Erde verehren; Universalismus ist darum sein vorzüglichstes Eigenthum.»[215]

Während dem «Heidentum» als Naturreligion ein *ästhetisches* Verständnis von Offenbarung, Gotteserkenntnis und -verehrung zugrunde liegt, geht das Judentum nach Formstecher von einer *ethischen* Bestimmtheit Gottes und des Gottesglaubens aus. «Der Gott des Judentums ist ein rein ethisches Wesen»,[216] nicht ein weltimmanenter Gott der Natur, sondern ein transzendenter Gott des Geistes. Der Gott Israels sei nicht die Seele der Welt, sondern der extramundane Gebieter des Guten und Gerechten. Das Judentum kenne nur eine «ethische, aber keine ästhetische Manifestation des Absoluten».[217]

Mit dem Leitmotiv des ethischen Monotheismus grenzte Formstecher sein Religionsverständnis von der ästhetischen Religionstheorie des frühen Schleiermacher ab und knüpfte an dessen Charakterisierung des Judentums und des Christentums als Erscheinungsformen des teleologischen Monotheismus an.[218] Vor allem galt seine Abwehr aber der Abwertung des Judentums in Hegels Philosophie.[219]

---

[212] A. a. O., 58–61; 69.

[213] A. a. O., 69.

[214] A. a. O., 69f.

[215] A. a. O., 67 («climatisch» bedeutet hier «regional», von spätlateinisch «clima» = «Region»).

[216] A. a. O., 66.

[217] A. a. O., 69.

[218] Siehe Anm. 173.

[219] Einen Überblick über die «Wandlungen in Hegels Bild des Judentums» – so der Titel des Aufsatzes – gibt Andreas Arndt, in: Roderich Barth u. a. (Hg.): Christentum und Judentum, Berlin, Boston 2012, 417–429.

1.7.2.2 Formstecher und Hegel

Besonders in seiner Frankfurter Zeit hat Hegel das Judentum als Religion der Gesetzlichkeit, der Knechtschaft und der Haftung an das Objektive bezeichnet.[220] Moralität, d. h. sittliche Selbstbestimmung des Individuums sei der jüdischen Religion fremd. Der «unendliche Geist [habe] nicht Raum im Kerker einer Judenseele».[221] In der «Phänomenologie des Geistes»[222] und dann in den 1821, 1824, 1827 und 1831 gehaltenen Berliner «Vorlesungen über die Philosophie der Religion»[223] zeichnete Hegel dann ein positiveres Bild des Judentums als «Religion der Erhabenheit».[224] Dabei hatte er besonders dessen Bildlosigkeit im Blick.[225] Er sah darin einen Ausdruck reiner Geistigkeit im Gegenüber zum Sinnlichen und Naturhaften. Im Vorlesungsmanuskript zur Geschichte der Philosophie schrieb er: «Wenn das Geistige im phönizischen Volke noch durch die Naturseite beschränkt war, so zeigt es sich dagegen bei den Juden vollkommen gereinigt; das reine Produkt des Denkens, das Sichdenken kommt zum Bewußtsein, und das Geistige entwickelt sich in seiner extremen Bestimmtheit gegen die Natur und gegen die Einheit mit derselben.»[226] Die jüdische Religion wird nun als Station auf dem Fortschrittsweg hin zum Bewusstsein der Freiheit gesehen. Mit der Geistigkeit ist für Hegel der Universalismus der jüdischen

---

[220] Hegel: Werke, Bd. 1: Frühe Schriften, Red. Eva Moldenhauer und Karl Markus Michel, Frankfurt a. M. 1971, 298.

[221] A. a. O., 381.

[222] Gesammelte Werke, Bd. 9, Hamburg 1980, 371.

[223] Georg W. F. Hegel: Vorlesungen über die Philosophie der Religion, hg. v. Walter Jaeschke, in: G. W. F. Hegel: Vorlesungen. Ausgewählte Nachschriften und Manuskripte, Hamburg, Bde. 3 (1983), 4.1 (1985), 4.2 (1985), 5 (1984), Hamburg.

[224] A. a. O., Bd. 4.1., 561–579. Siehe dazu: Friedemann Barniske: Hegels Theorie des Erhabenen: Grenzgänge zwischen Theologie und philosophischer Ästhetik, Tübingen 2019, 286–340.

[225] Damit knüpfte er unmittelbar an Kant an: Immanuel Kant: «Vielleicht giebt es keine erhabenere Stelle im Gesetzbuche der Juden, als das Gebot: du sollst dir kein Bildniß machen, noch irgend ein Gleichniß, weder dessen, was im Himmel, noch auf der Erden, noch unter der Erden ist u. s. w.» (Kritik der Urtheilskraft [1788], in: Werke, AA Bd. 5, § 29, S. 274).

[226] Georg W. F. Hegel: Vorlesungen über die Philosophie der Geschichte (1822–1832), Hegel Werke, Bd. 12, Frankfurt a. M. [11]2015, 241.

Religion verbunden, der in ihrem universalen Gottesbegriff zum Ausdruck komme. Dieser stehe zwar in einer inneren Spannung zum partikularen Erwählungsglauben und zum «Gebundensein an die Nationalität».[227] Doch gründe die jüdische Religion in der «Vorstellung, daß Gott nur im allgemeinen Gedanken gefaßt werde und nicht in einer partikularen Bestimmung.»[228] In der Vorlesung von 1827 charakterisierte Hegel den Gott des Judentums als «allgemeine und reine Subjektivität»,[229] deren Absicht darin bestehe, die Menschen zur Sittlichkeit zu verpflichten.[230]

Daran konnte Formstecher in seiner Wesensbestimmung des Judentums als Religion des Geistes, des Ethos und der subjektiven Freiheit unmittelbar anknüpfen. Er folgte im Wesentlichen der Judentumsdeutung des späten Hegel und führte sie gegen dessen eigenes Verständnis der Selbstverwirklichung des Geistes in der Religionsgeschichte ins Feld. Nach Hegel hat der Gottgeist als der durch die Geschichte wehende Weltgeist die jüdische (bzw. weitergefasst: die orientalische) Religion hinter sich gelassen und ist über die griechische und römische Geisteswelt im germanisch geprägten Christentum zur Anschauung seiner selbst und dann in der Philosophie zur Erkenntnis seiner selbst gelangt. Formstecher sieht dagegen *das Judentum* als Religion reiner Geistigkeit. Das Ziel der Geistesgeschichte erblickt er nicht – wie Hegel – in einer dialektischen Vermittlung von Geist und Natur, sondern in der Befreiung des Geistigen vom Naturhaften. Nach Hegel besteht das Defizit der jüdischen Religion der Erhabenheit darin, dass hier der Geist sich über die Natur erhoben, diese aber noch nicht in sich aufgenommen hat.[231] Genau darin aber sieht Formstecher nicht den Mangel, sondern den Ausdruck höchster Freiheit des Geistes: Der Geist steht dem Natürlichen und Sinnlichen entgegen. Zwischen Geist und Natur besteht ihm zufolge nicht eine dialektische, sondern eine dichotomische Verhältnisbestimmung. Die «Aussöhnung

---

[227] Hegel: Vorlesungen über die Philosophie der Religion (siehe Anm. 223), Bd. 3, 575.

[228] Ebd.

[229] Hegel: Vorlesungen über die Philosophie der Religion [siehe Anm. 223], Bd. 4a, 562.

[230] «Der wesentliche Zweck ist […] Sittlichkeit, Rechtlichkeit, daß der Mensch als solcher in dem, was er tut, das Gesetzliche, das Rechte vor Augen habe» (a. a. O., 572).

[231] Gesammelte Werke, Bd. 17, Frankfurt 1987, 47.

zwischen Geist und Natur unter der Vorherrschaft des Geistes»[232] werde letztlich auch vom Judentum angestrebt – und zwar als Vergeistigung der Natur. Diese stehe aber noch aus. Das ist jedoch für ihn kein Defizit, sondern ein Indiz für die geistige Reinheit des Gottesglaubens.

Nun nehme ich noch zwei weitere jüdische Religionsphilosophen in den Blick, die das Judentum als ethischen Monotheismus aufgefasst haben: Hermann Cohen und seinen Schüler Leo Baeck.

1.7.2.3 Hermann Cohen

Auch der Neukantianer Cohen stellt die Verbindung von Ethik und Monotheismus heraus. Der Begriff «ethischer Monotheismus» fällt dabei nur gelegentlich,[233] aber der jüdische Gottesglaube wird von Cohen durchgehend als Religion der Vernunft und der universalen Ethik charakterisiert.[234] Cohen zufolge wurzelt diese Religion «in dem ethischen Motiv der Teleologie»[235] und der Glaube an die Einheit, Beständigkeit und Universalität Gottes garantiert die Kohärenz, Verbindlichkeit und Allgemeingültigkeit der im Gottesglauben fundierten Ethik.

Das Ethos liegt nach Cohen in Gott und zwar im *Wesen* Gottes begründet; es ist nicht nur Ausdruck seines Willens. Das Wesen Gottes besteht ihm zufolge aus der Verbindung von Gerechtigkeit und Liebe. Gott ist das Gute und damit der Grund der Moralität. Deshalb sei die

---

[232] Formstecher: Die Religion des Geistes (siehe Anm. 202), 332.

[233] So etwa in: Hermann Cohen: Der ethische Monotheismus der Propheten und seine soziologische Würdigung (1917), in: Werke, Bd. 17, Hildesheim u. a. 2002, 493–501. Diese Notiz bezieht sich allerdings auf die Schrift von Benzion Kellermann, die 1917 unter diesem Titel erschienen ist (siehe Anm. 194). In «Religion der Vernunft aus den Quellen des Judentums. Eine jüdische Religions-philosophie», Leipzig 1919 (Frankfurt ²1929, Neuausgabe: Wiesbaden 2008), 285; 305; 334 steht der Begriff ohne besondere Betonung.

[234] So etwa, wenn er konstatiert: «Das ist das charakteristische Merkmal des wahrhaften Lebens im Monotheismus: daß alle Spekulation wie atemlos auf die Ethik hinzielt. Alle Ketzerei wird vergeben und übersehen sogar, wenn nur die echte Teleologie, der ethische Zusammenschluß von Natur und Geist angestrebt und erreicht wird. Die philosophische Spekulation im Judentum dürfte sich auf dieser Linie entwickeln lassen» (a. a. O., 73).

[235] Hermann Cohen: Charakteristik der Ethik Maimunis, in: Jakob Guttmann (Hg.): Moses ben Maimon, Leipzig 1908, 63–134, Zitat: 72f.; ebenso, in: Werke, Bd. 15, Hildesheim u. a. 2009, 161–269, Zitat: 177.

Sündenvergebung Gottes «eigentliche Leistung».[236] «Die Versöhnung wird daher zum Angelpunkt des Monotheismus.»[237]

Diese Verankerung des Ethos im Wesen Gottes – und damit sein Verständnis des ethischen Monotheismus – entwickelt Cohen in der Auseinandersetzung mit Maimonides, genauer: mit dessen kritischer Diskussion der Lehre von den Eigenschaften Gottes in seinem «Führer der Unschlüssigen».[238] Maimonides hatte es abgelehnt, Gott Eigenschaften zuzuschreiben, die sein Wesen charakterisieren. Er sah darin eine Infragestellung der absoluten Einheit Gottes. Lediglich die Eigenschaften, die das *Handeln* Gottes, also seinen Weltbezug betreffen, ließ er gelten. Cohen sah die Argumentation Maimonides' sogar auf die *Hervorhebung* dieser Eigenschaften hinauslaufen und erblickte darin den Ansatz für die philosophische Deutung des Judentums als ethischen Monotheismus.[239] Die das *Handeln* Gottes betreffenden Eigenschaften seien als Urbilder und Ideale menschlicher Sittlichkeit zu verstehen.[240]

Auf der Basis dieser Maimonides-Interpretation konstatierte Cohen pointiert: «Gott hat sein Wesen ausschließlich in der Sittlichkeit. Er ist das Vorbild und Urbild der Sittlichkeit, welche die Menschen in ihren Handlungen kraft ihrer Freiheit zu betätigen haben.»[241] Zur inhaltlichen Bestimmung der «ethischen» Eigenschaften griff Cohen auf die Hebräische Bibel zurück. In Versen wie Ex 34,6f.[242] sah er solche Eigenschaften angezeigt.

---

[236] Cohen: Religion der Vernunft (siehe Anm. 233), [1]1919, 244.

[237] A. a. O., 253. Siehe auch: David Patterson: Ethischer Monotheismus, in: JPTh 4, Münster 2002, 68–80.

[238] Maimonides: Führer der Unschlüssigen (siehe Anm. 199), Bd. 1, 50–59.

[239] «Darin liegt der Schwerpunkt von Maimunis Attributenlehre: daß er den Begriff des göttlichen Attributes auf das sittliche Attribut, und somit den Begriff Gottes auf den ethischen Begriff Gottes konzentriert und einschränkt.» (Cohen: Charakteristik [siehe Anm. 235], 89; ebenso in: Werke, Bd. 15, 202f.).

[240] Hermann Cohen: Religion und Sittlichkeit. Eine Betrachtung zur Grundlegung der Religionsphilosophie (1907), in: Jüdische Schriften, Bd. 3, Berlin, 1924, 133, Werke, Bd. 15, Hildesheim u. a. 2009, 55.

[241] Ebd. – Siehe dazu auch: Jacob Klatzkin: Hermann Cohens methodische Begründung des Judentums, in: Monatsschrift für Geschichte und Wissenschaft des Judentums 58 (N.F. 22), 1914, 140.

[242] Cohen: Charakteristik (siehe Anm. 235), 89, ebenso in: Werke, Bd. 15, 202, Anm. 2.

«Mono» im Begriff «Monotheismus» hat nach Cohen nicht nur die Bedeutung von Einheit (im Gegenüber zur Vielheit der Götter, also im Unterschied zum Polytheismus) und von Einfachheit (im Gegenüber zur Zusammengesetztheit des Wesens Gottes), sondern auch von Einzigkeit. Dabei ist dieses Prädikat auf die Beziehung Gottes zur Welt bzw. zum Kosmos bzw. zur Natur mit den ihr eigenen Kräften bezogen.[243] Dem weltlichen Seienden wird nicht nur jede Göttlichkeit abgesprochen; ihm eignet auch kein Selbstand. Als Grund allen Seins ist Gott nach Cohen der/das einzig wahrhaft Seiende und als solcher/s von allem geschöpflichen Seienden grundlegend unterschieden.[244] Darin sieht Cohen den entscheidenden Unterschied zwischen dem Monotheismus und dem Pantheismus. Bei diesem handle es sich um eine Naturreligion, die einen Seinszusammenhang zwischen Gott und dem Kosmos herstellt und die Einheit Gottes als des All-Einen behauptet. Dem Monotheismus gehe es dagegen nicht um die Einheit der Welt mit Gott, sondern um die Einzigkeit Gottes als von der Welt unterschiedener Grund allen Seins. Alles Sein wird für Gott reklamiert. Cohen belegt das mit der Selbstprädikation Gottes in Ex 3,14. Gott ist das eine und einzige Sein, das alles Seiende ins Sein ruft, aber niemals in dieses eingeht.

Alle Formen der Vermittlung zwischen Gott und dem natürlichen Dasein – vor allem das Konzept des Logos[245] – werden von ihm scharf zurückgewiesen. Damit fällt auch die christliche Trinitätslehre unter Cohens Kritik. Diese habe «ihren Grund in der Anerkennung eines anderen Seins außer dem göttlichen».[246] Mit seinem Verständnis der Einzigkeit Gottes verbinden sich die Bestimmungen Gottes als des Immerseienden (Ewigen), des Unvergänglichen, des Unveränderlichen, des Unvergleichbaren, der dem Kosmos, der Natur und dem Menschen gegenübersteht als das Sein dem Nichts.

Gegenüber dem Christentum erscheint das Judentum bei Cohen als kritisches Korrektiv. Es hat den reinen Monotheismus bewahrt, von dem

---

[243] Siehe dazu die in Abschnitt 1.1 unterschiedenen drei Bedeutungen von «Einheit».

[244] Cohen: Religion der Vernunft (siehe Anm. 233), ¹1919, 41–57, bes. 48.

[245] «Der Logos aber muß unvermeidlich ein zweiter Gott werden, und es gibt keinen ersten, sondern nur einen einzigen. [...] Es gibt kein mittleres Sein, geschweige ein Mittelwesen für das Problem des Ursprungs oder für das von der Verwaltung des Seins» (a. a. O., 56).

[246] Ebd.

der christliche Glaube mit seinen Remythisierungen abgewichen ist.[247] Nicht nur für das Christentum, sondern für die Entwicklung der Religion insgesamt «bleibt der prophetische Monotheismus der Wegweiser der Menschheit».[248] Aber das Judentum erhebt keinen Exklusiv- oder Höchstgeltungsanspruch für sich selbst. Auch andere Religionen hätten Anteil an dem vernunftgemäßen Glauben an den einen Gott. Damit tritt Cohen den zu seiner Zeit – etwa von Ernst Troeltsch – unternommenen Versuchen entgegen, die «Absolutheit des Christentums» zu begründen: «Ich weiß mich frei von dem Vorurteil der christlichen Religion aller Schattierungen und ebenso der christlichen Religionsphilosophie aller Schattierungen, sofern sie die Absolutheit des Christentums proklamieren; ich behaupte nicht, daß einzig und allein das Judentum die Religion der Vernunft wäre; ich suche zu begreifen, wie auch andere monotheistische Religionen, an der Religion der Vernunft ihren fruchtbaren Anteil haben, wenngleich dieser an Ursprünglichkeit mit dem Judentum sich nicht messen kann. Diese Ursprünglichkeit macht den Vorzug des Judentums aus. [...] Die Ursprünglichkeit trägt das Gepräge der Reinheit, und Reinheit in der Erzeugung ist das Kennzeichen der Vernunft.»[249]

1.7.2.4 Leo Baeck

In der Einleitung zum ersten Teil der «Lehren des Judentums», der 1920 unter dem Titel «Die Grundlagen der jüdischen Ethik» erschien, schrieb Baeck: «Der Monotheismus Israels ist der ethische Monotheismus. [...] Der eine Gott verkündet dem Menschen, was das eine Gute ist: Gerechtigkeit und Liebe zu üben.»[250] Weil die Sittlichkeit *eine* ist und exklusiv gilt, könne auch Gott nur als strikt monotheistisch gedacht

---

[247] Zum Verhältnis Cohens zum (evangelischen) Christentum siehe: Hans Martin Dober, Matthias Morgenstern (Hg.): Religion aus den Quellen der Vernunft. Hermann Cohen und das evangelische Christentum, Tübingen 2012.

[248] Hermann Cohen: Der Begriff der Religion im System der Philosophie (1915), in: Werke, Bd. 10, zweite revidierte Nachdruckauflage, Hildesheim u. a. 2002, 120.

[249] Cohen: Religion der Vernunft (siehe Anm. 233), [1]1919, 40.

[250] Leo Baeck: Einleitung zum Abschnitt «Sittlichkeit als Grundforderung des Judentums», in: Die Lehren des Judentums – nach den Quellen, hg. vom Verband der deutschen Juden, bearbeitet von Simon Bernfeld. Erster Teil: Die Grundlagen der jüdischen Ethik, Berlin 1920, 11, Neuausgabe hg. von Walter Homolka, Bd. 1, München 1999, 13.

werden. Der Glaube an den einen Gott sei aus der Unteilbarkeit der Gewissensforderung hervorgegangen. In diesem Sinne hatte Baeck schon in seinem 1905 erschienenen ersten Buch – einer Replik auf Adolf von Harnacks Vorlesungen zum «Wesen des Christentums»[251] – das «Wesen des Judentums» bestimmt: «Das Judentum ist nicht nur ethisch, sondern die Ethik macht sein Prinzip, sein Wesen aus.»[252] Auch bei Baeck ist der ethische Monotheismus konnotiert mit Vernunftgemäßheit und Universalität. Er wehrt sich damit gegen den – nicht erst von Adolf von Harnack, sondern in der gesamten Geschichte des Protestantismus erhobenen – Vorwurf, das Judentum sei eine partikulare Gesetzesreligion. Dem hält er die in der Prophetie wurzelnde Verbindung von monotheistischer Religion und humaner Sittlichkeit entgegen.[253] Das Judentum sei nicht durch eine Lehre und auch nicht durch fromme Innerlichkeit bestimmt, sondern durch die sittliche Tat in der Verantwortung vor dem offenbarten Gerechtigkeitswillen Gottes. Es sei bestrebt, gerechte Lebensverhältnisse zu schaffen. «Das Judentum ist eine Religion, die ihre Bewährung im Leben sucht und in der Verbindung des Lebens mit Gott ihre Antworten findet.»[254] Dabei soll die Religion nicht in Ethik aufgelöst werden. Vielmehr stellt sie mit ihren Glaubens-inhalten und ihrer Praxis den Quellgrund des ethischen Bewusstseins und des davon bestimmten Handelns dar. Als *gelebte* Religion ist sie ethische Religion.[255]

---

[251] Adolf von Harnack: Das Wesen des Christentums (1900), Gütersloh 1999.

[252] Leo Baeck, Das Wesen des Judentums (1905, 32, die vierte Auflage von 1926 ist erschienen als Bd. 1 der «Leo Baeck Werke»), Gütersloh 1998, 87.

[253] Siehe dazu: Martin Arneth: Leo Baecks Deutung der alttestamentlichen Prophetie, in: Roderich Barth, Ulrich Barth (Hg.): Christentum und Judentum – Akten des Internationalen Kongresses der Schleiermacher-Gesellschaft in Halle, März 2009, Berlin, Boston 2012, 622–640.

[254] Baeck, Das Wesen des Judentums (siehe Anm. 252), 74.

[255] Weil es in diesem Abschnitt nicht um die Theologie Leo Baecks an sich geht, sondern lediglich um sein Konzept des ethischen Monotheismus, verzichte ich darauf, die werkgeschichtlichen Gewichtsverlagerungen herauszuarbeiten. Sie stehen im Zusammenhang mit den Diskussionen um das Selbstverständnis des Judentums nach dem Ersten Weltkrieg. Auch hier – wie in der christlichen Theo-logie und in allen anderen Geistesgebieten – hat die von diesem Krieg ausgelöste Kulturkrise tiefe Spuren hinterlassen. Baeck betonte nun nicht mehr so stark die Vernunftgemäßheit der jüdischen Religion und nahm stärker ihre metarationalen,

Die weltgeschichtliche Mission des Judentums besteht nach Baeck darin, die Menschheit auf das im ethischen Monotheismus angelegte Ziel der Religionsgeschichte hinzuleiten, d. h. ein Reich der Gerechtigkeit und des Friedens heraufzuführen. Auch andere Religionen könnten und sollten zur Erreichung dieses Ziels beitragen. Das Judentum mit seiner messianischen Sendung sei dabei aber eine Art Avantgarde. Baeck beruft sich auf Jes 2,2f.: «Denn von Zion wird Lehre ausgehen und das Wort des Ewigen von Jerusalem» und fährt fort: «Das jüdische Volk wurde dessen bewußt, daß es in seinem Eigenen ein Besitztum der Welt hütete, daß es in seinem Geschicke ein prophetisches Schicksal erlebte, das Schicksal dessen, der an der Zukunft festhält.»[256]

Baeck sah den ethischen Monotheismus als Bindeglied zwischen Christentum und Judentum. In seiner Aufzählung dessen, was beiden Religionen gemeinsam ist, nannte er – neben der Bibel und der messianischen Hoffnung – das Bekenntnis zur Einheit Gottes (Monotheismus) und das Gebot der Nächstenliebe (Ethik). Von besonderer Bedeutung ist, dass Baeck auch den Islam als Religion in den Blick nahm, zu der sich das Judentum in eine verstehende Beziehung setzen müsse.[257] Auch in dieser Beziehung lotete er Gemeinsamkeiten und Differenzen aus. Das Gemeinsame besteht seiner Auffassung nach in der Berufung auf Abraham als dem Stammvater der Völker, die sich auf seine Söhne Isaak und Ismael zurückführen. Er würdigt Mohammed als einen Mann von großer Glaubenskraft, der die Einheit Gottes in das Zentrum seiner Botschaft und seines Kampfes für die Einheit der arabischen Stämme stellte. Zudem sei das Gebot des Wohltuens für den Islam zentral. So ist es auch in dieser Beziehung der ethische Monotheismus, der beide Religionen miteinander verbindet. Anders als die christliche Kirche lasse der Islam keine Standesunterschiede zwischen seinen Anhängern zu und habe damit die

---

mystischen Erfahrungswege in den Blick. Die Polarität des Mystischen und des Sittlichen kommt im Titel des Aufsatzes «Geheimnis und Gebot» (1921) zum Ausdruck (in: Leo Baeck Werke, Bd. 3, Gütersloh 2006, 45–54). Gott ist Grund des Gebotes und des Geheimnisses allen Seins.

[256] A. a. O., 270.

[257] Judentum, Christentum und Islam; Rede, gehalten von Ehren-Grosspräsident Dr. Leo Baeck, anlässlich der Studientagung der Districts-Gross-Loge Kontinental-Europa XIX in Bruxelles (22. April 1956), (Leo Baeck Werke, Bd. 5, 472–489).

wahre Demokratie gebracht.[258] Auch das verbinde ihn mit dem Judentum. Das Trennende fällt demgegenüber nach Baeck weniger ins Gewicht. Es bestehe vor allem in der Zurückweisung des Anspruchs, Mohammed sei der letzte Prophet und der von ihm übermittelten Offenbarung komme Letztgültigkeit zu.

Auch angesichts der globalen Ausbreitung des Islam hängt für Baeck alles davon ab, «daß so, wie es einst im Mittelalter zum Segen für beide geworden war, ein Weg vom Islam zum Judentum, von der arabischen zur israelitischen Welt, ein Weg von Israel und seiner Religion zur arabischen Welt und ihrer Religion gefunden werde. Das vermöge dessen, daß der Unterschied erkannt und das Einigende begriffen wird, die beiden einander sehen und begreifen lernen.»[259] Es komme in den interreligiösen Beziehungen darauf an, im Bewusstsein des Verbindenden, aber auch des Unterscheidenden, Respekt und Verständnis füreinander aufzubringen. Wenn man die eigene Tradition schätze, könne man aus dieser Haltung der Selbstachtung heraus auch die Größe anderer Traditionen würdigen.

1.7.3 «Ethischer Monotheismus» als religionsverbindendes Programm?

Im letzten Abschnitt wurde exemplarisch an einigen Hauptvertretern des liberalen Judentums im ausgehenden 19. und beginnenden 20. Jahrhundert gezeigt, wie der Begriff «ethischer Monotheismus» Einzug in die z. T. heftig geführten Debatten um eine moderne, vernunftgemäße Gestalt des Judentums hielt. Dabei ging es auch um die Frage, ob Juden sich von den tradierten Formen ihrer Religion emanzipieren und sich in die europäischen Gesellschaften integrieren sollten. Die jüdischen Intellektuellen, die diesen Begriff als Leitwort verwendeten, stellten sich in den innerjüdischen Selbstverständigungsdebatten Strömungen entgegen, deren Religionsverständnis sie als mythisch, mystisch, sakramental und weltflüchtig ansahen. Demgegenüber betonten sie die Ausrichtung des Judentums auf eine aktive ethische Lebensführung, Bewährung in der Welt und soziale Gestaltung der gesellschaftlichen Verhältnisse. Dabei konnte es innerhalb der «Wissenschaft des Judentums» auch zu Spannungen kommen zwischen Vertretern, die das Ethische in den Vordergrund stellen wollten, und solchen, die auf die Ausbildung einer

---

[258] A. a. O., 487.
[259] A. a. O., 488.

Glaubenslehre und Dogmenbildung ausgerichtet waren. Der Leitbegriff «ethischer Monotheismus» bot beiden Anliegen Raum. Nach außen hin – gegenüber der säkularen Gesellschaft und der christlichen Mehrheitsreligion – hatte die Darstellung des Judentums als ethischer Monotheismus die Funktion, dessen Modernekompatibilität zu beweisen und dem Vorwurf der Gesetzesreligion entgegenzutreten.

Blicken wir von den Diskussionen, die im 19. und im beginnenden 20. Jahrhundert geführt wurden, kurz zurück und dann nach vorne:

Schon in der Antike wurde die Verbindung des jüdischen Gottesglaubens mit Ethik bzw. Tugendhaftigkeit in einem apologetischen Sinn gegen die griechisch-römische Götterwelt gewendet. Den Erzählungen vom teilweise unmoralischen Gebaren dieser Götter stellte Flavius Josephus die ethische Reinheit des Gottes Israels gegenüber: «Unser Gesetzgeber hingegen zeigte, dass Gott die Tugend rein besitzt und dachte, dass die Menschen danach streben sollen, an ihr teilzuhaben.»[260]

Auch heute noch begegnet diese mit dem Begriff «ethischer Monotheismus» bezeichnete Verbindung des Gottesglaubens mit Ethik in Selbstbeschreibungen des Judentums.[261] Das am 3. Dezember 2015 von orthodoxen Rabbinern, Gemeindeleitern, Institutionen und Seminaren in Israel, den Vereinigten Staaten und Europa unter dem Titel «Den Willen unseres Vaters im Himmel tun: Hin zu einer Partnerschaft zwischen Juden und Christen» veröffentlichte Positionspapier weist in § 5 auf den «ethischen Monotheismus» als Gemeinsamkeit zwischen Juden und Christen hin.[262]

Auch in der christlichen Theologie der Gegenwart zieht man diesen Begriff heran, um das befreiende Potenzial und die Pluralismusfähigkeit des jüdischen und christlichen Gottesglaubens zu demonstrieren und damit dem Vorwurf entgegenzutreten, in diesem liege eine Neigung zu

[260] Antiquitates Iudaicae (LCL 242) 1,23.
[261] So etwa in: Louis Jacobs: Art. «Judaism», in: Michael Berenbaum, Fred Skolnik (Hg.): Encyclopaedia Judaica. 2. Aufl., Bd. 11, Detroit 2007, 511–520. Siehe auch: Ehud Benor: Ethical Monotheism. A Philosophy of Judaism, London, New York 2018.
[262] www.jcrelations.net/de/statements/statement/den-willen-unseres-vaters-im-himmel-tun-hin-zu-einer-partnerschaft-zwischen-juden-und-christen.html (12.04.2021).

Repression, Intoleranz und religiösem Absolutismus.[263] In der theologischen Beziehungsbestimmung des Christentums zum Judentum wird er vor allem von katholischen Theologen benutzt, um das Verbindende dieser beiden religiösen Traditionen herauszustellen.[264] Dagegen erheben sich dann allerdings auch kritische Einwände.

Besonders von Seiten der evangelischen Theologie stößt ein Religionsverständnis, das die ethische Handlungsorientierung in den Vordergrund stellt, auf Bedenken, die im Namen der Rechtfertigungslehre vorgebracht werden. Die Gefahr der Werkgerechtigkeit scheint zu drohen. Eine solche eher vom Jakobusbrief als von der Theologie des Paulus bestimmte Glaubensauffassung löst Abwehrreflexe aus. Nach evangelischem Verständnis ist der Mensch in der Beziehung zu Gott *mere passive,* seine Rechtfertigung erfolgt *sola gratia* und wird ihm *sola fide* geschenkt.

Darin sah Leo Baeck einen der wichtigsten Unterschiede zwischen dem Judentum, das den Menschen in die Entscheidung ruft und ihn zum Tun des Guten und Gottwohlgefälligen auffordert, und dem christlichen Glauben, dem zufolge der Mensch auf sein Heil nur warten kann.[265] Mit dieser Grundausrichtung war besonders die lutherische Theologie anfällig für einen Quietismus, der das ethische Handeln der Rechtfertigung aus Gnade allein nachordnet. Demgegenüber hat die reformierte Theologie die Bedeutsamkeit der Gebotserfüllung für die christliche Existenz – nicht nur für die Beziehung zu den Mitmenschen, sondern auch für das Verhältnis zu Gott – stets stärker betont als die lutherische, ohne die Vorgängigkeit des Handelns Gottes vor allem Handeln des Menschen

---

[263] Georg Essen: Ethischer Monotheismus und menschliche Freiheit. Philosophisch-theologische Anmerkungen zur aktuellen Monotheismuskritik – Rückfragen an Jan Assmann, in: Jean-Pierre Wils (Hg.): Die Moral der Religion. Kritische Sichtungen und konstruktive Vorschläge, Paderborn 2004, 155–185. – Auch Ingolf U. Dalferth sieht im Monotheismus den Ausdruck und die Praxis einer vernunftgeleiteten Lebensform der Freiheit (Ingolf U. Dalferth: Radikaler Monotheismus als Lebensform der Freiheit, in: Archivio di filosofia LXXXII 1/2, 2014 [Il monoteismo come problema], 29–52).

[264] Magnus Striet: Christliche Theologie im Angesicht des Judeseins Jesu, in: Walter Homolka, Magnus Striet: Christologie auf dem Prüfstand. Jesus der Jude – Christus der Erlöser, Freiburg i. Br. 2019, 100–105; ders.: Vom Judesein Jesu und einem notwendigen dogmatischen Umdenken, in: Danz u. a. (Hg.): Christologie zwischen Judentum und Christentum (siehe Anm. 139), 311–318.

[265] Baeck: Judentum, Christentum und Islam (siehe Anm. 257), 482f.

infrage zu stellen. Deshalb war die reformierte Theologie für Baeck auch anschlussfähiger als die lutherische.[266]

Die Frage, inwiefern der «ethische Monotheismus» eine Brücke zwischen Christentum und Judentum darstellt, wird also auch im Blick auf konfessionelle Verschiedenheiten innerhalb des Christentums zu erörtern sein und sie wird vor die Frage stellen, welche Bedeutung der ethischen Willensbildung und dem Handeln des Menschen *coram Deo* zukommt.

Das eigentliche Problem besteht jedoch nicht im *sola gratia* und *sola fide,* sondern im *solus Christus.* Wenn dieses auch für die Gottesbeziehung von Jüdinnen und Juden geltend gemacht wird, wenn also auch für sie gilt, dass das Christusgeschehen und die glaubende Partizipation daran objektiv (d. h. im Blick auf die Konstitution des Heils) und subjektiv (d. h. im Blick auf die Rezeption des Heils) unerlässlich für eine heilshafte Gottesbeziehung sind, dann wird die Beziehungsbestimmung zwischen christlichem Glauben und Judentum immer auf ein Substitutions- oder auf ein Erfüllungsmodell hinauslaufen. Andere Formen der Beziehungs-bestimmung erfordern christologische Re-Flexionen.[267]

Ein weiterer Einwand gegen den Gebrauch des Begriffs «ethischer Monotheismus» als Brückenschlag zwischen Judentum und Christentum (und auch Islam) besagt, dass damit die jeweilige Eigen- und Andersheit dieser beiden (bzw. drei) Religionstraditionen nicht gewürdigt werde und es zu einem vereinnahmenden Inklusivismus komme.[268] Dieser Einwand überzeugt allerdings nicht, denn es handelt sich beim Begriff «ethischer Monotheismus» ja auch um eine Selbstbezeichnung des Judentums, zumindest einer bestimmten Richtung des Judentums in einem bestimmten Kontext.

Ob dieser Begriff geeignet ist, als Brückenbegriff zwischen Judentum, Christentum und Islam zu fungieren, hängt – wie beim Begriff «Mono-theismus» generell – von seiner inhaltlichen Füllung, von den damit verbundenen Kontrastierungen und vor allem von der Intention ab, die

---

[266] Was auch mit biografischen Prägungen zu tun haben mag: Schon in seiner Kindheit unterhielt Baecks Vater, der Rabbiner in Lissa (Posen) war, Kontakte zur dortigen calvinistischen Gemeinde.

[267] Siehe dazu: Bernhardt: Jesus Christus (siehe Anm. 6 in der Einleitung).

[268] Christian Danz: Jesus von Nazareth zwischen Judentum und Christen-tum: Eine christologische und religionstheologische Skizze, Tübingen 2020, 53, Anm. 103.

sich mit seinem Gebrauch verbindet. Wie in Abschnitt 1.7.1 gesehen, konnte er von christlichen Theologen im ausgehenden 19. und beginnenden 20. Jahrhundert für die Profilierung des Christentums gegen das Judentum verwendet werden, während er heute in der umgekehrten Absicht herangezogen wird, um die Gemeinsamkeit zwischen Judentum und Christentum zu betonen.

Christlicherseits verbindet sich mit ihm nicht ein bestimmtes Programm mit eigenem Profil. Vielmehr war er stets eingebunden in umfassendere bibeltheologische Interpretationszusammenhänge (vor allem in die Deutung der alttestamentlichen Prophetie), in religionsphänomeno-logische Typologien sowie in systematische bzw. religionsphilosophische Entwürfe mit ihrer jeweiligen Zielrichtung und Normativität. Seine Affinität zur Kantschen Religionsphilosophie ist dabei offensichtlich.

Im Bewusstsein, dass sich die Bedeutung dieses Begriffs an seiner näher zu bestimmenden inhaltlichen Füllung und vor allem an seinem Gebrauch entscheidet, ist er durchaus geeignet, den Zusammenklang der jüdischen, christlichen und islamischen Glaubensverständnisse zum Ausdruck zu bringen. Das ist nicht in dem konstativen Sinne gemeint, dass er eine an sich bestehende Gemeinsamkeit lediglich artikuliert, sondern in dem performativen Sinn, dass er eine solche ermöglichen, herbeiführen und verstärken kann. Auch für die islamische Theologie müsste der Begriff «ethischer Monotheismus» rezeptionsfähig sein. Wer bei aller Verschiedenheit der Monotheismen des Judentums, des Christentums und des Islam ein Gemeinsames aufweisen will, könnte es dann in diesem Begriff finden. Wer dagegen der Bestimmung solcher Gemeinsamkeiten skeptisch gegenübersteht, weil das vermeintlich Gemeinsame bei näherem Hinsehen doch wieder verschieden ist, wird nicht nur diesen, sondern auch alle anderen Brückenbegriffe als Abstraktionen ablehnen. Die interreligiöse Beziehungsbestimmung entscheidet sich an dem dabei leitenden Interesse.

Wie dargelegt, handelte es sich bei der Debatte um «ethischen Monotheismus» im Judentum des 19. und des beginnenden 20. Jahrhunderts nicht bloß um den Versuch, das Gottesverständnis des Judentums in seinen allgemeinen Grundlagen darzustellen. Vielmehr ging es um die Proklamation eines religiösen Reformprogramms in Abgrenzung zu herkömmlichen jüdischen Auffassungen dessen, was das Judentum ausmacht, und auch in apologetischer Auseinandersetzung mit judentumskritischen philosophischen und christlich-theologischen Außenperspektiven. Wenn wir uns nun dem islamischen «Monotheismus» zuwenden, der sich unter dem Leitwort *tawḥīd* artikuliert, geht es nicht darum, die verzweigten innerislamischen Debatten um das Verständnis dieses Begriffs und die Auseinandersetzung mit kritischen Einwänden dagegen nachzuzeichnen. Ziel ist es vielmehr, die zentrale Grundüberzeugung des Islam, wie sie von Anfang an bestand und – wenn auch durch viele Auslegungen dekliniert – immer wieder als Grundbekenntnis verkündet wurde und wird, zusammenfassend darzustellen.

1.8 Islamischer Monotheismus: *tawḥīd*

Ob der Begriff «Monotheismus» zur Bezeichnung des im Koran grundgelegten islamischen Gottesglaubens geeignet ist, kann man mit Recht fragen. Zu sehr ist er seinem Entstehungskontext und seiner Entwicklungsgeschichte verhaftet, wie ich sie in Abschnitt 1.1 kurz skizziert habe. Als religionstypologischer Allgemeinbegriff ist er zur Charakterisierung des koranischen Gottesverständnisses deshalb nur bedingt geeignet, so wie er auch dem Gottesverständnis der alttestamentlichen Propheten nicht eigentlich gerecht wird. Eine Anwendung darauf kann nur im Sinne einer problembewussten Deutung erfolgen, die eine «moderne» makrotheoretische Religionstaxonomie auf frühere Gestalten der Religionsgeschichte anwendet.

Doch ist der Monotheismusbegriff seit dem Ende des 19. Jahrhunderts von muslimischen Autoren selbst (v. a. in Indien) aufgegriffen worden, wenn auch zunächst nur zögerlich.[269] Seither wird er in islamischen Publikationen gebraucht und zwar nicht nur zur Darstellung des Islam in interreligiösen Bezügen,[270] sondern auch in innerislamischen Selbstverständigungsdebatten.[271] Das rechtfertigt es dann doch, vom islamischen Monotheismus zu sprechen.

---

[269] Nach Reinhard Schulze: Der Koran und die Genealogie des Islam, Basel 2015, 338, Anm. 30.

[270] So etwa von Muhamed A. Abou Riḍa: Monotheism in Islam. Interpretations and Social Manifestations, in: Hans Köchler (Hg.): The Concept of Monotheism in Islam and Christianity, Wien 1982, 40–59.

[271] Dafür werden zuweilen die Ausdrücke *kalimat at-tawḥīd* oder *al-ilāhīya al-waḥdānīya* verwendet.

Um diesen in seinem genuinen Kerngehalt zu erfassen, darf jedoch nicht vom religionstypologischen Allgemeinbegriff des Monotheismus ausgegangen werden. Vielmehr ist vom spezifisch islamischen Verständnis der Einheit und Einzigkeit Gottes auszugehen. Die Entfaltung dieses Verständnisses, das stark vom Neuplatonismus geprägt ist, muss bei der Lehre vom *tawḥīd* ansetzen.

1.8.1 Die Bedeutung von *tawḥīd*

Tawḥīd ist das Axiom des islamischen Gottesverständnisses: die Grundüberzeugung von der Einsheit, Einzigkeit, Absolutheit und Einfachheit Gottes. Das arabische Wort *tawḥīd* kommt im Koran nicht vor. Auch das Verb *waḥḥada* (vereinigen, vereinheitlichen, etwas zu *wāḥid* [eins] machen), von dem es abgeleitet ist, findet sich dort nicht.

Im Zentrum des islamischen Gottesglaubens steht die *Šhahāda*,[272] die mit den Worten beginnt: *lā ilāha illā-llāh*. Diese Formel, die sich wie ein Refrain durch den ganzen Koran zieht,[273] wird gewöhnlich wiedergegeben mit: «Es gibt keinen Gott außer Gott», so etwa Paret. Wörtlich übersetzt lautet sie: «Kein Gott außer Gott». Am Beginn steht mit *lā* die Negation «Nein». Negiert wird *ilāha*, d. h. jede Gottheit, alles Göttliche. Demgegenüber wird das Gottsein des einen Gottes absolut bestätigt *(illā-llāh)*.

Reinhard Schulze schlägt die folgenden beiden Übersetzungen vor: «Wenn es einen Gott gibt, dann Allāh», «Wenn es eine Göttlichkeit gibt, dann (der) Gott».[274] Gegenüber der oben zitierten Übersetzung von Paret haben diese Versionen den Vorteil, das Nicht-Göttliche und *den* Gott nicht mit dem gleichen Begriff zu bezeichnen. Für beides wird in der *Šhahāda* zwar das arabische Wort *ilāh* (Gott/Gottheit/Göttlichkeit) verwendet. Bei der ersten Nennung ist dieses Wort aber als Allgemeinbegriff *(nomen appellativum)* zu verstehen, bei der zweiten als Eigenname *(nomen proprium)*. *Allāh* ist nicht ein Gott der Götter (im Arabischen gibt

---

[272] Daniel Gimaret: Art. «Šhahāda», in: The Encyclopedia of Islam. New Edition, Bd. 9, Leiden 1997, 201.

[273] Z. B. 2,163; 3,18; 5,73–75; 6,19; 16,22; 21,22; 35,3; 37,35; 47,19, 59,22 u. ö., besonders der «Thronvers»: 2,255. Von herausgehobener Bedeutung ist die Sure Q 112; sie trägt den Namen *Surat at-tawḥīd*. Die meisten Verse, welche die Einheit, Einzigkeit und Einfachheit Gottes betonen, stammen aus der mekkanischen Phase.

[274] Schulze: Der Koran (siehe Anm. 269), 356.

es für *Allāh* keinen Plural!), auch nicht der Gott einer bestimmten Religion, sondern *der* (absolute) Gott! *Der* Gott ist einzigartig, analogielos und unvergleichlich. «Es ist niemand wie ER» (Q 42,11).[275] Aus dieser Formel bzw. aus den zahlreichen Stellen im Koran, auf die sie gestützt ist, wurde in der frühen Koranauslegung der Begriff *tawḥīd* gebildet. Gott wird mit dem Zahlattribut «eins» *(wāḥid, aḥad)* charakterisiert (Q 112,1). Ihm allein wird Gottsein zuerkannt und die Gottesgläubigen werden aufgefordert, ihn allein zu verehren (Q 17,46). Aber die Bedeutung von *tawḥīd* reicht darüber noch hinaus. Sie schließt auch die dynamische Dimension von «zu einem machen», «eins werden», «vereinigen», «etwas zusammenbringen», «vereinheitlichen» ein.[276] Dementsprechend kann man *tawḥīd* übersetzen mit «Die Bestimmung des Eins-Seins», das «Ver-ein-sen», das «Vereinheitlichen».[277] Das Wort ist also in einem faktitiven, effektiven oder konstativen Sinn mit «Einung», «Einswerden», «die Einigung vollbringen» oder «Für-eins-erklären» zu übersetzen.

Wie zentral die Prädikation der Einheit für das Gottesverständnis der Muslime ist, zeigt sich auch daran, dass das Bekenntnis dazu einen Ausweis der Rechtgläubigkeit darstellt. Deshalb haben muslimische Gruppen und Bewegungen, die sich in besonderer Weise auf eine orthodoxe Auslegung des Islam verpflichten wollten, dieses Bekenntnis mit Emphase in ihre Selbstbezeichnung aufgenommen, so etwa die Muʿtaziliten,[278] die Drusen oder die Almohaden, was dann allerdings nicht selten zu Konflikten mit anderen Gruppen führte, die sich ebenfalls als Anhänger des *tawḥīd (ahl at-tawḥīd)* verstanden.

---

[275] Interessant ist an dieser Stelle ein Seitenblick auf die jüdische Gottesrede. Emmanuel Levinas schreibt: «Die hebräischen Termini des Alten Testaments, die wir gerne mit ‹Gott› beziehungsweise ‹Theos› oder ‹Deus› übersetzen, werden vom Talmud als Eigennamen verstanden. Der Name Gottes sei in den Schriften immer ein Eigenname. Ausgerechnet der hebräischen Sprache würde also das Wort ‹Gott› fehlen! Konsequente Ausprägung des Monotheismus, da weder eine göttliche Spezies noch ein Gattungsbegriff dafür existieren» (Emmanuel Levinas: Anspruchsvolles Judentum. Talmudische Diskurse, Frankfurt a. M. 2005, 5.).

[276] Ibn Manẓūr: Lisān al-ʿArab, Bd. 4, 464f. gibt eine philologische Erklärung zu den verschiedenen Ableitungen aus der Wurzel w-ḥ-d.

[277] Schulze: Der Koran (siehe Anm. 269), 337f.

[278] Die Muʿtaziliten bezeichneten sich als *ahl at- tawḥīd wal-ʿadl* («Bekenner der Einheit Gottes und der Gerechtigkeit»).

Der Glaube an den einen Gott gilt im Islam als die Urreligion der Menschheit, die auf eine Uroffenbarung Gottes zurückgeht und in die Natur des Menschen eingeschrieben ist *(fiṭra)*.[279] Jeder Mensch ist demnach von Gott auf Gott hin erschaffen und besitzt damit eine natürliche Veranlagung zur Erkenntnis der Einheit Gottes sowie zur Ergebenheit in seinen Willen; er kann daher als geborener Muslim gelten. Der koranische Bezugspunkt dieser Lehre findet sich in Q 30,30. In einem Hadith heißt es: «Jedes Neugeborene ist gemäß der *fiṭra* geboren. Es sind seine Eltern, die es zum Juden, zum Christen oder zum Zoroastrier machen.»[280] Abraham gilt als Repräsentant dieses ursprünglichen Monotheismus (Q 3,67; 6,75–79). Er ist damit der Ur-Muslim (→ 1.10).

Tawḥīd hat ein weites Bedeutungsspektrum.[281] In der islamischen Theologie werden zumeist die folgenden drei Bedeutungsrichtungen unterschieden:[282]

* *Tawḥīd* bezieht sich erstens auf die *Herrschaft* Gottes über den Kosmos *(tawḥīd ar-rubūbīyya)* (Q 2,255). Alle Akte Gottes (wie Schöpfung, Erhaltung, Gabe und Entzug von Leben) sollen Gott allein zugeschrieben werden. Er ist der alleinige Schöpfer von allem und Alleinherrscher über alles.

---

[279] Die unterschiedlichen Auslegungen dieser Lehre beleuchtet: Yasien Mohamed: The Interpretations of Fiṭrah, in: Islamic Studies 34, 1995/2, 129–151.

[280] Zitiert nach Rüdiger Braun: Fitra und Fides – Glaubensvergewisserung und Alteritätsdenken im muslimischen Dialog mit dem Christentum, Diss. Erlangen-Nürnberg 2008, 191. Braun zitiert den Prophetenspruch nach Al-Ghazālī: almunqidh min al-dalāl, 5f. Der Hadith findet sich schon in *Ṣaḥḥīfah Ḥammām ibn Munabbih*, der ältesten erhaltenen Sammlung von Prophetensprüchen.

[281] Siehe dazu: Arent J. Wensinck, Johannes H. Kramers (Hg.): Handwörterbuch des Islam, Leiden 1941, 744; Hermann Stieglecker: Die Glaubenslehren des Islam, Paderborn u. a. 1962, 43; Hanna Kohlbrugge: Tawhid: Das Herz der islamischen Theologie, in: EvTh 51, 1991/3, 271–294; Daniel Gimaret: Art. *tawḥīd*, in: The Encyclopedia of Islam, Bd. 10, Leiden 2002, 389 (http://dx.doi.org/10.1163/1573–3912_islam_SIM_7454 [11.04.2021]).

[282] Ramazan Altıntaş: Artikel «Einsheit (isl.)», in: Richard Heinzmann (hg. im Auftrag der Eugen-Biser-Stiftung): Lexikon des Dialogs. Grundbegriffe aus Christentum und Islam, Freiburg i. Br., Basel, Wien 2016, 96f.

- Zweitens ist *tawḥīd* bezogen auf die Einzigkeit Gottes in der *Anbetung (tawḥīd al-uluhiyya)*. Allah ist der alleinige Adressat der Gottesverehrung. Lob, Dank und Bittgebete sollen ausschließlich an ihn gerichtet sein.
- Drittens richtet sich diese Lehre auf die Namen bzw. *Eigenschaften* Gottes *(tawḥīd al-asmā wa-ṣ-ṣifāt)*. In dieser Hinsicht besagt *tawḥīd:* Alle Prädikationen Gottes sollen ihm in einer einzigartigen und unvergleichlichen Weise beigelegt werden. So ist etwa der «Zorn» Gottes (Q 48,6) nicht in Analogie zum menschlichen Zorn zu verstehen. Alle menschlichen Unvollkommenheiten sind von Gott fernzuhalten. Umgekehrt dürfen göttliche Prädikate nicht in einem univoken Sinn Menschen beigelegt werden (wie es etwa in Hebr 7,1–3 in Bezug auf Melchisedek oder im gesamten NT in Bezug auf Jesus der Fall ist).[283] Es dürfen Gott auch keine weiteren Prädikate beigelegt werden als die, die er selbst sich beilegte.

Beim ersten der drei Punkte geht es um das *Wesen* Gottes, beim zweiten um die Gottes*verehrung* und beim dritten um Gottes*erkenntnis* und das Reden von Gott. Zum rechten Verständnis dieser drei Bedeutungsrichtungen seien noch zwei Hinweise gegeben:

(a) Sie bestehen nicht nur aus *Explikationen* des Gottesverständnisses, sondern enthalten auch *Regulative* für die Gotteserkenntnis und für die Gestaltung des Gottesverhältnisses.[284] Es handelt sich um ein Gebot, nicht

---

[283] Anlass zu innerislamischen Auseinandersetzungen gab und gibt die schiitische Auffassung, dass den Imamen Vollkommenheitseigenschaften (wie Unfehlbarkeit) zukommen, auch wenn es sich dabei nicht um Eigenschaften Gottes, sondern um solche handelt, die von Gott verliehen sind. So schreibt etwa Muhammad Riḍa al-Muzaffar: «We believe that, like the prophet, an Imam must be infallible, that is to say incapable of making errors or doing wrong, either inwardly or outwardly, from his birth to his death, either intentionally or unintentionally, because the Imams are the preservers of Islam and it is under their protection» (Faith of Shi'a Islam, London ²1983, 32). In diesem Zitat wird auch das theologische Interesse an der Zuschreibung von Vollkommenheitseigenschaften deutlich: Sie wahrt die Ursprungstreue der Überlieferung.

[284] Mahmut Ay konstatiert: «[D]er Glaube an die Einsheit Gottes weist neben einer Dimension des Wissens auch eine des Tätigseins auf» (Ay: Die Einsheit Gottes [siehe Anm. 286], 193). Wenn man sich den ausgeprägten Praxisbezug des islamischen Gottesglaubens vor Augen führt, wird deutlich, dass hier von einem «abstrakten» Monotheismus nicht gesprochen werden kann.

um eine metaphysische Wesensschau Gottes. In der Gottesrede des Korans wird von der Einheit Gottes in einem nicht bloß affirmativen, sondern auch adhortativen Sinn gesprochen, also als deren Bekräftigung (etwa in Q 20,14), als Anleitung, wie sie zu wahren ist und als Warnung vor Abweichungen von der rechten Gottesverehrung (etwa in Q 4,116). Auch der Begriff *waḥdaniya* («Einheit») hat weniger deskriptiven und explikativen, sondern einen mehr konfessorischen und regulativen Charakter. Wer ihn gebraucht, *bezeugt* die Einheit Gottes, *bekennt* sich zum Glauben an den einen Gott und lässt sich in der Praxis der Hingabe an Gott unterweisen, um dieser Unterweisung Folge zu leisten. Erst wenn die in allen drei Hinsichten genannten Unterweisungen eingehalten werden, ist *tawḥīd* Genüge getan.

Der eigentliche Sitz-im-Leben dieser Ausdrucksformen ist also nicht die Dogmatik *(kalam),* sondern der Gottesdienst (im weiten Sinn des Wortes), nicht die Lehre, sondern der Kult (wiederum im weiten Sinn des Wortes) und das Ethos. Es sind Prädikationen, die den Lobpreis Gottes zum Inhalt haben, zur rechten Hingabe an Gott anleiten wollen, zum Grund der Wirklichkeit führen und Einigkeit unter den Menschen befördern wollen. Es geht dabei nicht primär um die *Feststellung* der Einheit Gottes, sondern um deren *Ausrufung.* Gott soll als der *Eine proklamiert* werden.

In dieser pragmatischen Funktion der Rede vom *einen* Gott, aber auch in den Gott beigelegten Prädikaten selbst, lassen sich viele Gemeinsamkeiten zwischen dem Alten Testament und dem Koran entdecken.[285]

(b) Diese Entfaltung von *tawḥīd* reicht über die Gotteslehre weit hinaus und erstreckt sich auch über die Ontologie (das Wirklichkeitsverständnis),[286] die Epistemologie und die Ethik. Es geht dabei auch um die Einheit der Wirklichkeit, der Menschheit und der Glaubensgemeinschaft. Wenn alle Wirklichkeit auf *einen* letzten Grund zurückgeführt wird, ergibt sich nach islamischer Auffassung daraus eine vernunftgemäße, weil einheitliche Sicht von Natur und Geschichte. Diese stellt dann wiederum einen Einheitsgrund für die geistige, kulturelle und religiöse Orientierung

---

[285] Siehe dazu: Joachim Gnilka: Bibel und Koran. Was sie verbindet, was sie trennt, Freiburg i. Br. ³2004, 79f.

[286] Siehe dazu: Mahmut Ay: Die Einsheit Gottes und ihre Grundlagen in der islamischen Theologie (kalam), in: Heinzmann, Selçuk (Hg.): Monotheismus in Christentum und Islam (siehe Anm. 1), 197–209.

der Völker dar. Nach Q 5,48 kann es dabei durchaus eine Vielfalt der «Wege» geben. In dieser Hinsicht hat der Monotheismus eine ethische Bedeutung, die man auf die Formel bringen kann: Der Glaube an die Einheit Gottes schafft Einigkeit unter den Menschen, indem er ihnen eine einheitliche Leitlinie für ihr Leben und Handeln gibt. Darin berührt sich die Lehre von *tawḥīd* mit dem in 1.7 dargestellten ethischen Monotheismus des Judentums.

Nach diesen beiden Hinweisen zum Verständnis von *tawḥīd* kehre ich nun gewissermaßen die Medaille um und betrachte die *Verstöße* gegen das Grundgebot des *tawḥīd*. Wer davon abweicht, begeht *širk* («Beigesellung»). Die Formen von *širk* entsprechen den drei Kategorien des *tawḥīd:*

- *Širk* in Bezug auf die *Herrschaft* Gottes über den Kosmos *(tawḥīd arrubūbīyya)* bedeutet, anderen Mächten und Gewalten neben *Allāh* Hohheitsrechte über die Schöpfung einzuräumen, also seine Alleinherrschaft oder gar seine Herrschaft insgesamt zu leugnen. Im Blick auf den christlichen Glauben steht dabei etwa die ökonomische Trinität im Verdacht, zwei von Gott unterschiedene Handlungsinstanzen – den «Sohn» Gottes als Mit-Schöpfer, Mit-Herrscher und Richter, sowie den «Geist» Gottes als Beistand, Tröster und Fürsprecher – anzunehmen.

- *Širk* in Bezug auf die Einzigkeit in der *Anbetung* Gottes *(tawḥīd aluluhiyya)* schließt jede Form von Idolatrie ein, also die Verehrung von göttlichen oder geschöpflichen Wesen außer Gott selbst. Darunter fällt auch das Bilderverbot, d. h. die Anfertigung von Gottesbildern zum Zweck der Verehrung. Das Bilderverbot ist ein Bilderverehrungsverbot. Die alleinige Ehrwürdigkeit Gottes soll nicht angetastet werden. Dies kann nur gewährleistet werden, wenn keine Bilder von Gott bestehen. So sehen Muslime beispielsweise in der Verehrung von Christus- und Trinitätsikonen, wie sie in den Ostkirchen üblich ist, einen eklatanten Verstoß gegen dieses Gebot. Aber auch Gebete, die an Jesus Christus oder an den Heiligen Geist gerichtet sind,[287] sowie

---

[287] So formuliert etwa das Nicaeno-Constantinopolitanum, dass der Heilige Geist zusammen mit dem Vater und dem Sohn angebetet und verherrlicht wird.

solche, in denen Maria, Engeln oder Heiligen gehuldigt wird, fallen darunter.[288]

- *Širk* in Bezug auf die *Namen bzw.* *Eigenschaften* Gottes *(tawḥīd al-asmā wa-ṣ-ṣifāt)* besteht in der Vergöttlichung von geschöpflichen Entitäten und in der Vermenschlichung Gottes, d. h. in der Prädikation Gottes mit menschlichen Eigenschaften. In dieser Hinsicht kann auch die anthropomorphe Rede von Gott als problematisch empfunden werden, etwa die biblischen Aussagen, dass Gott ruhte (Gen 2,2), dass er zornig wurde (Dtn 4,21 u. ö.), dass es ihn reute (1Sam 15,11.35), dass er Hände, ein Gesicht, eine Stimme usw. hat.[289] Besondere Kritik zieht die Vorstellung auf sich, dass Gott sich in Menschengestalt manifestiert oder gar inkarniert habe.

Ich trete nun einen Schritt von der innenperspektivischen, islamisch-theologischen Entfaltung des Begriffs *tawḥīd* zurück und stelle dieser eher dogmatisch-präskriptiven (zum rechten Gottesverständnis hinführen wollenden und zur rechten Gottesverehrung anleiten wollenden) Unterscheidung eine semantisch-analytische gegenüber, die eher außenperspektivisch nach den unterschiedlichen Bedeutungsaspekten des Begriffs *tawḥīd,* des Verbs *waḥḥada* und des Substantivs *waḥdānīya* fragt. Diese Begriffe verweisen auf:[290]

- Die *Einzigkeit (aḥad)* Gottes («äußere» Einheit) in Bezug auf andere Götter. Gemeint ist dann: Es gibt keinen anderen Gott bzw. es darf kein anderer Gott, kein göttliches oder gar menschliches Wesen ihm zur Seite gestellt und verehrt werden. Gott hat keine Genossen.
- Die *Einfachheit* des göttlichen Wesens (innere Einheit). Weil es keine unterscheidbaren Instanzen in Gott gibt, handelt es sich nicht um eine

---

[288] Auch innerislamisch führt dieses Gebot zu Diskussionen: Sunniten kritisieren die an schiitische Imame adressierten Bittgebete.

[289] Solche Aussagen finden sich allerdings auch im Koran, was die Fragen nach deren Auslegung nach sich zieht. So ist etwa in Q 7,54 davon die Rede, dass Gott auf einem Thron sitzt. In Q 3,73 wird die «Hand» Gottes erwähnt. Nach Q 38,75 hat Gott mit seinen Händen geschaffen. Dass er ein «Gesicht» hat, steht in Q 2,115. Gott wird Hören, Sehen, Reden usw. zugeschrieben. Vor allem die Muʿtaziliten bestanden darauf, dass diese Aussagen nicht in einem univoken, sondern in einem analogen oder eher noch äquivoken Sinn auszulegen sind.

[290] Vgl. die in Abschnitt 1.1 unterschiedenen Bedeutungen von «Einheit» Gottes und die in 1.6.2 genannten Übersetzungsmöglichkeiten von *āchad.*

zusammengesetzte Einheit, bei der die vereinigten Entitäten unterschieden bleiben, sondern um eine undifferenzierte Einheit. Es kann demnach auch keine Beziehungen im Wesen Gottes geben.

- Die *Transzendenz* bzw. *Absolutheit* Gottes in Bezug auf das Seiende: Gott ist das einzige Wesen, das ganz aus sich selbst und damit notwendig existiert; alle anderen Wesen haben ihr Sein von ihm. Das dabei zum Ausdruck kommende theologische Interesse besteht in der klaren Differenzmarkierung zwischen Schöpfer und Geschöpf. In seiner Singularität steht Gott dem Seienden in kategorialer Unterschiedenheit gegenüber. Es gibt Boten und Botschaften, aber keine Mittler und Vermittlungen. Nach Karlheinz Ruhstorfer gilt: «*Einheit* Gottes und *Transzendenz* Gottes sind zwei Aspekte derselben Medaille.»[291]
- Vor allem in mystischen Richtungen des Islam kann auch die *Allumfassendheit* Gottes unter diesen Begriff gefasst sein: Gott schließt alles Sein in sich ein. Er ist das Sein in allem Seienden, aber auch darin von diesem grundlegend unterschieden (so etwa bei Ibn ʿArabī). Im Sufismus kommt zur Einheit Gottes zwar die Einheit *mit* Gott hinzu, doch bedeutet Einheit dabei nicht Identität, sondern Innigkeit.

Nach Reinhard Schulze besteht ein wichtiger Unterschied zwischen dem biblischen und dem koranischen Verständnis der Einheit Gottes darin, dass im biblischen Kontext die Definition des *einen* Gottes durch Abgrenzung von anderen Göttern (bzw. Götzen) erfolge («eins» bedeutet dabei «allein»), während es sich bei der koranischen Definition um eine positive Identitätsbestimmung handle. Mit der Zuschreibung des Prädikats «eins» sei die Auffassung zurückgewiesen, dass das eine Göttliche in vielerlei Gestalt auftrete.[292]

Einen weiteren Unterschied kann man darin sehen, dass im islamischen Gottesverständnis das Prädikat der Einheit Gottes eine herausragende Stellung einnimmt, welche die «ethischen» Prädikate wie Gerechtigkeit und Barmherzigkeit zwar einschließt, sie aber auch überragt. Für den Gott Israels ist demgegenüber die Eigenschaft der gnädigen Gerechtigkeit in einer noch ausgeprägteren Weise identitätsbestimmend.

---

[291] Karlheinz Ruhstorfer: Vom Einen reden oder schweigen. Überlegungen zu Apophatismus, Monismus und Theismus, in: Nitsche u. a. (Hg.): Gott – jenseits von Monismus und Theismus (siehe Anm. 139 in Teil 1), 67 (Hervorhebungen K. R.).

[292] Schulze: Der Koran (siehe Anm. 269), 353.

1.8.2 Einheit als Absolutheit Gottes gegenüber der Welt und als Einfachheit seines Wesens

Im Folgenden blicke ich auf die beiden Auffassungen der Einheit Gottes, die in besonderer Weise zu Kontroversen zwischen christlichem und islamischem Gottesverständnis führen: Der Auffassung von Einheit (a) als Absolutheit Gottes gegenüber der Welt und (b) als Einfachheit seines Wesens.

(a) Der Hauptunterschied zwischen jüdisch-christlichem und islamischem Gottesverständnis wird zumeist im Welt- bzw. Geschichtsbezug gesehen. Dem Gottesglauben Israels und vor allem dem christlichen Glauben zufolge erscheint und wirkt Gott in der Geschichte. Der Gott des Korans hat sich (bzw. seinen Willen) zwar auch durch seine Propheten und «Herabsendungen» kundgetan und ist auch fortwährend im Weltgeschehen tätig, aber er verharrt doch außerhalb der Welt, der Natur und der Geschichte. Er ist der allmächtige Schöpfer, der erhabene Gesetzgeber und der barmherzige Richter, nicht aber ein «Mitgeh-Gott».

Allah geht nicht aus sich heraus, um unter den Menschen zu wohnen (Joh 1,14) und das Heilsziel besteht nicht in einer personalen Gemeinschaft mit Gott. Er ist absolut transzendent und nicht – wie nach biblischer Bezeugung – in seiner Immanenz transzendent und in seiner Transzendenz immanent, sodass man von einer «Transimmanenz» sprechen könnte. Damit ist die mit der monotheistischen Gotteskonzeption verbundene klare Unterscheidung zwischen Gott und Welt, Schöpfer und Schöpfung bis zu ihrem konsequenten Ende vollzogen. Aller Naturreligion, die Göttliches in der Welt sucht, und auch aller Offenbarungsreligion, die von einem Eingehen Gottes in die Welt durch Selbstmitteilung (oder gar Inkarnation) spricht, wird eine klare Absage erteilt. Darauf gründet sich der Überlegenheitsanspruch, der von islamischer Seite nicht selten gegenüber dem Judentum und vor allem gegenüber dem Christentum erhoben wird, und darauf bezieht sich die von christlicher Seite zuweilen vorgenommene Charakterisierung des Islam als «abstraktem» Monotheismus.

Diese Gegenüberstellung zwischen der islamischen Betonung der absoluten Transzendenz Gottes und der jüdischen und christlichen Dialektik von Transzendenz und Immanenz relativiert sich allerdings, wenn man den Koran als Dialog Gottes mit den Menschen zur Zeit seiner

Entstehung ansieht, wie es in reformislamischen Ansätzen der Fall ist.[293] Demnach sind die im Koran dokumentierten Offenbarungen «Antworten» Gottes auf situative Gegebenheiten, die damit zu «Offenbarungsanlässen» werden. Mit diesem Koranverständnis eröffnet sich die Möglichkeit einer relational-kommunikativen Deutung des Verhältnisses von Gott und Welt. Gott ermahnt, registriert Fehlverhalten, erhört Gebete (Q 40,60), beschützt vor Gefahren usw.; all das sind Aspekte seiner rezeptiven und aktiven Gegenwart. Seine absolute Transzendenz bedeutet nicht, dass er nicht in einer Beziehung zum Seienden im Allgemeinen und zum Menschen im Besonderen stünde. Nach Halis Albayrak ist der Gott des Korans «ein Wesen, das sich sehr in die Angelegenheiten der Menschen einmischt».[294] Von Bedeutung ist in dieser Hinsicht auch die «natürliche Theologie» des Islam, der zufolge Naturphänomene und Geschichts-ereignisse Zeichen sein können, durch die Gott zu den Menschen spricht. Diese Zeichensprache Gottes ist eine Manifestation des von ihm initiierten Beziehungsgeschehens. Besonders der Sufismus betont die Nähe Gottes zu den Menschen. Als Beleg wird dabei oft auf Q 50,16 verwiesen: Gott ist dem Menschen näher als seine Halsschlagader (wobei in der Deutung dieses Verses umstritten ist, ob es sich dabei um eine Frohbotschaft oder um eine Drohbotschaft handelt). Milad Karimi, der an «mystische» Traditionen des Islam anknüpft, leitet die Bezeugung der Nähe Gottes aus der arabischen Wortwurzel *racham rachma* ab. Diese sollte nicht – wie sonst oft üblich – mit «Barmherzigkeit» übersetzt werden. Die Grund-bedeutung sei «Mutterschoß». Karimi schlägt vor, den Ausdruck verbal als «erwärmen» zu verstehen. Gott wäre demnach als der «Allerwärmende» zu bezeichnen. Die von ihm ausgehende Wärme durchstrahlt alles.[295]

Doch auch in islamisch-theologischen Entwürfen, in denen die Trans-zendenz Gottes stärker betont wird, muss dies nicht als Gottferne aufgefasst werden. Der Akzent kann weniger auf das Gegenübersein und

[293] Exemplarisch: Mouhanad Khorchide: Ist die Offenbarung des Korans als göttlicher Monolog zu verstehen oder stehen Gott und Mensch in einem Dialog?, in: Ethik und Unterricht 3, 2018, 4–8.

[294] Halis Albayrak: Allah im Koran, in: Heinzmann, Selçuk (Hg.): Monotheis-mus in Christentum und Islam (siehe Anm. 1), 79.

[295] In: Verbindet Spiritualität oder trennt sie? Die drei monotheistischen Weltreligionen im Gespräch, in: zur debatte (Katholische Akademie in Bayern) 5/2019, 40. Siehe auch: Anselm Grün, Milad Karimi: Im Herzen der Spiritualität. Wie sich Muslime und Christen begegnen können, Freiburg i. Br. 2019.

mehr auf das Beziehungsgeschehen gesetzt werden. Demnach ist Gott keine in sich verschlossene Substanz und kein beziehungsloses Subjekt. Wenn er islamischer Auffassung zufolge auch in einer eher äußerlichen als innerlichen Beziehung zur Welt steht, so gilt doch: Er steht zu ihr in Beziehung!

Wenn in reformislamischen Ansätzen die Relationalität Gottes hervorgehoben wird, führt das nicht selten zur Frage, welche Bedeutung die griechische Philosophie im Allgemeinen und der Neuplatonismus mit seinem «absolutistischen» Gottesbegriff im Besonderen für die islamische Theologie haben bzw. haben sollen. So sieht etwa Muhammad Iqbal in der Rezeption des Neuplatonismus eine Abweichung vom koranischen Gottes-, Welt- und Offenbarungsverständnis. Abstrakte Denkformen seien an die Stelle der konkreten erfahrungsnahen Offenbarungsinhalte gesetzt worden.[296]

(b) Bei der im vorigen Abschnitt besprochenen Frage nach dem Welt- bzw. Geschichtsbezug geht es um die Beziehung Gottes nach «außen», d. h. zum geschaffenen Anderen seiner selbst. Die Frage lautet: Wie verhält sich die Einheit Gottes zur Zweiheit von Gott und Welt, Schöpfer und Schöpfung? Das Anliegen der islamischen (vor allem der muʿtazilitischen) Glaubenslehre besteht in dieser Hinsicht im Allgemeinen darin, die Transzendenz Gottes zu wahren.

Eine weitere, in der islamischen Theologie intensiv geführte und in der Auseinandersetzung mit dem christlichen Glauben hoch bedeutsame Diskussion betrifft die «innere» Einheit Gottes. Hier lautet die Frage: Wie kann die Einfachheit Gottes gewahrt werden, wenn Gott Eigenschaften beigelegt werden, wie es bei den 99 Namen der Fall ist? Wie also sind die damit bezeichneten Eigenschaften im Verhältnis zum Wesen Gottes zu verstehen? Wie kann vermieden werden, dass das Wesen Gottes aufgespalten wird? Das Anliegen der islamischen Glaubenslehre besteht in dieser Hinsicht darin, die sich differenzlose Identität des Wesens Gottes zu betonen. Vollkommene Ganzheit schließt – dieser Denkweise zufolge – jede innere Pluralität aus; diese ist für die *endliche* Wirklichkeit charakteristisch, wo (nach dem dabei vorausgesetzten Weltverständnis) Ganzheiten aus zusammengesetzten Einzelheiten bestehen.

---

[296] Muhammad Iqbal: The Reconstruction of Religious Thought in Islam, Lahore 2011, 3f.; 102.

Während das Christentum die vom hellenistischen Judentum aufge-
wiesenen Modi der Selbstmitteilung Gottes an seine Geschöpfe (vor allem
«Wort» und «Geist») in das Sein Gottes mit hineingenommen hat, folgte
der Islam stärker der im rabbinischen Judentum, in der Apokalyptik und
in der jüdischen Hekhalot-Mystik angelegten Linie, auf der die Selbstmitteilungen Gottes konsequent von Gott unterschieden werden. Gegenüber dem Christentum verfolgt der Islam damit das «Programm einer
antitrinitarischen Reformation».[297]

In den diesbezüglichen innerislamischen Debatten, die hier nicht
detailliert dargestellt werden sollen, standen sich zwei Verständnisse von
Vollkommenheit gegenüber: Der einen Position zufolge besteht die
Vollkommenheit Gottes in seiner absoluten Einheit, die es nicht erlaubt,
ihm Eigenschaften zuzuschreiben. Die andere Position besagt, dass gerade
diese Eigenschaften (wie etwa Allmacht) die Vollkommenheit Gottes erst
recht zum Ausdruck bringen. Ein Gott, der solche Eigenschaften habe, sei
vollkommener als ein Gott ohne Eigenschaften.[298] Die Vertreter beider
Positionen weisen allerdings die christlichen Lehren von den Eigenschaften Gottes zurück, weil sie ihnen als Zerteilungen Gottes (etwa in die
«Anteile» von Macht, Wissen und Willen) erscheinen.

Die Muʿtaziliten lehnten die Vorstellung ab, dass Gottes Eigenschaften
wie Hypostasen von seinem Wesen zu unterscheiden wären und eine relative Eigenständigkeit hätten. Demgegenüber behaupteten sie, die Eigenschaften – wie etwa das «Wissen» oder das «Reden» Gottes – seien mit
seinem Wesen identisch; sie kämen ihm nicht als Attribute zu, d. h. als
etwas, das zu seinem Wesen addiert wird. Vielmehr *ist* Gott wissend, redend
usw.[299] In jeder Eigenschaft zeigt sich sein ewiges Wesen. Deshalb – aber
nicht aus sich selbst heraus – sind auch die Eigenschaften selbst ewig.

---

[297] Andreas Feldtkeller: Religionswissenschaftliche Perspektiven zur Trinitätslehre, in: Volker Henning Drecoll (Hg.): Trinität, Tübingen 2011, 235.

[298] Siehe dazu: Fathalla Kholeif: Der Gott des Korans, in: Andreas Bsteh
(Hg.): Der Gott des Christentums und des Islams, Mödling 1978, 78. Dort finden sich Quellenangaben.

[299] Nach Abū l-Huḏayl al-ʿAllāf ist Gott «ein Wissender durch einen Wis-
sensakt, der mit ihm identisch ist […]. Er ist mächtig, aufgrund einer Macht, die
mit ihm identisch ist. Er ist lebendig aufgrund eines Lebens, das mit ihm identisch
ist.» (zitiert nach: Farid Suleiman: Ibn Taymiyya und die Attribute Gottes, Berlin,
Boston 2019, 45f.).

Die Frage, wie die Eigenschaften Gottes zu verstehen sind,[300] hängt auch wieder mit der Bestimmung des Verhältnisses zwischen Gott und Welt zusammen. Wenn etwa Gott die Eigenschaft der «Gerechtigkeit» beigelegt wird, muss sichergestellt sein, dass es sich dabei nicht um einen Anthropomorphismus handelt, dem ein Ontologismus zugrunde liegt, also die Vorstellung, dass das Sein der Menschenwelt mit Gott ontisch verbunden wäre, sodass eine Art *analogia entis* bestünde. Um die Unterschiedenheit Gottes von der Welt zu wahren, deuteten die Muʿtaziliten anthropomorphe Eigenschaftsbeschreibungen allegorisch. Sie sind als uneigentliche Ausdrucksweise zu verstehen. Die eigentlichste der Eigenschaften ist die der Einheit Gottes *(waḥdānīya)*. Diese ist dabei immer auch ein negatives Attribut, das aussagt, was Gott *nicht* ist: zusammengesetzt.

Als weitere Wesensattribute gelten, dass Gott existent ist *(wuǧūd)*, dass er aus sich selbst heraus besteht *(qiyām bi-nafsihi)* und dass er kategorial verschieden von allen anderen Lebewesen ist *(muḫalafatun lī al-ḥawādiṯ)*. Andere Attribute, die aber nicht als Wesens-, sondern als Handlungseigenschaften gelten, weil sie Gottes Bezug zur Schöpfung charakterisieren (wie etwa die Weisheit oder die Gerechtigkeit Gottes), werden dem zugeordnet.

1.8.3   Gefährdet die Offenbarung die Einheit Gottes?

Beide Auslegungsrichtungen von *tawḥīd* – zum einen im Blick auf die «äußere» Einheit gegenüber anderen Gottheiten und gegenüber der Welt, zum anderen hinsichtlich der «inneren» Einheit des göttlichen Wesens – kommen zusammen in der Frage nach dem Status der Offenbarung Gottes, wie sie nach islamischer Auffassung letztgültig im Koran erfolgt ist: Ist diese ganz göttlich, also unerschaffen und präexistent, oder gehört sie als von Gott herabgesandte Rede zur Sphäre der geschöpflichen Wirklichkeit?

Im 8. und 9. Jahrhundert wurde in der islamischen Theologie – vor allem zwischen muʿtazilitischen Theologen und der hanbalitischen Rechtsschule des sunnitischen Islam – darüber gestritten, ob der Koran erschaffen

---

[300] Siehe dazu auch die Übersicht über verschiedene Positionen, die Seyed Mohammad Nasser Taghavi gibt: Die Beziehung zwischen dem Wesen Gottes und seinen Attributen, in: von Stosch, Tatari (Hg.): Trinität (siehe Anm. 11), 203–214.

(maḫlūq) oder unerschaffen *(ġair maḫlūq)* sei.[301] Mit der Behauptung, der Koran sei (nur) geschaffen,[302] ist zwar die Transzendenz des Schöpfers gegenüber seiner Offenbarung strikt gewahrt; es gibt dann nichts Ewiges neben Gott und es muss auch nicht angenommen werden, dass Gott (anthropomorph) «rede». Doch stellt sich die Frage, wie der Koran dann die direkte Offenbarung Gottes und damit absolut zuverlässig sein kann. Wenn er dagegen ewig ist, scheint die Folgerung unausweichlich, dass er als gleichewig neben Gott steht. Diese Position droht auf einen Binitarismus hinauszulaufen. Dagegen wurde eingewandt, dass das Prädikat der Unerschaffenheit Gott allein zukommt.

Im sunnitischen Islam hat sich die von Ibn Kullāb vorgeschlagene Mittelposition weitgehend durchgesetzt. Er unterschied zwischen dem Inhalt *(maʿnā)* und der Manifestationsgestalt *(ʿibāra)* des Korans. Der in der himmlischen Urschrift des Korans (Q 56,78; 85,22) aufbewahrte Inhalt sei unerschaffen, der herabgesandte, in die Hände der Menschen gelegte, von ihnen memorierte und rezitierte irdische Koran dagegen erschaffen. Nicht die in der Zeit erfolgte Herabsendung, also der Koran als Offenbarungsschrift, ist demnach von Ewigkeit her präexistent, sondern das in ihm geoffenbarte «innere» Wort Gottes. Diese Auffassung wurde später von den Aschʿariten übernommen: Die im himmlischen Koran erfolgte Rede Gottes ist ewig, die schriftliche Fixierung dagegen zeitlich.

Dabei blieb aber das Problem bestehen, wie sich die himmlische Urschrift des Korans – das Wort Gottes, dem das göttliche Prädikat der Ewigkeit zukommt – zur Gottheit Gottes verhält. Wenn es zur Gottheit Gottes gehört, muss eine innere Differenzierung in Gott angenommen werden. Wenn es sich dagegen um eine «Äußerung» Gottes handelt, bei der Gott das «Wort» aus sich heraussetzt, wäre es dann ein Zweites neben Gott? Nach den «Worten des *tawḥīd*» kann es aber nicht nur kein

---

[301] Siehe dazu: Richard C. Martin: Art. «Createdness of the Qurʾān», in: Encyclopedia of the Qurʾan, Bd. 1, Leiden 2001, 467–471.

[302] Die Lehre von der Erschaffenheit des Korans geht zurück auf al-Dschaʿd ibn Dirham († 724) und Dschahm ibn Safwān († 746). Bischr al-Marīsī († 833) verwies zu ihrer Begründung auf Q 42,52 und 43,2f., wo der Koran als «gemacht» bezeichnet wird. Besonders unter den Muʿtaziliten fand diese Auffassung Anklang, so bei Abū Bakr al-Asamm († 817) und Abū Mūsā al-Murdār († 840). 833 wurde sie zur Staatsdoktrin im Abbasidenreich erklärt, was mit der Verfolgung ihrer Gegner (bis 848) einherging.

vergöttlichtes Erschaffenes, sondern auch (und erst recht) kein Uner-
schaffenes neben Gott geben. Zudem stellt sich dann die Frage, ob man
dieser Äußerung wesenhafte Göttlichkeit zuerkennen kann.

Die Parallele zur Christologie liegt auf der Hand. Ganz ähnlich hatte
sich die christliche Theologie in der Auseinandersetzung mit Arius
entschieden, von der Unerschaffenheit des göttlichen Logos auszugehen.
Damit war die Logoslehre in die Gotteslehre aufgenommen und es stellte
sich die Frage, wie sich der Logos der «bei Gott» und «von Gottes Wesen»
war (Joh 1,1f., Zürcher Bibel) zur Gottheit Gottes verhält.

Das gilt auch für die Rede vom «Geist Gottes» *(rūḥ al-qudus)* im Koran
(Q 2,28; 16,102; 19,17; 32,9; 58,22; 78,38 u. ö.). Nirgendwo im Koran
wird der Geist im Wesen Gottes verankert, sodass ihm selbst Gottsein
zugeschrieben würde. Das würde die absolute Einheit des Wesens Gottes
infrage stellen. Gott *verleiht* ihn dem Menschen und der Welt. Wie aber
kann dann angenommen werden, dass es wirklich der Geist *Gottes* ist, der
verliehen wird?

Nach dem Grundsatz, dass Gott in sich ungeteilt ist, können Wort und
Geist Gottes nicht Teile des Wesens Gottes sein. Sonst würden sie Gott
aufspalten. Wenn sie aber nicht Teile seines Wesens sind, dann müssen sie
von Gott hervorgebracht sein. Wie kann man also sagen: Sie sind wirklich
göttlich, stellen aber keine distinkten Seinsweisen und auch nicht nur
Attribute Gottes dar? Nach Auffassung der christlichen Theologie nimmt
die Trinitätslehre diese Verhältnisbestimmungen zwischen der Gottheit
Gottes, dem Wort und dem Geist Gottes vor, indem sie Identität und
Differenz, Einheit und deren Entfaltung miteinander verbindet. Die
Trinitätslehre erlaubt es, Gott als Einheit in Differenz zu denken. Aus der
Sicht der christlichen Theologie bleibt dieses Problem in der islamischen
Theologie letztlich ungelöst. Mehr noch: Es führt zu Aporien: So fragt
etwa Jürgen Moltmann: «Ist der Eine, ewige Gott unteilbar, wie kann er
sich dann mit-teilen? Er hat sich nach islamischem Verständnis aber
endgültig mitge-teilt im Koran.»[303]

In der islamischen Theologie wird das jedoch nicht als Problem
empfunden. Es ist klar, dass das Wort und der Geist Gottes – wie auch die
anderen «Eigenschaften» Gottes nicht Seinsweisen Gottes, Hypostasen der
Gottheit und schon gar nicht neben ihm stehende eigene Gottwesen sind.

---

[303] Moltmann: Kein Monotheismus (siehe Anm. 39), 120.

Ein solches Verständnis würde nach islamischer Auffassung mehr Probleme schaffen als lösen. Denn wenn eine Zwei-, Drei- oder Mehrfaltigkeit in Gott anzunehmen wäre, würde das dessen Allmacht einschränken. Es käme dann nämlich zu Konflikten zwischen den Willensrichtungen und Machtausübungen dieser Gottinstanzen. Dieses Argument der «gegenseitigen Hinderung» (*tamānu*, im Anschluss an Q 23,91, vgl. auch Q 21,22) zielt also darauf, die Souveränität der Herrschaftsausübung Gottes gewahrt zu wissen. Es geht dabei nicht primär um das Sein bzw. Wesen Gottes, sondern um seine Monarchie, den ihm geschuldeten Gehorsam und die ihm zu erweisende Ehre. Dieses Argument ist wiederum eng mit der Vorstellung verbunden, dass Trinität Tritheismus, also die Annahme von Göttergestalten neben Gott, bedeutet. Eine solche «Gewaltenteilung» aber führt – so die Überzeugung – zu Konkurrenz, Konflikt und beschwört damit Unordnung im Himmel und dann auch auf Erden herauf.

Gottes Wort und sein Geist sind nach der mehrheitlich geteilten islamisch-theologischen Auffassung weder eigene Instanzen *in* Gott, noch sind sie *bei* Gott. Es sind ewige Akte Gottes, in denen Gott in seiner absoluten Einheit den Menschen Wort und Geist zu deren Rechtleitung gibt. Er muss nicht in sich geteilt sein, um sich mitzuteilen. Die Frage, ob er nur seinen Willen oder auch sein Wesen (also sich selbst) mitteilt, stellt dabei nicht notwendigerweise eine Alternative dar. Denn jede Mitteilung ist immer auch eine Selbstmitteilung, in der sich die mitteilende Person in ihrem Wesen zu erkennen gibt: als sich mitteilen-wollend. Der Wille ist eine Gestalt des Wesens. Offenbarung als *Selbst*mitteilung muss also nicht gegen die Mitteilung von *etwas* ausgespielt werden. Damit relativieren sich die apologetischen (und zuweilen polemischen) Gegensatzbestimmungen, die in dieser Hinsicht nicht selten zwischen dem christlichen und dem islamischen Offenbarungsverständnis aufgebaut werden: Die Offenbarung in Christus gebe das *Wesen* Gottes kund, die Offenbarung im Koran dagegen «nur» den *Willen* Gottes, um den Menschen Handlungsanweisungen zu geben. Dem zugrunde liegt die reformatorische Unterscheidung von Gesetz und Evangelium. Auch die biblischen Überlieferungen enthalten zahlreiche Beispiele von «Offenbarungen», in denen nicht primär das Wesen Gottes, sondern ein Willensratschluss mitgeteilt wird. Und auch im Koran werden Wesenseigenschaften Gottes offenbart, also Selbst-Bestimmungen Gottes.[304]

Inhaltlich sind die Zentraloffenbarungen – Jesus Christus und der Koran – weitgehend verschieden.[305] In beiden drückt sich aber die Entschiedenheit Gottes aus, sein maßgebliches Wort in die Geschichte hineinzusprechen. Gott ist keine Monade und kein Monolith, sondern ein sich äußernder und in Beziehung stehender Gott. An der Antwort auf die Frage, worin diese Äußerung, also die Offenbarung Gottes, besteht, wie sie sich ereignet und wie sie zu verstehen ist, gehen die Wege der «monotheistischen» Religionen aber auseinander. Die entscheidende Doppelfrage dabei lautet erstens: Ist Gottes Offenbarung selbst göttlich, gehört sie auf die Seite der Schöpfung oder besteht sie aus zwei Naturen: einer göttlichen und einer menschlichen? Zweitens: Gründet sie in einem innergöttlichen Kommunikationsgeschehen, das sich dann nach außen – zur Schöpfung – hin entfaltet?

Die erste der beiden Fragen hat sowohl die christliche als auch die islamische Theologie auf je eigene Weise beschäftigt und zur analogen Beantwortung durch eine «Zweinaturenlehre» in Bezug auf Jesus Christus und den Koran geführt. An der zweiten Frage allerdings gehen die Wege mehr oder weniger weit – je nach Auslegung der immanenten Trinitätslehre – auseinander. Von einem innergöttlichen Kommunikationsgeschehen kann die islamische Theologie nicht sprechen. Die Frage ist, ob die christliche Theologie davon sprechen muss. Diese Frage wird uns vor allem im zweiten Teil dieses Buchs beschäftigen.

---

[304] Siehe die von Halis Albayrak aufgelisteten «Dimensionen des Wesens Gottes» (Albayrak: Allah im Koran [siehe Anm. 294], 59–63).

[305] Bei dieser Feststellung kann man aber fragen, ob diese Verschiedenheit nicht erst durch die Entwicklung der Christologie zustande gekommen ist oder doch zumindest deutlich verstärkt wurde. Bedenkenswert ist in dieser Hinsicht die Aussage Hans Küngs: «Die inhaltlichen Analogien zwischen dem koranischen Jesusbild und einer judenchristlich geprägten Christologie bleiben verblüffend.» (Hans Küng: Das Christentum. Wesen und Geschichte, München 1994, 141). Siehe dazu auch: Pim Valkenberg: The Concept of Revelation in Islam from the Perspective of Comparative Theology, in: Studies in Interreligious Dialogue 31/2, 2021, 179–200.

1.9 Christologischer und trinitarischer Monotheismus

Nach dem Blick auf die Ansätze eines ethischen Monotheismus im neuzeitlichen Reformjudentum (1.7) und dem Versuch, das islamische Verständnis der Einheit Gottes in seinen Grundzügen darzustellen (1.8), wende ich mich nun dem christologischen und trinitarischen Monotheismus zu. Es geht dabei nicht um eine Darstellung der Christologie oder der Trinitätslehre um deren selbst willen, sondern um die Frage, wie diese Zentralinhalte der christlichen Glaubenslehre in Beziehung zum Monotheismus gesetzt wurden und werden bzw. wie sie diesen qualifizieren. Nach einem Blick auf die vor dem 20. Jahrhundert vorherrschende Zuordnung von Monotheismus und Trinitätslehre (a) zeige ich, wie Karl Rahner (b) und Karl Barth (c) diese Verhältnisbestimmung vornehmen und wie Jürgen Moltmann die trinitätstheologischen Leuchttürme der ihm vorangegangenen Theologengeneration kritisiert, um den «christlichen Monotheismus»[306] gänzlich zu überwinden (d).

(a) In der scholastischen Theologie und auch in der altprotestantischen Orthodoxie lutherischer und reformierter Prägung wurde das Lehrstück «De Deo uno» der Trinitätslehre («De Deo trino») vorgeordnet. Damit war angezeigt, dass das *eine* Wesen Gottes der Dreiheit der Personen vorausliegt, sodass man zunächst dieses eine Wesen – das Gottsein Gottes – zum Thema der Gotteslehre machen muss, bevor man dann weiter in die trinitarische Entfaltung dieses Wesens vordringen kann. Das Spezifikum des christlichen Gottesverständnisses war damit in den Rahmen einer (philosophisch durch den Neuplatonismus und den Aristotelismus untermauerten) monotheistischen Gotteslehre gestellt. In der Renaissance der Trinitätslehre im 20. Jahrhundert, die auf Seiten der evangelischen Theologie maßgeblich von Karl Barth und in der katholischen Theologie von Karl Rahner u. a. angestoßen worden war, wurde diese Vorordnung der allgemeinen Gotteslehre vor ihrer trinitätstheologischen Profilierung programmatisch preisgegeben.

(b) Der Glaube an den einen Gott galt Karl Rahner als «das wirkliche Grunddogma des Christentums schlechthin».[307] Dieses Grunddogma sei aber nicht im Sinne einer metaphysischen Aussage, sondern als Hinweis

---

[306] Moltmann: Trinität (siehe Anm. 97), 144.

[307] Rahner: Einzigkeit (siehe Anm. 63 in Teil 2), in: Schriften zur Theologie, Bd. 13, 131 (Sämtliche Werke 22/1, Teil B, 657f.).

auf das Heilshandeln Gottes zu verstehen. Es besage: «Derjenige, der sich in der Heils- und Offenbarungsgeschichte an uns handelnd manifestiert, ist allein Gott.»[308] Die Trinitätslehre begründet dieses Handeln im Wesen Gottes: «Dem ursprungslosen Gott (Vater genannt) kommt von Ewigkeit her die Möglichkeit einer geschichtlichen Selbstaussage zu [in Jesus Christus, R. B.] und ebenso die Möglichkeit, sich als er selber in die innerste Mitte der geistigen Kreatur als deren Dynamik und Ziel einzustiften [im Heiligen Geist, R. B.]».[309] Gott-Vater teilt sich durch den Sohn (= durch den Logos als seinem geschichtlichen Mittler) im Heiligen Geist den Menschen mit. Dabei wirkt der Geist in den Menschen die Empfänglichkeit für diese Selbstmitteilung. In diesem Selbstmitteilungs- prozess besteht nach Rahner das trinitarische Wesen Gottes. Rahner vertritt also ein heilsökonomisches Verständnis von Monotheismus und Trinität. In seinem Heilshandeln offenbart sich Gott. Diese Offenbarung ist die Erkenntnisquelle der Trinität als Heilsmysterium.[310] Gotteser- kenntnis gründet in der Selbstkundgabe Gottes. Darum ist die öko- nomische (heilsgeschichtliche) Trinität für ihn mit der immanenten identisch.

Die Zuordnung beider Theologoumena – Monotheismus und Trinität – nahm Rahner durch die These vor, «dass die Trinitätslehre nicht als Zusatz oder Abschwächung des christlichen Monotheismus, sondern als dessen Radikalisierung verstanden werden kann und muss, vorausgesetzt nur, dass dieser Monotheismus selbst wieder als «konkreter» Monotheismus heilsgeschichtlicher Erfahrung wirklich ernst genommen wird, der Gott in seiner Einzigkeit nicht aus der heilsgeschichtlichen Erfahrung des Christen- tums hinaus und in eine metaphysisch abstrakte Einsamkeit verbannt.»[311]

---

[308] A. a. O., 131 (Sämtliche Werke 22/1, Teil B, 658).

[309] A. a. O., 149 (Sämtliche Werke 22/1, Teil B, 664).

[310] Karl Rahner bezeichnete sie als geoffenbartes «Heilsmysterium» und als «Ursprungsmysterium des Christentums» (Karl Rahner: Der dreifaltige Gott als transzendenter Urgrund der Heilsgeschichte, in: Johannes Feiner, Magnus Löhrer [Hg.]: Mysterium Salutis. Grundriß heilsgeschichtlicher Dogmatik, Bd. 2, Ein- siedeln 1967, 327 [Sämtliche Werke 22/1, Teil B, 512f]. Bei diesem Beitrag han- delt es sich um die erweiterte Fassung von: ders.: Bemerkungen zum dogmati- schen Traktat «De Trinitate», in: Schriften zur Theologie, Bd. 4, 115.

[311] Rahner: Einzigkeit (siehe Anm. 63 in Teil 2), 133f. (Sämtliche Werke 22/1, Teil B, 659). Siehe auch: Karl Rahner (Hg.): Der eine Gott und der dreieine

Inwiefern aber – so meine Rückfrage an Rahners Ansatz – kann man den Glauben an den einen Gott durch das Postulat einer Dreiheit Gottes «radikalisieren»? Wenn «Radikalisierung» als «Potenzierung» zu verstehen sein sollte, legt sich Hans Küngs Frage nahe: «Kann man Einheit ‹steigern›, und dies gar durch Dreiheit?»[312]

(c) Karl Barth entfaltete die Gotteslehre durchgehend als Trinitätslehre.[313] In der Tradition Augustins und angeregt durch die Auseinandersetzung mit Hegel verstand er die Dreieinigkeit als im Wesen Gottes angelegte offenbarende Selbstmitteilung des göttlichen Subjekts (Offenbarer), im Akt seiner Selbstmitteilung (Offenbarung) mit dem Ziel, sich den Menschen zu erkennen zu geben (Offenbarsein). Die Trinitätslehre ist für ihn die *«notwendige* und *sachgemäße* Analyse der Offenbarung».[314] «Der Sinn ist gerade nicht die Rede von einem abstrakten Sein Gottes *hinter* seinem Werk, sondern die Rede davon, dass Gott in seiner freien Gnade der *Täter* und *Initiator* seines Werkes ist.»[315] Die Trinitätslehre verankert diese «Tat» im Wesen Gottes. Sie versteht das Wesen Gottes als Vollzug von Herrschaft.

Barth sah im trinitarischen Gottesverständnis keinerlei Abweichung vom Glauben an die Einheit Gottes. Im Gegenteil: Die Kirche habe mit dieser Lehre gerade gegenüber den Antitrinitariern «die Erkenntnis der *Einheit* Gottes und also den *Monotheismus* verteidigt».[316] Denn diese hätten entweder die Wesensgleichheit des «Sohnes» und des «Geistes» mit Gott oder die Einheit Gottes leugnen müssen. Die Trinitätslehre hingegen erlaubte beides zusammenzudenken. Und so bezeichnet Barth sie als «christlichen Monotheismus».[317] Zur anderen Seite hin wehrt sie nach Barth ein tritheistisches Verständnis Gottes ab. Gott sei «in dreimaliger Wiederholung» der eine Gott.[318] Statt von «Personen» spricht er von

---

Gott. Das Gottesverständnis bei Christen, Juden und Muslimen, München, Zürich 1983.

[312] Küng: Der Islam (siehe Anm. 25), 604.

[313] KD I/1, 367–514.

[314] KD I/1, 327 (Hervorhebungen K. B.).

[315] Eberhard Busch: Die große Leidenschaft. Einführung in die Theologie Karl Barths, Gütersloh ²2001, 52 (Hervorhebungen E. B.).

[316] KD I/1, 371 (Hervorhebungen K. B.); siehe auch: 368.

[317] KD I/1, 371. «Mit der Trinitätslehre betreten wir den Boden des christlichen Monotheismus» (KD I/1, 374).

[318] KD I/1, 69.

«Seinsweisen» Gottes.[319] Sein monosubjektiver Ansatz hat damit ein
Gefälle zum Modalismus, auch wenn er dies zurückweist.[320] Die
Zurückweisung ist insofern berechtigt, als Barth keinen ontischen Modalismus lehrt, demzufolge sich die göttliche Substanz in drei Erscheinungsweisen zeigt. Es handelt sich bei ihm um eine dynamische,
offenbarungsgeschichtliche Trinitätslehre.

Barth entfaltet die Trinitätslehre also als Auslegung der Offenbarung,
verstanden als Offenbarungs*geschehen*. Wenn Christus die *Selbst*offenba-
rung Gottes ist, muss er zum Selbst Gottes gehören. Und wenn er die
Selbst*offenbarung* Gottes ist, muss das Selbst Gottes dynamisch, als
Geschehen, verfasst sein. Er ist in sich selbst und seinem Wesen nach «Mit-
teilung». Er teilt sich mit als der, der er ist: als der sich mitteilende Gott.
Offenbarung ist also nicht ein dem Wesen Gottes gegenüber sekundärer
Akt, sondern sein Wesensvollzug. So ist «Gott selbst in unzerstörbarer
Einheit, aber auch in unzerstörbarer Verschiedenheit der Offenbarer, die
Offenbarung und das Offenbarsein.»[321] In diesem Gedanken besteht nach
Barth das Verständnis der Einheit Gottes. Wie sehr er diese dabei betonen
kann, zeigt die folgende Aussage, die ebenso von einem jüdischen oder
islamischen Autor stammen könnte: «Gott ist In-dividuum schlechthin.
Er ist *absolut einfach.*»[322]

Und doch kommt in Barths Trinitätstheologie der grundlegende
Differenzpunkt zwischen dem islamischen und dem christlichen Gottesverständnis sehr deutlich zum Ausdruck: Die Offenbarung Gottes ist in
dessen Wesen verankert, sodass Gott nicht ohne sie zu denken ist.
Gemeint ist damit nicht nur, dass Gott ohne seine Offenbarung nicht *erkennbar* wäre. Es geht um das «Sein» Gottes, das von seinem «Wort» nicht
unterschieden werden darf. Gott offenbart sich, wie er ist: als ein Gott, der
sich selbst von Ewigkeit her zur Offenbarung prädestiniert hat. Sein
Selbstsein besteht darin, dass er sich mitteilt. Die Offenbarung ist eine
*Wesens*mitteilung und als solche «Gott aus Gott, Licht aus Licht», wie es
im Bekenntnis von Nizäa heißt.

---

[319] KD I/1, 367, 379–381 u. ö.

[320] KD I/1, 402f. u. ö. Siehe dazu auch: Dennis W. Jowers: The Reproach of
Modalism. A Difficulty for Karl Barth's Doctrine of the Trinity, in: Scottish Journal of Theology 56, 2003, 231–246.

[321] KD I/1, 311.

[322] KD II/2, 504 (Hervorhebung K. B.).

Offenbarungstheologisch ansetzende Trinitätstheologien – wie die Rahners und Barths gehen von der biblisch bezeugten «Selbstoffenbarung» Gottes aus, bestimmen diese als dreidimensionales Geschehen und stoßen von der damit eruierten (eher: postulierten) Offenbarungstrinität zu Aussagen über die Wesenstrinität Gottes vor. Offenbarung wird damit als epistemische Grundlage der Trinitätstheologie angesehen und diese wird als Offenbarungslehre – bei Barth in der formalen Struktur von Offenbarer, Offenbarung und Offenbarsein – entfaltet.[323] Es handelt sich dabei um einen hermeneutischen Zirkel. Damit rückt das Offenbarungsverständnis in den Fokus: Wird Offenbarung als Glaubens*grund* oder als Glaubens*ausdruck* verstanden? Auch dabei geht es nicht um eine Alternative, sondern um eine Polarität, bei der es dann allerdings darauf ankommt, wie man die Pole gewichtet. Diese Frage nehme ich in Abschnitt 1.12 wieder auf.

(d) Gegenüber den monosubjektiven, in der Tradition der westlichen Theologiegeschichte stehenden trinitätstheologischen Ansätzen wurden in den letzten Jahrzehnten des 20. Jahrhunderts soziale Trinitätslehren entwickelt. Diese betonen die Sozialität und Relationalität der trinitarischen «Personen». Die Einheit zwischen den «Personen» (und damit die Einheit Gottes selbst) wird im Vollzug der Kommunikation zwischen ihnen gesehen: Gott als interaktive Dreiergemeinschaft.

Sowohl an Barths Rede von drei «Seinsweisen» Gottes[324] als auch an Rahners Trinitätsdeutung im Sinne von drei «Subsistenzweisen»[325] übt Jürgen Moltmann Kritik.[326] Er sieht bei Barth eine Tendenz zu einem idealistischen Modalismus, bei dem die Gottheit Gottes *hinter* den trinitarischen Personen angesiedelt ist. Daraus könne ein Monotheismus

---

[323] Treffend konstatiert Christoph Schwöbel, die Pointe der trinitätstheologischen Ansätze von Barth und Rahner bestehe darin, dass «die Rede über die Heilsgeschichte indirekte Trinitätslehre und die Trinitätslehre indirekte Heilsgeschichte ist» (Schwöbel: Trinitätslehre als Rahmentheorie [siehe Anm. 71 in Teil 2], 134).

[324] Siehe Anm. 319.

[325] «Der eine Gott subsistiert in drei distinkten Subsistenzweisen» (Rahner: Bemerkungen [siehe Anm. 310], 103; = ders.: Der dreifaltige Gott [siehe Anm. 310], 392 [Sämtliche Werke, Bd. 22/1, Teil B, 619]). Siehe dazu: Franz Xaver Bantle: Person und Personbegriff in der Trinitätslehre Karl Rahners, in: Münchner Theologische Zeitschrift 30, 1979, 11–24.

[326] Moltmann: Trinität (siehe Anm. 97), 154–166.

erwachsen, «der mit dem Christentum nur zufällig etwas zu tun hat».[327]
Die Gotteslehre habe nicht von der Herrschaft Gottes, sondern vom
Beziehungsgeschehen zwischen den drei «Personen» in Gott auszugehen.
Sonst gelange sie lediglich zu einem christlichen Monotheismus, aber
nicht zur trinitätstheologischen Überwindung des Monotheismus. In
dieser Überwindung liegt aber für Moltmann das Proprium des christlichen Glaubens. Sein Ansatz zielt also nicht darauf, das Spezifikum des
christlichen «konkreten» Monotheismus herauszuarbeiten, sondern jeg-
lichen Monotheismus – der für ihn immer ein Monarchianismus ist – zu
verabschieden. Damit soll die Einheit Gottes nicht geleugnet werden;
diese besteht in einer innergöttlichen Gemeinschaft. Keine andere
Wesensbestimmung Gottes darf dieser Gemeinschaft vorgeordnet werden.
Gott ist nach Moltmann nicht zuerst souveräner Herrscher, ich-hafte
Person bzw. absolutes Subjekt, das sich dann in dreifacher Selbstsetzung
reflektiert und mitteilt, sondern von Ewigkeit her in einem Prozess der
Selbstmitteilung *ad intra* und *ad extra* begriffen.

Bei Rahner sieht Moltmann «eine mystische Variante der idealistischen
Lehre von der ‹trinitarischen› Reflexionsstruktur des absoluten Sub-
jekts».[328] An diesem Ansatz kritisiert er, dass die biblisch bezeugte
Beziehungsgeschichte zwischen «Vater», «Sohn» und «Geist» darin nur
eine marginale Rolle spielt. Rahners theologisches Interesse gelte der den
Menschen eröffneten Möglichkeit, sich im Heiligen Geist in das
unerschöpfliche Geheimnis Gottes hineinzutranszendieren. «Rahners
Umdeutung der Trinitätslehre endet in der mystischen Einsamkeit
Gottes.»[329]

Dem setzt Moltmann den Grundgedanken der sozialen Trinitätslehre
entgegen, dass Gottes Wesen aus einer Gemeinschaft dreier «Personen»
besteht. Diese bilden eine Einheit im Sinne eines vollkommenen wechselseitigen Füreinanders und Ineinanders. Der trinitarische Gott existiert nur
in und durch Beziehung; sein Sein ist Mit-Sein. Diesen Ansatz werden wir
in Abschnitt 2.3.2 genauer betrachten und in Abschnitt 2.3.5 – zusammen
mit den anderen Ansätzen einer sozialen Trinitätslehre – einer kritischen
Würdigung unterziehen.

---

[327] A. a. O., 155.
[328] A. a. O., 165.
[329] Ebd.

1.10 Abrahamischer Monotheismus?

In den vorangegangenen drei Abschnitten habe ich religionsspezifische Konkretionen des Monotheismus aus dem Judentum, dem Islam und dem Christentum vorgestellt. Auch in diesem Abschnitt geht es um eine solche Konkretion, allerdings um eine, die den Monotheismus als religionsübergreifendes Integral dieser drei Religionen ausweisen will. Das Konzept der «Abrahamischen Ökumene»[330] weist auf die geschichtliche Wurzelverwandtschaft von Judentum, Christentum und Islam hin und stellt diese als von Abraham ausgehende genealogische Beziehung dar. Die drei Religionen stehen in der Sukzession dieses gemeinsamen Stammvaters. Darin sind sie miteinander verbunden und darauf sollen sie sich besinnen, um die Feindschaft, die in der Vergangenheit ihre Beziehungen vergiftet hat, zu überwinden. Sie können sich wie die drei Brüder in Lessings Ringparabel verstehen, deren Vater sie gleichermaßen liebt.

Die Vertreterinnen und Vertreter dieses Modells argumentieren weniger religionsphilosophisch bzw. systematisch-theologisch und mehr exegetisch-traditionsgeschichtlich – auf der Grundlage der biblischen und

---

[330] Der Begriff «Abrahamische Ökumene» ist vor allem von Hans Küng und Karl-Josef Kuschel in die Diskussion eingeführt worden: Hans Küng: Abrahamische Ökumene zwischen Juden, Christen und Muslimen. Theologische Grundlegung – praktische Konsequenzen, in: Stifterverband für die Deutsche Wissenschaft. Jahresversammlung 1991 des Landeskuratoriums Baden-Württemberg, hg. vom Stifterverband für die Deutsche Wissenschaft, Essen 1991, 16–32; ders.: Abrahamische Ökumene zwischen Juden, Christen und Muslimen, Iranzamin 11, 1998, 29–46; Karl-Josef Kuschel: Abrahamische Ökumene? Zum Problem einer Theologie des Anderen bei Juden, Christen und Muslimen, ZMR 85, 2001, 258–278; ders.: Auf dem Weg zu einer Ökumene der Kinder Abrahams. Vorwort zur Neuausgabe, in: Streit um Abraham (siehe Anm. 337), Düsseldorf 2001.
Ausgewählte Literatur zu diesem Konzept: Christfried Böttrich, Beate Ego, Friedmann Eißler: Abraham in Judentum, Christentum und Islam, Göttingen 2009; Adam J. Silverstein, Guy G. Stroumsa, Moshe Blidstein (Hg.): The Oxford Handbook of the Abrahamic Religions, Part One: The Concept of Abrahamic Religion, Oxford 2015; Hanna Nouri Josua: Ibrahim, der Gottesfreund. Idee und Problem einer Abrahamischen Ökumene, Tübingen 2016; Hubert Frankemölle: Vater im Glauben? Abraham/Ibrahim in Tora, Neuem Testament und Koran, Freiburg i. Br. u. a. 2016; Ulrike Bechmann: Abraham und die Anderen: Kritische Untersuchung zur Abraham-Chiffre im interreligiösen Dialog, Berlin 2019.

koranischen Überlieferungen und deren Auslegungsgeschichte. Ausgangspunkt ist die Abrahamüberlieferung in Gen 12–25, vor allem die
Segensverheißungen an die beiden Söhne Abrahams in Gen 16f.: dem
erstgeborenen Ismael, den Abraham mit seiner Magd Hagar gezeugt hatte,
und dem zuerst verheißenen, aber zweitgeborenen Sohn Isaak, den seine
Frau Sara gebar. Beide – Isaak und Ismael – sind von Gott gesegnet und
von Abraham beschnitten. Sie stehen also unter der Segensverheißung
Gottes und sind in den Bund Gottes aufgenommen, der mit der
Beschneidung besiegelt wurde. Nach Gen 17,23 ist Ismael der Erst-
beschnittene.[331] Mit dem göttlichen Segen ist die Verheißung der
Fruchtbarkeit verbunden. Ismael werde zwölf Fürsten zeugen und ein
großes Volk hervorbringen (Gen 17,20).

Judentum, Christentum und Islam führen sich auf unterschiedlichen
Abstammungslinien auf Abraham zurück und stilisieren diese Symbolfigur
auf ihre je eigene Weise:

(a) Im Judentum erscheint Avraham (Avram) als Erzvater des
erwählten Volkes Israel, als Träger der Segens- und Bundesverheißung, als
Vorbild des vollkommenen, gesetzestreuen Gerechten.

(b) Das Neue Testament führt Christus und die Christen auf Abraham
zurück, so etwa in Mt 1,1, wo Jesus als Sohn Abrahams bezeichnet wird.
Paulus zufolge partizipieren die Christen (auch nichtjüdischen Ursprungs)
über Jesus am Abrahamsegen. Abraham «ist unser aller Vater» (Röm 4,16
mit Verweis auf Gen 17,5: «Ich habe dich gesetzt zum Vater vieler
Völker»). Umgekehrt ist Abraham nach Joh 8,52ff. der auf Christus
verweisende Inbegriff des glaubenden Vertrauens auf Gott, in dem Paulus
den Beleg für die Rechtfertigung aus Glauben sieht.

(c) Nach der Darstellung der Prophetenbiografie *(sīra)* von Muḥammad
Ibn Isḥāq (ca. 704–767/68) sah sich Mohammed als Nachkomme Ismaels
und Abrahams (Ibraims).[332] Ibraim gilt im Koran als «hanif» (Q 6,161),
als wahrer Verehrer des einen Gottes, der sich dessen Willen bedingungslos
unterwarf (wie sich bei der Forderung Gottes, seinen Sohn zu opfern,

---

[331] Siehe dazu die Interpretation der Hagar- und Ismael-Überlieferung in der
Genesis von Thomas Naumann: Ismael. Israels Selbstwahrnehmung im Kreis der
Völker aus der Nachkommenschaft Abrahams, Göttingen 2018; ders.: Die bibli-
sche Verheißung für Ismael als Grundlage für eine christliche Anerkennung des
Islam?, in: Renz, Leimgruber (Hg.): Lernprozess Christen Muslime (siehe
Anm. 22), 152–170.

[332] Siehe dazu: Hartmut Bobzin: Mohammed, München 2000, Kap. 5.

zeigt).[333] Ismael hat nach koranischer Überlieferung zusammen mit seinem Vater die Kaaba erbaut (Q 2,127 vgl. Q 2,125) und gilt als Gesandter Gottes (Q 38,48; 6,86).

Die Vertreter der «Abrahamischen Ökumene» führen diese Bezüge zusammen und betonen, dass der Gott Jesu Christi nicht nur der Gott Abrahams, Saras und Isaaks, sondern auch Hagars und Ismaels ist. Sie betrachten Isaak und Ismael als die Urrepräsentanten des Judentums und des Islam.[334] Die Christen sind hinzuerwählt.

Dieses Konzept wurde maßgeblich von Louis Massignon entwickelt,[335] der damit im Vorfeld des Zweiten Vatikanischen Konzils wesentliche Impulse für die Neubestimmung der Beziehungen der römisch-katholischen Kirche zum Islam gegeben hat. Seine Anregungen sind in die Konzilserklärungen eingeflossen.[336] In der jüngeren Vergangenheit ist das

---

[333] Aussagen des Korans zu Abraham finden sich in Q 2,124–135; 3,65–68.95–97; 4,125; 6,74–84; 11,69–83; 19,41–50; 21,51–73; 37,83–111; 87,18f.

[334] Die Zurückführung des Islam auf Ismael ist allerdings fragwürdig. Im antiken Judentum – etwa im jüdischen *Jubiläenbuch* (20,12–13) und in den *Antiquitates Judaicae* des Flavius Josephus (I 12,2.4; II 3,3) – wurde Ismael als Stammvater der arabischen Völker dargestellt. Damit war es Juden, die in arabischen Gebieten lebten, möglich, ihre Herkunftsverwandtschaft mit den dort lebenden nichtjüdischen (Nord-)Arabern zu betonen. Nach der Entstehung des Islam konnten die arabischen Muslime auch christlicherseits als «Ismaeliten» bezeichnet werden. Die Apokalypse des Pseudo-Methodius (entstanden nach 685) nennt die muslimischen Araber «Söhne Ismaels» *(filii Ismael)* (Gerrit Jan Reinink [Hg.]: Die syrische Apokalypse des Pseudo-Methodius, Louvain 1993, 5. und 6. Kapitel; vor allem beim 5. Kap. könnte es sich aber um eine spätere Interpolation handeln). Die Zurückführung der (arabischen) Muslime auf Ismael war allerdings oft negativ konnotiert. Johannes von Damaskus sprach vom Islam als der «Häresie der Ismaeliten» (siehe dazu: Gilles Courtieu: Die threskeia der Ismaeliten und anderer Völker. Studie über das religiöse Vokabular der hundertsten Häresie des Johannes Damascenus, in: Markus Groß, Karl-Heinz Ohlig [Hg.]: Die Entstehung einer Weltreligion, Bd. 1: Von der koranischen Bewegung zum Frühislam, Tübingen, Berlin 2010, 111–139). Zur Rezeptionsgeschichte des Rückbezugs der Araber auf Ismael siehe: Naumann: Ismael (siehe Anm. 331), 381–490.

[335] Siehe dazu: Karl-Josef Kuschel: Keine Religion ist eine Insel. Vordenker des interreligiösen Dialogs, Kevelaer u. a. 2016, 109–166.

[336] So etwa in den Verweisen auf Abraham in LG 16 und in NA 3. In den

Konzept einer «Abrahamischen Ökumene» katholischerseits vor allem von
Karl-Josef Kuschel[337] und evangelischerseits von Bertold Klappert[338] vertreten worden. Klappert distanziert sich zwar vom Begriff «Abrahamische
Ökumene», doch die «ökumenische Theologie des Heiligen Geistes», für
die er plädiert, geht in eine ähnliche Richtung wie das Konzept Kuschels:
Der ungekündigte Bund Gottes mit Israel erstrecke sich auch auf Ismael
und seine Nachkommen.

Ich beschränke mich auf diese wenigen Anmerkungen zum Ansatz der
«Abrahamischen Ökumene»[339] und wende mich der Frage zu, mit
welchem Recht Abraham als Ur-Monotheist bezeichnet werden kann.

Die Stilisierung Abrahams als Begründer des Monotheismus hat nur
schwachen Anhalt an der Abrahamüberlieferung der Genesis. Dort ist
davon die Rede, dass Abraham dem Ruf Jahwes folgte. Dabei steht aber
nicht das Merkmal der Einheit und Einzigkeit Gottes im Vordergrund,
sondern der Gehorsam bzw. das Gottvertrauen.[340] Bei der Vorstellung von

---

Entwürfen zur Kirchenkonstitution, die von den Anhängern Massignons einge-
bracht wurden, war von den Muslimen als «Söhnen Ismaels» die Rede. Diese Formulierung war unter den Konzilsvätern heftig umstritten und wurde schließlich
nicht aufgenommen.

[337] Karl-Josef Kuschel: Streit um Abraham. Was Juden, Christen und Muslime trennt – und was sie eint, Düsseldorf ⁵2006; ders.: Juden – Christen – Muslime. Herkunft und Zukunft, Düsseldorf 2007.

[338] Bertold Klappert: Abraham eint und unterscheidet. Begründungen und
Perspektiven eines nötigen Trialogs zwischen Juden, Christen und Muslimen
(1992/2007), in: ders.: Der NAME Gottes und die Zukunft Abrahams. Texte
zum Dialog zwischen Judentum, Christentum und Islam, Stuttgart 2019, 123–
166; ders.: Hat infolge des Christlich-Jüdischen Dialogs ein Paradigmenwechsel
in Kirche und Theologie stattgefunden?, in: ders.: Der NAME Gottes und die
Zukunft Abrahams (a. a. O.), 167–196; ders.: Die Mehrdimensionalität der
Abraham- und Sara-Verheißungen. Jesu Verheißung der Tischgemeinschaft mit
Jakob-Israel, Hagar-Ismael und allen Völkern (Mt 8,11f.) (2016), in: ders.: Der
NAME Gottes und die Zukunft Abrahams (a. a. O.), 249–266; ders.: Isaak und
Ismael – Zeugen Gottes vor der Welt und vor einander. Der GOTT Abrahams,
Isaaks, Ismaels und des Messias JESUS, in: ders.: Der NAME Gottes und die
Zukunft Abrahams (a. a. O.), 267–308.

[339] Ausführlicher dazu: Bernhardt: Inter-Religio (siehe Anm. 3 in der Einleitung), 372–393.

[340] Siehe dazu etwa: Anke Mühling: «Blickt auf Abraham, euren Vater». Abraham als Identifikationsfigur des Judentums in der Zeit des Exils und des zweiten

Abraham als Begründer des Monotheismus handelt es sich um eine Rückprojektion des Frühjudentums, die sich in außerbiblischem Traditionsgut – wie etwa der «Apokalypse des Abraham» (Kapitel 1–8)[341] oder im Jubiläenbuch – niedergeschlagen hat. Anknüpfungspunkt dafür war Jos 24,2, wo davon die Rede ist, dass Abrahams Vater noch anderen Göttern gedient hatte.

In der «Apokalypse des Abraham» wird erzählt, wie Abraham zusammen mit seinem Vater und seinem Bruder Götterbilder schnitzte. Dabei stieg die Frage in ihm auf, «welcher (von ihnen) wirklich der starke Gott sei».[342] Im Tempel wurde ihm deutlich, dass die Götterstatuen materielle Objekte sind, die umstürzen, zerbrechen und von Menschenhand repariert werden können. Als er im Auftrag seines Vaters die hergestellten Götterfiguren auf der Straße verkaufte, kam er zur Einsicht, dass sie nichts als bloße – noch dazu fragile – Handelsware waren. Darüber kam es zum Streit mit seinem Vater. Abraham hielt ihm vor, dass *er* – der Vater – die Götter geschaffen und gesegnet habe, nicht *sie* ihn. Ihr Segen sei Verderben und ihre Macht eitel. Wenn *sie sich selbst* schon nicht vor dem Zerbrechen bewahren konnten, wie könnten sie *ihn* dann schützen? Daraufhin bat Abraham Gott darum, dass er sich offenbare. Gott antwortete ihm mit den Worten: «Du suchst den Gott der Götter und den Schöpfer im Geiste deines Herzens. Ich bin es. Verlasse deinen Vater Thare und verlasse (sein) Haus, damit nicht auch du in den Sünden deines Vaterhauses umkommst.»[343]

Im Jubiläenbuch[344] wird die Rolle von Abrahams Vater positiver dargestellt. Auch hier fängt die Erzählung damit an, dass Abraham begann, den Götzendienst, dem auch sein Vater anhing, zu durchschauen, und sich daraufhin von seinem Vater abwandte. Er fing an, zum «Schöpfer aller

---

Tempels, Göttingen 2011, bes. 348ff.

[341] Die Apokalypse Abrahams. Slawischer Text von Belkis Philonenko-Sayar, übersetzt und mit Anmerkungen versehen von Marc Philonenko, in: Werner Georg Kümmel (Hg.): Jüdische Schriften aus hellenistisch-römischer Zeit, Bd. V/5, Gütersloh 1982, 415–460. Kap. I–VIII = 421–429.

[342] A. a. O., I,1, S. 421.

[343] A. a. O., VIII,2f., S. 429.

[344] Das Buch der Jubiläen. Ediert von Klaus Berger, in: Georg Kümmel (Hg.): Jüdische Schriften aus hellenistisch-römischer Zeit, Bd. II/3, Gütersloh 1981, 275–556.

Dinge» zu beten, «daß er ihn errette aus dem Irrtum der Menschen-
kinder».[345] Dann stellte er seinen Vater zur Rede. Dieser rechtfertigte sein
Handeln damit, dass er sich gezwungen sehe, dem Willen des Volkes zu
entsprechen. Man würde ihn töten, wenn er den Götzendienst aufgäbe.[346]
Daraufhin zündete Abraham den Götzentempel an, wobei sein Bruder
ums Leben kam. Der Vater Abrahams verließ nun mit seiner Familie die
Heimatstadt Ur in Chaldäa und ging ins Exil nach Karan. In einer Nacht
betete Abraham: «Mein Gott, mein höchster Gott. Du allein bist für mich
Gott [...].»[347] Daraufhin wurden ihm Land, Nachkommen und Segen
verheißen. Auf seinem weiteren Lebensweg legte er immer wieder das
Bekenntnis zum einen und einzigen Gott ab. In seinen letzten Worten am
Ende seines Lebens mahnte er Isaak noch einmal zur Abwendung von den
Götzen und zur Verehrung des einen wahren Gottes: «Denn ein
lebendiger Gott ist er, und heilig ist er, und treu und gerecht ist er vor
allen [...].»[348]

Doch selbst in dieser späten Traditionsbildung geht es nicht eigentlich
um die Alternative von Ein-Gott- oder Viel-Götter-Glauben, die für den
Begriff des Monotheismus bedeutungsgebend ist, sondern um die
Zuwendung zum wahren Gott und die Abwendung von den menschengemachten Götzen. Die Wahrheit Gottes erweist sich an seiner Macht,
d. h. daran, dass er seine Verheißungen erfüllt. Von Abraham als dem
Begründer des Monotheismus zu sprechen, stellt vor diesem Hintergrund
eine anachronistische Konstruktion dar.

Für das *koranische* Verständnis Abrahams ist dessen Abwendung vom
Götzendienst zentral. Hier haben die genannten Überlieferungen Auf-
nahme gefunden und daher geht es auch hier weniger um die
Gegenüberstellung von Einheit und Vielheit (bzw. Monotheismus versus
Polytheismus oder gar um die Abweisung der Trinitätslehre) als um den
Kontrast von wahrer, d. h. von allem Geschöpflichen kategorial unter-
schiedener Gottheit und menschengemachten Götzenbildern. Es geht
nicht eigentlich um Vielgötterei, sondern um Idolatrie, was sich sachlich

---

[345] A. a. O., XI, 17, S. 389.
[346] A. a. O., XII, 1–7, S. 391f.
[347] A. a. O., XII, 19, S. 394.
[348] A. a. O., XXI, 4, S. 429.

natürlich eng berührt. Abraham gilt als Gott ganz hingegebener Rechtgläubiger, was sich gerade in seiner Verweigerung gegenüber jeglichem Götzendienst zeigt (Q 3,67; 6,74.78–82).

Auch hier wird wieder deutlich, wie die Stilisierung Abrahams als Symbolfigur des Monotheismus von der jeweiligen Kontrastfolie abhängt, vor der sie vorgenommen wird, und von der Intention, mit der sie in diesem Kontrast gebraucht wird. Sie projiziert das Identitätszentrum der je eigenen Glaubensauffassung auf diese Figur: Abraham als Ur-Jude, als Ur-Christ (oder gar: als Ur-Protestant), als Ur-Muslim. Damit grenzt sie das eigene von anderen Gottesverständnissen ab und weist Kultpraxen zurück, die sie für illegitim erachtet.

Das gilt allerdings auch für die Inanspruchnahme Abrahams als eines gemeinsamen Stammvaters von Juden, Christen und Muslimen. Auch dabei handelt es sich um eine Stilisierung, in der sich ein theologisches Interesse zum Ausdruck bringt und mit der bestimmte – nämlich exklusivistische – Verständnisse von Abraham zurückgedrängt werden sollen; solche also, die diese Figur bzw. die Geschichte seiner beiden Söhne zur Selbstlegitimierung der eigenen Religion und zur Delegitimierung anderer Religionen nutzen (wie es etwa in Gal 4,21–31 zum Ausdruck kommt). In Joh 8,31–59 streitet Jesus mit den Juden über die wahre Abrahamkindschaft. Nach Joh 8,58 erhebt der johanneische Jesus den Anspruch, er sei *mehr* als Abraham. Christus wird Abraham *vor*geordnet. In ähnlicher Weise wurde und wird Abraham in den Quellen und Auslegungsgeschichten des Judentums und des Islam für die eigene Religion in Anspruch genommen und – vor allem im Fall des Islam – gegen die anderen ins Feld geführt. Dem Koran zufolge ist Abraham jedenfalls nicht der Ausgangspunkt einer mehrdimensionalen Segensgeschichte.

So stehen wir auch hier wieder vor der Einsicht, dass man den auf die Symbolgestalt Abraham zurückgeführten Monotheismus als gemeinsame Grundlage von Judentum, Christentum und Islam ausgeben kann, dass sich dabei aber auch umgekehrt das Trennende zwischen diesen Religionen in den Vordergrund stellen lässt. Für beides finden sich Ansatzpunkte im Verständnis Abrahams und letztlich im Gottesverständnis von Judentum, Christentum und Islam.[349] Je nachdem, wie diese

---

[349] Siehe dazu etwa die Gegenüberstellung von Gemeinsamkeiten und Unterschieden bei Martin Thurner: Liebe als Fülle personalen Lebens. Annäherung

Ansatzpunkte aufgenommen und ausgearbeitet werden, wird die Antwort auf die Frage, ob der Monotheismus die monotheistischen Religionen trennt oder verbindet, anders ausfallen. Es ist damit wenig über Begriff und Sache des Monotheismus selbst gesagt, aber viel über die religionstheologische Einstellung derer, die sich dieses Begriffs bedienen.

Die entscheidende Frage ist letztlich nicht die nach der *Einheit,* sondern die nach der *Selbigkeit* Gottes. Sie lautet: Ist es *derselbe* Gott, der in den Offenbarungsquellen des Judentums, des Christentums und des Islam «gesprochen» hat bzw. von ihnen bezeugt wird? Wenn diese Frage bejaht wird, dann gilt: Nicht der Monotheismus als Gottesverständnis verbindet diese Religionen, sondern Gott selbst. Doch auch das erschließt sich wieder nur in einem bestimmten Verständnis dieses Gottes.

1.11 Die Selbigkeit Gottes

Besonders von evangelischer Seite (und hier vor allem von evangelikalen und charismatischen Christinnen und Christen) wurden und werden immer wieder Einwände gegen die Annahme vorgebracht, dass sich Christen und Muslime in ihrem Glauben auf denselben[350] Gott beziehen. Für die römisch-katholische Kirche und Theologie ist das seit dem Zweiten Vatikanischen Konzil dagegen kein Thema mehr. Denn in *Nostra Aetate* 3 und *Lumen Gentium* 16 ist die Selbigkeit Gottes als Adressat der christlichen wie der islamischen Gottesverehrung explizit anerkannt und die Muslime sind in den universalen Heilswillen Gottes eingeschlossen. Auch die Päpste, besonders Papst Johannes Paul II., haben sich in diesem Sinne klar geäussert.[351] Ebenso eindeutig ist die Antwort des Korans: Nach

---

an den christlichen Trinitätsgedanken, in: Heinzmann, Selçuk (Hg.): Monotheismus in Christentum und Islam (siehe Anm. 1), 223–231.

[350] Zuweilen wird zwischen «Gleichheit» und «Selbigkeit» unterschieden. «Gleicheit» kann «Ähnlichkeit» bedeuten (x gleicht y), «Selbigkeit» meint dagegen Identität (x = y). Wenn gefragt wird, ob (Juden,) Christen und Muslime den «gleichen» Gott verehren, ist jedoch in aller Regel die Selbigkeit gemeint. Im Englischen ist die Rede von «the *same* God».

[351] So erklärte Johannes Paul II. in seiner Rede anlässlich der Begegnung mit muslimischen Jugendlichen in Casablanca am 19. August 1985: «Wir glauben an denselben Gott, den einzigen, den lebendigen, den Gott, der die Welten erschafft und seine Schöpfung zur Vollendung führt.» (Abgedruckt in: CIBEDO e. V.

Q 29,46 geht Mohammed davon aus, dass «unser» Gott derselbe ist wie der Gott der Juden und Christen. Auch jüdische Gelehrte stellen in der Regel – zu der es allerdings Ausnahmen gibt – nicht infrage, dass Christen und Muslime zum Gott Abrahams beten.[352]

Die Bestreitung der Annahme, dass es derselbe Gott ist, erfolgt in der Regel unter Hinweis auf das spezifisch christliche (d. h. auf der Christusoffenbarung beruhende) Gottesverständnis. Dabei wird behauptet, dieses sei inkompatibel mit dem Gottesverständnis des Islam.[353] Zur Begründung dieser Behauptung werden zumeist die folgenden beiden Einwände vorgebracht:

(a) Der *christologische* Einwand rekurriert auf das Motiv der Menschwerdung Gottes (bzw. des Wortes Gottes) in Jesus Christus. Demnach hat Gott sich ein für alle Mal in der ganzen Fülle seines Wesens in Jesus Christus als dem fleischgewordenen Wort Gottes personifiziert. Diese Offenbarung ist end- und letztgültig (also unüberbietbar), erschöpfend (also keiner Ergänzung bedürftig und fähig) und universal (also allen Menschen geltend). Gott hat sich an das Christusereignis und an den Namen Jesu Christi gebunden. Deshalb kann man sein Wesen – das Wesen unbedingter Gnade – auch nur von Christus her erkennen und sich nur durch den Christusglauben zu ihm in eine heilshafte Beziehung setzen (lassen). Es gibt Gott nicht unter Absehung von seiner entscheidenden Selbstoffenbarung bzw. Selbstmitteilung und damit nicht ohne den Gottesmittler. Der Mittler ist der Identitätsausweis Gottes.

Die Gottesvermittlung durch Jesus Christus ist aber nicht nur eine andere als die vermeintliche Gottesoffenbarung im Koran, so der Einwand weiter. Im Koran wird die Menschwerdung des Wortes Gottes dezidiert bestritten. Daraus folgt, dass sich hier nicht *der* Gott zu erkennen gegeben hat, der in Christus Mensch geworden ist.

(b) Der *trinitätstheologische* Einwand besagt: Da Wort und Geist Gottes gleichen Wesens mit der Gottheit Gottes sind, ist Gott wesenhaft dreifaltig. Im Koran wird diese Dreifaltigkeit nicht nur nicht anerkannt,

---

[Hg.]: Die offiziellen Dokumente der katholischen Kirche zum Dialog mit dem Islam, Regensburg 2009, Text 2200).

[352] Siehe dazu etwa die in Abschnitt 1.2 zitierten Aussagen aus *Dabru emet*.

[353] Auch Henning Wrogemann hat sich wiederholt in diesem Sinne geäußert, etwa in: Kritische Bemerkungen zu einem Gesprächspapier der Evangelischen Landeskirche von Baden. Ist Gott in Christentum und Islam derselbe?, in: Deutsches Pfarrerblatt 12/2018, 687–691, vor allem 7. These (691).

sondern mit Nachdruck zurückgewiesen. Daraus folgt für die Kritiker, dass das Wesen Gottes im Koran mindestens unterbestimmt, eher jedoch verzeichnet ist.

Beide Einwände beruhen auf einem offenbarungstheologischen christomonistischen Exklusivismus. Demnach gibt es nur *eine* authentische Selbstmitteilung Gottes, nämlich die Christusoffenbarung. Daraus folgt dann, dass andere Religionen die wahre Wirklichkeit Gottes verkennen. Vorausgesetzt sind dabei ein erkenntnistheoretischer Realismus und ein korrespondenztheoretisches Wahrheitsverständnis: Gott gibt sich zu erkennen, wie er ist. Wenn er sich aber in Christus zu erkennen gegeben hat, wie er ist, kann er sich nicht auch im Koran authentisch zu erkennen gegeben haben. Denn zu offensichtlich ist die Verschiedenheit beider «Offenbarungen». Nur *eine* von ihnen kann wahr sein.

Ich werfe an dieser Stelle einen Seitenblick auf einen anderen Ansatz, der von grundverschiedenen Voraussetzungen ebenfalls zur Bestreitung der Selbigkeit Gottes führt. Er gründet gerade nicht auf einem erkenntnistheoretischen Realismus und einem korrespondenztheoretischen Wahrheitsverständnis in Bezug auf die Rede von Gott, sondern auf einem religionstheoretischen Partikularismus.[354] Dieser besagt, dass es Gott nur in *religionsspezifischen* Ausprägungen des Gottes*bewusstseins* «gibt». Das heißt nicht, dass Gott eine bloße Fiktion oder Projektion der religiösen Phantasie wäre, aber über «Gott an sich» lässt sich nichts sagen und damit auch nichts über die Selbigkeit des im Judentum, Christentum und Islam verehrten Gottes. Nur religions*intern* kann von, über und mit Gott gesprochen werden; man kann aber nicht nach einer religionsübergreifenden («absoluten») Gotteswahrheit suchen. Die Unterscheidung zwischen Gott und Religion ist dabei insofern eingezogen, als Gott nicht «religionslos» gedacht werden kann. Demnach sind die Monotheismen so verschieden wie die Religionen, in denen sie zum Ausdruck kommen. Jede hat ihren eigenen Wahrheitsanspruch. Es gibt keinen Referenzpunkt «über» ihnen.[355] Der Begriff «Monotheismus» kann dabei bestenfalls als

---

[354] Vertreten wird diese Position u. a. von den Vertreterinnen und Vertretern der «Postliberal theology» im Anschluss an George Lindbecks kulturelllinguistisches Religionsverständnis, von Mark Heim oder Christian Danz.

[355] Noch weiter geht Hartmut von Sass, der Gott nicht mehr als real existierenden Referenten der Gottesrede verstehen will. Die Transzendenz bestehe im Transzendieren, d. h. nicht mehr in einem per se existenten Adressaten, sondern in der als unverfügbar erfahrenen Adresse im Glauben. Es gehe nicht mehr um

eine religionsphänomenologische Klassifizierungskategorie Anwendung finden, nicht aber zum religionstheologischen Brückenschlag dienen. Wenn auch alle Erscheinungsformen des Gottesglaubens durch die jeweilige Religionstradition geprägt sind, so verweisen sie nach ihrem Selbstverständnis doch darüber hinaus auf die Wirklichkeit Gottes. Wo dieser Realitätsbezug aufgehoben wird, mutiert Theologie zur Religionstheorie. Die Frage, ob Juden, Christen und Muslime sich auf denselben Gott beziehen, ist religionstheoretisch aber nicht zu beantworten; sie kann auf diese Weise nicht einmal sinnvoll gestellt werden.

Bei der theologischen Behandlung dieser Frage ist zuzugestehen, dass es keinen Erkenntnisstandpunkt gibt, von dem aus sie im Sinne eines theologischen Feststellungsurteils zu beantworten wäre. Dazu bräuchte es die Perspektive des Erleuchteten im bekannten Elefantengleichnis. Nach Paulus lässt sich die Wirklichkeit Gottes nur im Glauben vergewissern, nicht aber erschauen. Die Überzeugung, dass sich die jüdische, die christliche und die islamische Gottesverehrung auf denselben Gott ausrichtet, ist denn auch weniger als eine dogmatische Feststellung und mehr als Doxologie – als Lob der «Größe» Gottes – zu verstehen. Als solche entwertet sie nicht die Christusoffenbarung, sondern entfaltet sie.

Dabei kommt es nicht unwesentlich auf die Formulierung der Frage an. Wenn diese lautet «*haben* Juden, Christen und Muslime denselben Gott», wird man sie verneinen müssen. Sie zielt dann allerdings auf die Gottes*vorstellungen,* denn nur diese kann man haben, nicht aber Gott selbst. Lautet sie dagegen: «Stehen Juden, Christen und Muslime in Beziehung zum selben Gott?», spricht meines Erachtens mehr dafür als dagegen, diese Frage zu bejahen.

Die Annahme, dass es sich bei Gott, wie er im Judentum, im Christentum und im Islam verehrt wird, um *einen* und *denselben* Gott handelt, ist nur dann intelligibel, wenn zwischen Gott und Gottesvorstellungen unterschieden wird. Auch wenn die religionsspezifischen Gottes*verständnisse,* Gottes*vorstellungen* und Gottes*beziehungen* verschieden sind, so können sie sich doch auf dieselbe göttliche Wirklichkeit beziehen. Die Antwort auf die Frage nach der Selbigkeit Gottes entscheidet sich somit an der Verhältnisbestimmung von Gott und den

---

einen zur Welt addierten Referenten, sondern um eine irreduzible Referenz auf die uns umgebende Welt (von Sass: Nachmetaphysische Dreifaltigkeit [siehe Anm. 152], 310).

religiösen Auffassungen von Gott (die sich auf eine Offenbarung Gottes berufen). Die Behauptung, dass Judentum, Christentum und Islam auf *eine* und *dieselbe* göttliche Wirklichkeit ausgerichtet sind, gründet demnach auf einer doppelten Annahme. Die erste besteht darin, dass die Realität Gottes als Grund allen Seins «hinter» oder «über» den Religionen (einschließlich ihren Gottesvorstellungen) liegt; diese haben sich demnach als (sich selbst transzendierende) Hinweise auf das unerschöpfliche göttliche Mysterium zu verstehen. Die zweite geht davon aus, dass Gott in diesen Religionen auf verschiedene, aber doch im Prinzip authentische Weise erschlossen ist, sodass sich über alle Unterschiede im Gottesverständnis und Gottesverhältnis hinweg eine grundlegende Gemeinsamkeit in der Bezugnahme auf Gott annehmen lässt. Es ist derselbe Referent, auf den verschieden referiert wird.

Sicher gibt es für die Annahme, dass der Gott, zu dem Christen im Namen Jesu Christi beten, kein anderer ist als der Gott, an den sich auch Muslime hingebend wenden, keine zwingenden Gründe, aber doch valable Argumente.

Blicken wir noch einmal auf die beiden oben angeführten Einwände gegen die Behauptung der Selbigkeit: den christologischen und den trinitätstheologischen Einwand. Beide können in nahezu gleicher Weise auch gegen den Gottesglauben des Judentums erhoben werden, denn auch nach jüdischem Verständnis hat Gott sich nicht in Jesus Christus personifiziert und ist nicht trinitarisch in seinem Wesen. Diese Konsequenz wird vermieden, indem man auf die historische und theologische Verwurzelung des christlichen Glaubens in der Gottesgeschichte Israels verweist. Doch die theologische Verwurzelung besteht zentral im Glauben an den *einen* Gott, wie ihn das *Schma Israel* bekennt, und die historische Verwurzelung ist höchst fragwürdig. Denn das nachbiblische Judentum stellt nicht einfach die bruchlose Fortsetzung des biblischen Israel dar, sondern hat sich nach der Zerstörung des Tempels im Jahr 70 n. Chr. in Abgrenzung zum Christentum neu konstituiert. Es ist eine vom Christentum distinkte Religion. Jüdische Stellungnahmen betonen das immer wieder.[356] Sie fordern, die «Würde der Differenz» zu wahren.[357]

---

[356] Siehe dazu: Bernhardt: Inter-Religio (siehe Anm. 3 in der Einleitung), 156–159.

[357] In Anlehung an den Titel des Buchs von Jonathan Sacks (Yonatan Zaḳś): The Dignity of Difference. How to Avoid the Clash of Civilizations, London 2002.

Wenn die wahre Identität Gottes erst in Christus zutage getreten und exklusiv an ihn gebunden wäre, müsste das Gottesverständnis der Hebräischen Bibel und der jüdischen heiligen Schriften, des Tanach, des Talmud und der Midraschim mindestens als defizitär betrachtet werden. Man könnte nach der oben skizzierten Argumentationslogik sogar in Zweifel ziehen, ob der im Judentum verehrte Gott derselbe ist wie der, an den Christinnen und Christen glauben. Mit seiner These, dass die jüdischen Schriften einen «fremden Gott»[358] verkünden, hatte Marcion diese Position vertreten und die Kirche in eine große Auseinandersetzung gezwungen. Die Kirchenväter haben eine eindeutige Antwort auf diese Herausforderung gegeben: Es ist derselbe Gott. Es gibt nach meiner Auffassung keine stichhaltigen Gründe, die dagegen sprechen, diese Einsicht auf das Gottesverständnis des Islam auszudehnen.

Bestreitet man, dass der in Christus repräsentierte Gott identisch mit dem im Koran bezeugten Gott ist, dann muss entweder angenommen werden, dass es mehrere Götter gibt oder dass es sich beim Gott des Islam nicht um den (wahren) Gott handelt, sondern um einen Götzen, also ein menschengemachtes Gottesbild. Dass es mehrere Götter gibt, widerspricht dem «theologischen Axiom»[359] von Judentum, Christentum und Islam. Der christliche Glaube würde sich damit in einen Selbstwiderspruch begeben. Dass es sich beim Gottesverständnis des Islam um ein religiöses Konstrukt handelt, das die Wirklichkeit Gottes verfehlt, bedeutet, dass den Muslimen die Möglichkeit zu authentischer Gotteserkenntnis sowie zu einer heilshaften Gottesbeziehung nicht in der gleichen Weise gegeben wäre wie den Menschen, die im Einflussbereich der christlichen Verkündigung leben.

Auch diese Position wirft Folgeprobleme für das *christliche* Gottesverständnis auf. Die Theodizeefrage – hier verstanden als Frage nach der Heilsgerechtigkeit – bricht auf: Gibt es unterschiedliche «Heilschancen»[360]

---

[358] Adolf von Harnack: Marcion. Das Evangelium vom fremden Gott. Eine Monographie zur Geschichte der Grundlegung der katholischen Kirche. Neue Studien zu Marcion, Darmstadt 1996 (Nachdruck der 2. Aufl., Leipzig 1924).

[359] Karl Barth: Das erste Gebot als theologisches Axiom (1933), in: ders.: Theologische Fragen und Antworten. Gesammelte Vorträge Bd. 3, Zollikon 1957, 127–143.

[360] Karl Rahner sprach von unterschiedlichen Heilschancen. Die reflexive Erfassung des in Christus ergangenen Heilsangebots böte einem Menschen eine größere Heilschance, als wenn er nur ein anonymer Christ wäre, und erst recht, als

vor Gott, je nachdem, welcher Glaubensweg einem Menschen in seiner Lebenssituation eröffnet wird? Bietet der Christusweg einen privilegierten Zugang zur heilshaften Gottesgemeinschaft, weil Gott sich nur auf diesem Weg in seinem wahren Gottsein geoffenbart hat?

Glaube ist kein ungeschichtliches, rein geistiges Geschehen (wie etwa Karl Rahner immer wieder betont hat). Die geschichtliche Realisierungs- gestalt des christlichen Glaubens ist die christliche Religion. Wenn man den christlichen Glauben als den definitiven Weg zu authentischer Gotteserkenntnis und zur Erlangung heilshafter Gemeinschaft mit Gott ansieht, wenn man weiter davon ausgeht, dass sich dieser Weg in der christlichen Religion realisiert, und wenn man schließlich in Rechnung stellt, dass die Zugehörigkeit zu dieser Religion immer auch durch geschichtlich kontingente Faktoren – wie Ort und Zeit der Geburt eines Menschen, seine religiöse Sozialisation und seine persönlichen Präferenzen – bestimmt ist, dann ist die Konsequenz einer «soteriologischen Chancen- ungleichheit» unvermeidbar.[361] Diese Konsequenz aber widerspricht dem Evangelium vom unbedingten und universalen Heilswillen Gottes. Auf diese Weise führt die Frage nach der Selbigkeit Gottes über das Postulat der Einheit Gottes hinaus zur Frage nach der inhaltlichen Bestimmung des Wesens Gottes.

---

wenn er das Heilsangebot bewusst oder unbewusst ablehnte. (Karl Rahner: Das Christentum und die nichtchristlichen Religionen, in: ders.: Schriften zur Theo- logie, Bd. 5, Einsiedeln 1964, 156; abgedruckt in: Sämtliche Werke, Bd. 10, Frei- burg i. Br. 2003, 571).

[361] Das gilt auch dann, wenn man mit Bert van der Heijden zwischen der «Heilschance» und der «Heilssituation» unterscheidet. Die «Heilschance» gilt ihm zufolge unabhängig von der Religionszugehörigkeit für alle Menschen gleich, während die «Heilssituation» durch die konkrete Gottesbeziehung des Menschen bestimmt ist und damit auch von seiner Religionszugehörigkeit abhängt (Bert van der Heijden: Karl Rahner. Darstellung und Kritik seiner Grundpositionen, Ein- siedeln 1973, 293f.). Entscheidend ist nicht die allgemein gewährte «Chance», sondern deren geschichtlich konkrete Realisierungsmöglichkeit.

1.12 Gott und Gottesverständnis

Wie ich im vorigen Abschnitt sagte, hängt die Annahme, dass es sich bei dem im Judentum, im Christentum und im Islam verehrten Gott um *einen* und *denselben* handelt, von der Unterscheidung zwischen Gott und Gottesverständnis ab. Verschiedene Gottesverständnisse können sich auf denselben Gott beziehen. Auch wenn die Gottesbeziehungen verschieden sind, kann ihr Bezugspunkt derselbe sein.

Jesus hat zum nicht-trinitarisch verstandenen Gott seiner Väter gebetet, zum Gott Abrahams, Isaaks und Jakobs. Zu diesem Gott bekennen sich die Christinnen und Christen, auch wenn sie ihn anders – nämlich trinitarisch – verstehen. Die Muslime kritisieren und korrigieren das christliche Gottesverständnis und betonen die Einheit *dieses* Gottes. Es ist dies die Grundlage ihres Verständnisses von Gott und der Grundakt ihrer Hingabe an ihn. Zwischen den Glaubenstraditionen gibt es tiefe und zum Teil unüberbrückbare Differenzen. Aber man kann nicht von diesen Differenzen des Gottesverständnisses auf die Differenz des göttlichen Grundes schließen, auf den sie sich beziehen. Anders an Gott glauben heißt noch nicht, an einen anderen Gott glauben!

Paradigmatisch für diese Unterscheidung ist die Aussage des Paulus auf dem Areopag, er verkünde den Gott, den die Athener bisher schon unwissend verehrten (Apg 17,23). Der rechte Gottesbezug entscheidet sich demnach nicht an einem bestimmten Gottesbewusstsein. Gott transzendiert alle Formationen des menschlich-religiösen Gottesbewusstseins. Seine Präsenz erschließt sich zwar immer nur in Bewusstseinsformationen, liegt diesen dabei aber immer auch voraus, so wie das Selbstsein einer Person allen «Selbstoffenbarungen» dieser Person und allen «Bildern», die man sich von ihr macht, vorausliegt. Deshalb kann es einen Disput um das Gottes*verständnis* geben, ohne dass die Authentizität des Gottes*bezugs* infrage gestellt werden muss. Das betrifft nicht nur die theologische Beziehungsbestimmung zu außerchristlichen Religionen, sondern auch die ökumenische Vielfalt der Gotteszeugnisse im weltweiten Christentum. Dazu gehören auch unitarische Strömungen, die das trinitarische Verständnis Gottes bestreiten. Auch hier gilt, dass anders an Gott glauben, noch nicht heißt, an einen anderen Gott zu glauben.

Das Argument Anselms für die Existenz Gottes – der sogenannte ontologische Gottesbeweis – besteht im Kern darin, zwischen der Wirklichkeit Gottes einerseits und Gottesvorstellungen, Gottesbildern,

Gottesgedanken und Gottesbekenntnissen andererseits zu unterscheiden.[362]
Das Argument lautet: Wenn man Gott denkt, muss man ihn als die
Wirklichkeit denken, die über alles Gottdenken hinausgeht, als wirkliche
Wirklichkeit, die man nur noch als Grenze des Denkens denken kann und
die jenseits dieser Grenze liegt. Diese Wirklichkeit kann man nicht mehr
in einen Denkhorizont einholen, denn dann müsste man etwas Größeres
denken. Sie ist der allumfassende Horizont, der immer mitwandert. Man
kann sich seiner vergewissern, man kann ihn aber nicht begreifen.

Die Frage der Selbigkeit Gottes kann sich nicht an den Gottesvorstellungen entscheiden. Das aber führt vor die in diesem Zusammenhang entscheidende Frage: Handelt es sich bei christlichen
Aussagen über den trinitarischen Gott um ontische Feststellungsurteile,
die sich auf das Wesen Gottes beziehen, oder um hermeneutische
Ausdrücke des christlichen Gottes*verständnisses?* Beides kann natürlich
zusammen gedacht werden, aber je nach Akzentsetzung ergeben sich doch
unterschiedliche Folgerungen, wie sich am Beispiel der Trinität zeigen
lässt: Wenn ohne hermeneutischen Vorbehalt konstatiert wird, dass Gott
trinitarisch *ist,* dann können gegenteilige Wesensaussagen über Gott keine
Wahrheit beanspruchen. Wenn aber die Aussage, dass Gott trinitarisch ist,
in eine hermeneutische Klammer gesetzt wird, vor der steht: «Es handelt
sich dabei um einen Ausdruck des christlichen Gottes*verständnisses*», dann
können daneben andere Gottesverständnisse zumindest respektiert werden.
In Abschnitt 2.3.6.1 komme ich auf diese Unterscheidung zurück.

Die Berufung auf *Offenbarung* hat die Funktion, zwischen Gottes
Gottsein und dem religiösen Gottesverständnis zu vermitteln. Sie dient
dazu, die Authentizität des religiösen Gottesverständnisses zu garantieren.
Doch kommt es nun darauf an, ob «Offenbarung» als Glaubens*grund* oder
als Glaubens*ausdruck* verstanden wird: als durch die Selbstmitteilung
Gottes gelegte Grundlage der Gotteserkenntnis oder als eine Glaubens-
aussage, in der sich die Gewissheit des eigenen Gottesverständnisses
ausdrückt. Als Glaubens*grund* wird sie auf die Seite Gottes gestellt, als
Glaubens*ausdruck* gehört sie in die Religion. Wie schon in Abschnitt 1.9
gesagt, handelt es sich dabei nicht um einen Gegensatz, sondern um eine
Polarität.

Ich verstehe Offenbarung nicht positivistisch als ein Faktum, das
(objektiv) gegeben ist und nur erkannt werden muss, wobei diese

---

[362] Siehe oben Abschnitt 1.4.1.

Erkenntnis dann die Grundlage des Glaubens und theologischer Aussagen bildet. «Offenbarung» ist vielmehr die Bezeichnung für ein (hermeneutisches) Wahrnehmungs- und Erschließungsereignis. Dieses hat zwei Dimensionen: zum einen das, «was» sich erschließt (das Sich-Zeigende), und zum anderen der Vollzug der Erschließung. Das «was» sich erschließt, ist Gottes (Selbst-)Mitteilung. Wird sie als solche wahrgenommen und benannt, kann diese Wahrnehmung als «Offenbarung» bezeichnet werden. «Offenbarungen» sind Gottes-Beziehungs-Erfahrungen. Diese gehen nicht dem Glauben voraus und begründen ihn, sondern sind selbst ein Glaubensakt. Die Rede von «Offenbarung» ist demnach ein Glaubensausdruck, in dem der Glaube auf seinen Grund verweist: die Selbstvergegenwärtigung Gottes.

Diese Selbstvergegenwärtigung Gottes vollzieht sich nach meinem Verständnis nicht nur in seinem «Wort», sondern in allen Dimensionen dessen, was als Handeln Gottes erfahren wird; trinitätstheologisch systematisiert: im kreativen, soterischen und eschatologisch-finalisierenden Handeln; in der Schöpferkraft, im «Wort» und im «Geist». Der hermeneutische Schlüssel zu ihrer Erschließung liegt für den christlichen Glauben in Jesus Christus. Das maßgebliche Dokument für die Bezeugung der Offenbarungen Gottes ist die Bibel. Das heißt aber nicht, dass diese selbst Offenbarung wäre und auch nicht, dass sie die ausschließliche Erkenntnisquelle von Offenbarung ist. Sie bezeugt Offenbarungserfahrungen und leitet dazu an, die Wirklichkeit (und auch andere Religionstraditionen) in dieser Perspektive zu sehen, was nichts anderes heisst, als selbst Offenbarungserfahrungen zu machen. Diese können auch durch das Sich-Einlassen auf andere religiöse Traditionen angestoßen werden. Als Glaubensausdruck verweist die Rede von Offenbarung auf die Erkenntnisorte und -wege, aus denen sich der Glaube vergewissert.

Diese Position, die man als «hermeneutischen Realismus» bezeichnen kann, geht davon aus, dass sich Gott real in der endlichen («geschaffenen») Wirklichkeit gegenwärtig macht. Der christliche Glaube bringt das vor allem durch die Rede vom «Wort» und «Geist» Gottes zum Ausdruck. Seine Grunderfahrung besteht darin, dass die Präsenz Gottes in ihrer ganzen Authentizität in Jesus repräsentiert ist, was diesen zum Christus macht. Dass er der Repräsentant Gottes ist, erschließt sich aber nur im Modus des Glaubens. Erst, indem er im Glauben als Offenbarung Gottes verstanden wird, wird er für den Glaubenden zu einer solchen. Erst in diesem Verstehensvollzug ereignet sich Offenbarung. Als Wahrnehmungs-

und Erschließungsereignisse sind «Offenbarungen» gebunden an die Erfahrung derer, die davon ergriffen sind. Damit sind sie auch geprägt von den jeweiligen historischen Kontexten, in denen sie erfahren werden.

Wenn man von der Thora, von Christus und dem Koran als «Offenbarungen» spricht, dann besteht die Gefahr einer Verobjektivierung. Nach dem eben skizzierten Verständnis wäre vielmehr zu sagen, dass sie *Medien* von Offenbarung sind. In ihnen und durch sie «zeigt» sich Gott in seiner Zuwendung zur Welt. Das «was» sich zeigt, liegt dem Glauben voraus. Es muss aber als Mitteilung Gottes erschlossen werden. Erst dann wird es für den, dem diese Erschließung zuteil wird, zur Offenbarung. Offenbarung geschieht *im* Glauben und artikuliert sich als Glaubensaussage(n). Die Erfahrung, Erschließung und Bezeugung der realen Präsenz Gottes in Christus ist ein Glaubensvollzug.

Die theologische Beziehungsbestimmung zwischen Judentum, Christentum und Islam hängt entscheidend von der Antwort auf die Frage ab, worin der Glaubens*grund* besteht: Besteht er für das Judentum in der Thora, für den christlichen Glauben in Jesus Christus und für den Islam im Koran oder besteht er letztlich in Gott, der «auf vielerlei Weise» gesprochen hat (Hebr 1,1)? Wieder geht es dabei nicht um eine Alternative, sondern um die Gewichtung zwischen den Polen. Wenn betont wird, dass der *eine Gott* der Glaubensgrund ist, und wenn angenommen wird, dass dieser eine Gott sich auch in der Thora und im Koran authentisch mitgeteilt hat, dann können diese «Offenbarungen» nicht gänzlich inkommensurabel sein. Judentum, Christentum und Islam sind dann nicht nur historisch – also religionsgeschichtlich – miteinander verwandt, sondern auch theologisch. Damit ist nicht bloß die Verwandtschaft von Glaubenslehren gemeint; sie haben dann auch den gleichen Grund.

Wenn aber der Rekurs auf Offenbarung nicht auf eine Erkenntnis*grundlage* der christlichen Rede von Gott verweist, sondern *Ausdruck* des christlichen Glaubens ist, wenn er den hermeneutischen Zirkel der Theologie nicht *begründet,* sondern *Teil* davon ist, dann kann dieser Rekurs nicht mehr dazu dienen, (trinitäts-)theologische Geltungsansprüche zu untermauern. In Abschnitt 2.3.6 werde ich daher einen anderen Zugang zur Trinitätslehre vorschlagen.

Wenn sich Glaubensausdrücke der Differenz bewusst werden, in der sie zum Glaubensgrund stehen, können sie sich nicht selbst verabsolutieren. Sie haben eine Verweisfunktion. Sie weisen über sich hinaus auf den Glaubensgrund hin und bezeugen diesen. Die «Offenbarungen», auf die sich die sogenannten Offenbarungsreligionen gründen, sprechen nicht *über* Gott, sondern *von Gott her und auf Gott hin*. Sie erschließen das Geheimnis Gottes nicht, indem sie es «verraten» (in der doppelten Bedeutung des Wortes von «offenlegen» und «Verrat begehen»), sondern machen es *als* Geheimnis kund.

Ich nenne nur drei Beispiele aus der islamischen und der jüdisch-christlichen Überlieferung, in denen sich diese Verweisfunktion artikuliert:

- Nach Ex 33,20 darf Mose, der Offenbarungsmittler, Gottes Angesicht nicht sehen. Gott bleibt auch für ihn ein unergründliches Geheimnis. Gott wohnt im Dunkeln (Ex 20,21). Es ist ein verborgener Gott (Jes 45,15).

- Der johanneische Christus, der schon ganz in die Herrlichkeit Gottes gestellt ist, vollzieht als Mittler dieser Herrlichkeit eine deutliche Selbstunterscheidung von Gott: «der Vater ist größer als ich» (Joh 14,28). Die Göttlichkeit Jesu Christi liegt nicht zuletzt gerade in seinem Nicht-wie-Gott-sein-Wollen. Als Gottes*mittler* kann er sagen: «Der Vater und ich sind eins» (Joh 10,30). Einheit bedeutet hier Einigkeit bzw. Vereintsein.

- Nach Q 18,109 würden Meere voll Tinte nicht ausreichen, um all die Worte Gottes aufzuschreiben.[363] Damit relativiert sich der «irdische», Buch gewordene, Koran selbst in Bezug auf das transzendente Wort des «himmlischen» Koran als der «Mutter der Schrift» (Q 43,4) und letztlich in Bezug auf das Subjekt der Offenbarung, auf Gott.

Die Unterscheidung des Gottes*verständnisses* von dem, was es zu verstehen sucht, ist von zentraler Relevanz für das Glaubensbewusstsein. Gott wird immer nur im Modus einer bestimmten Gotteserschließung vergewissert. Im Fall des christlichen Glaubens wird diese Erschließung als Christus-offenbarung bezeichnet. Aber gerade *in* dieser Erschließung gibt sich zu erkennen, dass die Wirklichkeit Gottes umfassender ist als ihre Erschließung, so authentisch und verlässlich sie darin auch bezeugt ist. Zugespitzt gesagt: Die Offenbarung relativiert sich selbst auf Gott hin. Das relativiert ihre Wahrheit keineswegs, sondern bringt sie sachgemäß zum Ausdruck: als eine auf die Wirklichkeit Gottes verweisende Wahrheit.

---

[363] Vgl. auch Q 31,27.

Die Unterscheidung zwischen Gott und Gottesverständnis erlaubt es, neben dem eigenen Gottesverständnis auch andere Auffassungen als authentisch, d. h. sich auf den einen Gott beziehend, anzuerkennen. Sie ermöglicht eine Pluralität der Verständnisse. Damit ist noch nicht deren Gleich-Gültigkeit behauptet, also noch keine inhaltliche, sondern zunächst nur eine formale Anerkennung ausgesprochen. Es ist zugestanden, dass auch diejenigen, die Gott anders verstehen, ihn deshalb nicht notwendigerweise verfehlen. Aus einer solchen Wertschätzung ergibt sich ein theologisches Interesse an der Auseinandersetzung mit anderen Auffassungen.

1.13   Einheit im Glauben an den einen Gott?

Auf dem zurückgelegten Darstellungsweg bin ich der Frage nachgegangen, ob das monotheistische Gottesverständnis die Religionen verbindet, die sich dem so verstandenen Gott verpflichtet wissen. Ich habe dazu historische und systematische Überlegungen angestellt, habe die Herkunft und Entwicklung der monotheistischen Gottesvorstellung skizziert, gezeigt, wie verschieden die Ausprägungen sind, die sie in Judentum, Christentum und Islam erfahren hat, und kritische Einwände gegen diese Konzeption vorgestellt. Dabei wurde deutlich, dass der Monotheismus die monotheistischen Religionen keineswegs *per se* miteinander verbindet. Er *kann* sie verbinden, doch dazu muss das Verbindende – besonders in der Beziehung zum islamischen Gottesverständnis – erst herausgearbeitet werden, d. h. es muss angenommen werden, dass es sich bei dem im Koran bezeugten Gott um keinen anderen handelt als um den Gott, den Jesus Christus seinen «Vater» nannte. Wo das anerkannt wird, wo also die Überzeugung besteht, dass der jüdische, der christliche und der muslimische Gottesbezug zwar grundlegend verschieden sind, dass sie sich aber auf denselben Gott beziehen, führt das zum Bewusstsein einer basalen Einheit-in-Verschiedenheit. Um diese Einheit zu bezeichnen, muss man nicht den Begriff «Ökumene» verwenden, der von der Wortbedeutung («das bewohnte Land», «die Erde») her zwar durchaus geeignet wäre, sich im üblichen Gebrauch aber mit den innerchristlichen Einheitsbestrebungen verbindet.

Zum Herausarbeiten des Verbindenden gehört auch der Abbau des Trennenden, indem etwa bestimmte Konzeptionen der Trinitätslehre zurückgestellt werden, deren Kompatibilität mit der Grundüberzeugung von der Einheit und Einzigkeit Gottes nicht leicht einsichtig zu machen ist, auch von und für Christinnen und Christen nicht. Das wird das Thema des zweiten Teils dieses Bandes sein. Je deutlicher heraustritt, dass der christliche Glaube die Einheit Gottes nicht infrage stellt, umso mehr Verständnis wird er bei Jüdinnen und Juden, sowie bei Musliminnen und Muslimen erwarten können. Doch geht es dabei nicht nur um interreligiöse Anerkennung, sondern auch um die Treue zum Gotteszeugnis Israels und um die Plausibilität des christlichen Gottesdenkens.

Eine weitere Frage betrifft die Sicht des Korans: Kann die Ur-Kunde des Islam auch aus christlicher Perspektive als Offenbarung bzw. Wort Gottes angesehen werden, als Wort Gottes, das zunächst an die Muslime adressiert ist, das aber auch dem Gottesglauben von Nicht-Muslimen fruchtbare Einsichten vermitteln kann? Eine solche Auffassung ergibt sich noch nicht notwendigerweise aus der Annahme, dass Juden, Christen und Muslime denselben Gott verehren. Wenn aber davon ausgegangen wird, dass diese Verehrung als «Antwort» auf ein von Gott ausgehendes «Wort» vollzogen wird, legt sich diese Deutung doch nahe. Hans Küng hat sich zu ihr bekannt. Er sieht in Mohammed einen nachchristlichen Propheten, der seine Botschaft nicht aus sich selber hat, sondern Gottes Wort verkündet.[364]

Wenn aber das Verbindende am Monotheismus nicht einfach in diesem selbst besteht, sondern erst aus ihm herausgearbeitet werden muss, dann kommt letztlich alles darauf an, ob die Bereitschaft besteht, nach Verbindendem zwischen den Religionen Ausschau zu halten und dieses hervorzuheben. Damit verschiebt sich die Fragestellung von der theologisch-theoretischen auf die praktische Ebene. Auf dieser Ebene aber liegt das Verbindende dann nicht mehr nur im Ausweis von Gemeinsamkeiten, sondern ebenso im dialogisch-konstruktiven Umgang mit Differenzen, die auf der Ebene der Glaubensverständnisse liegen.

Ausgangspunkt der interreligiösen Verständigung zwischen Anhängerinnen und Anhängern des Judentums, des Christentums und des Islam müssen die «konkreten» Monotheismen sein, die unverkürzt zueinander in Beziehung gesetzt werden. Dabei kann es dann zu fruchtbaren Transformationen der je eigenen Positionen kommen. Es geht dabei nicht

---

[364] Küng: Der Islam (siehe Anm. 25), 112, siehe auch 168f.

darum, Differenzen auszuschalten, sondern darum, sie auszuhalten, sie aber auch theologieproduktiv werden zu lassen.

Dies kann in einem inneren Dialog, aber auch in einer interpersonalen Begegnung mit Anhängerinnen und Anhängern anderer Religionstraditionen geschehen. Wo die Bereitschaft besteht, sich auf eine solche Begegnung einzulassen, werden die Monotheismen dialogpraktisch miteinander verbunden, ohne dass sie vordialogische Selbstzurücknahmen vollziehen müssten. Das Dialoginteresse, die dialogische Haltung und die daraus resultierende Dialogpraxis derer, die sich auf eine solche offene Begegnung einlassen, führt zur Entwicklung von theologischen Ansätzen, die das Religionsverbindende herausarbeiten. Wo dieses Verbindende im Bezug auf denselben Gott gesehen wird, verbindet der Gottesglaube die monotheistischen Religionen.

1.14   Gott als Person?

Im letzten Kapitel des ersten Teils wende ich mich der Frage zu, ob und in welchem Sinn man die Einheit Gottes mit der Kategorie der Personalität zum Ausdruck bringen kann. Kann Gott als «Person» bezeichnet werden? Das (mono-)theistische Gottesverständnis legt eine solche Bezeichnung nahe. Religionstheologisch betrachtet ist die personale Rede von Gott dem Judentum, dem Christentum und dem Islam gemeinsam, auch wenn der Begriff «Person» dabei nicht gebraucht wird oder wenn er – wie in der christlichen Tradition – nicht auf die Einheit Gottes, sondern auf die Dreiheit der Hypostasen bezogen wurde. In den Religionen semitischen Ursprungs werden Gott personale bzw. personanaloge Eigenschaften und Handlungen zugeschrieben, wobei die Möglichkeitsbedingung und die Art der Zuschreibung immer wieder Gegenstand von Auseinandersetzungen waren und sind.

Zurückgewiesen wird ein personales Gottesverständnis dagegen in dezidiert a-theistischen Religionsformen wie dem Buddhismus. Die letzte Wirklichkeit wird dort mit Begriffen wie *śūnyatā* (Leerheit), *dharma* (das universelle kosmische Gesetz) und *Buddha bzw. Buddhanatur* bezeichnet. Ziel des Erleuchtungsweges ist *nirvāna,* das man als Verlöschen des Selbst verstehen kann. Die Lehre vom Nicht-Selbst (*anatta* oder *anātman*) entzieht dem Personbegriff die Grundlage. Die Anwendung personaler Vorstellungen auf die formlose Letztwirklichkeit würden diese in eine am

Menschsein gewonnene Form pressen und sie damit ihres Absolutheits-charakters berauben. Leerheit ist apersonal und transpersonal. Das Ziel der nach Erleuchtung Strebenden, von Anhaftung freizuwerden, schließt auch ein, von der Anhaftung an die Vorstellung eines personalen Gottes oder einer impersonalen göttlichen Absolutheit freizuwerden. Damit ist nicht gesagt, dass es keine transzendente Wirklichkeit gäbe. «Es gibt, ihr Mönche, ein Ungeborenes, Ungewordenes, Ungeschaffenes, nicht aus Bildekräften Entstandenes», sagt Buddha nach Udana 8,3. Doch herrscht gegenüber dem Transzendenten ein ausgesprochener Agnostizismus. Es ist nicht in Konzepten erfassbar und kann nur metaphorisch, negativ, mit den Vorsilben «un» (wie «un-substanziell», «un-bedingt») oder dialektisch als Aufhören in der Vollendung, als absolute Fülle in der vollkommenen Leerheit beschrieben werden.

Einer der Haupteinwände gegen ein personales Gottesverständnis besteht – auch in der Selbstkritik der theistischen Religionen – im Warnhinweis auf den Anthropomorphismus der Rede von Gott. Das per-sonanaloge Reden von Gott als einem vollkommenen, in und aus sich bestehenden, freien Vernunftwesen, begabt mit den Eigenschaften der Allmacht und Allwissenheit, Allgüte und Allgegenwart ist immer dem Anthropomorphismusvorwurf ausgesetzt und mit dem Projektionsver-dacht behaftet. Allzu offensichtlich ist es am Idealbild des Menschen gewonnen und *via eminentiae* auf Gott übertragen worden. Diese Kritik stellt vor die Frage, welche Implikationen des anthropologischen Person-begriffs auf Gott anwendbar sind und welche nicht bzw. wie die sich als problematisch erweisenden Anwendungsbezüge modifiziert werden müssten.

Im Folgenden werde ich zunächst auf die von Johann Gottlieb Fichte am Ende des 18. Jahrhunderts vorgebrachte scharfe Kritik an der Vor-stellung eines personalen Gottes und auf den davon ausgelösten Atheis-musstreit zurückblicken (1.14.1). Im Anschluss daran soll die Frage erörtert werden, ob und inwieweit der anthropologische Personbegriff mit seinen Implikationen auf Gott übertragen werden kann (1.14.2). Der im wesentlichen negativ ausfallenden Antwort auf diese Frage werden dann in 1.14.3 drei Aussageintentionen gegenübergestellt, die sich in der personalen Gottesprädikation artikulieren und wesentliche Bestimmun-gen der Gottesbeziehung zum Ausdruck bringen. So bahnt sich eine «nachkritische» Wiedergewinnung der Rede von Gott als Person an, die in 1.14.4 umrissen werden soll.[365]

1.14.1 Der Atheismusstreit als Auseinandersetzung um die Personalität Gottes

Im ausgehenden 18. Jahrhundert kam es zu einer heftigen Debatte um die personale Gottesvorstellung, die als Atheismusstreit[366] bekannt wurde:

---

[365] Es ist nicht möglich und für die Darstellung auch nicht nötig, die gesamte neuere (vor allem von Klaus Müller in der katholischen Theologie angestoßene) Diskussion um die Frage der Personalität Gottes bzw. um das Konzept des Theismus auszubreiten. Exemplarisch verweise ich auf: Frank Meier-Hamidi, Klaus Müller (Hg.): Persönlich und alles zugleich. Theorien der All-Einheit und christliche Gottesrede, Regensburg 2010; Nitsche u. a. (Hg.): Gott – jenseits von Monismus und Theismus (siehe Anm. 139 in Teil 1); Thomas Schärtl u. a. (Hg): Rethinking the Concept of a Personal God: Classical Theism, Personal Theism, and Alternative Concepts of God, Münster 2016.

In der folgenden Darstellung greife ich auf Material zurück aus: Reinhold Bernhardt: Ist Gott eine Person? Bedeutung und Problematik der personalen Gottesvorstellung, in: Ulrich H. J. Körtner (Hg.): Gott und Götter. Die Gottesfrage in Theologie und Religionswissenschaft, Neukirchen-Vluyn 2005, 85–102.

[366] Ausgelöst wurde dieser Streit durch Johann Gottlieb Fichtes Schrift «Über den Grund unseres Glaubens an eine göttliche Weltregierung» (1798). Sie ist enthalten in: Gesamtausgabe der Bayerischen Akademie der Wissenschaften, hg. von Hans Jacob, Reinhard Lauth, Bd. I/5, Stuttgart 1977, 347–357. In der «Appellation an das Publikum» (a. a. O., 415–453) und den «Verantwortungsschriften gegen die Anklage des Atheismus» (Bd. I/6, Stuttgart 1981, 25–89) verteidigt Fichte sich und seine Position gegen den Atheismusvorwurf. Ich zitiere aus: Werner Röhr (Hg.): Appellation an das Publikum. Dokumente zum Atheismusstreit um Fichte, Forberg, Niethammer. Jena 1798/99, Leipzig ²1991. Schon in Fichtes «Versuch einer Kritik aller Offenbarung» von 1792 finden sich wesentliche Züge seiner Bestreitung der Personalität Gottes. Siehe dazu: Falk Wagner: Der Gedanke der Persönlichkeit Gottes bei Fichte und Hegel, Gütersloh 1971; Hans Winter: Die theologische und philosophische Auseinandersetzung im Protestantismus mit J. G. Fichtes Schrift *Versuch einer Kritik aller Offenbarung* von 1792. Kritische Rezeption und zeitgenössische Kontroverse als Vorphase zum sogenannten Atheismusstreit von 1798/99, Frankfurt a. M. u. a. 1996; Wilhelm G. Jacobs: Fichtes Gottesanschauung, in: ders., Albert Franz (Hg.): Religion und Gott im Denken der

Schon Spinoza hatte die anthropomorphe Rede von Gott als einem rationalen, voluntativen und emotiven Subjekt scharf kritisiert und ihr einen Substanz-Monismus entgegengestellt. Man dürfe Gott keine menschlichen Attribute zuschreiben, selbst wenn man sie zu Vollkommenheiten steigere, so wie auch einem Menschen nicht zugeschrieben werden könne, was einen Elefanten oder einen Esel vollkommen mache.[367] Die Spinoza-Rezeption am Ende des 18. Jahrhunderts konnte daran anknüpfen, womit sie den Pantheismusvorwurf oder im Fall Fichtes den Atheismusvorwurf auf sich zog. Fichte ging lediglich in der Schärfe seines Angriffs über die Kritik Spinozas und derjenigen, die sich ihm in der Frage der Personalität Gottes anschlossen, hinaus, indem er den so vorgestellten Gott als einen «Götzen»[368] bezeichnete.

Mit Kant wies Fichte die Bestimmung des Wesens Gottes durch die Zuschreibung von personalen Eigenschaften zurück. Das Verständnis Gottes als einer mit Selbstbewusstsein begabten extramundanen Persönlichkeit ist ihm zufolge durch den menschlichen Verstand aus der Reflexion der menschlichen Existenz- und Wirklichkeitserfahrung gewonnen und auf Gott übertragen worden.[369]

Im Hintergrund dieser scharfen Abwehr steht ein Personbegriff, der vom Moment der Sozialität sowie der Endlichkeit bestimmt ist. Zum einen ist eine Person nach Fichte konstituiert und begrenzt durch andere menschliche Personen, zu denen sie in einem Wechselverhältnis steht: «[...] aufgrund der reinen Vollzugsaktualität freier Subjektivität vermag sich diese *als* sie selbst nur vermittels einer Differenz – in Fichtes Terminologie: eines Nicht-Ich – *bestimmt* zu setzen.»[370] Zum anderen ist

---

Neuzeit, Paderborn u. a. 2000, 99–108; Georg Essen, Christian Danz (Hg.): Philosophisch-theologische Streitsachen. Pantheismusstreit – Atheismusstreit – Theismusstreit, Darmstadt 2012.

[367] Baruch de Spinoza: Briefwechsel (PhB 96a), Hamburg ³1986, 124.

[368] «Was *sie* Gott nennen, ist *mir* ein Götze» (zitiert nach Röhr [Hg.]: Appellation [siehe Anm. 366], 109).

[369] Fichtes erkenntnistheoretischer Vorwurf an die Vertreter der traditionellen Eigenschaftslehren Gottes lautet: «[...] aus der Existenz und Beschaffenheit einer Sinnenwelt schließen sie auf das Dasein und die Eigenschaften Gottes» (aus Fichtes «Appellation an das Publikum», zitiert nach: Röhr [Hg.]: Appellation [siehe Anm. 366], 104.

[370] Jörg Dierken: Der Atheismusstreit vor dem Hintergrund von Fichtes spä-

die Endlichkeit alles menschlich Personalen nicht mit der Unendlichkeit eines absoluten Wesens kompatibel. Die Rede von einer transzendenten, übermächtigen, absoluten, unendlichen Person führt damit in einen Selbstwiderspruch und entleert den Personbegriff seiner relationalen Inhaltsbestimmung. Würde von Gott als von einem selbstständig existierenden, der sinnlichen und intelligiblen Welt gegenüberstehenden Wesen gesprochen – als Schöpfer, Erhalter, Regent, Gesetzgeber und Richter der Welt, Belohner der Guten und Bestrafer der Bösen –, dann würde er nach Fichte zu einem menschengemachten Bildnis vergegenständlicht und damit verendlicht: zum Bild eines in den Himmel projizierten allgewaltigen absolutistischen Herrschers.[371] Dadurch aber, «daß etwas begriffen wird, hört es auf, Gott zu sein: und jeder vorgebliche Begriff von Gott ist notwendig der eines Abgotts».[372] Fichte sieht somit in der Vorstellung Gottes als Person einen Verstoß gegen das Gebot, sich ein Bildnis von Gott zu machen und führt dagegen die prinzipielle Unbegreifbarkeit Gottes ins Feld.

Nur im Sinne eines ungegenständlichen, rein geistigen, absoluten, impersonalen Grundes der ontischen und moralischen Weltordnung, der das geistig-moralische Leben konstituiert und ordnet, kann von «ihm» die Rede sein. Dabei darf das Göttliche nicht jenseits dieser Ordnung lokalisiert werden, sondern ist – nach den für den Atheismusstreit relevanten Frühschriften Fichtes – identisch mit ihr. Es erscheint der praktischen Vernunft als ewiger, die moralische Weltordnung tragender Wille, und dem Wissen als absolutes Sein.[373] In jedem Fall ist es die unmittelbare religiöse Gewissheit und nicht eine supranaturale Offenbarung oder der verstandesmäßige Rückschluss aus der Struktur des

---

ter Religionsphilosophie, in: Klaus M. Kodalle, Martin Ohst (Hg.): Fichtes Entlassung. Der Atheismusstreit vor 200 Jahren, Würzburg 1999, 126.

371 Die Verflechtung der philosophischen Gotteslehre Fichtes mit der politischen Zeitsituation im Übergang vom Feudalabsolutismus zur bürgerlich-liberalen Gesellschaft arbeitet Röhr (Hg.): Appellation (siehe Anm. 366), 487ff., heraus.

372 So J. G. Fichte in seiner «Verantwortungsschrift», zitiert nach: Röhr (Hg.): Appellation (siehe Anm. 366), 205.

373 In «Über den Grund unseres Glaubens an eine göttliche Weltregierung» (siehe Anm. 366) *identifiziert* Fichte das Göttliche mit der moralischen Weltordnung (siehe dazu: Röhr [Hg.]: Appellation [siehe Anm. 366], 18f.). In seinen späteren religionsphilosophischen Arbeiten (etwa der «Anweisung zum seligen Leben», 1806) wird Gott stärker als absolutes Sein verstanden.

endlichen Seins, der das Gottesbewusstsein begründet. Das unmittelbare Innewerden der Dimension des Göttlichen geht allem schematisierenden Begreifen voraus.

Was der von Fichte ausgelösten Auseinandersetzung ihre emotionsgeladene Schärfe gab – bis hin zu den gegenseitig erhobenen Vorwürfen des Atheismus – war nicht zuletzt die Konsequenz seines Gotteskonzepts für den praktischen Glaubensvollzug, lief es doch offensichtlich auf eine Bestreitung des aktuellen Welthandelns Gottes hinaus. Die Vorstellung eines nicht in den Weltlauf intervenierenden Gottes aber war schon in der Alten Kirche[374] und später in der Protestantischen Orthodoxie[375] als Atheismus gebrandmarkt worden. Und so wurde auch Fichtes Bestreitung des Vorsehungshandelns Gottes als Leugnung der Existenz Gottes verstanden: «Ein Gott, der sich um mich und die Welt nicht bekümmert, ist gar kein Gott».[376]

Bei einer Kritik an einem personalen Gotteskonzept steht also die gesamte Frage nach dem Weltbezug Gottes und damit die Ausrichtung der Frömmigkeits-, besonders auch der Gebetspraxis auf dem Spiel. Von der im Glaubensvollzug realisierten Gottesbeziehung hängt zudem die Art der Begründung und damit die Verbindlichkeit ethischer Normen und die Hoffnung auf einen letzten Ausgleich zwischen Tun und Ergehen ab. Fichte, der das autonome, sich moralisch zur Konformität mit der übersinnlichen moralischen Weltordnung bestimmende Subjekt proklamierte, musste die Berufung auf einen transzendenten Gesetzgeber-Gott als heteronome Zumutung empfinden und sich davon befreien. Das Göttliche ist ihm zufolge die Vernunft der Menschheitsgattung. Wo die Erwartung auf göttliche Belohnung oder Bestrafung das Handeln motiviert, ist nach Fichte ein Eudämonismus am Werk, der mit größerem Recht atheistisch genannt zu werden verdient als die von ihm vorgenommene Lokalisierung des Göttlichen im Sittlichen statt im Sinnlichen.

---

[374] Etwa bei Klemens von Alexandrien (Stromata I, 11, Migne, PG 8, 749; siehe auch Stromata, VI, 122, und I, 50.52).

[375] So etwa: François Turretini: Institutio Theologiae, Genf 1679, VI, qu.I, 3f. – Siehe dazu: Hans-Martin Barth: Atheismus und Orthodoxie. Analysen und Modelle christlicher Apologetik im 17. Jahrhundert, Göttingen 1971, bes. 89ff.

[376] So der hannoversche Kanzleisekretär Rehberg in seiner anonymen «Appellation an den gesunden Menschenverstand», zit. bei: Röhr (Hg.): Appellation (siehe Anm. 366), 527.

Schleiermacher nahm die durch Spinoza ausgelöste Debatte und Fichtes Kritik an der personalen Gottesvorstellung zusammen und votierte erstmals in der christlichen Tradition für eine deutliche Unterscheidung von Religion und Gottesglaube. Religion ist basaler als Gottesglaube. Dabei hatte er nicht nur die *Personalität* der Gottesvorstellung im Blick, sondern diese selbst. Er wollte die Gleichung «kein Gott, keine Religion»[377] auflösen und in der Gottesvorstellung nicht das Konstituens der Religion, sondern eine nicht-notwendige und variierbare Ingredienz sehen. Alle Vorstellungen und Begriffe von Gott – sowohl die theistischen-personalen wie auch die impersonalen, die Gott als Geist des Universums deuten[378] – sind nach Schleiermacher sekundäre reflexive Symbolisierungen, die das in der unmittelbaren Erfahrung («Anschauung und Gefühl») liegende Wesenszentrum der Religion nicht betreffen. Damit folgt er Kant, der die Gottesidee von einer konstitutiven zu einer regulativen herabgestuft hatte. Sie variiert nach Schleiermacher entsprechend der Richtung der menschlichen Phantasie und hängt ab vom jeweiligen «Sinn fürs Universum»:[379] Wird das Handeln des Universums auf den Menschen als Handeln eines freien Wesens vorgestellt, so legt sich der Gedanke des personalen Gottes mit anthropomorphen Zügen nahe. Religion ist die intuitive Anschauung des Universums und Gott nur eine mögliche Form dieser Anschauung. Eine Religion ohne Gott kann besser sein als eine Religion mit Gott.[380] «In der Religion also steht die Idee von Gott nicht so hoch».[381]

Gerade in der kritischen Auseinandersetzung mit Fichtes Kritik und Schleiermachers theologischem Neuansatz begann im 19. Jahrhundert die eigentliche Karriere des auf die Gottheit Gottes (und nicht mehr auf die trinitarischen Hypostasen) bezogenen Personbegriffs, wobei Schelling in seiner Spätphilosophie den ersten markanten Akzent in dieser Richtung

---

[377] Friedrich Schleiermacher: Über die Religion (siehe Anm. 175 in Teil 1), 185–326, hier: 243,19f.

[378] A. a. O., 244,8–11.

[379] A. a. O., 245,13–17.

[380] A. a. O., 244,16f.

[381] A. a. O., 245,33f. Siehe dazu: Jörg Dierken: «Dass eine Religion ohne Gott besser sein kann als eine andre mit Gott». Der Beitrag von Schleiermachers ‹Reden› zu einer nichttheistischen Konzeption des Absoluten, in: Ulrich Barth, Claus-Dieter Osthövener: 200 Jahre «Reden über die Religion», Berlin 2000, 668–684.

setzte. Den von Friedrich Heinrich Jacobi erhobenen Pantheismus- und Atheismusvorwurf beantwortete er mit der programmatischen Forderung, der Vernunftbeweis der Existenz eines *personalen* Gottes sei die wichtigste Aufgabe der Philosophie.

1.14.2 Die Problematik, den Personbegriff auf Gott zu übertragen

In den Auseinandersetzungen, die im Kontext des Atheismusstreits geführt wurden, bündeln sich die Argumentationsmuster zu der Frage, ob und in welchem Sinne Gott Personalität zugesprochen werden kann. Die Implikationen des anthropologischen Personbegriffs lassen sich jedenfalls nur sehr gebrochen oder gar nicht auf Gott anwenden. Pannenberg bezeichnete «die Auffassung des einen göttlichen Wesens als Person im Sinne von Selbstbewusstsein als die Häresie des christlichen Theismus».[382] Die Problematik wird deutlich, wenn man den Personbegriff in seine Bedeutungsmomente entfaltet.

Die folgenden vier Merkmale, die sich zu zwei Polaritäten (a–b und c–d) zusammenordnen lassen, sind konstitutiv für den anthropologischen Personbegriff:

(a) Individualität/Subjektivität:
Es ist dies das Moment, das schon bei Boethius in seiner klassischen Definiton der Person anklingt: «persona est rationalis naturae individua substantia».[383] «Person ist die individuelle Substanz einer zur Vernunft fähigen Natur» oder «Person ist das individuelle In-sich-Bestehen der

---

[382] Wolfhart Pannenberg: Die Subjektivität Gottes und die Trinitätslehre, (1977), in: ders.: Grundfragen systematischer Theologie. Gesammelte Aufsätze, Bd. 2, Göttingen 1980, 110.

[383] De duabus naturis et una persona Christi V, 4, 21 sq. (nach der Ausgabe von Michael Elsässer: A. M. S. Boethius. Die Theologischen Traktate, Hamburg 1988). Siehe dazu: Berthold Wald: «Rationalis naturae individua substantia». Aristoteles, Boethius und der Begriff der Person im Mittelalter, in: Jan A. Aertsen, Andreas Speer (Hg.): Individuum und Individualität im Mittelalter, Berlin 1996, 371–388; Elisabeth Schneider: Naturae rationalis individua substantia. Eine theologische oder juristische Definition der Person?, in: Thomas Böhm u. a. (Hg.): Boethius as a Paradigm of Late Ancient Thought. Berlin, Boston 2014, 245–272.

Vernunftnatur» oder einfacher: Person ist die Individuation der Vernunft.[384] Damit tritt die Selbstständigkeit (Substanzialität/Subjektivität) und Unabhängigkeit der Person als Bestimmungsmerkmal in den Vordergrund. Begründet sind diese Kennzeichen nach Boethius in der Vernunftbegabung des Menschen. Auch ein Tier ist ein Einzelwesen, aber noch keine Person, denn erst durch die Vernunftnatur wird das Einzelwesen zur Person.

Das Gottesverständnis der jüdischen, christlichen und islamischen Traditionen erlaubt zwar nicht, Gott als Individuation einer übergeordneten Substanz vorzustellen, wohl aber kann er als aus sich selbst bestehende (subsistierende) Substanz oder auch als mit Vernunft und Willen begabtes Subjekt gedacht werden. Doch hat die philosophische und auch die theologische Kritik am Theismus, wie sie im 19. und 20. Jahrhundert vorgebracht wurde, die Plausibilität der (vom Personverständnis von Descartes, Locke und Kant angeregten) Auffassung Gottes als eines selbstbewussten Geistsubjekts infrage gestellt.

(b) Relationalität/Sozialität:
Die Person ist konstituiert durch interpersonale, soziale Beziehungen, in denen sie je unterschiedliche Rollen spielt. Ursprünglich hatte der lateinische Begriff *persona* und sein griechisches Pendant πρόσωπον die Bedeutung «Gesicht», «Maske», «Rolle». Sein Sitz-im-Leben war u. a. die Welt des Theaters. Er bezeichnete dort nicht den Schauspieler, sondern die Maske, die er trug, um seine Rolle anzuzeigen und verwies damit auf die durch die Maske hindurchtönende *(per-sonare)* und sich in ihr artikulierende *dargestellte* (nicht auf die darstellende) «Person». Der Schauspieler war lediglich Träger der Maske und als solcher auswechselbares Medium der Darstellung.[385]

In den religiös-kultischen Ursprüngen, aus denen das griechische Theater hervorgegangen ist, diente die Maske nicht dem *Verbergen* des dargestellten Gottes, sondern seiner *Offenbarung*. Der Maskenträger vergegenwärtigte die dargestellte Gottheit; er machte sie real anwesend.

---

[384] Bei diesen Übersetzungen ist allerdings zu bedenken, dass *individuus* bei Boethius noch stärker der Grundbedeutung von «unteilbar» verhaftet ist und weniger «individuell» im modernen Sinn meint.
[385] Siehe dazu: Manfred Brauneck: Masken. Theater, Kult und Brauchtum. Strategien des Verbergens und Zeigens, Bielefeld 2020, 61–92.

Dabei war aber klar, dass zwischen dem Symbolträger (der Maske) und der symbolisierten Wirklichkeit (der Gottheit) unterschieden werden muss. Die Maske (= «Person») *ist* nicht die Gottheit, sondern bildet das Medium ihrer Anwesenheit.[386]

In übertragener Bedeutung wurde der Personbegriff dann angewendet, um die soziale Rolle und Funktion eines Menschen in gesellschaftlichen Funktionsbereichen anzuzeigen. So konnte man die an einem Gerichtsverfahren beteiligten Funktionsträger (der Richter, Ankläger, Verteidiger) als «personae» bezeichnen. Nicht die Individualität des Menschen war dabei der Bezugspunkt der personalen Prädikation, sondern der in einem Berufsrollenbild («Amt») standardisierte Beitrag zum Sozialwesen und der damit verbundene Status.

Diese sozial-relationale Dimension spielte – wenn auch anders akzentuiert – in der Anthropologie des 19. und 20. Jahrhunderts eine wichtige Rolle (→ 2.3.3). Von Jacobi, Hölderlin , Fichte und Hegel ausgehend gewann die Einsicht neue Bedeutung, dass sich Personalität erst relational, in der Begegnung mit anderen Personen, bildet. Besonders im philosophischen Personalismus des 20. Jahrhunderts (vor allem bei Buber und Ebner) und dann bei Levinas trat dieses Bestimmungsmoment ganz in den Vordergrund: Personsein ist In-Beziehung-Sein. Subjektivität ist geprägt durch Intersubjektivität, Relationalität und Gemeinschaftlichkeit.

Das Bestimmungsmerkmal der Sozialität wurde von den sozialen Trinitätslehren in das innere Wesen Gottes hineinverlagert (s. u.), um daraus dann die Beziehungshaftigkeit Gottes *ad extra* zu begründen. Damit ist der Gedanke zurückgewiesen, dass Gottes Personsein durch seinen Welt- und Menschenbezug konstituiert ist. Die innertrinitarischen Beziehungen werden demgegenüber im Sinne von reziproken Konstitutionsverhältnissen bestimmt in Analogie zur menschlichen Sozialität. Die Dimension der Sozialität (als wechselseitige Konstitution) kann also nicht auf Gott als Person insgesamt angewandt werden. Das war – wie gesehen – eines der Hauptargumente Fichtes gegen die Rede von Gott als Person.

(c) Zeitlichkeit/Geschichtlichkeit:
Als Existenz im Vollzug ist Personsein prozesshaft verfasst. Es gibt das Selbstsein der Person nicht in statischer Identität, sondern immer nur in

---

[386] Siehe dazu: Carl-Martin Edsman: Art. «Personifikation», in: RGG³, Bd. 5, 235f.

der Entwicklung neuer Formationen, in Strukturierung und Restruktu-
rierung, als offenes System im Austausch mit seiner jeweiligen Umwelt.
Insofern kann die Rede von der Identität des Menschen nur eine
Momentaufnahme sein. Die Narration ist die für die Kennzeichnung der
individuellen Person angemessene Redeweise.

Dieses Bestimmungsmerkmal wird in literarischen Versuchen,[387] aber
auch im philosophischen Gottesdenken,[388] in theologischen Ansätzen der
Gotteslehre – wie in Eberhard Jüngels Barth-Interpretation[389] oder in der
Prozesstheologie[390] – aufgenommen. Dabei liegt die Betonung auf dem
Gedanken der Lebendigkeit Gottes, der sich an die biblischen Überlieferungen von Gott anschließen lässt. Gott geht mit seinem Volk durch
die Geschichte mit, interagiert mit ihm, nimmt an dessen Tun und
Ergehen teil und übt Einfluss darauf aus. Das lässt sein «So-Sein» nicht
unberührt. Aber diese kommunikative Relationalität bestimmt nicht sein
Wesen. Dieses liegt der Relationalität vielmehr zugrunde. Deshalb ist auch
dieses Bestimmungsmerkmal nur gebrochen auf Gott anwendbar.

(d) Transzendenzoffenheit/Transzendenzbezug:
Nach theologischer Anthropologie ist der Mensch nicht nur das, was er in
sich selbst ist (bzw. wozu er sich bestimmt), und nicht nur das, was er in
Beziehung zu anderen ist, und nicht nur das, was er in seiner Lebens-
geschichte geworden ist. Seine personale Würde liegt diesen Bestim-
mungsfaktoren voraus und ist unveräusserlich, weil von außen her – durch
die Beziehung auf den göttlichen Schöpfer – konstituiert. Der Mensch
findet sich immer schon als bereits konstituierter (im biblischen Sprachbild als: «geschaffener») vor. Diesen Gedanken kann man in schöpfungs-
theologischer, aber auch in christologischer Form ausbuchstabieren (etwa
im Anschluss an Gal 2,20), oder pisteologisch nach Luthers «fides facit

---

[387] Wie etwa in Jack Miles: Gott. Eine Biographie, München, Wien 1996.
[388] Vor allem in Hegels Konzeption der Selbstrealisierung des Gottgeistes in
der Geschichte. Hegel spricht vom ewigen Sich-Erzeugen Gottes (Werke, Bd. 17,
223; Bd. 19, 159).
[389] Eberhard Jüngel: Gottes Sein ist im Werden. Verantwortliche Rede vom
Sein Gottes bei Karl Barth. Eine Paraphrase, Tübingen 1986, bes. 103–122.
[390] Julia Enxing: Gott im Werden. Die Prozesstheologie Charles Hartshornes,
Regensburg 2013.

personam».[391] Personalität ist demnach nicht primär das Resultat subjektiver Selbstsetzungen, sozialer Relationen und biografischer Prozesse, sondern Ausdruck eines allem Selbstsein, Gewordensein und Werden vorausliegenden Gegebenseins, das mit einer Bestimmung verbunden ist.

Ganz offensichtlich lässt sich dieses Bestimmungsmerkmal nicht einmal mehr *per analogiam* auf Gott übertragen. Wenn überhaupt von einer Transzendenz Gottes gesprochen werden kann, dann besteht sie in der Entäußerung zur Schöpfung hin, nicht aber in der Verdanktheit der eigenen Existenz gegenüber einem Schöpfer.

Im Blick auf diese vier Bestimmungen ist die Einsicht unausweichlich, dass der *anthropologische* Personbegriff nicht oder nur mit erheblichen Modifikationen auf Gott «hinaufgesagt» (ἀνα-λέγειν) werden kann. Zwar lässt der Analogieschluss zu, dass das Unähnliche im Verhältnis der beiden Analogate das Ähnliche überwiegt, wenn es aber zu sehr überwiegt, verliert die Analogie ihre Berechtigung. Das scheint hier der Fall zu sein.

Vor diesem Hintergrund kehrte Karl Barth die Analogiebeziehung um. Er setzte sie nicht beim anthropologischen Personbegriff, sondern bei der Personalität Gottes an: «Nicht der Mensch ist *eigentlich* Person, sondern *Gott* ist es. Nicht Gott ist *uneigentlich* Person, sondern *wir* sind es».[392] Den Grund dafür gibt Barth mit der ausschließlichen Selbst-Konstitution Gottes an: «Gott ist in seiner Tat. Gott ist seine eigene Entscheidung. Gott lebt aus und durch sich selber.»[393] Damit ist die Aseität zum Definitionsmerkmal von Personalität erklärt. Diese kann dann in der Tat nur Gott zugeschrieben werden, weil sie aus dem Gottesbegriff abgeleitet ist. Worin das «eigentliche» Personsein besteht, wird dann mit dem Hinweis auf weitere Prädikationen Gottes beantwortet. Menschliches Personsein erscheint dabei als Defizitmodus dieser Eigentlichkeit. Bei der von Barth *per analogiam fidei* entwickelten Auffassung von Personalität handelt es sich jedoch um ein fideistisches Konstrukt seines Gottesdenkens. Auch in dieser Hinsicht ist die Kritik berechtigt, die Pannenberg an Barth geübt hat: «daß das Reden von Gott zu einer bloßen Behauptung des Theologen wurde, der

---

[391] WA 39/1, 282.
[392] KD II/1, 305 (Hervorhebungen K. B.)
[393] Ebd.

sich entschließt, unvermittelt mit Gott zu beginnen».[394] Darin sieht Pannenberg einen zugespitzten Subjektivismus und Dezisionismus sowie ein autoritäres Wahrheitsverständnis,[395] das «alles vom Standpunkt des lieben Gottes aus» betrachtet.[396] Ähnlich lautet die Kritik Tillichs an Barth, die er im Blick auf dessen Trinitätslehre vorbringt: «dass in seinem System diese Lehre vom Himmel fällt, dem Himmel einer beziehungslosen biblischen und kirchlichen Autorität».[397]

Gegenüber den Versuchen, eine Analogie zwischen menschlichem und göttlichem Personsein herzustellen und dabei entweder vom Menschen oder von Gott auszugehen, verstehe ich die Rede von Gott metaphorisch und frage nach den Aussageintentionen, die damit verbunden sind.

1.14.3 Gott als personales Gegenüber und als transpersonale Geisteskraft

Es gibt mindestens drei unaufgebbare Aussageintentionen, die für den christlichen Glauben eine personale Rede von Gott nahelegen:

(a) Die personale Beziehung zu Gott
Die erste Aussageintention der personalen Rede von Gott bezieht sich weniger auf das Reden *über* Gott in seinem An-sich-Sein und mehr auf das Reden *mit* Gott in seinem Für-uns-Sein. Es verbindet sich also nicht in erster Linie mit der theologischen Gotteslehre, sondern mit der Beziehung zu Gott,[398] der Kommunikation mit Gott, vor allem mit dem persönlichen Gebet. Es ist dies eine personale Kommunikation, die sich aber

---

[394] Wolfhart Pannenberg: Problemgeschichte der neueren evangelischen Theologie in Deutschland. Von Schleiermacher bis zu Barth und Tillich, Göttingen 1997, 201.

[395] A. a. O., 199–204.

[396] So Barth in einem Brief an Eduard Thurneysen vom 25.9.1914 (Karl Barth – Eduard Thurneysen, Briefwechsel, Bd. 1: 1913–1921, Zürich 1973, 13). In dieser Aussage, die kritisch gegen Hermann Kutter gerichtet war, sieht Pannenberg Barths eigenen Ansatzpunkt zutreffend wiedergegeben.

[397] Paul Tillich: Systematische Theologie, Bd. 3, Berlin, New York [4]1987, 327.

[398] Im Koran und in der islamischen Theologie (mit Ausnahme der mystischen Strömungen) wird das Verhältnis zu Gott weniger als persönliche Beziehung bestimmt. Die Transzendenz des Allmächtigen und Allbarmherzigen ist wesentlich stärker betont. Eigenschaftzuschreibungen wie Liebe würden ihn an die Menschen binden.

doch von zwischenmenschlicher Kommunikation charakteristisch unterscheidet. Dieses eigentümlich asymmetrische Kommunikationsgeschehen zwischen Gott und Mensch vollzieht sich in einem Zusammenspiel von verbal vorgetragenen Gebetsanliegen und der Ausbildung von vorauslaufenden, begleitenden und nachfolgenden Gewissheiten in Bezug auf die rezeptive Aktivität Gottes. Die nachfolgenden Gewissheiten können dabei als «Antwort» Gottes auf die Gebetsanrede erfahren werden. Nicht nur der einzelne Gebetsakt, sondern das Reden mit Gott insgesamt vollzieht sich in der Glaubensgewissheit eines vorausgehenden Angeredetseins, des Gehörtwerdens und des Angenommen- und Aufgehobenseins. Dabei ist die personale Gegenwart vorausgesetzt.

Asymmetrische personale Kommunikationen kann es auch mit nichtmenschlichen Lebewesen (wie Haustieren oder Pflanzen) und sogar mit Gegenständen (dem eigenen Auto etwa oder einem vertrauten Arbeitsgerät) geben. Menschen sprechen mit nichtmenschlichen Lebewesen, zuweilen auch mit Gegenständen. Sie können intensive Beziehungen zu ihnen entwickeln. Asymmetrische personale Kommunikationen finden auch in Bezug auf übermenschliche apersonale Wirklichkeiten (wie schicksalsbestimmende Mächte) statt. Menschen hadern mit ihnen und versuchen sie zu beeinflussen, um Heil zu erlangen und Unheil abzuwenden. Personale Beziehungsformen setzen also nicht notwendigerweise ein personales Gegenüber voraus. In der personalen Kommunikation mit Gott ist dies dagegen der Fall, auch wenn es sich dabei ebenfalls um eine asymmetrische Kommunikation handelt. «*Über*personal» meint dabei nicht «nicht-personal», sondern «personal und mehr als personal».

Der personalen Kommunikation mit Gott liegt also die Glaubensannahme zugrunde, dass Gott als personales Gegenüber ansprechbar ist. Den Unterschied zwischen apersonalen schicksalsbestimmenden Mächten und dem als personales Gegenüber geglaubten Gott hat Karl Barth folgendermaßen markiert: «Der persönliche Gott [...] hat ein Herz. Er kann fühlen, empfinden, affiziert sein. Er ist nicht unberührbar».[399]

Die Gottesbeziehung kennt aber auch andere Vergewisserungsformen als das Modell der personalen Kommunikationsbeziehung. Sie kann auch

---

[399] KD II/1, 416. Barth will den Personbegriff nicht auf die Trinität, sondern auf den einen Gott «als in und für sich seiendes Ich mit einem ihm eigenen Denken und Wollen» anwenden (KD I/1, 378f.).

als Eingebettet-, Umfangen- und Erfüllt-Sein in bzw. von Gottes Geistpräsenz erfahren werden. Sie wird dann eher als In-Sein (als «Insistenz»
bzw. Partizipation) denn als Gegenüber-Sein (als Interaktion zwischen Ich
und Du) verstanden. Hier steht nicht die personale Kommunikation mit
Gott im Vordergrund, die sich im Bewusstsein vollzieht, von Gott
angesprochen zu sein und ihn anzusprechen, sondern eine existenzielle
Geborgenheitsgewissheit. Wo diese Gewissheit zu einer kosmischen
Weltsicht ausgedehnt wird, der zufolge Gott (bzw. Gottes Geist) alles in
allem ist, entsteht ein Gefälle hin zum Pantheismus oder Monismus.

Ich ziehe zur Veranschaulichung des «Insistenz»-Modells die Vorstellung eines spirituellen Kraftfeldes heran, in dessen Wirkungsbereich
psychische und damit durchaus auch somatische Transformationen
entstehen.[400] Dabei ist die Rede von einem «Kraftfeld», das Transformationen «induziert» nicht im Sinne einer unterpersonalen Kausal-
wirkung zu verstehen, sondern im Sinne einer überpersonalen Mächtigkeit
mit einem ihr eigenen Richtungssinn. Als Analogie mag die «Macht der
Liebe» dienen, die sich immer nur in personalen Beziehungen realisiert,
diese aber doch übersteigt und einen transpersonalen Charakter hat.[401]

In dieser Metaphorik wird die Geisteskraft Gottes als ein all-
umfassendes «Feld» beschrieben, das über die gesamte Wirklichkeit
ausgespannt ist, diese durchdringt und mit ihrer operativen Präsenz
Veränderungen in ihr bewirkt. Das Geschöpf lebt und handelt *im* Geist
Gottes, d. h. im Feld seiner Strahlkraft. Im Akt der Hinwendung zu Gott
vollzieht sich eine Öffnung für die «Induktion» der göttlichen Geisteskraft,
wobei diese Öffnung selbst wiederum eine «Frucht des Geistes» ist.

---

[400] Ausführlicher dazu: Bernhardt: Was heißt «Handeln Gottes»? (siehe
Anm. 116 in Teil 2), Gütersloh 1999, 399–439; Berlin ²2008, 352–389; Martin
Hailer: Das Subjekt und die Atmosphären, durch die es ist. Ein religionsphilosophischer Versuch, in: ThZ 60, 2/2004, 165–183; sowie die philosophischen
Arbeiten von Hermann Schmitz: Der unerschöpfliche Gegenstand. Grundzüge
der Philosophie, Bonn ³2007, 439–445; Gernot Böhme: Atmosphäre. Essays zur
neuen Ästhetik, Frankfurt a. M. 1995. Siehe dazu auch den praktisch-theologi-
schen Ansatz von Manfred Josuttis: Der Weg in das Leben. Eine Einführung in
den Gottesdienst auf verhaltenswissenschaftlicher Grundlage, Gütersloh ²1993.

[401] Diese Analogie hat an der paulinischen Pneumatologie Anhalt. Nach
Walter Rebell sieht Paulus sich selbst und die Christengemeinde «in das Kraftfeld
der Liebe» gezogen (Christologie und Existenz bei Paulus. Eine Auslegung von
2. Kor 5,14–21, Stuttgart 1992, 19).

Rudolf Otto hat das Verhältnis von personalen und transpersonalen Auffassungen der Gottesbeziehung aus religionswissenschaftlicher Perspektive folgendermaßen beschrieben: «Man kann […] sagen, daß fast alle hohen Gottesvorstellungen gelegentlich Züge tragen, durch die sie ihren alten numen-Charakter wieder durchscheinen lassen und die Grenzen des Personal-Theistischen sprengen. Das ist offensichtlich da der Fall, wo das Verhältnis des Gläubigen zu seinem Gotte nicht ausschließlich in der Form des Gegenüber und der Transzendenz erlebt wird, sondern irgendwie als Ergriffenheit und Erfülltheit von Gott, d. h. wo der Gott mit sich selber oder mit einem Teile von sich eingeht in den Profeten oder in den Frommen, ihm einwohnt, sich seinem Geiste mischt und Bestandteil von ihm wird, oder wo er zur Sfäre, zum Bereiche wird, ‹in dem wir leben, weben und sind›».[402]

Systematisch-theologisch betrachtet können die beiden idealtypischen Modelle – «Interaktion» mit Gott und «Insistenz» in Gott – eng miteinander verbunden sein, aber auch auseinander treten und gegeneinander ausgespielt werden. Das «Insistenz»-Modell ist in mystischen Religionsformen vorherrschend, das «Interaktions»-Modell in Ansätzen der Wort-Gottes-Theologie. Letzteres artikuliert sich in soziomorpher Metaphorik, ersteres kann sich auch einer technomorphen Bildsprache («Kraftfeld») bedienen.

Ich verstehe die beiden Modelle nicht als Alternativen, sondern als die beiden Enden des Spektrums möglicher Gottesverständnisse. Am einen Ende dieses Spektrums steht der klassische Theismus mit einem dezidiert personalen Gottesverständnis, am anderen Ende ein impersonaler Monismus. Es gibt in diesem Spektrum viele Abstufungen und Kombinationsmöglichkeiten. Die vielversprechendste Denkform ist die des Panentheismus,[403] wobei das In-Sein in Gott nicht räumlich, sondern als Umfangen- und Durchdrungensein zu verstehen ist. Doch scheint es mir nicht sinnvoll zu sein, das Gottesverständnis auf dieses – bzw. auf ein bestimmtes Modell überhaupt – festzulegen, weil damit wichtige Aussageintentionen, die in anderen Modellen zum Ausdruck kommen, nicht ausreichend zur

---

[402] Rudolf Otto: Das Gefühl des Überweltlichen, München 1932, 268.

[403] Teilweise gewichtige Gründe dafür nennt: Benedikt Paul Göcke: Jenseits des Theismus. Panentheismus als Denkform der Postmoderne, in: Nitsche u. a. (Hg): Gott – jenseits von Monismus und Theismus (siehe Anm. 139 in Teil 1), 113–135, bes. 130–135.

Geltung gebracht werden könnten. Sinnvoll ist es auch nicht, scharfe
Alternativen – wie die zwischen Gott als Person und als absolutem
Prinzip – aufzubauen. Ich spreche mich daher für ein komplementäres
Miteinander unterschiedlicher Konzepte aus, um der theoretischen Ver-
fügbarmachung Gottes zu wehren.

Die Vorstellung einer Einwohnung Gottes in Menschen (bzw. weiter
gefasst: in der geschöpflichen Wirklichkeit) und des In-Seins der
Menschen in Gott sprengt personale Beziehungsformen. Es handelt sich
um eine transpersonale Relation. Das schließt aber nicht aus, dass in der
gelebten Gottesbeziehung personale Kommunikationsformen praktiziert
werden und dass auch im Gottesverständnis personale Züge eine wichtige
Rolle spielen. Die Gottesbeziehung kann als Affiziertsein von Gottes
Geistpräsenz und als personale Kommunikation beschrieben werden.

Man kann aber nicht vom personalen Modus der *Beziehung* zu Gott
die *Wesens*aussage ableiten, dass Gott eine Person *ist*. Der Satz «Gott wurde
und wird personal erfahren, also kann man von der Beziehung zu ihm in
personalen Kategorien sprechen» darf nicht umgekehrt werden in den
Satz: «Gott ist eine Person, also wird er personal erfahren.» Ebenso wenig
lässt sich aber auch aus einer transpersonalen Beziehung zu Gott schließen,
dass Gott *keine* Person ist. Die Geistpräsenz Gottes kann durchaus als
Strahlkraft einer Person – sei es der «Person» des Geistes oder der «Person»
Gottes – verstanden werden.[404]

Die Rede von Gott als Person ist mehr als eine willkürlich gewählte
Metapher, aber doch weniger als eine Charakterisierung des Wesens
Gottes. Sie ist ein Sprachbild für das dem Menschen zugewandte «Angesicht» Gottes, dessen Gottheit allem menschlichen Fassen und Erfassen
entzogen ist, also für seine Offenbarung in bleibender Verborgenheit.
Personale Ausdrucksweisen sind als Beziehungssprache angemessen und
bringen das sich offenbarende Wesen der göttlichen Wirklichkeit *adäquat,
aber nicht erschöpfend* zum Ausdruck. Es bedarf daneben und darüber
hinaus überpersonaler Bestimmungen (Gott als Geist, Kraft, Energie,
Logos, Weltvernunft, Weisheit, Quelle, Licht usw.) und es bedarf des

---

[404] So vertritt auch Ulrich Beuttler die These, «dass die phänomenologische
Beschreibung der Anwesenheit Gottes als Atmosphäre […] die personale Präsenz,
Wirkmacht und Transzendenz besonders anschaulich und begrifflich präzise zur
Geltung bringt» (Beuttler: Gott und Raum [siehe Anm. 115 in Teil 2], 336).

Bewusstseins, dass Gottes Wesen auch über diese Bestimmungen letztlich erhaben ist.

(b) Die Vergegenwärtigung Gottes durch menschliche Personen
Die personale Rede von Gott ist unverzichtbar, nicht nur weil sie die Kommunikativität Gottes – sein den Menschen zugewandtes Angesicht – zum Ausdruck bringt, sondern auch weil Gott Personen und zwischenmenschliche inter-personale Beziehungen in Anspruch nimmt, um zu den Menschen in Beziehung zu treten. Mehr noch: Nach Gen 1,26 hat Gott dem Menschen die Würde der Gottebenbildlichkeit verliehen, die zugleich mit der Inanspruchnahme des Menschen als Verwalter der Schöpfung verbunden ist. Das berechtigt dazu, personale Kategorien auf Gott anzuwenden.

Die für den christlichen Glauben normative Selbstmitteilung Gottes ist in der Person des Jesus von Nazareth erfolgt, der dadurch zum Christus wurde. Er ist *das* «Ebenbild des unsichtbaren Gottes» (Kol 1,15, vgl. 2Kor 4,4). Gottes «Wort» ergeht durch die Verkündigung personaler Zeugen. Glaube kommt aus dem Hören dieser Botschaft, verkündet durch Personen. Menschliche personale Beziehungen sind daher nicht nur angemessene Interpretationsmuster für die Beziehung zu Gott, sondern auch das zentrale Medium der realen Selbstkommunikation Gottes.

In diesem Sinne lässt sich der antike Personbegriff als Verstehenshilfe heranziehen: Gott repräsentiert sich in πρόσωπα/*personae*, die von Menschen «getragen» werden. So verstanden ist die «Person» Jesus Christus nicht der Mensch Jesus von Nazareth, sondern der sich in ihm repräsentierende Gott. Gott «spricht» durch ihn *(per-sonare)*.

(c) Die Konstitution der menschlichen Person
Die personale Rede von Gott ist schließlich auch deshalb unverzichtbar, weil menschliche Personalität nach theologischem Verständnis durch das Angeredetwerden durch Gott, also durch die von Gott ausgehende Beziehung konstituiert wird.[405] Hans Kessler konstatiert: «Wenn Gott der

---

[405] Man kann diese Anrede in Gen 3,9 symbolisiert sehen, wo Gott Adam – d. h. den Menschen – ruft und ihn fragt: «Wo bist du?». Im Erzählzusammenhang der Bibel ist dies der erste Dialog zwischen Gott und Mensch. Nach Huldrych Zwingli hat hier «die Religion oder besser das Verhältnis liebenden Vertrauens *(pietas)* angefangen […] zwischen Gott und den Menschen» (Huldreich Zwingli:

Urgrund allen – also auch des personalen – Seins ist, so muss er auch die
Qualität des Personalen in sich haben und zwar in vollkommener Weise.
Er muss als absolute Person und vollkommene Freiheit/Liebe in sich selbst
gedacht werden.»[406] In ähnlicher Weise hatte schon Karl Rahner (im
Anschluss an Hegel) von Gott als der «absoluten Person»[407] gesprochen.
Mit Paul Tillich gehe ich darüber noch hinaus. Nach Tillich bedeutet
«persönlicher Gott» nicht, «dass Gott eine Person ist. Es bedeutet, dass
Gott der Grund alles Personhaften ist und in sich die ontologische Macht
des Personhaften trägt. Er ist nicht eine Person, aber er ist auch nicht
weniger als eine Person».[408] Nach meiner Deutung ist Gott eine
überpersonale Wirklichkeit, die sich für die Menschen (als Personen)
personal manifestiert.

Gott ist der Ursprung, d. h. der Ermöglichungsgrund des Personseins
und umgekehrt ist Personalität ein Hinweis auf den «Schöpfer» der
Personalität. Aber diese schöpferische Wirklichkeit selbst kann und darf
nicht auf den anthropologischen Personbegriff reduziert werden. Es ist
eine überpersonale «Person», die menschliches Personsein unter die
Bestimmung der Gottebenbildlichkeit stellt, darin den tragenden Grund
des persönlichen Lebens bildet und als solche nicht zu Unrecht als «Person» erfahren wird. Diesen Zusammenhang kann man ausgedrückt finden
in Friedrich Heinrich Jacobis bekannter Formel: «Den Menschen
erschaffend theomorphisierte Gott. Nothwendig anthropomorphisiert
darum der Mensch».[409]

Kommentar über die wahre und falsche Religion [1525], in: Schriften, Bd. 3, 93).
Diesen Hinweis verdanke ich: Matthias Wüthrich: Raum Gottes. Ein systema-
tisch-theologischer Versuch, Raum zu denken, Göttingen 2015, 435. Siehe auch
die dort (434–437) vorgenommene raumtheoretische Auslegung von Gen 3,9.

[406] Kessler: Trinität (siehe Anm. 265 in Teil 2), 284.

[407] Karl Rahner: Grundkurs des Glaubens. Einführung in den Begriff des
Christentums, Freiburg i. Br. ³1976, 81.

[408] Tillich: Systematische Theologie, Bd. 1 (siehe Anm. 282 in Teil 2), 283.
Siehe auch: ders.: Main Works / Hauptwerke, Bd. 6, 420f.

[409] Friedrich Heinrich Jacobi: Von den göttlichen Dingen und ihrer Offenbarung, Leipzig 1811, in: Werke, hg. Friedrich von Roth, Friedrich Köppen,
Bd. 3, Darmstadt 1968, 278.

1.14.4 «Person» als *nomen dignitatis*

Lässt sich angesichts der Kritik Fichtes an der Übertragung des anthropologischen Personbegriffs auf Gott in einer nachkritischen «zweiten Naivität»[410] von Gott in personalen Vorstellungsformen sprechen, sodass die genannten unaufgebbaren Aussageintentionen in einen übergreifenden Erschließungs- und Begründungszusammenhang (Gott als transpersonale Person) eingebunden sind? Dazu scheint es mir notwendig, die ethisch-apophatische Dimension des Verständnisses von «Person» in den Fokus zu rücken. Es geht dabei weniger um die Konstitutionsbedingungen von Personalität und mehr um die Prädikation einer unverfügbaren Würde und um den unaufhebbaren Geheimnischarakter der Person.[411] Bei allen subjekt- oder substanzhaft kataphatischen Bestimmungen des Personseins ist diese ethisch-apophatische Dimension mitzubedenken. Der Personbegriff wird dabei zu einem Grenzbegriff mit verweisendem Charakter. Er ist im Bewusstsein zu gebrauchen, dass er seine Referenzgröße nicht definitorisch zu erfassen und auf den Begriff zu bringen vermag, sondern deren letztliche Ineffabilität wahrt. Es handelt sich dabei nicht um eine Beschreibung, sondern um eine Zuschreibung, nicht um eine Identifikation, sondern um die Beilegung eines Prädikats, um einen Würde- bzw. Ehrentitel *(nomen dignitatis),* der einen Anspruch auf die Respektierung dieser Würde impliziert. Er wird einem Wesen beigelegt, von dem man sich kein Bild machen kann, weil es sich aller denkerischen und vorstellungsmässigen Festlegung und aller Vergegenständlichung entzieht. In diesem Sinne aber lässt er sich Gott sachgemäß beilegen als Ausdruck des Verbots, seinen Namen auszusprechen und sich ein Bild von ihm zu machen.

In der Anwendung auf Gott deutet der Personbegriff die Entzogenheit, zugleich aber auch die Beziehungshaftigkeit Gottes an. Er bringt zum

---

[410] Peter Wust: Naivität und Pietät (1925), in: Gesammelte Werke Bd. 2, Münster 1964, 200f.; Paul Ricœur: Hermeneutik und Strukturalismus. Der Konflikt der Interpretationen I, München 1973; ders.: Hermeneutik und Psychoanalyse. Der Konflikt der Interpretationen II, München 1974.

[411] Dieses Verständnis wurzelt in der Verschiebung des Personbegriffs von einem naturhaften in einen rechtlich-ethischen Bezugsrahmen. Ausgehend von dem Satz von Faustus von Reji «Die Person ist ein Ding des Rechts, die Substanz [dagegen ein Ding] der Natur» (De Spiritu Sancto II, 4) vollzog sich diese Bedeutungsverschiebung im Hochmittelalter.

Ausdruck, dass die Beziehungshaftigkeit im Wesen Gottes angelegt ist.
Weil dieses Wesen von Ewigkeit her besteht, erübrigt sich die Frage,
wodurch es konstituiert ist. Damit ist dem Einwand Fichtes, dass eine
Gott-Person zu ihrer Konstituierung eines ihm äusseren Gegenübers
bedürfte, der Boden entzogen. Nach Spinoza ist Gott *causa libera;* er
existiert aus der Notwendigkeit seiner eigenen Natur.[412]

Die personale Rede von Gott fordert dazu auf, einerseits die Würde
dieser «Person» zu respektieren und andererseits, sich auf die von ihr
ausgehende Anrede einzulassen. Der Begriff verweist darauf, dass Gott das
geschöpfliche Personsein konstituiert und transzendiert, dass er sich
personal offenbart und personale Kommunikation mit sich ermöglicht.

Von der Anwendung des Personbegriffs auf Gott her ergibt sich dann
auch eine Kritik an einseitig kataphatischen anthropologischen Person-
begriffen, bei denen die theoretische und praktische Entzogenheit,
Undefinierbarkeit und Unverfügbarkeit auch der menschlichen Person
unterbestimmt bleibt. Das geschieht, wenn eine Person wie etwas Unter-
personales, Dingliches gesehen und dann auch entsprechend behandelt
wird, wenn also aus dem «jemand» ein «etwas» wird.[413]

Die personale Rede von Gott muss dabei immer mit dem sprach-
kritischen Problembewusstsein verbunden sein, dass es sich hier um
menschliche Rede von Gott handelt, die dafür die höchsten dem Menschen
zur Verfügung stehenden Denkformen heranzieht. Angesichts der
letztlichen Unergründlichkeit Gottes muss sich diese – wie jede – Rede
von Gott als analogische und metaphorische Sprache verstehen. So sehr sie
in personaler Begrifflichkeit von Gott spricht, so sehr muss ihr doch auch
bewusst sein, dass es sich dabei um eine *Vorstellung* von Gott handelt. Gott
darf aber nicht auf diese – wie auch nicht auf jede andere – Vorstellung
festgelegt werden. Er ist *mehr* als Person.

---

[412] Benedictus de Spinoza: Die Ethik, lt.-dt., übersetzt von Jakob Stern,
Stuttgart 1977, Bd. 1, Lehrsatz 17, corr. 2.
[413] In Anlehnung an den Untertitel des Buchs von Robert Spaemann: Personen.
Versuche über den Unterschied zwischen ‹etwas› und ‹jemand›, Stuttgart 1996.

1.14.5 Die Unterscheidung zwischen personalem und impersonalem Gottesverständnis

Gott ist als überpersonale Wirklichkeit zu verstehen, die sich personal repräsentiert, in ihren Repräsentanzen aber nicht aufgeht und damit die Festlegung auf personale Kategorien immer auch sprengt. Was ergibt sich aus diesem transpersonalen Verständnis für die Gegenüberstellung von personalen und impersonalen, subjekthaften und substanzhaften Gottesvorstellungen? Transpersonal meint nicht impersonal oder apersonal, auch nicht hyper-personal im Sinne absoluter Personalität. Das transpersonale Gottesverständnis nimmt Elemente dieser Vorstellungen in sich auf, geht aber darüber hinaus, indem es Gott transzendental als *Grund* des Subjekt- und Substanzhaften bestimmt.

In dieser Hinsicht kann das christliche Gottesdenken wertvolle Impulse von zen-buddhistischer Philosophie bekommen. Nach Keiji Nishitani besteht die Vollkommenheit Gottes in der Selbstentäußerung, die sich in Taten der Liebe manifestiert. «Wenn aber das Werk der Liebe einen ‹personalen› Charakter hat, dann muß die Vollkommenheit Gottes (und ‹Liebe› als Vollkommenheit) als etwas noch Fundamentaleres als das ‹Personale› gedacht werden, so daß das ‹Personale› erst als eine Verkörperung dieser Vollkommenheit oder in menschlicher Nachahmung zustande kommt. In diesem Sinne wohnt Gottes Vollkommenheit eine Art Transpersonalität oder Impersonalität inne – nicht eine Impersonalität, die einfach im Gegensatz zur Personalität steht, sondern [...] eine personale Impersonalität bzw. persönliche Unpersönlichkeit. Diese Eigentümlichkeit personaler Impersonalität kann auch in der nicht unterscheidenden Liebe vermutet werden, welche die Sonne gleichermaßen über Bösen und Guten aufgehen lässt und den Regen auf Ungerechte und Gerechte fallen lässt.»[414]

Interessant ist in dieser Hinsicht auch die von Reinhard Schulze rekonstruierte Genealogie des koranischen Gottesverständnisses. Ihm zufolge ist im Koran zunächst von Gott als Göttlichkeit die Rede. Erst im Lauf der Offenbarung sei die Benennung dieses Einen als Allah hinzugetreten. Es könne angenommen werden, «dass das Eine zunächst dominant als *rabb* (‹Herr›) erschien, der dann bald schon als *ar-raḥmān* (‹der Barmherzige›) personalisiert und schliesslich mit dem Namen Allāh ausgewiesen

---

[414] Keiji Nishitani: Was ist Religion? Frankfurt a. M. ²1986, 118.

wurde».[415] Demnach ist das Gottesverständnis des Koran metapersonal grundiert.

Auch Bernhard Nitsche visiert ein transpersonales Gottesverständnis an. Er setzt bei der Anthropologie an und schlägt vor, eine Typologie des menschlichen Transzendenzbezugs aus den Strukturen des menschlichen Daseins zu entwickeln: erstens aus der natural-kosmomorphen, zweitens aus der persönlichkeitsorientiert-soziomorphen und drittens aus der subjekttheoretisch «noomorphen» (von griech. νόος/νοῦς = Verstand, Vernunft), bewusstseinsbestimmten Dimension des Menschseins. Aus den drei damit bezeichneten Typen der philosophischen Anthropologie ergeben sich ihm zufolge drei grundlegende Vorstellungen von ultimativer Wirklichkeit bzw. göttlicher Transzendenz.[416]

(a) Mundanität (Weltbezug): Als leibliches Wesen ist der Mensch eingebunden in seine kosmische, naturale und materielle Umwelt. Dem korreliert nach Nitsche die Konzeption des Göttlichen als natural-kosmomorph, d. h. als Ursubstanz, Grundprinzip, erste Ursache, unbewegter Beweger, grundlegendes Gesetz, mithin als ein höchstes ES. Dies kommt in unpersönlichen Metaphern wie Atem, Quelle und Licht zur Sprache.

(b) Sozialität (Sozialbezug): Als soziales Wesen steht der Mensch in Interaktion mit seiner Mitwelt und ist Teil der Geschichte. Darin sieht Nitsche den Ansatzpunkt für die personale Vorstellung von Gott als einem DU oder ER, das/der allem weltlichen Sein in radikaler Differenz (Transzendenz) gegenübersteht und sich zu ihm in Beziehung setzt.

(c) Subjektivität (Selbstbezug): In seinem Selbstbewusstsein ist der Mensch auf sich bezogen. Er kann sich zu sich selbst, zu seiner Umwelt und zu seiner Mitwelt in ein reflektiertes Verhältnis setzen. Diese Dimension legt Nitsche nun aber nicht im Sinne der Ich-Identität aus (diese hat er dem Sozialbezug zugeschlagen), sondern im Blick auf die apriorischen Bedingungen des Selbstseins, d. h. im Blick auf das transzendentale Ich. Daraus ergibt sich für ihn ein Verständnis Gottes als vor-personaler Grund oder Geber von Bewusstsein bzw. Subjektivität. Kurz: Gott ist der Grund des Personalen.

---

[415] Schulze: Der Koran (siehe Anm. 269), 354.

[416] Bernhard Nitsche: Formen des menschlichen Transzendenzbezugs (1. Teil): Hypothese, in: ders. u. a. (Hg.): Gott – jenseits von Monismus und Theismus, Paderborn 2017, 26–61.

Dieser Ansatz, den Nitsche auch im Dialog mit der buddhistischen Philosophie Dōgens entfaltet,[417] verdient Beachtung, löst aber auch kritische Rückfragen aus.

Die erste Rückfrage bezieht sich auf die Methode der Ableitung von Gottesverständnissen aus drei Dimensionen des menschlichen Daseins. Dem Projektionsverdacht ist damit Tür und Tor geöffnet. Dem ließe sich entgegenhalten, dass mit den drei Gottesverständnissen lediglich drei Formen des religiösen Transzendenzbezugs gemeint sind, nicht aber die Wirklichkeit des Göttlichen «an sich» in den Blick genommen werden soll. Dann aber müsste unterschieden werden zwischen den menschlichen Gottesverständnissen und der im Verborgenen dahinterliegenden noumenalen Wirklichkeit Gottes (→ 1.12). Die Rückfrage an Nitsche lautet also: Wie verhalten sich die Transzendenzbezüge zum Wesen Gottes?

Die zweite Rückfrage bezieht sich auf die Zuordnung der drei Dimensionen. Mit dieser Trias will Nitsche die Dualität von personalen und impersonalen Gottesvorstellungen überwinden. Das Problem besteht in der Zuordnung der drei Dimensionen zueinander. Ihm zufolge stehen sie auf gleicher Ebene nebeneinander. Doch besteht ein kategorialer Unterschied zwischen ihnen. Die ersten beiden Dimensionen stellen empirische Bezüge (zur naturalen Umwelt und zur sozialen Mitwelt) dar, während die dritte in einer transzendentalen Reflexion besteht. Diese manifestiert sich denn auch nicht in religiösen Gottesvorstellungen, sondern ist ein Kunstprodukt des philosophischen Gottesdenkens. Das zeigt sich auch an den Beispielen, die Nitsche für diese dritte Dimension anführt.[418] Diese entstammen viel eher dem Gottes*denken* als der gelebten Gottes*beziehung,* sind also weniger Phänomene und mehr Reflexionen. Die genannten Reflexionsformen lassen sich zudem problemlos in den Dual von personalen und impersonalen Gottesvorstellungen einordnen. Es braucht keine dritte Kategorie. Die auf der Ebene der religiösen Vorstellungen liegende Leitunterscheidung zwischen personalen und

---

[417] A. a. O., 54–56.

[418] Es sind dies: Augustins «Einsicht in den bewusstseinsbestimmten Charakter der Gottesbeziehung», «[M]onistische Geistmetaphysik im Hinduismus», «Göttliches als Vor-dem-ICH in der religionsphilosophischen Reflexion» (Bernhard Nitsche: Formen des menschlichen Transzendenzbezugs [2. Teil]: Phänomene und Reflexionen, in: ders., Florian Baab (Hg.): Dimensionen des Menschseins. Wege der Transzendenz?, Paderborn 2018, 65–78.

impersonalen Gottesbildern lässt sich damit – wie von Nitsche angestrebt – jedenfalls nicht überwinden.

Diese Unterscheidung muss auch nicht überwunden werden. Sie hat
heuristischen Wert, auch wenn sie nicht – wie Nitsche selbst konzediert –
im Sinne eindeutiger Zuordnungen auf die Religionstraditionen angewendet werden kann, sodass die Transzendenzbezüge in den einen rein personal und in anderen rein impersonal zu nennen wären. Vielmehr gilt, dass
die Dominanz des einen Elements verbunden ist mit einer Subdominanz
des anderen.

So dominieren im Buddhismus impersonale Charakterisierungen der
letzten Wirklichkeit; von Buddha – auch vom transzendenten Buddha –
kann aber auch auf personale Weise gesprochen werden, so wie es etwa in
den *Avadāna*-Geschichten des Mahāyāna-Buddhismus der Fall ist. Erst
recht in der buddhistischen Volksfrömmigkeit spielen personale Vorstellungen und Vollzüge – wie Bittgebete – eine wichtige Rolle.

Umgekehrt finden sich impersonale Gottesbegriffe auch in den
theistischen Religionen. Anknüpfungspunkte dafür finden sich auch in der
Bibel und im Koran, wo ansonsten personale Gottesvorstellungen
eindeutig dominieren. Die wichtigere Quelle dafür ist das griechische
Seins- bzw. Substanzdenken, das seit Parmenides von der Anwesenheit des
Seins im Seienden ausgeht. Wo das unwandelbare, anfangs- und endlose
Sein mit dem Göttlichen identifiziert wird, ergeben sich impersonale Got-
tesvorstellungen.

Ich halte daher im Blick auf die religiösen Gottesvorstellungen an der
Leitunterscheidung zwischen personalen (Jahwe, der «Vater» Jesu Christi,
Allah, Krishna, Shiva) und impersonalen (das Eine, Dharma, Brahman
oder Tao) Verständnissen fest, füge aber hinzu, dass diese Vorstellungen –
so unverzichtbar sie für die religiöse Vorstellungskraft und für die
Praxisvollzüge der Religionen auch sind – im Bewusstsein ihres
Verweischarakters zu verstehen und zu gebrauchen sind. Die göttliche
Wirklichkeit darf letztlich nicht auf bestimmte Vorstellungen festgelegt
werden. Gerade der Personbegriff wahrt diese Entzogenheit. Doch auch
für *seine* Anwendung auf Gott gilt: Die göttliche Wirklichkeit transzendiert die religiösen Gottesverständnisse sowie die mit Gott verbundenen Symbolisierungen und Denkformen. Daraus folgt, dass alles Reden
von Gott immer nur im Bewusstsein erfolgen kann, dass es seinen
«Gegenstand» bestenfalls umkreisen kann und dass die dabei gebrauchten
Ausdrucksgestalten immer wieder «aufgehoben» werden müssen.

Das führt dann zu abstrakten Gottesbegriffen wie: das transpersonale und transimpersonale Absolute, das Unendliche, die Wirklichkeit der Wirklichkeit bzw. das Wahre des Wahren *(satyasya satyam)* in den Upanisaden, śūnyatā (Leerheit, das Formlose) im Mahāyāna-Buddhismus, Gott als nichtwesendes Wesen, Nichtgott, Nichtgeist, Nichtperson bei Meister Eckhart. Gelāladdīn Rumi, der islamische Mystiker aus dem 13. Jh., stellte personale und impersonale Gottesvorstellungen und -begriffe nebeneinander, um anzuzeigen, dass es beides braucht. Paul Tillich sprach vom «Gott über dem Gott des Theismus».[419]

Personale Gottesvorstellungen sind unverzichtbar für die gelebte Gottesbeziehung. Doch verweisen sie auf den transpersonalen Grund allen Seins, der als Leerheit wie als Fülle des Seins beschrieben werden kann. Weder personale noch impersonale Vorstellungen und Begriffe schöpfen das unerschöpfliche Mysterium aus. Es gilt die Denkregel des Anselm von Canterbury: größer, weiter, tiefer und höher von Gott zu denken, ohne dabei das Gottesverständnis von inhaltlicher Bestimmtheit zu entleeren.

---

[419] Siehe dazu Anm. 62.

2. Steht ein trinitarisches Gottesverständnis der interreligiösen Verständigung im Weg?

Die Lehre von der Dreieinigkeit bzw. Dreifaltigkeit Gottes gehört zum Proprium des christlichen Glaubens, das diesen von anderen Religionen unterscheidet. In den altorientalischen Religionen, auch in einigen der religiösen Hindu-Traditionen sowie im Mahāyāna-Buddhismus gibt es zwar Analogien zu trinitarischen Konzepten, die sich aber schon bei oberflächlicher Betrachtung als doch grundlegend verschieden von der christlichen Trinitätslehre erweisen. Ein Blick darauf lohnt sich dennoch, weil sich darin Relationsmuster erkennen lassen, die auch in den trinitätstheologischen Debatten hervortreten. Damit beginnt der zweite Teil dieses Bandes (2.1).

Von Seiten der östlichen Religionen wird kaum Kritik am trinitarischen Gottesverständnis des christlichen Glaubens vorgebracht. Anders im Judentum und im Islam. Diese «abrahamischen Geschwisterreligionen» des Christentums sehen im Trinitätsglauben sowie in dessen theologischer Reflexionsform – der Trinitätslehre – einen eklatanten Verstoß gegen das Grundbekenntnis zur Einheit und Einzigkeit Gottes und lehnen diesen Glauben und diese Lehre dementsprechend mehr oder weniger scharf ab. Darauf soll im zweiten Abschnitt eingegangen werden (2.2).

Dieser Protest darf und soll nicht einfach zurückgewiesen werden. Denn es kommt ein berechtigtes Anliegen in ihm zum Ausdruck. Daher reicht es auch nicht, die christliche Trinitätslehre lediglich in einer Weise darzustellen, die den Vorwurf entkräftet, hier werde die Einheit Gottes verletzt. Salopp formuliert: Es reicht nicht, sie nur besser zu «verkaufen». Vielmehr muss es darum gehen, die in der Theologiegeschichte entwickelten Auslegungsformen dieser Lehre daraufhin zu sichten, welche von ihnen mehr und welche weniger mit dem alt- wie neutestamentlichen Bekenntnis zur Einheit Gottes zusammenstimmen. Das führt zu einer Kritik an den «sozialen Trinitätslehren», die in den letzten Jahrzehnten auf katholischer, evangelischer und orthodoxer Seite die Auslegung dieses Lehrstücks weitgehend bestimmt haben. Stattdessen wird ein Ansatz gewählt, der weder bei einer Introspektion in das Wesen Gottes, noch bei der Entfaltung des Offenbarungsgeschehens, sondern bei der dreifachen Grunderfahrung und Grundgewissheit des christlichen Glaubens ansetzt: der Erfahrung der Gegebenheit allen Seins, dem Vertrauen auf Gottes unbedingten und universalen Heilswillen, wie er sich maßgeblich in Jesus Christus erschlossen hat, sowie dem Innewerden der Gegenwart Gottes in der Kraft seines Geistes. Die Trinitätslehre erscheint dabei als das Strukturprinzip des christlichen Glaubens. Das ist das Thema des dritten Abschnitts (2.3).

Im vierten Abschnitt gehe ich noch einen Schritt weiter und schlage vor, die Religionstheologie in einen trinitätstheologischen Rahmen zu stellen bzw. die Trinitätslehre zur Grundlage der christlich-theologischen Reflexion der religiösen Pluralität zu machen.[1] Denn in ihren drei Glaubensartikeln fasst diese Lehre die Universalitätspotenziale des christlichen Glaubens zusammen, die für die Beziehungsbestimmung zu anderen Religionen fruchtbar gemacht werden können: die Schöpfungslehre, die Versöhnungslehre und die Pneumatologie. In allen drei Hinsichten – im Blick auf die Konstitution allen Seins, im Blick auf die heilshafte Restitution der Grundbeziehungen des Menschseins (allen voran der Beziehung zu Gott) und im Blick auf die alles durchdringende Transformationskraft der allgegenwärtigen Geistgegenwart Gottes – stellt sie die gesamte Wirklichkeit, die ganze Geschichte und damit auch die ganze Religionsgeschichte in den Horizont der aktiven Präsenz Gottes (2.4).

2.1   Außerchristliche Analogien zur Trinität

Göttertriaden gibt es in vielen Religionen.[2] Man kann dabei grundlegend unterscheiden zwischen tritheistischen und modalistischen Konzeptionen.

---

[1]   Dabei knüpfe ich an die folgenden früheren Veröffentlichungen an und ziehe die darin angezeigten Linien weiter aus: Trinitätstheologie als Matrix einer Theologie der Religionen, in: ÖR 49, 3/2000, 287–301; Protestantische Religionstheologie auf trinitätstheologischem Grund, in: Christian Danz, Ulrich H. J. Körtner (Hg.): Theologie der Religionen. Positionen und Perspektiven evangelischer Theologie, Neukirchen-Vluyn 2005, 107–120; Ende des Dialogs? Die Begegnung der Religionen und ihre theologische Reflexion, Zürich 2006, 219–225; Die Gottesbeziehung in der Sicht des christlichen Glaubens, in: Andreas Renz u. a. (Hg.): «Der stets größere Gott». Gottesvorstellungen in Christentum und Islam, Regensburg 2012, 226–230; Trinity as a Framework for a Theology of Religions, in: Svensk Teologisk Kvartalskrift 90, 2/2014, 52–62.

[2]   Zum Folgenden siehe: Hans-Jürgen Zobel: Altes Testament – Literatursammlung und Heilige Schrift. Gesammelte Aufsätze zur Entstehung, Geschichte

Die tritheistischen bestehen aus einem Verbund von drei eigenständigen Göttern, bei den modalistischen zeigt sich der *eine* Gott in drei Gestalten. Beide Konzeptionen stehen sich jedoch nicht alternativ gegenüber, sondern können miteinander verbunden und ineinander übersetzt werden. Ich betrachte zunächst einige tritheistische Triaden aus der altorientalischen und der griechisch-römischen Welt, wende mich dann den modalistischen Konzepten vor allem aus Altägypten zu und zeige an einigen dieser Beispiele sowie an der hinduistischen *Trimurti* Querverbindungen zwischen diesen beiden Grundmodellen auf. Zum Schluss wende ich mich der *Trikāya*-Lehre des Mahāyāna-Buddhismus zu, die zuweilen «Buddhistische Trinität» genannt wird. Es handelt sich bei diesen Triaden bestenfalls um entfernte Analogien zur christlichen Trinitätslehre, bei denen die Unähnlichkeit der Analogate deren Ähnlichkeit überwiegt.

2.1.1 Tritheistische Konzeptionen

Bei den Sumerern wurde die Trias von *Anu, Enlil* und *Enki* verehrt. Der Himmelsgott Anu stand als Vater bzw. König der Götter an der Spitze des Pantheons. Er wohnte in großem Abstand zur Welt im höchsten Himmel. Diese Distanz zum Weltgeschehen hatte zur Folge, dass er kaum verehrt wurde. Enlil hingegen herrschte als «Herr der Länder» über die Erde. Er wohnte auf einem Berg, brachte Sturm und zerstörerische Fluten. Später trat Marduk an seine Stelle. Enki war der «Herr der Tiefe»; er regierte über die Meere, Seen und Flüsse. Den Menschen stand er wohlwollend gegenüber, brachte ihnen Wissen, Weisheit und Kunst. Die drei Götter bildeten einen Verbund, stellten aber nicht Erscheinungsformen *eines* Gottes dar.

Auch die Astralgottheiten der Babylonier – *Sin, Schamasch* und *Ischtar* – wurden zu einer Triade verbunden. Sin war der Mondgott, der die Zeiten festsetzte, für Nahrung sorgte und sich um das Wohl der Haustiere kümmerte. Ihm stand der Sonnengott Schamasch zur Seite, der die Menschen vor Gefahren beschützte und ihnen ein gerechter und gnädiger Richter war. Ischtar war die bekannteste Göttin des babylonischen Pantheons. Sie wurde mit dem Stern der Venus assoziiert, dem als

---

und Auslegung des Alten Testaments, hg. von Julia Männchen und Ernst-Joachim Waschke, Berlin, New York 1993, 137–154; John Gwyn Griffiths: Triads and Trinity, Cardiff 1996.

Abendstern weibliche und als Morgenstern männliche Züge zugeschrieben wurden. In ihrer weiblichen Seite war sie die Göttin der Liebe und Fruchtbarkeit, in ihrer männlichen Seite eine grausame Kriegsherrin. In Ugarit galt *Aschera* als Gattin *Els* und als Mutter von 70 Göttersöhnen. Im phönizisch-kanaanäischen Raum spielte ihre kultische Verehrung als Fruchtbarkeits- und Vegetationsgöttin eine wichtige Rolle und selbst im Jerusalemer Tempel stand ihr Kultbild (2Kön 21,1.7) Zusammen mit *Baal* ist sie aus der Kultkritik des AT bekannt (Ri 3,7; 1Kön 18,19). «Baal» ist kein Eigenname, sondern ein Allgemeinbegriff für «Gottheit» (kann aber auch einen menschlichen Machthaber bezeichnen).[3] Es gab viele lokale Baalim, die aber auch überregionale Bedeutung gewinnen konnten. Wo der Baal als Sohn von Aschera und El angesehen wurde, bildete sich die Trias von El, Aschera und Baal.

In Ägypten waren die Göttertriaden oft nach dem Modell von Vater, Mutter und Sohn bzw. nach dem Schema des Königspaares und ihres legitimen Thronfolgers gebildet. So etwa die Götterfamilie von *Osiris, Isis* und *Horus,* die in Heliopolis verehrt wurde, oder die Trias des Sonnengottes *Amun,* seiner Gemahlin, der Himmelsgöttin *Mut,* und deren Sohn, dem Mondgott *Chons,* auf die der Kult in Theben ausgerichtet war, oder *Ptah, Sachmet* und *Nefertem* aus Memphis. Auch diese drei wichtigsten Kultorte mit ihren Hauptgöttern bildeten eine Trias. Ich komme im nächsten Abschnitt darauf zurück.

In der griechischen Mythologie gab es dagegen keine Göttertriaden, die nach dem Schema eines Ehepaares mit Kind gebildet sind, wohl aber die Vorstellung von drei Geschwistergottheiten. So wurden etwa *Zeus, Poseidon* und *Hades* – als Söhne des Kronos – in dieser Weise miteinander verbunden. In Rom verehrte man die drei Stadtgottheiten – den Göttervater *Jupiter,* seine Gattin *Juno* und seine Tochter *Minerva* – auf dem Kapitol als «Kapitolinische Trias». Weiter zurück reicht die «Archaische Trias» aus *Jupiter, Mars* und *Quirinus*. Unter den Plebejern war die «Aventinische Trias» (*Ceres, Liber* und *Libera*) populär.

Bei diesen Beispielen handelt es sich um Triaden dreier eigenständiger Gottheiten mit je eigener Charakteristik im Rahmen einer polytheistischen Religion. Die Dreiheiten wurden von politischen und priesterlichen Autoritäten in einen systematischen Zusammenhang zueinander gestellt,

---

[3]   Siehe dazu auch Abschnitt 1.6.2 in Teil 1 dieses Buchs.

den man zuweilen auch naturphilosophisch begründete.[4] Ihnen ließen sich weitere Gottheiten zuordnen, sodass das Pantheon eine Ordnung bekam. Die drei Gottheiten bekamen dabei in der Regel unterschiedliche Herrschaftsbereiche und Funktionen zugewiesen (etwa die Gewährung von Fruchtbarkeit). Sie waren mit Naturphänomenen verbunden und auf menschliche Grunderfahrungen bezogen. In dieser Hinsicht galten sie als schicksalsbestimmende Mächte. Die Verbindung zwischen ihnen konnte dabei über Herrschaftsstrukturen (also hierarchisch) oder über Abstammungs- und Familienstrukturen (also sozial) hergestellt werden. Beides ließ sich verbinden, indem die Familienstruktur patriarchal, also als Herrschaftsstruktur verstanden wurde.

Religionsgeschichtlich betrachtet – im Blick auf ihre Genese – handelt es sich bei einigen dieser Götterdreiheiten um Verbindungen von ursprünglich getrennten Lokalgottheiten. Sie wurden aus politischen Interessen zusammengefügt, weil sich die Sippen, die sie verehren, zu Stämmen verbanden. Wenn Göttertriaden aus ursprünglich selbstständigen Gottheiten gebildet wurden, dann hatte das auch die Funktion, Religionsfrieden zwischen den Kultgemeinschaften herzustellen.

Die Gottheiten blieben bei solchen Verbindungen aber unterscheidbar und wurden nicht in eine Synthese eingeschmolzen, wie das nach der Deutung von Albrecht Alt[5] beim Gott Abrahams, Isaaks und Jakobs der Fall war. Alts These (die ich hier nicht diskutieren möchte) war, dass es sich dabei ursprünglich um drei getrennte Sippengottheiten handelte.

2.1.2 Modalistische Konzeptionen

In einem Amun-Hymnus[6] aus der Ramessidenzeit am Ende des 14. Jahrhunderts v. Chr. werden die drei Götter *Amun* (aus Theben), *Re* (aus Heliopolis) und *Ptah* (aus Memphis) als Erscheinungsformen *eines* Gottes

---

4   Nach Aristoteles «haben wir diese Zahl [Drei, R. B.] der Natur entnommen, als ob sie eines von deren Gesetzen wäre, und bedienen uns ihrer bei der kultischen Verehrung der Götter» (Aristoteles: Über den Himmel, in: Aristoteles Werke in deutscher Übersetzung, Bd. 12/III, Berlin, Boston 2009, 268a, 1315, [S. 21]).

5   Albrecht Alt: Der Gott der Väter. Ein Beitrag zur Vorgeschichte der israelitischen Religion, Stuttgart 1929. Siehe dazu: Matthias Köckert: Vätergott und Väterverheißungen. Eine Auseinandersetzung mit Albrecht Alt und seinen Erben, Göttingen 1988.

6   Aus der Leidener Hymnensammlung: pLeiden I 350, 300.

dargestellt: «Drei sind alle Götter: Amun, Re und Ptah, denen keiner gleichkommt. Der seinen Namen verbirgt als Amun, er ist Re im Angesicht, sein Leib ist Ptah. [...] Einzig er allein, Amun, zusammen mit Re (und Ptah), zu dreien verbunden.»[7] Amun ist der verborgene Gott, der sich in Re als Sonnengott kosmisch manifestiert und der in Ptah auf Erden erscheint. In dieser Manifestation wurde er kultisch verehrt. Diese drei Götter stehen also nicht in einer sozialen (durch Ehe oder Abstammung konstituierten) oder funktionalen, sondern in einer wesenhaften Beziehung zueinander.

Auch die kosmische Manifestation des Sonnengottes ist eine dreifache. In den ägyptischen Sonnenhymnen wird sie in Analogie zu den drei Phasen im Tageslauf der Sonne beschrieben: Aufgang am Morgen, Mittagssonne und Untergang am Abend / Mond in der Nacht. Gott wird dementsprechend in drei Gestalten verehrt: als *Chepre, Re* und *Atum*. «Es handelt sich dabei nicht um drei Götter, die ‹synkretistisch› zu einem Sonnengott verschmolzen sind, sondern um Einen Gott, der in seiner innerweltlichen Manifestation in drei Gestalten erscheint.»[8]

Es gab aber auch Bestrebungen, die tritheistischen Triaden – wie überhaupt das polytheistische Pantheon – modalistisch zu interpretieren. So wurde in einem Gebet aus spätbabylonischer Zeit *Marduk* als der *eine* Gott verstanden, der «mit bestimmten Seiten seines Wesens und Handelns Nebo und Sin, Schamasch und Adad sowie eine ganze Reihe anderer Gottheiten in sich vereint.»[9]

Ein weiteres bekanntes Beispiel einer Göttertriade, die tritheistisch aufgefasst und verehrt, aber auch modalistisch interpretiert werden konnte, stammt aus dem Kontext der Religionen Indiens, die unter dem Begriff «Hinduismus» zusammengefasst werden. In der sogenannten *Trimurti* («Dreigestalt») sind die drei Götter *Brahma, Vishnu* und *Shiva* miteinander verbunden. Sie repräsentieren drei elementare kosmische Kräfte, die in Spannung zueinander stehen: die Kraft des Erschaffens, des

---

7   Jan Assmann: Ägyptische Hymnen und Gebete; übersetzt, kommentiert und eingeleitet. Freiburg (CH), Göttingen 1999, 333f. Siehe auch: ders.: Of God and Gods. Egypt, Israel, and the Rise of Monotheism, Madison, WI, London 2008, 53–75; Erik Hornung: Der Eine und die Vielen. Altägyptische Götterwelt, Darmstadt [7]2011.

8   Assmann: Ägyptische Hymnen und Gebete (a. a. O.), 32.

9   Otto Eißfeldt: El im ugaritischen Pantheon, Berlin 1951 (Nachdruck 2021), 70.

Erhaltens und des Zerstörens (bzw. Transformierens). Jeder dieser Götter bzw. Manifestationen des Göttlichen hat eine Partnerin an seiner Seite: Brahma ist mit Saraswati verbunden, Vishnu mit Laxmi und Shiva mit Shakti. Nach den monistischen Schulen des Hinduismus sind diese drei Götter und die mit ihnen verbundenen kosmischen Funktionen lediglich Erscheinungsformen des impersonalen göttlichen Absoluten (Brahman) oder des höchsten Gottes (Ishvara). In den Shiva-Puranas werden sie als Aspekte des Weltherrschers Shiva-Maheshvara gedeutet.[10] Auch Vishnu konnte als Zentralfigur erscheinen, der die anderen beiden Götter aus sich heraustreten lässt. Die bildlichen Darstellungen der *Trimurti* zeigen die verschiedenen Auffassungen: Sie konnte als ein Gott mit drei Köpfen, ein Kopf mit drei Gesichtern oder als drei separate Götter symbolisiert werden.

Bernhard Nitsche setzt die drei «Personen» der Trinität in Beziehung zur hinduistischen Unterscheidung zwischen *nirguna brahman, saguna brahman* und *âtman. Nirguna brahman* korreliert dabei Gott-Vater als «abgründiger Göttlichkeit», «Quelle der Gottheit», «Ur-Schoß» «freisetzendes Woher»; *saguna brahman* lässt sich beziehen auf den Sohn als «höchster göttlicher Personalität», «allerschaffende[s] Sinn-Wort» und *âtman* entspricht dem Geist als «inwendiger Göttlichkeit», «‹Seele› der kosmischen Welt», «freischwebende[r] ‹Grund› der Freiheit des Menschen.[11] Darin findet Nitsches Beschäftigung mit dem Werk Raimon Panikkars (→ 2.4.1) seinen Niederschlag.[12]

---

[10] Siehe etwa: Kūrma Purāṇa, 1.9.26. hg. von Anand S. Gupta, Varanasi 1971; übersetzt von Ahibhushan Bhattacharaya u. a., Varanasi 1972.

[11] Die Zitate sind entnommen aus: Bernhard Nitsche: Muslimischer Monotheismus und christliche Trinitätslehre. Ureigene Anliegen und Chancen der Begegnung, in: Klaus von Stosch, Muna Tatari (Hg.): Trinität – Anstoß für das islamisch-christliche Gespräch, Paderborn u. a. 2013, 112f.

[12] Siehe dazu: Bernhard Nitsche (Hg.): Gottesdenken in interreligiöser Perspektive. Raimon Panikkars Trinitätstheologie in der Diskussion, Frankfurt a. M., Paderborn 2005; ders.: Gott – Welt – Mensch. Raimon Panikkars Denken. Paradigma für eine Theologie in interreligiöser Perspektive?, Zürich 2008.

2.1.3 Kann man von Analogien zur Trinität sprechen?

Je genauer man die *inhaltlichen* Bestimmungen der Trinitätslehre betrachtet, umso deutlicher zeigen sich die Unterschiede zu außerchristlichen Gottesverständnissen. Auf der Ebene der *Strukturen,* also der Relationsmuster, besteht dagegen eine Vergleichbarkeit.[13] Das zeigt sich schon an der formalen Unterscheidung zwischen tritheistischen und modalistischen Konzepten. Diese begegnet in der Entwicklungsgeschichte der immanenten Trinitätslehre und lässt sich auch auf außerchristliche Triaden anwenden.

Im Blick auf die ökonomische Trinitätslehre kann man eine Ähnlichkeit zu den außerchristlichen triadischen Gottesvorstellungen darin sehen, dass den drei göttlichen «Personen» spezifische Funktionen («Werke») zugeschrieben wurden, wobei diese Funktionen in einem systematischen Zusammenhang zueinander stehen. Die größte Übereinstimmung besteht dabei in Bezug auf die Erschaffung, Erhaltung und Ordnung des Kosmos, die der ersten «Person» der Trinität appropriiert wurden. Das erklärt sich nicht zuletzt aus der religionsgeschichtlichen Tatsache, dass die biblischen Schöpfungsvorstellungen in kritischer Auseinandersetzung mit altorientalischen (vor allem babylonischen) Schöpfungsmythen gebildet wurden.

Anders als viele der genannten Göttertriaden ist die christliche Trinitätsvorstellung nicht auf dem Weg der Vereinigung vormals selbstständiger Traditionen (und der sie tragenden Gemeinschaften) oder der Systematisierung eines polytheistischen Götterhimmels entstanden. Die Bewegungsrichtung war die umgekehrte: Unter der vorausgesetzten Einheit Gottes wurde nach seiner inneren (wesenhaften) Differenziertheit gefragt. Der Anlass für diese Frage lag im Glaubenspostulat, dass der «Sohn» und der «Geist» Gottes gleichen Wesens mit Gott seien, ohne die Einheit Gottes infrage zu stellen. Die Trinitätslehre beschreibt die Selbstentfaltung bzw. Ausdifferenzierung des *einen* Gottes.

Dass sich das in der Trinitätslehre bearbeitete Problem (wie sich die Göttlichkeit des «Wortes» und des «Geistes» Gottes zur Gottheit Gottes

---

13 Claus Westermann notiert: «Strukturell entsprechen die christologischen und trinitarischen Fragen den mythologischen Fragen nach dem Verhältnis der Götter in einem Pantheon zueinander» (Claus Westermann: Das Alte Testament und die Theologie, in: Georg Picht u. a. [Hg.]: Theologie, was ist das?, Stuttgart, Berlin 1977, 50).

verhalten) in anderer Weise auch im islamischen Gottesglauben stellt, habe ich in Abschnitt 1.8.3 gezeigt. Wo aber diese Problemstellung gar nicht als zu klärende «Frage» empfunden wird, werden auch die in der christlichen Theologiegeschichte vorgelegten «Antworten» nicht auf Verständnis stoßen können. So konstatiert etwa Gauri Viswanathan: «To Hindus (seeking rational bases in religion) the concept of the Trinity was one of Christianity's most vexing puzzles.»[14]

Nach Hans Urs von Balthasar fehlt den außerchristlichen Analogien zur Trinität die heilsgeschichtliche Basis. Er mahnt, «dass bei der Heranziehung außerchristlicher Analogien zur Trinität größte Vorsicht geboten ist: Ihnen fehlt die ökonomische Basis, weswegen sie leicht als bloße Additionen kosmologischer Prinzipien auftreten [...] und dann über einen Tritheismus nicht hinauskommen, oder als drei Aspekte des Einen [...] und dann im Modalismus verharren.»[15] Der Mahnung ist durchaus zuzustimmen, ihre Begründung erscheint dagegen nur von einem christlich-heilsgeschichtlichen Denken aus überzeugend. Die außerchristlichen Triaden sind eher auf die Natur als auf die Geschichte bezogen; sie können mit Heils- wie mit Unheilserfahrungen und -erwartungen verbunden sein.

2.1.4 Trikāya: Die drei Leiber Buddhas

Die Trikāya-Lehre des Mahāyāna-Buddhismus wird oft «Buddhistische Trinität» genannt.[16] «Buddha» bezeichnet dabei eine universale und

---

[14] The Blackwell Companion to Hinduism ed. by Gavin Flood, Oxford 2003, 36.

[15] Hans Urs von Balthasar: Theodramatik II/2, Einsiedeln 1978, 466.

[16] Zum Folgenden siehe auch: Reinhold Bernhardt: Der Leib Christi und die drei Leiber Buddhas. Der Leib als Motiv in metaphorischer Sprache, in: Christina Aus der Au; David Plüss (Hg.): Körper – Kulte. Wahrnehmungen von Leiblichkeit in Theologie, Religions- und Kulturwissenschaften, Zürich 2007, 151–175. Ich zeichne nicht die Entwicklungsgeschichte der Lehre von den drei Leibern Buddhas nach (siehe dazu: Gadjin M. Nagao: Mādhyamika and Yogācāra. A Study of Mahāyāna Philosophies, Neu Delhi 1992, 103–122; Guang Xing: The Concept of the Buddha. Its Evolution from Early Buddhism to the Trikaya Theory, New York 2005), sondern skizziere diese in Grundzügen in ihrer ausgereiften Gestalt, wie sie in der Yogācāra-Schule seit dem 5. Jh. n. Chr. ausgebildet wurde.

komplexe Wirklichkeit, die weit über die historische Person des Siddhartha
Gautama hinausreicht und sich in ihm manifestiert. Die Buddha-Wirklichkeit besteht auf drei Ebenen in Korrelation zu den Ebenen der rein
geistigen «formlosen Welt», der formhaften, aber «feinstofflichen Welt»
und der grobstofflichen «Welt der Begierde». Die Präsenz des Buddha in
jeder dieser Welten wird als «Leib» bezeichnet. Ihr zufolge hat Buddha drei
Leiber:

- Der «Wahrheitsleib» *(dharma-kāya)* bezeichnet die vom Buddha verkündete, zur Erleuchtung führende Lehre und in eins damit die
  unbeschreibliche, weil «formlose», absolute, unpersönliche, unvergängliche, zeitlose Wirklichkeit des *dharma* selbst, von der die Erleuchtung
  ausgeht und auf die sie zielt: die Essenz und den Urgrund der
  Wirklichkeit, die alles Sein durchdringt, miteinander verbindet, aber
  auch transzendiert; das eigentliche Sein und das universale Prinzip
  seiner Existenz. Dieses «Sein», das aber nicht in einer Substanz, sondern
  in der Leerheit, *śūnyatā*, besteht, durchdringt als Buddhanatur das
  Universum.
- Der «Genussleib» *(saṃbhoga-kāya)*, auch der «Leib der Freude» bzw.
  «Glückseligkeit» genannt, ist der ewige, unvergängliche und unkörper-
  liche transzendente Buddhaleib, die Sphäre des reinen Bewusstseins, in
  der Buddha in seiner erleuchteten Herrlichkeitsgestalt als Meditie-
  render existiert und die versammelten Buddhas lehrt. Die Bezeichnung
  als «Genussleib» geht zurück auf die Überlieferung, wonach sich
  Gautama nach seiner Erleuchtung unter dem Bodhibaum einige
  Wochen lang meditierend an dieser Erleuchtung erfreute und die
  damit verbundene Begeisterung genoss. Nach anfänglichem Zögern
  beschloss er, auch andere an dieser Freude teilhaben zu lassen und
  begann, darüber zu predigen. Diese Predigt und alle, die in ihren
  Genuss kommen und durch sie zur eigenen Erleuchtung geführt
  werden, gehören zum Genussleib. Der supranaturale Genussleib ist der
  spirituelle Leib Buddhas, der nur von den Erleuchteten «gesehen»
  werden kann.[17]

---

17 Ob der «Genussleib» auch eine kommuniale Dimension hat, ist im Bud-
dhismus umstritten. Siehe dazu: John Makransky: Buddhahood Embodied.
Sources of Controversy in India and Tibet, Albany, NY 1997, 85–108; ders.:
Buddha and Christ as Mediators of the Transcendent. A Buddhist Perspective, in:
Perry Schmidt-Leukel (Hg.): Buddhism and Christianity in Dialogue. The Gerald
Weisfeld Lectures 2004, London 2005, 176–199.

• Im physischen «Erscheinungsleib», in dem Gautama Śākyamuni auf
  der Erde weilte *(nirmāṇa-kāya)*, wird die letzte Wirklichkeit in einer
  grobstofflichen Gestalt sichtbar. Es ist sein vergänglicher «Wandlungs-
  leib», in dem er sich der Uneigentlichkeit und Veränderlichkeit der
  zeitlichen, endlichen, leidenden Wirklichkeit anverwandelt hat. Doch
  ist damit nicht die reine biophysische Körperlichkeit gemeint, sondern
  die sichtbare Erscheinungsform des *dharma*.

Helmut Tauscher summiert: «Somit wird die ‹Wirklichkeit des Buddha›
im Mahāyāna zu einer ‹Buddha-Wirklichkeit›, zu jener Wirklichkeit, *die
der Buddha ist,* die durch den Buddha repräsentiert wird.»[18] Diese letzte
Wirklichkeit, die alles bedingt, ohne selbst bedingt zu sein, ist die Leerheit.
In dieser besteht auch die Identität der drei Leiber. Dass sie die letzte, in
allem anwesende Wirklichkeit darstellt, ist der zentrale Inhalt der Lehre
Buddhas, die in der Erleuchtung erkannt wird. Der Erleuchtete erkennt
dabei, dass er nicht nur an der Buddhanatur teilhat, sondern mit ihr
identisch ist. Darin liegt sein wahres Selbst.

Auch hier fragen wir wieder, ob und inwiefern die Trikāya-Lehre als
eine Analogie zur christlichen Trinitätslehre gesehen werden kann. Von
dieser, wie auch von den oben beschriebenen tritheistisch oder modalistisch interpretierten Göttertriaden unterscheidet sie sich nicht nur
inhaltlich, sondern auch strukturell. Eine gewisse Analogie besteht lediglich zur gnostischen und neuplatonischen Emanationsvorstellung, deren
Anwendung auf die Deutung der Trinität (etwa durch Valentin) in der
Alten Kirche debattiert und (vor allem durch Clemens von Alexandrien,
Origenes und Athanasius) verworfen wurde. Demnach sind die göttlichen
«Personen» als «Ausfluss» (Emanation) der Gottheit zu verstehen. Das
konnte so aufgefasst werden, dass dem «Sohn» und dem «Geist» Gottes
eine niedere Seinsqualität als dem «Vater» (als der «Quelle der Gottheit»)
zukomme, wogegen sich dann auch die kirchliche Lehrbildung aussprach.
Irenäus hatte die Emanationsvorstellung zwar in einem rein geistigen Sinn
ausgelegt, doch setzte sich diese Auffassung nicht durch, weil auch sie als
subordinationistisch erschien.

---

[18] Helmut Tauscher: Die Buddha-Wirklichkeit in den späteren Formen des
mahāyānistischen Buddhismus, in: Perry Schmidt-Leukel (Hg.): Wer ist Buddha?
Eine Gestalt und ihre Bedeutung für die Menschheit, München 1998, 93–118,
bes. 95–102, Zitat: 95 (Hervorhebung H. T.). In der Anmerkung 1 in diesem
Beitrag (S. 247f.) finden sich weitere Literaturangaben zur Trikāya-Lehre.

Der Trikāya-Lehre ist demgegenüber nicht in substanzhaften Kategorien entfaltet, weshalb die Frage nach Seinsqualitäten und -stufen nicht aufkommen kann. Der Emanationsgedanke lässt sich auf die *dharma*-Wirklichkeit nicht sachgemäß anwenden. Eher ist von deren *Manifestation* im «Genussleib» und im «Erscheinungsleib» zu sprechen.[19] Der «Erscheinungsleib» empfängt seine Existenz und sein Wesen vom «Genussleib» und dieser vom «Dharmaleib», der sich in ihm realisiert. Der «Genussleib» und der «Erscheinungsleib» haben keinen Selbststand. Es sind «leere Dharmas». Der «Dharmaleib» als die eigentliche, wahre Wirklichkeit des Buddha verleiblicht sich im geistlichen «Genussleib» und dieser in der historischen Leiblichkeit Gautamas ebenso wie in der Leiblichkeit der Erleuchteten. Man kann darin eine gewisse Ähnlichkeit zur christlich-theologischen An- und Enhypostasielehre, wie überhaupt zur Entwicklung der Christologie sehen.

Im Mahāyāna-Buddhismus bildete sich eine Art «Buddhologie von oben». Es kam zu einer Hypostasierung der «Lehre» Buddhas und parallel dazu zu einer Universalisierung Buddhas, d. h. zur Ausbildung der Auffassung, dass Buddha eine transzendente Wirklichkeit realisiert, die weit über den Menschen Gautama hinausreicht und an der auch andere nach Erleuchtung Suchende und Erleuchtete teilhaben. Diese essenzielle Buddhanatur ist das Entscheidende.[20] In der Existenz der historischen Person Gautamas und der von seiner Lehre Erleuchteten sowie in der Lehre selbst hat sie ihre Verkörperung gefunden. Schon im Pâli-Kanon konnte Buddha als der «sichtbare dharma» bezeichnet werden und im relativ frühen Lotos-Sūtra erscheint der irdische Buddha als Verleiblichung der überirdischen absoluten Buddhawirklichkeit.[21] Doch darf

---

[19] Perry Schmidt-Leukel geht noch weiter und spricht sogar von «Inkarnation» (Perry Schmidt-Leukel: Buddha und Christus als Inkarnationen, in: Nitsche [Hg.]: Gottesdenken [siehe: Anm. 12], 202–219; dieser Aufsatz ist unter dem Titel «Buddha and Christ as Mediators of the Transcendent. A Christian Perspective» in Englisch – zusammen mit John Makranskys [in Anm. 17 genannter] Darstellung der «Buddhist Perspective» zu diesem Thema sowie den beiden «responses» dazu erschienen, in: Schmidt-Leukel [Hg.]: Buddhism and Christianity in Dialogue [siehe Anm. 17], 151–211).

[20] Siehe dazu: Paul J. Griffiths: On Being Buddha. The Classical Doctrine of Buddhahood, Albany, NY 1994, bes. Kap. 4–6.

[21] Nach Schmidt-Leukel: Buddha und Christus (siehe Anm. 19), 206.

damit nicht die Vorstellung einer Epiphanie oder gar der Selbstoffenbarung eines göttlichen Wesens verbunden werden, bei der dann zu fragen wäre, in welchem Verhältnis diese Offenbarungen zum Offenbarer stehen. Die Verschiedenheiten zwischen der Trikāya-Lehre und der christlichen Trinitätslehre betreffen also nicht nur den «Text» der Lehre, sondern auch und vor allem deren gesamten religionskulturellen «Kontext».

2.2 Einwände aus dem Judentum und dem Islam gegen die Trinitätslehre

Die christliche Trinitätslehre wurde und wird sowohl von Seiten des Judentums – unter Berufung auf die Hebräische Bibel –, als auch von Seiten des Islam – unter Berufung auf den Koran – mit Nachdruck und zuweilen auch mit polemischer Schärfe zurückgewiesen. In der zentralen Stoßrichtung der Kritik stimmen Judentum und Islam überein. Sie sehen die Einheit Gottes nicht gewahrt. Das Problem bricht allerdings nicht erst in Bezug auf die Trinitätslehre auf, sondern schon in deren Ausgangskonstellation: im Postulat des Gottseins des «Sohnes» und des «Geistes», also in der Christologie und Pneumatologie.

Eine Gotteslehre im Kontext der Religionstheologie muss sich diesem Protest stellen und ihn ernst nehmen. Obwohl die kritischen Einwände aus dem Judentum und dem Islam sachlich nahezu identisch sind, betrachte ich sie in den folgenden beiden Abschnitten nacheinander.

2.2.1 Einwände aus dem Judentum

Die jüdische Kritik an der christlichen Trinitätslehre richtet sich vor allem gegen die Bestimmungen der inneren Beziehungen in Gott, also gegen die *immanente* Trinitätslehre. Und sie fällt umso schärfer aus, je mehr das Beziehungsgeschehen zwischen «Personen» in Gott theopoetisch ausgeschmückt wird, wie es in den sozialen Trinitätslehren oft der Fall ist.

2.2.1.1 Die beiden Hauptpunkte der Kritik
Es sind zwei Haupteinwände, die aus dem Judentum gegen die christliche Trinitätslehre vorgebracht werden: Die Vermischung von Göttlichem und Menschlichem in der Person Jesu Christi und die Verletzung der Einheit

Gottes durch die Behauptung einer Dreiheit in Gott. Der erste Einwand betrifft die Christologie, der zweite die trinitarische Gotteslehre.

(a) Grenzüberschreitung zwischen Schöpfer und Geschöpf:
Auch wenn Gott durch die Thora und nach dem Zeugnis der Thora in die Geschichte hineingesprochen hat und auch wenn er sich immer wieder herabließ, um unter seinem Volk zu wohnen, so bleibt er nach jüdischem Verständnis doch der von allem geschöpflichen Sein kategorial Unterschiedene. Auch die Vorstellung von Gottesmittlern ist dem Volk Israel vertraut. Propheten, Könige, Priester gelten als mit Gottes Geist gesalbt und sind damit bevollmächtigt, im Namen Gottes zu sprechen und zu handeln. In ihnen jedoch eine Inkarnation des Wortes Gottes zu sehen, die ihnen göttliches Wesen verleiht, wäre gänzlich undenkbar. Das gilt auch für die Gestalt des erwarteten Messias und für den Menschensohn als eschatologischen Gesandten Gottes. Von einer Menschwerdung Gottes (bzw. des Wortes Gottes) zu sprechen, müsste als Vergöttlichung eines Menschen und Vermenschlichung Gottes erscheinen. Gott bzw. das Wort Gottes hat sich nicht mit Menschlichem in der Weise verbunden, wie es der christliche Glaube von Jesus Christus aussagt.

Gegen die Behauptung des Gottseins Jesu, gegen die Lehre von der Inkarnation des ewigen Gotteswortes und gegen die in diesem Sinne verstandene Rede von der Gottessohnschaft Jesu wurde und wird daher von jüdischer Seite der Vorwurf erhoben, es handle sich dabei um *Schittuf* (שִׁתּוּף = Vermischung) von Göttlichem und Menschlichem. Dieser Begriff stammt aus der rabbinischen Literatur,[22] bedeutet Partnerschaft, Assoziation-mit, (illegitime) Zusammenfügung, Vergesellschaftung. Er wurde und wird vor allem auf die christliche Trinitätslehre und die Lehre von der Gottessohnschaft Jesu angewandt, die man damit einerseits als «Assozianismus» und damit als Abweichung vom Monotheismus be- und verurteilte, andererseits aber auch gegenüber einem Polytheismus abgrenzte. Das Christentum galt als ein «fremder (Gottes-)Dienst» *(avodah zarah)*[23] von eigener Art, nicht aber als pagane Idolatrie.

---

[22] Siehe dazu: Kommentar (Tosafot) zum Babylonischen Talmud, Sanhedrin 63b; Kommentar zu Avodah Zarah 2b.

[23] Nach dem Mishnah-Traktat *Avodah Zarah.* Darin werden die Christen nicht als Götzendiener bezeichnet, sondern als Häretiker bzw. Sektierer *(minim).*

Mit der Anwendung des Begriffs *Schittuf* auf die Trinitätslehre war also keine eindeutige Verurteilung ausgesprochen, sondern eine dialektische Beurteilung vollzogen: Diese Lehre galt als eine Verunreinigung des reinen Ein-Gott-Glaubens, wurde damit aber nicht notwendigerweise als im Widerspruch zu ihm stehend angesehen. Der auf diese Weise eröffnete Bewertungsspielraum ermöglichte es den jüdischen Gelehrten, eher die eine oder stärker die andere Seite der Dialektik zu betonen. So war es (und ist es z. T. bis heute) unter ihnen umstritten, ob damit ein Verrat an der Transzendenz Gottes und ein Verstoß gegen das erste Gebot begangen ist.

Die Mehrheit der Gelehrten beharrte darauf, dass *Schittuf* der schlimmste Verrat an der Gottheit Gottes sei, denn dabei werde die Grenze zwischen Gott und den Menschen von den Menschen her durchstoßen. Wenn (vergöttlichte) Geschöpfe Gott zur Seite gestellt werden, dann ist das nach dieser Auffassung ein eklatanter Verstoß gegen den Grundsatz der radikalen Transzendenz und der Einzigkeit Gottes, also gegen das erste Gebot und gegen das zentrale Bekenntnis des Judentums, das *Schma Israel* (Dtn 6,4) (→ 1.6.2), mithin gegen den Monotheismus. In der Nicht-Respektierung der Unterschiedenheit von Schöpfer und Geschöpf besteht die Grundsünde schlechthin.

Andere – wie Rabbi Menachem ben Salomo (s. u.) – milderten dieses Urteil ab, indem sie anerkannten, dass es sich bei der christlichen Trinitätsvorstellung nicht um eine Verletzung der Grenze zwischen Gott und Mensch und nicht um einen Tritheismus handle, der die Einheit Gottes grundlegend infrage stellt. Sie bezogen sich dabei auf die eher modalistischen Auslegungen dieser Lehre und stellten in Rechnung, dass es auch im Judentum Reflexionen über triadische Formulierungen in der Hebräischen Bibel gab (s. u.). Damit vertraten sie allerdings eine Minderheitsmeinung.

Im mittelalterlichen Judentum war die Frage, ob es sich beim Christentum um einen Götzendienst handelt, nicht zuletzt deshalb relevant, weil es dabei auch um die Anerkennung des Eides ging, der im Namen Gottes geleistet wurde. Hätte man Christen ganz auf die Seite der Götzendiener gestellt, so wären sie nicht eidesfähig gewesen und man hätte mit ihnen keine Handelsverträge abschließen können. Daraus ergab sich die Notwendigkeit, die theologische Zurückweisung der Trinitätslehre mit der Notwendigkeit zu verbinden, mit Christen gedeihlich zusammenzuleben und Geschäftsbeziehungen zu pflegen.

(b) Gefährdung der Einheit und Einzigkeit Gottes

Während der erste Einwand gegen das christliche Verständnis der Beziehung zwischen Gott, dem «Wort» Gottes und der Personifizierung dieses «Wortes» in Jesus von Nazareth gerichtet war, so bezieht sich der zweite Einwand auf die Lehre von einer Dreifaltigkeit Gottes. Es geht dabei also nicht mehr um den Weltbezug Gottes, sondern um sein inneres Wesen.

Das «Wort», der «Geist» und die «Weisheit» Gottes konnten zwar auch nach den alttestamentlichen Überlieferungen und nach der jüdischen Religionsphilosophie als aus Gott hervorgehende Gestalten seiner aktiven Gegenwart verstanden und in diesem Sinne als göttliche Wesenheiten angesehen werden, sie wurden aber nicht als Instanzen von relativer Eigenständigkeit in Gott betrachtet, die das Wesen Gottes ausmachen, sodass dieses Wesen als ein multiples zu verstehen wäre. Und schon gar nicht durften sie Gott zur Seite gestellt werden. Die christliche Trinitätslehre ging darüber hinaus, indem sie das «Wort» und den «Geist» in das Wesen Gottes einschrieb und dieses damit als ein in sich differenziertes darstellte. Das aber widersprach nach jüdischer Auffassung dem Grundbekenntnis zur Einheit Gottes, verstanden als Einzigkeit und als Einfachheit, also wiederum dem ersten Gebot und dem *Schma Israel*.[24] Mit der «äußeren» Einzigkeit Gottes (im Blick auf andere Götter) wurde auch die «innere» Einfachheit Gottes (im Blick auf sein Wesen) betont. Das führte zu einer mehr oder weniger scharfen Ablehnung der christlichen Trinitätslehre.[25]

Nach der Darstellung der beiden Haupteinwände, die aus dem Judentum gegen die christliche Trinitätslehre vorgebracht wurden, werfe ich einen Blick auf ausgewählte Stationen in der Entwicklung des nachbiblischen Judentums.

---

24 Siehe dazu: Jacobs: Principles (siehe Anm. 139 in Teil 1), 70–117 (The Second Principle: God's unity).

25 Von den zahlreichen Bekenntnissen zum Glauben an den einen Gott in der jüdischen Tradition sei lediglich auf *Jigdal,* einen Hymnus verwiesen, der aus dem frühen 14. Jh. stammen dürfte und sich als Gebet im *Siddur* findet. Darin heißt es: «Erhaben ist der lebendige Gott und gepriesen, er ist, und keine Zeit beschränkt sein Dasein. Er ist einzig, und nichts ist einzig gleich seiner Einzigkeit, er ist unsichtbar, und unendlich ist seine Einheit.» (www.talmud.de/tlmd/das-morgengebet-fuer-werktage/ [31.03.2021]).

2.2.1.2 Betonung der Einheit Gottes im nachbiblischen Judentum

Im Frühjudentum wurde das *Schma Israel* immer wieder bekräftigt,[26] womit aber eher ein aus Persien kommender Dualismus und weniger die christliche Trinitätslehre abgewehrt wurde. «In der rabbinischen Epoche […] gab es vermutlich nur vereinzelte antitrinitarische Polemiken gegen das Christentum.»[27] Diese richteten sich vor allem gegen trinitätstheologische Interpretationen von Stellen aus dem Alten Testament.[28] Eine dieser Interpretationen bezog sich auf Jos 22,22 und deutete die drei dort genannten Bezeichnungen für Gott – El, Elohim und Jahwe – als die Anrufung dreier göttlicher Personen. Ausgerechnet in Dtn 6,4 glaubte man eine Bestätigung für diese Deutung zu finden, weil dort zwei Mal «Jahwe» und ein Mal «Elohim» genannt werden. Auch das Trishagion, das dreifache «heilig» (קָדוֹשׁ) in Jes 6,3 wurde in diesem Sinne ausgelegt. Weiter verwies man auf die Formulierung: «der Gott Abrahams, der Gott Isaaks und der Gott Jakobs»[29] (nicht: «der Gott Abrahams, Isaaks und Jakobs»!) und auf den Wechsel vom Plural zum Singular in der Erzählung der drei Männer im Hain Mamre (Gen 18,1–15).

Eine bis heute tonangebende Autorität in der jüdischen Auseinandersetzung mit dem Christentum ist Maimonides. Als er im 12. Jh. die jüdischen Glaubensgrundsätze abfasste, formulierte er in Anlehnung an das islamische Glaubensbekenntnis: «Gott, der Erhabene ist Einer […]. Moses ist sein Prophet und derjenige, der durch seinen Mund redet; er ist der größte und vollkommenste aller Propheten».[30]

---

[26] Jüdische Sibyllinen 3,11–16; Sibyllinen Fragment 1,32–35; Brief des Aristeas 132–138; Pseudo-Phokylides 54; Josephus: Antiquitates 4,201; 5,112; 8,343f.; Philo von Alexandria: Legatio ad Gaium (LCL 379), 115. In seiner Abhandlung zur Schöpfung nennt Philo fünf Grundwahrheiten, die Mose gelehrt habe. Die zweite davon lautet ὅτι θεὸς εἷς ἐστι (LCL 226, 171).

[27] Starobinski-Safran: Art. «Monotheismus III» (siehe Anm. 135 in Teil 1), 252.

[28] Siehe dazu: Jacobs: Principles (siehe Anm. 139 in Teil 1), 86f.

[29] Etwa in Ex 3,6.15; 4,5; Apg 3,13.

[30] Moses Maimonides: Der Brief in den Jemen. Texte zum Messias, hg., übersetzt und kommentiert von Silvia Powels-Niami, Berlin, 2002, 43. Isak Münz zitiert Maimonides mit den Worten: «Immer von neuem müsset ihr es euch zu Gemüte führen, dass Gott einzig, dass Moses der vorzüglichste aller Propheten und die Heilige Schrift von ihrem ersten bis zu ihrem letzten Worte göttlichen Ursprunges sei.» (Isak Münz: Moses ben Maimon [Maimonides]. Sein Leben und seine Werke, Frankfurt a. M. 1912, 73).

Im Umkehrschluss beurteilte Maimonides das Christentum als Götzen-dienst.[31] Zu diesem Urteil mag auch die mittelalterliche Heiligen- und Bilderverehrung beigetragen haben. Vor allem aber ging es dabei um die Lehre von der Trinität und von der Gottessohnschaft Jesu Christi. Anders als im Islam sah Maimonides die absolute Einheit und Einzigkeit Gottes im christlichen Glauben nicht gewahrt.[32] Diejenigen Christen, die sich an die noachidischen Gebote halten, durften aus seiner Sicht aber trotz ihres falschen Glaubens auf Erlösung hoffen.[33]

Zu einem anderen Urteil kam Rabbi Menachem ben Salomo (ha-Meiri), der das Christentum vom Vorwurf des Götzendienstes freispach. In seinem Kommentar zum Talmud vertrat er (gegen die dort zu findenden relativ klaren Verdikte) die Auffassung, die talmudischen Aus-sagen über Götzendiener seien nicht auf die Christen zu beziehen. Diese ordnete er in die von ihm geprägte Kategorie «Völker, die durch ihre Religionen eingeschränkt sind» *(umot ha-gedurot be-darkei ha-datot)* ein. Sie bekamen damit eine Mittelposition zwischen Juden und Götzen-dienern zugewiesen.[34]

Ich springe in die jüngere Vergangenheit. Nach Schalom Ben-Chorin kann und will das Judentum die Trinitätslehre nicht anerkennen, «denn die wahre Einzighaftigkeit und Einheit Gottes [...] würde dadurch in einem für uns unvorstellbaren Sakrileg verletzt».[35] Sie wäre für Juden nicht anders als eine «Verminderung des reinen Monotheismus»[36] zu verstehen. «Das trennt uns notwendig.»[37] Nach Clemens Thoma war und ist die

---

31   Moses Maimonides: Mishneh Torah. Hilkhot Ma'akhalot Assurot, hg. von Shabtai Frankel, Jerusalem, Bnei Braq 2001, 11,7; Mishneh Torah, Sefer ha-Madda', Hilkhot Aku''m 9,4.

32   Zum Kontext der Diskussion siehe: Daniel J. Lasker: Jewish Philosophical Polemics against Christianity in the Middle Ages, New York ²2007.

33   Musall: Christentum ist Götzendienst (?) (siehe Anm. 52 in Teil 1), 90–106.

34   Menaḥem ben Shelomoh ha-Me'iri: S. Bēt hab-beḥīrā 'al masseket Sam-hedrīm, Frankfurt a. M. 1930. Siehe dazu: Moshe Halbertal: Between Torah and Wisdom. Rabbi Menachem Ha-Meiri and the Maimonidean Halakhists in Pro-vence, Jerusalem 2000; David Goldstein: A Lonely Champion of Tolerance. R. Menachem ha-Meiri's Attitude Towards Non-Jews (www.talkreason.org/articles/meiri.cfm [14.09.2021]).

35   Jüdische Fragen an Jesus Christus, in: Sonntagsblatt vom 15.1.1961, 21.

36   Ebd.

37   Schalom Ben-Chorin: Bruder Jesus. Mensch – nicht Messias, München

christliche Trinitätslehre «das prononcierteste Zeugnis des jüdisch-christlichen Gegeneinanders».[38] In der *Encyclopaedia Judaica* heißt es lapidar: «Jewish thinkers rejected it categorically as a denial of the divine unity.»[39] Auf der Internetseite der internationalen Organisation «Jews for Judaism», die für die Stärkung jüdischer Identität in Abgrenzung von christlicher Judenmission eintritt, steht zu lesen: «The Trinity is one of the greatest issues that separate Christianity from Judaism, making the two faiths absolutely irreconcilable.»[40] Ohne explizit Bezug auf die Trinitätslehre zu nehmen, heißt es in *Dabru emet:* «Der nach menschlichem Ermessen unüberwindbare Unterschied zwischen Juden und Christen wird nicht eher ausgeräumt werden, bis Gott die ganze Welt erlösen wird, wie es die Schrift prophezeit.»[41]

Unter jüdischen Gelehrten der jüngeren Vergangenheit wurde vereinzelt auch die Auffassung vertreten, das Christentum sei Götzendienst – so etwa vom ultra-orthodoxen charedischen Rabbiner Avrohom Jesaja Karelitz.[42] Andere schlossen sich der im Mittelalter vertretenen Lehrmeinung an, dass *Schittuf* zwar für Juden, aber nicht für Christen eine Sünde darstelle, denn nur den Juden sei der reine Monotheismus am Sinai offenbart worden. Wieder andere sahen die Vorstellung der Dreieinigkeit Gottes erst dann als problematisch an, wenn sie zur *Verehrung* Jesu Christi und des Heiligen Geistes führe. Sie forderten also – nicht selten unter Berufung auf das *Schma Israel* und auf das erste Gebot – eine Monolatrie

---

1972, 12. Siehe auch: Heino Sonnemans: Der einzige und drei-eine Gott. Trinität im Disput mit Judentum und Islam, in: Ferdinand Hahn (Hg.): Zion – Ort der Begegnung (FS L. Klein), Bodenheim 1993, 271–294.

[38] Clemens Thoma: Art. «Dreifaltigkeit», in: Lexikon der jüdisch-christlichen Begegnung, Freiburg i. Br. u. a. 1989, 90. Siehe auch: Thoma, Wyschogrod: Das Reden vom einen Gott (siehe Anm. 1 in Teil 1).

[39] Israel Abrahams u. a.: Art. «God», in: Encyclopaedia Judaica, Bd. 7, ^{2}2007, 670 (https://link.gale.com/apps/doc/CX2587507448/GVRL?u=unibas& sid=GVRL&xid=34c1cb08 [01.05.2021]).

[40] https://jewsforjudaism.ca/trinity-what-the-bible-really-teaches/ (27.03.2021).

[41] *Dabru emet* (siehe Anm. 23 in Teil 1): These 6.

[42] Avrohom Jesaja Karelitz: Chazon Ish: Yoreh De'ah, Bene Beraq 1962. Zur aktuellen innerjüdischen Debatte um diese Frage siehe: Andreas Nachama, Walter Homolka: Von der Verachtung zur Kooperation? Für orthodoxe Juden ist das Christentum weiterhin Götzendienst, in: Herder Korrespondenz 4/2021, 46–50.

und weniger einen theoretischen Monotheismus. Erst eine solche Verehrung, also etwa ein an Jesus oder den Heiligen Geist adressiertes Gebet,
wurde als Götzendienst betrachtet.

Es gibt aber auch jüdische Gelehrte – wie Pinchas Lapide –, die in Jesus
«einen gläubigen Juden [sehen], der im Heilsplan Gottes eine zentrale
Rolle zu spielen hatte»,[43] dessen Auftrag es aber nicht war, die *Juden* zu
Gott zu führen. Diese bedürften einer solchen Führung nicht, denn sie
seien schon bei Gott. «Also brauche ich den Christus nicht, um zum Vater
zu kommen.»[44] Jesu Auftrag sei es gewesen, den Glauben an den einen
Gott zu den *Völkern* der Welt zu tragen. Im Christentum sieht Lapide
einen «Heilsweg, den Gott eröffnet hat, um die Heidenwelt dem Israel
Gottes einzugemeinden».[45] Es sei eine «*praeparatio messianica* der Heidenwelt für das Reich Gottes».[46]

Die zuletzt zitierten Aussagen Lapides entstammen einem publizierten
Dialog mit Jürgen Moltmann über jüdischen Monotheismus und
christliche Trinitätslehre. Lapide anerkannte dabei Moltmanns Bemühen,
im Rahmen einer «Theologie nach Auschwitz» vom Leiden Gottes zu
sprechen, kritisierte aber dessen Deutung dieses Leidens als eines
Beziehungsgeschehens zwischen Vater und Sohn in der immanenten
Trinität, das von einer Unterscheidung der «Personen» in Gott ausgeht.
Die Vorstellung einer Selbstunterscheidung in Gott wies er ebenso zurück
wie die Rede vom «gekreuzigten Gott». Damit entferne sich Moltmann
von den jüdischen Wurzeln des christlichen Glaubens, entgegen seinem
Anspruch, den christlichen Glauben von diesen Wurzeln her verstehen zu
wollen. Lapide wehrte sich gegen die Hypostasierungen des «Wortes» und
des «Geistes» Gottes zu *personae* in Gott. Für ihn handelt es sich dabei um
Wesensäußerungen Gottes, die so in Gott verankert sind, wie menschliche
Wesensäußerungen in der Person des Menschen verankert sind. Sie
dürften nicht zu Wesenheiten in Gott erklärt werden. In diesem Sinne sei
Gott ein «Individuum», d. h.: unteilbar.

---

[43] Pinchas Lapide, in: Pinchas Lapide, Jürgen Moltmann: Jüdischer Monotheismus – christliche Trinitätslehre. Ein Gespräch, München 1979, ²1986, 67.

[44] A. a. O., 59.

[45] Ebd.

[46] Es ist dies eine Aussage Jürgen Moltmanns (a. a. O., 65), der Lapide zu-
stimmt (a. a. O., 66).

2.2.2 Einwände aus dem Islam

Die islamischen Einwände gegen die Trinitätslehre ergeben sich unmittelbar aus dem oben (in 1.8) skizzierten Verständnis von *tawḥīd* und den Abweichungen davon *(širk)*. Die Zurückweisung eines trinitarischen Gottesverständnisses gehört zur grundlegenden Selbstdefinition des Islam. Sie hat sich nicht erst – wie im Judentum – im Lauf der Tradition ergeben, sondern ist schon im Koran als der autoritativen Offenbarung Gottes mehrfach mit Emphase ausgesprochen. Dezidiert wird der Glaube an zwei (Q 16,51) oder drei (Q 4,171; Q 5,73; Q 9,31 u. ö.) Götter verworfen. Polytheismus gilt als unvergebbare Sünde (Q 4,171). Auch die christliche Vorstellung von der Dreieinigkeit Gottes wird im Koran als «ungeheure Sünde» bezeichnet, die nicht vergeben werden kann (Q 4,48).

Dabei ist ein Verständnis der Trinitätslehre als Tritheismus unterstellt, dem zufolge die Christen eine Gottesfamilie – Gottvater, die Gottesmutter und deren gemeinsames Kind, den Gottessohn – verehren. Nach Q 5,116 fragt Allah: «O Jesus, Sohn der Maria, hast du zu den Menschen gesprochen: ‹Nehmet mich und meine Mutter als zwei Götter neben Allah an?› – Jesus antwortet: ‹Gepriesen seist du! (wie dürfte man dir andere Wesen als Götter beigesellen!) Ich darf nichts sagen, wozu ich kein Recht habe.›» In der Beigesellung sieht der Koran einen eklatanten Verstoß gegen die Grundüberzeugung von der Einzigkeit und Einfachheit Gottes. Und daraus folgt: «Das sind Ungläubige, die sagen: ‹Allah ist der dritte, (einer) von dreien›, denn es gibt nur einen einzigen Gott.» (Q 5,73f.). Die Christen werden aufgefordert, von diesem Irrglauben Abstand zu nehmen (Q 4,171; 5,73).

Die Quellen für dieses tritheistische Missverständnis der christlichen Trinitätslehre sind kaum aufzuhellen. Zum einen mag es christliche Sekten auf der arabischen Halbinsel gegeben haben, welche die Dreieinigkeit Gottes nach dem Vater-Mutter-Kind-Schema verstanden. Diese Annahme hat George Sales in der Vorrede seiner Koranübersetzung aus dem Jahr 1923 vorgetragen. Er nennt dort die «Collyridianer» und die «Mariamiten», die Maria (die ja vom Konzil von Ephesus 431 als «Gottesgebärerin» bezeichnet worden war) als Göttin verehrt haben sollen.[47]

---

[47] «Über das spezifische Land, auf welches wir uns beziehen, sei gesagt, daß Arabien seit Urzeiten bekannt war für seine Ketzereien. [...] Unter den Arabern waren es die Häresien von Ebion, Beryllus und die der Nazarener sowie der

Es ist aber auch denkbar, dass die koranische Trinitätsdarstellung auf Kultbräuche zurückgeht, die in der vorislamischen Kaaba gepflegt wurden. Dort soll sich neben den Kultbildern paganer Gottheiten auch ein Bild von Jesus und Maria befunden haben. Daraus kann man schließen, dass es auch außerhalb christlicher Sekten im Kontext paganer Religiosität eine Verehrung Jesu und Mariens gegeben hat.[48] Die koranische Kritik an der christlichen Dreigötterlehre wäre dann Teil der für den frühen Islam konstitutiven Kritik am Polytheismus im Allgemeinen und an den Vorstellungen von kinderzeugenden Göttern im Besonderen.

Der Trinitätsdarstellung des Korans liegt eine *biologische* Auffassung der Gottessohnschaft Jesu zugrunde. Anknüpfungspunkt dafür dürfte die christliche Rede von der «Zeugung» des Gottessohnes gewesen sein. Die Formulierung aus dem Konzilsbeschluss von Nizäa 325, die besagt, dass der «Sohn Gottes, gezeugt (ist) aus dem Vater [...], gezeugt, nicht geschaffen, eines Wesens *(homoousios)* mit dem Vater» konnte leicht in einem biologisch-substanzhaften Sinn missverstanden werden – als Resultat eines himmlischen Zeugungsaktes. Wo im Koran von der Zeugung Jesu die Rede ist, wird das arabische Verb gebraucht, das zum Stamm *wld* gehört. Dieses Wort hat eine gänzlich biologische Bedeutung: «ein Kind zeugen und zur Welt bringen».

Collyridianer [...]. Letztere führten die Jungfrau Maria als Gott ein oder verehrten sie jedenfalls als solchen, indem sie ihr eine Art gedrehtes Gebäck (wie ein Zopf?) darreichten, das Collyris genannt wurde und somit dieser Sekte ihren Namen verlieh. Diese angenommene Göttlichkeit der Jungfrau Maria war auch bei manchen Vertretern des Konzils zu Nicäa populär; sie postulierten, daß zwei Gottwesen neben dem Vater bestünden, nämlich Christus und die Jungfrau Maria. Sie wurden in der Folge die Mariamiten genannt.» (George Sales: The Koran, London 1923, 25). Nicht auszuschließen ist aber auch, dass im Entstehungsgebiet des Korans nicht nur christliche Sondergruppen mit heterodoxen Lehren präsent waren, sondern auch die von der Kirche anerkannten Auffassungen vertreten wurden (siehe dazu: Mouhanad Khorchide, Klaus von Stosch: Der andere Prophet. Jesus im Koran, Freiburg i. Br. 2018, 46–54). Zu den Quellen der koranischen Trinitätsvorstellung siehe auch: Martin Bauschke: Der Sohn Marias. Jesus im Koran, Darmstadt 2013, 101–109.

48 Andreas Feldtkeller: Religionswissenschaftliche Perspektiven zur Trinitätslehre, in: Volker Henning Drecoll (Hg.): Trinität, Tübingen 2011, 221–243, bes. 237f.

Ob der Hinweis darauf, dass es sich bei diesem Verständnis von Zeugung, wie bei der Trinitätsvorstellung des Korans generell, um ein Missverständnis der christlichen Lehre handelt, bei Muslimen auf offene Ohren stößt, hängt von deren Koranverständnis ab. Wer den Koran als Kundgabe der zeitlos gültigen Offenbarung Gottes betrachtet, wird nicht zugestehen, dass darin zeitbedingte Missverständnisse enthalten sind. Der Autorität Gottes wird ein weitaus höheres Gewicht zugemessen als den Klarstellungen von Christinnen und Christen. Nur dann, wenn der Zeit- und Kontextbezug der koranischen Offenbarung in Rechnung gestellt, oder wenn – etwa mit Angelika Neuwirth[49] – angenommen wird, dass sich eine weit hinter den Propheten Mohammed zurückreichende mündliche Tradition im Koran niedergeschlagen hat, können solche Erklärungen von Muslimen akzeptiert werden.

Doch selbst wenn die christliche Rede von drei «Personen» in Gott nicht mehr als Drei-Götter-Lehre (im Sinne einer «äußeren» Dreiheit) verstanden wird, sondern als innere Differenzierung in Gott, ist der Anstoß noch nicht beseitigt. Denn auch dagegen wendet sich das koranisch-islamische Gottesbekenntnis. Es betont nicht nur die Einzigkeit, sondern auch die Einfachheit Gottes. Der Hinweis von christlicher Seite, dass die innere Differenziertheit Gottes kompatibel sei mit der äußeren Einheit, löst das Problem also noch nicht. Solange der christliche Gottesglaube von einer inneren Differenziertheit in Gott ausgeht, wie es besonders die sozialen Trinitätslehren tun, steht er in Spannung zum islamischen Gottesverständnis. Diesem zufolge ist Gott *in sich* einfach und beziehungslos. Er hat wohl verschiedene Eigenschaften und offenbart seinen rechtleitenden und barmherzigen Willen, es gibt aber kein Beziehungsgeschehen in Gott.

Eng verbunden mit dem Gebot, die äußere und innere Einheit Gottes zu respektieren, ist das Verbot, sich ein Bild von Gott zu machen. Die Transzendenz, d. h. die Unterschiedenheit Gottes von der Welt darf nicht angetastet werden. Die Offenbarung Gottes erreicht den Menschen nicht visuell, sondern worthaft, vor allem durch Rezitieren und Hören. Der Koran ist eigentlich keine heilige Schrift, sondern eine heilige Rede. In dieser Bildlosigkeit kommt die strikte Unverfügbarkeit Gottes zum Ausdruck. Gottesbilder sind von Menschen gemachte Artefakte, gehören

---

[49] Angelika Neuwirth: Der Koran als Text der Spätantike. Ein europäischer Zugang, Frankfurt a. M. 2010.

also auf die Seite des Geschöpflichen. Als solche repräsentieren sie Gott und stehen damit gewissermaßen zwischen Gott und dem Menschen und werden zum Gegenstand der Verehrung. Sie ziehen auf sich, was Gott allein gebührt. In einem weiteren Sinn fallen auch alle Spekulationen über das Wesen Gottes unter das Bilderverbot, auch dann, wenn sie nicht in Abbildungen anschaulich und zum Gegenstand der Verehrung werden. Denn auch sie drohen – nicht visuell, sondern intellektuell – die Unendlichkeit Gottes zu verendlichen, sein Wesen begrifflich zu vergegenständlichen und seine Unverfügbarkeit theologisch verfügbar zu machen.

Die Einwände aus dem Islam (wie auch aus dem Judentum) gegen die Trinitätslehre enthalten wichtige Warnungen und fordern dazu auf, das Verständnis der Trinität nicht nur besser zu erklären, um es vor Missverständnissen zu schützen, sondern seine Auslegungsformen zu überdenken. Die koranische Warnung vor Übertreibungen (Q 4,171) hat ihre Berechtigung m. E. vor allem im Blick auf die «sozialen» Trinitätslehren, die ein Kommunikationsgeschehen in Gott annehmen, um von da aus die Beziehungshaftigkeit Gottes *ad extra* zu begründen. Um den Beziehungswillen Gottes in dessen Wesen zu verankern, braucht es nicht die Annahme von miteinander kommunizierenden *personae* in Gott. Dass Gott wesenhaft auf Selbstmitteilung angelegt ist, ergibt sich aus den johanneischen Gottesprädikationen, denen zufolge Gott Liebe (1Joh 4,8.16), Geist (Joh 4,24) und Licht (1Joh 1,5) ist. Diese sind auf *ad-extra*-Relationen bezogen, d. h. auf das Gegenüber Gottes, nicht auf innergöttliche Beziehungen. Es braucht nicht die Annahme eines liebenden Beziehungsgeschehens *in* Gott, um Gott als Liebenden in der Beziehung zur Welt und zum Menschen zu preisen. Der Wille, in Beziehung zur Schöpfung zu sein, muss nicht in einer innergöttlichen Selbstliebe gegründet sein.

In ähnlicher Weise wie Pinchas Lapide lehnte auch Hans Küng die Vorstellung einer Selbstunterscheidung in Gott ab. Er verwies darauf, dass die islamischen Einwände die judenchristlichen Ursprünge des christlichen Glaubens wieder in Erinnerung rufen. Sein Plädoyer lautet: «[D]reigliedrige Formeln (Triaden) ja, aber keine innere göttliche Dreieinigkeit (Trinität)! Lebendigkeit, Beweglichkeit, Sympathie, Mitleiden, gar Leiden Gottes ja, aber keine Selbstunterscheidung und Unterschiedenheit in Gott selber.»[50] Es ist der eine Gott, der sich in seiner

---

[50] Küng: Der Islam (siehe Anm. 25 in Teil 1), 608, teilweise fett gedruckt.

ganzen ungeteilten Fülle mitteilt. Selbstmitteilung setzt nicht Selbstunterscheidung im Sinne dreier «Personen» Gottes voraus! Was ergibt sich daraus für das Verständnis der Trinitätslehre?

2.3   Gotteslehre als Trinitätslehre

Im 20. Jahrhundert hat die Trinitätstheologie eine Renaissance erfahren – in der katholischen Theologie etwa durch Karl Rahner und in der evangelischen Theologie vor allem durch Karl Barth[51] – und im ausgehenden 20. und beginnenden 21. Jahrhundert wurden diese Ansätze zu einer betont relationalen bzw. «sozialen» Trinitätslehre weiterentwickelt. Gegenüber den am Subjektsein Gottes (bzw. am Selbstvollzug des Gott-Subjekts) orientierten Trinitätslehren wurde dabei die *Dreiheit* Gottes noch einmal stärker hervorgehoben und die Einheit als Beziehungsgeschehen der drei «Personen» verstanden. Mit der Einschreibung der Gotteslehre in die Trinitätslehre und mit deren Interpretation im Sinne einer *sozialen* Trinitätslehre entfernt sich die christliche Theologie aber noch weiter vom Gottesverständnis des Judentums und des Islam. Ich kritisiere diese Konzepte nicht nur, weil sie – trotz aller gegenteiligen Beteuerungen – in Spannung zum Grundbekenntnis des Judentums und des Islam, dem Bekenntnis zur Einheit Gottes, stehen, sondern auch, weil sie mit dem neutestamentlichen und urchristlichen Gotteszeugnis nur unter Aufbietung hoher theologischer Konstruktionskraft und Phantasie in Einklang zu bringen sind. Es sind Spekulationen, die sich weit von der biblischen Gottesrede und auch vom *sensus fidelium* entfernt haben und spätere Traditionsbildungen in die biblischen Überlieferungen hineinlesen. Mehr noch: Es sind Projektionen von Vorstellungen idealer Sozialität.

Mein Interesse gilt im Folgenden nicht einer theologiegeschichtlichen Aufarbeitung der Genese und Entwicklung der Trinitätslehre im Allgemeinen und der sozialen Trinitätslehren im Besonderen,[52] sondern den

---

Ebenso in: Hans Küng: Die Trinitätslehre im Dialog mit dem Islam, in: Michael Welker u. a. (Hg.): Der lebendige Gott als Trinität (FS J. Moltmann zum 80. Geburtstag), Gütersloh 2006, 299–311, bes. 304.

51   Siehe dazu Abschnitt 1.9.

52   Siehe dazu: Franz Courth: Trinität. In der Schrift und Patristik (HDG

systematisch-theologischen Grundentscheidungen, die dabei vollzogen worden sind.

Ich beginne meine Auseinandersetzung, indem ich die Problemanforderungen skizziere, vor denen jede Trinitätslehre steht, und die Grundmodelle zur Bearbeitung dieser Anforderungen in knapper Form vorstelle (2.3.1). Damit ist das Feld beschrieben, in dem die sozialen Trinitätslehren systematisch-theologisch lokalisiert sind. Im Anschluss daran gebe ich eine knappe Darstellung dieser Lehrform am Beispiel des Ansatzes von Jürgen Moltmann (2.3.2), gehe auf das dabei in Anspruch genommene relationale Verständnis von Person ein (2.3.3), nehme andere Entwürfe in den Blick, um diese Lehrform weiter zu profilieren (2.3.4) und unterziehe diese Gestalt der Trinitätslehre schließlich einer kritischen Diskussion (2.3.5). Mein eigenes Verständnis der Dreieinigkeit Gottes werde ich dann in Abschnitt 2.3.6 entfalten.

2.3.1 Problemanforderungen und Lösungsansätze

Alle Trinitätslehren müssen zwei Verhältnisbestimmungen vornehmen. Die erste betrifft das Verhältnis von Einheit und Dreiheit – die *eine* Gottheit und die drei «Personen» Gottes –, die zweite die Beziehung der drei «Personen» zueinander.

2.3.1.1 Das Verhältnis von Einheit und Dreiheit
Friedrich Schleiermacher hat das Problem folgendermaßen beschrieben: «[W]ir können die Personen nur in einer Abstufung vorstellen, und ebenso die Einheit des Wesens entweder geringer als die drei Personen oder umgekehrt».[53] Er verweist damit auf die Vorordnung des «Vaters» als «Ursprung ohne Ursprung»[54] vor dem «Sohn» und dem «Geist» sowie auf eine unvermeidliche Über- und Unterordnung im Verhältnis von Einheit und Dreiheit.

So sehr die trinitätstheologischen Ansätze auch behaupten, dass die Einheit in der Dreiheit und die Dreiheit in der Einheit besteht, dass also

---

II/1a, Freiburg i. Br. 1988; ders.: Trinität. In der Scholastik (HDG II/1b), Freiburg i. Br. 1985; ders.: Trinität. Von der Reformation bis zur Gegenwart (HDG II/1c), Freiburg i. Br. 1996.

53   Schleiermacher: Der christliche Glaube (siehe Anm. 10 in Teil 1), § 171, Leitsatz, S. 519.

54   Konzil von Florenz, DH 1330f.

die Einheit als in sich differenzierte zu denken ist, so zeigt sich doch, dass sie entweder eher die Einheit oder eher die Dreiheit betonen.[55] Einheit und Dreiheit bilden eine Polarität. Alle Versuche, zwischen den beiden Polen zu vermitteln, stehen entweder dem einen oder dem anderen Pol näher. Entweder wird eher die Einheit oder stärker die Differenz akzentuiert. Wird die Einheit in den Vordergrund gestellt, muss die Spezifität der drei «Personen» zurücktreten. Diese werden dann vor allem als Manifestationen der *einen* Gottheit gesehen. Wird dagegen die Dreiheit betont und die Einheit aus dem Beziehungsgeschehen der drei Personen abgeleitet, droht die Einheit in Dreiheit auseinanderzufallen. Im ersten Fall ist von Drei*einigkeit* zu reden, im zweiten von Drei*faltigkeit*. Im ersten Fall geht das Gefälle zu einem Modalismus hin, im zweiten zum Tritheismus. Die Bearbeitung der Polarität von Einheit und Dreiheit schlägt also unvermeidlicherweise eher in die eine oder in die andere Richtung aus – und sei dieser Ausschlag auch noch so schwach ausgeprägt. So sehr man auch bemüht ist, die beiden Pole zusammenzuführen – die Spannung bleibt bestehen.

In der Theologiegeschichte haben sich vier Grundmodelle herausgebildet, die Einheit Gottes in der Dreiheit seiner «Personen» zu bestimmen. Ich deute nur ihre jeweiligen Grundgedanken an:

- Das Modell der Substanzeinheit (zur Bezeichnung eignet sich der Begriff «Dreieinheit»): Das *eine* Wesen Gottes subsistiert in drei Seinsweisen (Tertullian: *una substantia, tres personae;*[56] Gregor von Nyssa: μία οὐσία, τρεῖς ὑποστάσεις[57]), sodass umgekehrt gelten kann: Die drei «Personen» sind gleichen Wesens *(homoousios).*[58] Das Gottsein

---

[55] Bernhard Nitsche stellt drei grundlegende Denkrichtungen in der Entfaltung der Trinitätslehre einander gegenüber: «Man kann von dem einen Wesen Gottes her auf die Dreiheit der Personen hin denken. Man kann von der heilsgeschichtlich bezeugten Dreiheit der Personen auf ihre Einheit hin denken. Oder man kann vom biblisch-alttestamentlichen Primat des Vaters aus nach der Funktion und dem Sein von Sohn und Geist fragen» (Nitsche: Muslimischer Monotheismus [siehe Anm. 11], 92).

[56] In diesem Wortlaut findet sich die Formulierung bei Tertullian allerdings nicht. Der Sache nach kann man sie aber aus verschiedenen Stellen in seinen Schriften belegen, vor allem aus *Adversus Praxean.* In *De pudicitia* 21 heißt es: «tres personae, unius divinitatis».

[57] Ep. 236,6.

[58] Für Tertullian war der Logos allerdings noch nicht gleich ewig wie der

Gottes entfaltet sich auf dreifache Weise. Leitmotiv ist die (platonische) Auffassung vom Sein, das sich in Realisierungsgestalten zeigt. Die *eine* Substanz ist auf drei Weisen da. Die Beziehung zwischen dem Sein selbst und seinen Erscheinungsformen wird in der einen Richtung als Manifestation und in der anderen als Partizipation bestimmt.

- Das Modell der Personeinheit, das Gott als in sich differenzierte Person versteht («Dreifaltigkeit»): So wie es im Menschen unterschiedliche «Seelenvermögen» gibt – nach Augustin etwa Gedächtnis *(memoria)*, Vernunft *(intelligentia)* und Wille *(voluntas)* – so werden die drei Instanzen in Gott als «Anteile» seiner Person gedeutet. Die leitende Analogie ist die menschliche Psyche bzw. das menschliche Selbstbewusstsein.

- Das Modell der Selbstentfaltung des Geistes bzw. des Subjekts («dynamisch-dialektische Dreieinheit») dynamisiert das Modell der Personeinheit im Sinne eines dialektischen Selbstvollzugs bzw. einer lebensdynamischen Selbstmitteilung Gottes: So wie eine Person sich selbst gegenübertreten kann – zunächst in ihrem Selbst-Bewusstsein und dann in ihren Äußerungsakten –, wie sie ihrer selbst dabei ansichtig wird und sich damit in ein Verhältnis zu dieser inneren oder äußeren Repräsentation ihrer selbst setzen kann, so kann die Trinität als Selbstverhältnis des sich selbst-mitteilenden (offenbarenden) Gottes verstanden werden. Dieses Deutemuster findet sich im Anschluss an Hegel[59] in der Renaissance der Trinitätstheologie im 20. Jahrhundert (etwa bei Barth).[60]

- Das Modell der Personengemeinschaft («Dreieinigkeit»): Die Einheit Gottes liegt der Dreiheit nicht voraus, sondern besteht in ihr. Sie wird

---

Vater. Gott hat ihn erst zu einer bestimmten Zeit aus sich herausgesetzt.

[59] Für Hegel war die Trinität «die Grundbestimmung der christlichen Religion» (Georg W. F. Hegel: Vorlesungen über die Philosophie der Weltgeschichte, in: Sämtliche Werke III = Philosophische Bibliothek 171c, Hamburg 1968, 722). Er deutete sie als *Geschehen,* in dem sich das absolute Subjekt selbst entfaltet und dadurch zu sich kommt. Siehe dazu: Jörg Splett, Die Trinitätslehre G. W. F. Hegels, Freiburg i. Br. 1965, ³1984; Ludger Oeing-Hanhoff: Hegels Trinitätslehre, in: ThPh 52, 1977, 378–407.

[60] Wolfhart Pannenberg: Die Subjektivität Gottes und die Trinitätslehre. Ein Beitrag zur Beziehung zwischen Karl Barth und der Philosophie Hegels, in: ders.: Grundfragen systematischer Theologie. Gesammelte Aufsätze, Bd. 2, Göttingen 1980, 96–111.

vom Beziehungsgeschehen zwischen den Personen gebildet. Einheit ist also als Gemeinschaft in wechselseitiger Kommunikation gedacht. Darin besteht der Grundgedanke der sozialen Trinitätslehren. Man kann diese vier Modelle als Ableitungen aus philosophischen und biblischen Gottesprädikationen verstehen: (a) Gott als Sein, (b) Gott als Schöpfer, der in der Schöpfung – und vor allem im Menschen als Ebenbild Gottes – die Spuren der Trinität hinterlässt, die sein Wesen zu erkennen geben, (c) Gott als Geist (Joh 4,24) bzw. Gott als sich in seinem «Wort» offenbarend (Joh 1,1–18 u. ö.), (d) Gott als Liebe (1 Joh 4,8.16). Zur Veranschaulichung der Dreifaltigkeit Gottes konnten aber auch andere Leitmetaphern herangezogen werden, wie etwa die Prädikation Gottes als Licht (1 Joh 1,5): Das Licht, das ausgehend von der Lichtquelle («Vater») durch seinen Strahl («Sohn») eine wärmende Wirkung («Geist») erzielt.[61] Dieses Modell tendiert zu einer funktionalen Subordination des «Sohnes» und des «Geistes» unter den «Vater». Die Wort-Gottes-Theologie Karl Barths beschreibt die damit angezeigte Bewegung als Selbstmitteilung Gottes in seinem «Wort», das von Gott ausgeht, sich in Christus personifiziert und in der Kraft des Geistes seine Adressaten erreicht, wo es dann seine verwandelnde Wirkung entfaltet.

2.3.1.2 Das Verhältnis der trinitarischen «Personen» zueinander

Im Blick auf diese Verhältnisbestimmung lassen sich idealtypisch drei Grundmodelle unterscheiden, die sich in den konkreten Entwürfen zuweilen überlagern: Dem ersten zufolge (das eher in der westlichen Patristik vorherrschend war) sind die drei «Personen» Realisierungsgestalten des einen Wesens Gottes. Das zweite (stärker in der Ostkirche

---

[61] Etwa bei Origenes, der die Lichtmetaphorik – anknüpfend an Philos Bezeichnung des Logos als Abglanz des göttlichen Lichts – auf Gott und Christus anwendete (Περὶ ἀρχῶν / De principiis I/1,1f.; I/2,7). Vgl. auch die Formulierung «Licht aus Licht», mit der im Konzil von Nizäa 325 die Wesensgleichheit des Gottessohnes ausgedrückt wurde. Siehe dazu: Alfons Fürst: Trinitarische Bildwelten. Die Funktion von Bildern bei der Konfiguration des christlichen trinitarischen Monotheismus, in: Nicola Hömke u. a. (Hg.): Bilder von dem Einen Gott. Die Rhetorik des Bildes in monotheistischen Gottesdarstellungen der Spätantike, Berlin, Boston 2016, 11–42. Nach Fürst waren es vor allem «drei Bildwelten, mit denen die christlichen Theologen [der Spätantike, R. B.] die Trinität zu veranschaulichen suchten: Wurzel – Schössling – Frucht, Quelle – Fluss – Bach, Sonne – Strahl – ‹Lichtspitze› (apex)» (a. a. O., 16).

verbreitete) Modell sieht *eine* der drei «Personen» – «Gott-Vater» – als
Ursprung der Gottheit bzw. der Trinität an.[62] Das dritte Modell geht
davon aus, dass sich die «Personen» gegenseitig konstituieren und damit
gleichrangig nebeneinanderstehen.

Die in der Patristik ausgebildete Trinitätslehre ergab sich aus dem
Bemühen, das postulierte Gottsein des «Wortes/Sohnes» und des «Geistes»
Gottes unverkürzt zum Ausdruck zu bringen, ohne dabei die Gottheit
Gottes einzuschränken und die Einheit Gottes infrage zu stellen. Das
Bekenntnis zum Gottsein des «Wortes/Sohnes» und des «Geistes» war
soteriologisch motiviert: Nur, wenn Gott selbst in seinem «Wort» be-
gegnet, kann das in Jesus Christus menschgewordene «Wort» erlösen, und
nur, wenn Gott selbst in seinem «Geist» begegnet, ist er wahrhaft «Heiliger
Geist», der den Menschen Anteil am Erlösungswerk gibt. Die Selbstmitteilungen Gottes müssen also selbst genuin göttlich sein.[63]

Nach den Festlegungen der Konzilien von Nizäa (325) und Kon-
stantinopel (381) sind die drei «Personen» Gottes wesensgleich.[64] Das
bedeutete aber noch nicht, dass sie auch gleichursprünglich sind und die
gleiche Sendung haben. Basilius von Caesarea sah das Spezifikum der drei
göttlichen Hypostasen in der Weise, wie sie an der *einen* Wesensnatur

---

[62] So spricht etwa die Synode von Toledo (675) von Gott-Vater als dem
«ursprungslosen Ursprung der Gottheit» (DH 525).

[63] So auch Karl Rahner: «Bei der radikal verstandenen *Selbstmitteilung* Gottes an die Kreatur muß die Vermittlung selbst Gott sein und kann keine kreatür-
liche Vermittlung bedeuten» (Karl Rahner: Einzigkeit und Dreifaltigkeit Gottes,
in: Andreas Bsteh [Hg.]: Der Gott des Christentums und des Islams, Mödling
1978, 119–139, Zitat: 130, Kursivsetzung K. R.). Dieser Artikel wurde unter dem
Titel «Einzigkeit und Dreifaltigkeit Gottes im Gespräch mit dem Islam» abgedruckt in: Schriften zur Theologie, Bd. 13, Zürich 1978, 129–147, Zitat: 141,
und in den Sämtlichen Werken 22/1, Teil B, 656–669, Zitat: 665.

[64] Im Nicaeno-Constantinopolitanum wird der Begriff der Wesensgleichheit
nicht ausdrücklich auf den Heiligen Geist angewandt, es heißt dort aber, der Geist
gehe aus dem Vater (und [nach der lateinischen Fassung] dem Sohn gleichermaßen) hervor und werde mit dem Vater und dem Sohn mitangebetet und mitver-
herrlicht (DH 150). Gregor von Nazianz hatte die Gleichwesentlichkeit auch des
Geistes gelehrt (Oratio 31).

(οὐσία, φύσις) Gottes teilhaben. Sie unterscheiden sich in ihren Ursprungs-relationen: Gott-Vater ist die Quelle der Trinität,[65] der Sohn und der Heilige Geist empfangen ihr Gottsein von ihm. Es besteht im Blick auf die Konstitution der «Personen» also keine Gleichrangigkeit. Der Versuch, die Einheit in der Dreiheit über die Bestimmung des *einen* Ursprungs zu sichern, führte zu einer Priorisierung der «Person» Gott-Vaters. Das «Wort» und der «Geist» Gottes sind aus Gott (bzw. aus «Gott-Vater») als dessen Selbstäußerungen hervorgegangen. Sie sind in Gott angelegte und von ihm ausgehende Sendungen. Den *missiones ad extra* liegen *processiones ad intra* zugrunde. Erst diese Ursprungsrelationen machen «Wort» und «Geist» zu «Wort» und «Geist» *Gottes*.

Im Blick auf die immanente Trinität wurde die Unterschiedenheit der trinitarischen «Personen» mit den Begriffen der «*Zeugung* des Sohnes/Wortes» und der «*Hauchung* des Geistes» bezeichnet. Im Blick auf die ökonomische Trinität bestimmte man sie durch die Zuschreibung unterschiedlicher «Werke». Dabei handelt es sich um das schöpferische, heilshafte und vollendende Wirken Gottes, in das sich der Glaubende existenziell eingebettet weiß, in dem seine Heilsgewissheit gründet und auf das sich seine Vollendungshoffnung ausrichtet.

Der altkirchlichen Trinitätslehre lag ein substanzhaftes Denken zugrunde, das die Gottheit des «Wortes» und des «Geistes» als essenzielle Teilhabe am Wesen Gottes verstand. Den von der Geisteskultur des biblischen Israel geprägten Überlieferungen des Tanach und des Neuen Testaments ist dieses Denken fremd, selbst wo diese hellenistisch beeinflusst sind. Auch in heutigen Plausibilitätsstrukturen erschließt es sich nur mit einigem Erklärungsaufwand.

In der Entwicklungsgeschichte der Trinitätslehre hat sich ein Paradigmenwechsel von einem Denken in Substanzen hin zum Denken in Beziehungen ereignet; und damit verbunden ein Übergang von statischen zu dynamischen Zuordnungen der drei Gottinstanzen; kurz: eine Hin-wendung zur Deutung der Dreieinigkeit als Beziehungsgeschehen. Ermöglicht wurde dieser Paradigmenwechsel durch die Einführung des Personbegriffs in die Trinitätslehre und vor allem durch dessen relationale

---

[65] Basilius von Caesarea bezeichnet Gott-Vater als «radix ac fons Filii et Spi-ritus Sancti» (Contra Sabellianos et Arium et Anomaeos 4 [CPG 2869], PG 31, 609B). Im Bekenntnis der 11. Synode von Toledo (675) heißt es «Fons […] ipse et origo est totius divinitatis» (DH 525).

Deutung. Während nach dem Seinsverständnis der griechischen Philosophie – etwa des Aristoteles – die Relation nichts Substanzielles ist, sondern zu den Akzidenzien gehört, die der Substanz (mehr oder weniger oder auch gar nicht) zukommen können, wird sie nun aufgewertet zu dem, was die Person bildet. Die Person hat ihr Selbstsein vom Anderen her, d. h. sie gewinnt es aus der Beziehung zu ihm/ihr. Ansätze dazu finden sich schon in der Patristik;[66] theoriebildend wurde diese Auffassung aber erst im Mittelalter bei Richard von Sankt Viktor, der die immanente Trinität als *Geschehen* liebender Selbstmitteilung deutete.[67] In ausgereifter Gestalt begegnet dieser Gedanke dann in den sozialen Trinitätslehren der jüngeren Vergangenheit und Gegenwart. Inwiefern sich diese allerdings zu Recht auf die genannten Vorgänger berufen, wird kritisch zu fragen sein.

In den Entwürfen einer sozial-relationalen Trinitätslehre wird die Frage nach dem Verhältnis der trinitarischen «Personen» zueinander durch die Annahme zu lösen versucht, dass sich die «Personen» im Beziehungsgeschehen gegenseitig konstituieren. «Vater», «Sohn» und «Geist» sind nicht durch ihr Selbstsein und ihre Funktion, sondern durch ihre Bezogenheit aufeinander und damit durch ihre Gemeinschaftlichkeit bestimmt. Es bestehen nicht drei «Personen» *in* Gott (sonst wäre eine Vierheit der drei «Personen» plus der Gottheit Gottes anzunehmen); vielmehr besteht Gott *aus* drei Subjektzentren, die sich in einem lebendigen Beziehungsgeschehen gegenseitig ihr Selbstsein geben. Das Verhältnis zwischen ihnen ist kein statisches Nebeneinander und die «Einheit» Gottes keine monolithische, tautologische, numerische und statische Einsheit. Gott ist *communio* in Aktion. Es gibt nicht zuerst die Gottheit Gottes und darin eingebettet die Trinität. Gott *ist* die Trinität: die Interaktion dreier miteinander kommunizierender Subjektzentren. Damit ist den «Personen» der (nicht zeitlich, sondern sachlich) *vor* dem Beziehungsgeschehen liegende Grund ihrer Einheit entzogen. Er liegt *in*

---

[66] Vor allem bei den Kappadoziern. So formuliert etwa Gregor von Nazianz: «Die Verschiedenheit [...] der wechselseitigen Beziehungen bewirkt die Differenz der Personen und die ihrer Namen» (Oratio 31,9).

[67] Vor allem in De trinitate (Die Dreieinigkeit; übersetzt und eingeführt von Hans Urs von Balthasar, Einsiedeln 2002) III, 4; 14. Siehe dazu: Martin Schniertshauer: Consummatio caritatis. Eine Untersuchung zu Richard v. St. Viktors De Trinitate, Mainz 1996; Fidelis Den: Mensch, Analogie und Trinität. Eine Untersuchung des analogen Denkens in der Trinitätslehre von Augustinus, Richard von St. Viktor und Gisbert Greshake, Berlin u. a. 2019, 83–144.

diesem Geschehen. Diese Ansätze sollen im Folgenden näher betrachtet werden.

2.3.2 Sozial-relationale Trinitätslehren

Hauptvertreter dieser sozialen Trinitätslehre sind evangelischerseits Jürgen Moltmann,[68] Robert W. Jenson,[69] Wolfhart Pannenberg[70] und Christoph Schwöbel,[71] auf katholischer Seite Leonardo Boff[72] sowie Gisbert Greshake[73] und in der orthodoxen Theologie etwa Dumitru Staniloae[74]

---

[68] Moltmann: Trinität (siehe Anm. 97 in Teil 1); ders.: In der Geschichte des dreieinigen Gottes. Beiträge zur trinitarischen Theologie, Gütersloh 1991, Nachdruck 2010.

[69] Robert W. Jenson: The Triune Identity. God According to the Gospel, Philadelphia 1982, Nachdruck 2002; ders.: Systematic Theology, Bd. 1: The Triune God, New York 1997. – Jenson entwickelt die Trinitätslehre strikt von der biblisch bezeugten Heilsgeschichte her. Die auf die Welt ausgerichtete Relationalität Gottes hat ihren Grund in der inneren Trinität Gottes, die als relationales Geschehen zu verstehen ist. Jenson bezieht sich dabei vor allem auf Richard von St. Viktor.

[70] Wolfhart Pannenberg: Systematische Theologie, Bd. 1, Göttingen 1988, 283–364.

[71] Christoph Schwöbel: Trinitätslehre als Rahmentheorie des christlichen Glaubens. Vier Thesen zur Bedeutung der Trinität in der christlichen Dogmatik, in: Marburger Jahrbuch Bd. 10: Trinität, hg. von Wilfried Härle, Reiner Preul, Marburg 1998, 129–154, abgedruckt in: ders.: Gott in Beziehung. Studien zur Dogmatik, Tübingen 2002, ²2021, 25–51; ders.: Trinitätslehre. Eine Skizze, in: ders.: Gott im Gespräch. Theologische Studien zur Gegenwartsdeutung, Tübingen 2011, 407–422. – Kritisch dazu: Michael Roth: Trinitätslehre als Rahmentheorie? Überlegungen zur Einheit Gottes in der Vielfalt seines Wirkens, in: KuD 49, 2003, 52–66.

[72] Leonardo Boff: Der dreieinige Gott, Düsseldorf 1987; ders.: Kleine Trinitätslehre, Düsseldorf 1990.

[73] Gisbert Greshake: Der dreieine Gott. Eine trinitarische Theologie, Freiburg i. Br. u. a. 1997, ⁵2007.

[74] Dumitru Staniloae: Theology and the Church, New York 1980, 73–108. Siehe auch: ders.: Der Dreieine Gott und die Einheit der Menschheit, in: EvTh 41, 1981, 439–450; ders.: Orthodoxe Dogmatik, Bd. 1, Zürich u. a. 1985, bes. 256–289; ders.: The Holy Trinity. In the Beginning There Was Love, Brookline, MA 2012. Siehe dazu: Haudel: Die Selbstschließung (siehe Anm. 96), 301–324.

und John Zizioulas.[75] Es handelt sich also um einen konfessionsüber-
greifend ausgebildeten Ansatz.[76] Diejenigen, die ihn vertreten – wie Jürgen
Moltmann, dessen Entwurf ich mich zunächst zuwenden werde (a) –,
betonen den Bezug zur biblischen Überlieferung (gegenüber subjekt-
philosophischen Ansätzen). Sie knüpfen in der Regel an die Trinitätstheologie der Kappadozier an und interpretieren diese durch das Konzept
der «Perichorese».[77] Ich folge dieser Spur, blicke zurück auf die Lehre der
Kappadozier und frage nach der Begriffsbedeutung von «Perichorese», vor
allem bei Johannes von Damaskus (b). Dabei wird sich allerdings zeigen,
wie fragwürdig die Berufung der sozialen Trinitätslehren auf diese theologiegeschichtlichen Anknüpfungspunkte ist.

   (a) Gegenüber der Substanzeinheit, wie sie das *Nicaenum* lehrt, und
der Subjekteinheit, wie sie ansatzweise schon aus dem *Athanasium* spricht,
plädiert Moltmann für ein Verständnis der Trinität als personal-relationale
Einigkeit des dreieinigen Gottes. «Vater», «Sohn» und «Geist» sind
demnach nicht wesenseins, indem sie an der gleichen Substanz partizipieren, sie bilden auch nicht *ein* göttliches Subjekt. Vielmehr besteht
Gott aus drei göttlichen Instanzen, die sich als distinkte, aber relationale
Subjekte gegenüberstehen. Es sind «Subjekte mit Willen und Verstand,
die miteinander sprechen, einander in Liebe zugewandt und zusammen
‹eins› sind».[78] Bei den Personen handelt es sich um je eigene Bewusstseins-
und Aktionszentren. Die Erkenntnisgrundlage für diesen Ansatz sieht
Moltmann in der biblisch bezeugten Beziehungsgeschichte zwischen Gott-
Vater, dem Gottessohn und dem Heiligen Geist.

   Damit ist die Dreiheit Gottes so klar konturiert, dass die Einheit der
trinitarischen «Personen» und damit die Einheit Gottes eigens begründet
werden muss. Sie liegt der Dreiheit Gottes nicht zugrunde oder voraus,

---

[75] John Zizioulas: Being as Communion. Studies in Personhood and the
Church, Crestwood, NY 1985.

[76] In seinem Beitrag «Der dreieinige Gott» nennt Jürgen Moltmann die
Hauptvertreter des «neuen trinitarischen Denkens», in: Weth (Hg.): Der
lebendige Gott (siehe Anm. 161), 178f., Anm. 5.

[77] Auch Augustins Verständnis des Geistes als Band der Liebe zwischen «Vater» und «Sohn» bot einen Anknüpfungspunkt für die sozial-relationale Deutung
der Trinität.

[78] Jürgen Moltmann: Die Einheit des dreieinigen Gottes. Bemerkungen zur
heilsgeschichtlichen Begründung und zur Begrifflichkeit der Trinitätslehre, in:
Wilhelm Breuning (Hg.): Trinität, Freiburg i. Br. 1984, 167.

sondern besteht im Beziehungsspiel der gegenseitigen Lebensvermittlung zwischen den «Personen». Sie ereignet sich. Die Einheit besteht also nicht *vor* dem Beziehungsgeschehen der drei «Personen», sondern ereignet sich *in* diesem. Sie ist also eine Funktion der interpersonalen Relationen. Die Dreieinigkeit ist das *Geschehen* der perichoretischen *Gemeinschaft* von «Vater», «Sohn» und «Geist». In diesem Vollzug sind Dreiheit und Einheit gleichursprünglich miteinander verbunden.[79] Diese Verbindung ist also keine statische, sondern eine dynamische: eine der Bewegung, des Lebens und der Liebe, die in den «Personen» und zwischen ihnen besteht. Im Beziehungsgeschehen der dreipersonalen Liebes-, Kommunikations- und Handlungsgemeinschaft kommt die innere Lebendigkeit Gottes zum Ausdruck.

Jede «Person» bekommt ihre Personalität von der Beziehung zu den anderen beiden Personen. Im anderen findet sie ihr Selbst. «Gott-Vater» ist nicht ohne seine Beziehung zum «Sohn» zu denken und umgekehrt der «Sohn» nicht ohne seine Beziehung zum «Vater». Der «Geist», der die Beziehung zwischen ihnen stiftet, besteht in seiner Beziehung zu «Vater» und «Sohn». Dieses Geschehen wird als Vollzug von Liebe zwischen den «Personen» interpretiert, wobei vor allem die Beziehung zwischen «Gott-Vater» und «Sohn» im Vordergrund steht. So schreibt Moltmann: «In Ewigkeit und wesensnotwendig liebt der Vater den eingeborenen Sohn. Er liebt ihn mit zeugender und gebärender Liebe. In Ewigkeit und wesensnotwendig erwidert der Sohn die Liebe des Vaters [...].»[80] Jede der beiden «Personen» trägt die anderen als geliebtes Gegenüber in sich und vollzieht in dieser perichoretischen Gemeinschaft einen ewigen Akt der Liebe in gegenseitiger Hingabe.[81]

In seiner Ausarbeitung der Trinitätslehre ließ sich Jürgen Moltmann von Idealen einer emanzipatorischen politischen Theologie leiten: von Idealen herrschaftsfreier Kommunikation, gleichberechtigter Partizipation und demokratischer Machtverteilung. Er wollte ein monarchisches Verständnis Gottes, in dem er eine Legitimationsgrundlage autokratischer Herrschaft und hierarchischer Verhältnisse in Staat, Gesellschaft und Kirche sah, grundlegend aufbrechen, die Monarchie Gottes überwinden und den damit identifizierten Monotheismus hinter sich lassen. Der

---

[79] Ebd.
[80] Moltmann: Trinität (siehe Anm. 97 in Teil 1), 74.
[81] Siehe dazu auch: Moltmann: Der dreieinige Gott (siehe Anm. 76), 181–186.

«urbildliche Charakter des drei-einigen Gottes für die personale Gemeinschaft der Menschen in Kirche und Gesellschaft»[82] soll propagiert werden.[83]

Vorbereitet ist ein solcher Brückenschlag zwischen Trinitätslehre und politischer Theologie durch die Lehre der griechischen Kirchenväter, der zufolge nicht nur zwischen den trinitarischen «Personen», sondern auch zwischen Gott und Mensch eine «Perichorese» bestehe. Diesen Gedanken aufnehmend und weiterführend setzte Moltmann die immanente Trinität in Beziehung zu den Strukturen und Herrschaftsverhältnissen in Staat, Gesellschaft und Kirche. Seine Begründung dafür lautete: «Ebenbild Gottes ist nicht die Individualperson», sondern die menschliche Sozialität.[84] Mehr noch: Es gibt nicht nur *vestigia trinitatis* (Spuren der Trinität) *in* der Welt. Die ganze Welt und alles Weltgeschehen gründet im innergöttlichen Beziehungsgeschehen.

Um dieses innergöttliche Beziehungsgeschehen darzustellen, greift Moltmann und greifen auch die meisten anderen Vertreterinnen und Vertreter der sozialen Trinitätslehre auf die Theologie der drei Kappadozier zurück.

(b) Basilius der Große, sein jüngerer Bruder Gregor von Nyssa und Gregor von Nazianz hatten die zuvor gebräuchliche Synonymität der Begriffe «Wesen» (οὐσία) und «Hypostase» (ὑπόστασις) aufgehoben, «Hypostase» als Verwirklichungsgestalt des Wesens verstanden und mit dem Person-Begriff (πρόσωπον) gleichgesetzt. Die «Personen» sind nicht nur auf das Wesen der Gottheit, sondern auch aufeinander bezogen.

Damit war aber noch nicht die Vorstellung einer perichoretischen Gemeinschaft zwischen ihnen verbunden. Die «Personen» *konstituieren* sich nicht gegenseitig, sondern *profilieren* sich im Gegenüber zueinander. Im Blick auf ihre *Ursprungs*beziehungen sind die Relationen zwischen ihnen und damit auch ihre «Persönlichkeitsprofile» verschieden: Vaterschaft, Sohnschaft, Heiligkeit. «Gott-Vater» gilt als Ursprung der Trinität, aus dem der «Sohn» durch «Zeugung» und der «Geist» durch «Hauchung»

---

82   Moltmann: Trinität (siehe Anm. 97 in Teil 1), 173.

83   Siehe dazu auch: Stephanie Hartmann: Trinitätslehre als Sozialkritik? Das Verhältnis von Gotteslehre und Sozialkritik in den trinitätstheologischen Entwürfen von Jürgen Moltmann und Leonardo Boff, Frankfurt a. M. 1997; Amatus Woi: Trinitätslehre und Monotheismus. Die Problematik der Gottesrede und ihre sozio-politische Relevanz bei Jürgen Moltmann, Frankfurt a. M. 1998.

84   Moltmann: Trinität (siehe Anm. 97 in Teil 1), 176.

hervorgeht *(processiones)*. Darin liegt auch die Verschiedenheit ihrer Sendungen *(missiones)* begründet. Wenn Basilius das Wesen Gottes als «das Gemeinsame» (τὸ κοινόν) der «Personen» versteht, bei dem deren Eigentümlichkeiten (ἰδιότητες) bestehen bleiben,[85] dann ist damit noch keineswegs (wie in den sozialen Trinitätslehren) eine Sozialität zwischen ihnen gemeint, sondern eine Konsubstanzialität.[86]

Das eigentliche Interesse an dieser Lehre war ein soteriologisches: Es sollte die Gewissheit untermauert werden, dass der Sohn wirklich göttlicher Erlöser ist und vom Geist wirklich die Kraft der Vollendung bzw. Vergöttlichung (θέωσις/*theosis*) ausgeht. Betont wurde die gemeinsame Teilhabe der «Personen» am *einen* Wesen Gottes. Wesen und Person (bzw. Hypostase) verhalten sich zueinander wie das Allgemeine zum Speziellen.[87]

Das Denken der Kappadozier war noch weitgehend substanzhaft geprägt. Es ging ihnen um die Wesenseinheit der drei Personen. Wesenseinheit ist aber zu unterscheiden von einer interpersonal-kommunikativen Einigkeit. Und doch wurde schon gegen dieses Verständnis der Dreieinigkeit (von Seiten der Arianer und später auch in der westlichen Theologie) der Vorwurf des Tritheismus erhoben, weil die «Personen» (in den Augen der Kritiker) zu sehr unterschieden wurden und ihre jeweilige Eigenheit zu starkes Gewicht bekam.

Johannes von Damaskus nahm dann das Konzept der «Perichorese» auf, das aus der stoischen Naturphilosophie stammt. Bei Chrysipp bezeichnete es eine Verbindung von zwei Körpern, die dabei nicht bloß äußerlich zu einem Nebeneinander zusammengefügt, aber auch nicht miteinander vermischt werden, sodass sie ihre Eigenheit verlieren würden. Sie existieren ineinander und durchdringen sich, wobei ihre Ausgangselemente erhalten bleiben – wie bei einem Eisen im Feuer.[88] Mit diesem

---

[85] Epistula 236 (LCL 243, 402); 214 (LCL 243, 234).

[86] Das gilt auch für Aussagen, denen zufolge zwischen den «Personen» «eine unaussprechliche und unbegreifliche Gemeinschaft und Unterschiedlichkeit» besteht (ἄρρητος καὶ ἀκατανόητος ἡ κοινωνία καὶ ἡ διάκρισις) (Epistula 38, zit. nach LCL 190, 210). «Gemeinschaft» ist nicht als interpersonale Sozialität, sondern als substanzhafte Gemeinsamkeit zu verstehen.

[87] Οὐσία δὲ καὶ ὑπόστασις ταύτην ἔχει τὴν διαφοράν, ἣν ἔχει τὸ κοινὸν πρὸς τὸ καθ᾽ ἕκαστον·(Epistula 236 [LCL 243, 400]).

[88] Peter Stemmer: Art. «Perichorese», in: HWPh, Bd. 7, 255–259; ders.: Perichorese. Zur Geschichte eines Begriffs, in: ABG 27, 1983, 9–55. Ciril Sorč:

Zuordnungsmodell konnte Einheit bei gleichzeitiger Verschiedenheit ausgesagt werden. In der Stoa und im Neuplatonismus wurde es auf das
Verhältnis von Leib und Seele und in der altkirchlichen Theologie auf die
zwei Naturen Jesu Christi angewendet. Auch Johannes verwendete es
hauptsächlich in Bezug auf die Christologie, um das Ineinander der zwei
Naturen Christi zu veranschaulichen. Dazu gebrauchte auch er das Bild
des Eisens, das vom Feuer durchglüht wird.[89] Mit Pseudo-Cyrill[90] ging er
jedoch über die Anwendung des Perichoresemotivs auf die Christologie
hinaus und bezog es auch auf das Verhältnis der trinitarischen Personen
zueinander.[91] Zwischen diesen besteht demzufolge eine Beziehung, die
inniger ist als die eines bloßen Zusammen- oder Miteinanderseins, aber
nicht so eng, dass sie miteinander verschmelzen. Er deutete die Beziehung
der trinitarischen «Personen» als gegenseitige Einwohnung und Durchdringung, als *Ineinandersein* in einer dynamischen Identität der Tätigkeit.

Im Unterschied zu den sozialen Trinitätslehren der jüngeren Vergangenheit sprach Johannes allerdings nicht vom *Bewegungsgeschehen* des
Durchdringens, sondern resultativ vom Durchdrungen*sein* der Naturen;
er gebraucht das Motiv der Perichorese also in einem statischen, nicht in
einem dynamischen Sinn. Und er verstand das Ineinandersein der
trinitarischen «Personen» nicht als eine Gemeinschaft von drei distinkten
«Personen», die in wechselseitiger Kommunikation miteinander stehen.
Der Akzent bei Johannes lag nicht auf der Dreiheit, sondern auf der
Einheit. Er betonte die wesenhafte Identität der «Personen».[92] Ihre
Unterscheidung ist ihm zufolge lediglich eine analytische, denkerische,
begriffliche.[93] Zu Recht konstatiert Markus Mühling, dass Johannes'
Verständnis der Perichorese für eine soziale Trinitätslehre gerade nicht in
Anspruch genommen werden kann, denn dieses Verständnis zielt nicht auf
die Sozialität der Personen, sondern auf «Einheit als Identität,

---

Entwürfe einer perichoretischen Theologie, Münster 2004, 50ff.

[89] De fide orth. (Expositio fidei) III/15 (BKV1 44, 157f.) u. ö.

[90] De trinitate 22 (PG 77, 1164A). Pseudo-Cyrill betont den Bewegungs-
charakter in der Durchdringung der Naturen Christi.

[91] De fide orth. (Expositio fidei) I/14 (BKV1 44, 42).

[92] De fide orth. (Expositio fidei) I/8 (BKV1 44, 24).

[93] De fide orth. (Expositio fidei) I/8 (BKV1 44, 23f.).

Differenzlosigkeit und Alteritätslosigkeit».[94] Diese Begründung mag etwas überzogen sein, trifft aber im Kern zu. Seine Denkweise mag auch dem islamischen Kontext geschuldet sein, in dem Johannes lebte und wirkte. In Damaskus war er mit der Familie des Kalifen verbunden und arbeitete zeitweilig in hoher Stellung im Staatsdienst. Den «Glauben der Ismaeliten» (von «Islam» und «Muslimen» spricht er nicht) betrachtete er allerdings als eine (christliche!) Irrlehre und Mohammed als falschen Propheten.[95] Doch trat er mit seiner Auslegung der Trinitätslehre auch den Vorwürfen des Tritheismus entgegen, die von Muslimen gegen diese Lehre erhoben wurden. In der Christologie wandte er sich gegen einen Monophysitismus.

So sehr sich die Protagonisten der sozialen Trinitätslehren auch bemühen, ihr Konzept schon in frühen Phasen der Theologiegeschichte zu verankern, so handelt es sich dabei doch um eine Neubildung, die sich vom Gottesverständnis, das in weiten Teilen der christlichen Theologie vorherrschend war, deutlich abhebt. Die Deutung der Dreieinigkeit als einer kommunikativen Dreiergemeinschaft, bei der sich die «Personen» in vollkommener wechselseitiger Kommunikation gegenseitig ihre Identität geben, stellt eine Neuinterpretation der dazu in Anspruch genommenen

---

[94] Markus Mühling: Abschied von der Perichorese? Asymmetrische Reziprozität als Bedingung der Entzogenheit im Wesen Gottes, in: ders., Martin Wendte (Hg.): Entzogenheit in Gott. Beiträge zur Rede von der Verborgenheit der Trinität, Utrecht 2005, 192; ders.: Liebesgeschichte Gott. Systematische Theologie im Konzept, Göttingen 2013, 106.

[95] Johannes Damascenus: Über die Häresien, Kapitel 100, in: Die Schriften des Johannes von Damaskus, Bd. IV: Liber de haeresibus. Opera polemica, hg. von Bonifatius Kolter, Berlin, New York 1981, 60–67; Johannes Damaskenos und Theodor Abū-Qurra, Schriften zum Islam, kommentierte griechisch-deutsche Textausgabe, hg. von Reinhold Glei, Adel Theodor Khoury, Würzburg, Altenberge 1995. Eine kurze Zusammenfassung dieses Kapitels bietet: Karl-Heinz Ohlig: Hinweise auf eine neue Religion. In der christlichen Literatur «unter islamischer Herrschaft», in: ders.: Der frühe Islam. Eine historisch-kritische Rekonstruktion anhand zeitgenössischer Quellen, Berlin 2007, 300–306.

Quellen dar, die nicht nur über diese hinausgeht, sondern deren Intention zuweilen geradezu zuwiderläuft.[96] Es ist eine «invention of tradition».[97]

«Perichorese» ist nun nicht mehr als substanzielle Durchdringung, sondern als communiales Geschehen, in dem sich die drei «Personen» wechselseitig Raum und Identität geben, verstanden. Und während die Vorstellung einer «Perichorese» von Johannes lediglich zur *Veranschaulichung*

---

[96] Manche Vertreter der sozialen Trinitätslehre tragen ihre Deutung in die Quellen selbst ein. So interpretiert Matthias Haudel die neunizänische Formel μία οὐσία, τρεῖς ὑποστάσεις als «eine *vollkommene innergöttliche perichoretische Koinonia*», in der die «Personen» gleichursprünglich seien (Matthias Haudel: Hermeneutische und trinitätstheologische Grundlagen für das gemeinsame Verständnis der trinitarischen Beziehungen. Ansätze zur Lösung des Filioque-Problems, in: Elisa A. Kattan u. a. [Hg.]: Die Filioque-Kontroverse. Historische, ökumenische und dogmatische Perspektiven 1200 Jahre nach der Aachener Synode, Freiburg i. Br. 2011, 280). Er weiß zwar um die Unterschiedenheit der «Personen» in Bezug auf ihre Ursprungsbeziehungen (der Vater als «fons trinitatis», a. a. O., 281), stellt diese Unterschiedenheit aber zugunsten der Deutung im Sinne der Perichorese zurück. Dabei taucht dieser Begriff – in der verbalen Form – lediglich bei Gregor von Nazianz in Bezug auf die Christologie auf (Ep. 101 [PG 37, 181C]) – und auch dort nur ein einziges Mal. In den von den Kappadoziern gebrauchten Begriff der trinitarischen «Person» trägt Haudel Vorstellungen von Relationalität und Sozialität ein, die frühestens im 12. Jahrhundert bei Richard von St. Viktor aufscheinen: die Vorstellung, dass die Personen durch ihre Relationen nicht nur profiliert, sondern konstituiert sind (De trinitate IV, 12ff. [PL 196, 937f.]). Das Substantiv περιχώρησις wird erst im 7. Jh. bei Maximus Confessor gebraucht. Zu Haudels Trinitätsverständnis siehe auch: ders.: Die Selbsterschließung des dreieinigen Gottes: Grundlage eines ökumenischen Offenbarungs-, Gottes- und Kirchenverständnisses, Göttingen 2006; ders.: Gotteslehre. Die Bedeutung der Trinitätslehre für Theologie, Kirche und Welt, Göttingen ²2018 (auf S. 155f. gibt Haudel eine knappe Zusammenfassung seines trinitätstheologischen Ansatzes).

Auch bei Gisbert Greshake und anderen Vertretern der sozialen Trinitätslehre findet sich diese Tendenz, das relationale Personverständnis und die darauf gegründete Trinitätslehre schon in der Theologie der Kirchenväter angelegt zu sehen. Greshake glaubt, schon in den Ansätzen zur Ausbildung der Trinitätslehre im 3. und 4. Jh. ein Verständnis Gottes als Communio (Greshake: Der dreieine Gott [siehe Anm. 73], 55) und in diesem Beziehungsgeschehen «eine gewisse triadische Rhythmik» (a. a. O., 53, Anm. 19) erkennen zu können.

[97] Dieser Begriff geht zurück auf: Eric Hobsbawm, Terence Ranger (Hg.): The Invention of Tradition, Cambridge 1983, ²⁷2018.

der innertrinitarischen Relationen herangezogen wird, sieht Moltmann im realen Geschehen der perichoretischen Durchdringung die Einheit der drei «Personen» in ihren Lebensbeziehungen *begründet*.[98] Der Begriff trägt also eine wesentlich höhere Begründungslast, als es bei Johannes von Damaskus der Fall war. Er wird zur Beschreibung realer innergöttlicher Vorgänge verwendet.

Ganz ähnlich – aber doch mit größerer hermeneutischer Sensibilität – sieht Eberhard Jüngel die Bedeutung von «Perichorese» darin, «dass Gottes Wesen ein beziehungsreiches Wesen und dass die Relationalität von Vater, Sohn und Geist umfassend und radikal ist [...]. Das Modell leitet dazu an, die Wesenseinheit Gottes nicht als metaphysische Prämisse für die dann geradezu ‹nachklappende› trinitarische Selbstunterscheidung, sondern Gottes eines und einziges Sein als ereignisreiche Gemeinschaft gegenseitigen Andersseins zu denken, die ewige Liebe genannt zu werden verdient.»[99]

2.3.3 Relationales Personverständnis

Die sozialen Trinitätslehren der jüngeren Theologiegeschichte rekurrieren auf ein relationales Personverständnis. «Person» ist demnach nicht zu verstehen als Instanz, die essenziell in einer rationalen Natur subsistiert, (wie es der antike Personbegriff des Boethius besagte), auch nicht primär als individuelles Subjekt mit Selbstbewusstsein (wie es der neuzeitliche, auf Descartes zurückgehende Personbegriff nahelegt), sondern vor allem als Beziehungswesen. Das Ich ist relational verfasst. Es ist auf ein Du bezogen und durch diese Beziehung konstituiert. So betont Moltmann: «Ohne Sozialität keine Personalität.»[100] Er fordert sogar, über den kommunitären Personbegriff noch hinauszugehen und in einem perichoretischen Sinn von «Person» zu sprechen: als wechselseitige Einwohnung.[101]

In der neuzeitlichen Philosophie wurde dieses Verständnis von Person – im kritischen Dialog mit der Transzendentalphilosophie Kants – schon von Friedrich Heinrich Jacobi proklamiert. In der «Beilage an den Herrn Moses Mendelssohn, über desselben mir zugeschickte Erinnerungen»

---

[98] Moltmann: Trinität (siehe Anm. 97 in Teil 1), 191–194.
[99] Eberhard Jüngel: Art. «Perichorese», in: RGG⁴, Bd. 6, 1111.
[100] Moltmann: Trinität (siehe Anm. 97 in Teil 1), 163.
[101] Moltmann: Der dreieinige Gott (siehe Anm. 76), 185.

schreibt Jacobi im Blick auf die leibliche Verfasstheit des Menschen: «Ohne Du ist das Ich unmöglich».[102] Dieser Gedanke ist allerdings noch nicht auf die *Konstitution* des Personseins, sondern auf die *Erfahrung* des Selbst bezogen.

Johann Gottlieb Fichte ging darüber hinaus und bezog die Beziehungshaftigkeit auch auf die Konstitution der Person: «Der Mensch [...] wird nur unter Menschen ein Mensch [...] – sollen überhaupt Menschen sein, so müssen mehrere sein.»[103] In seiner «Grundlage des Naturrechts» (1796) entfaltete er den Gedanken, dass sich das Rechtsbewusstsein der Person der Anerkennung durch andere Personen verdankt.[104] Bärbel Frischmann fasst Fichtes Position folgendermaßen zusammen: «Die Selbstkonstituierung des Menschen als einem vernünftigen, freien, leiblich verfassten und handelnden Wesen ist nur möglich in der Gemeinschaft mit anderen Vernunftwesen».[105]

Daran konnte Hegel (vor allem in der «Phänomenologie des Geistes») anschließen. Er erweiterte diesen Gedanken über philosophische Überlegungen zum Rechtsbewusstsein hinaus und wendete ihn auf die Konstitution des menschlichen Selbstbewusstseins insgesamt an. Auch die Liebe zwischen Menschen wird von da aus als Form wechselseitiger Anerkennung gedeutet. Sie ist die Hingabe an ein Gegenüber, um sich selbst im Anderen seiner selbst zu gewinnen.

Besonders aber in den Philosophien des Dialogischen Personalismus – vor allem bei Martin Buber – wurde die soziale Verfasstheit der Person stark betont: «Ich werde am Du; Ich werdend spreche ich Du. Alles wirkliche Leben ist Begegnung.»[106] Damit verband sich eine Kritik an der

---

[102] Werke Gesamtausgabe, hg. von Klaus Hammacher, Walter Jaeschke, Bd. 1, Hamburg, Stuttgart 1998, 116.

[103] Johann Gottlieb Fichte: Grundlage des Naturrechts (Gesamtausgabe der Bayerischen Akademie der Wissenschaften [siehe Anm. 366 in Teil 1], Bd. I/3, 347).

[104] Siehe dazu: Heikki Ikäheimo: Anerkennung, Berlin, Boston 2014, 29–63; Bärbel Frischmann: Zum Begriff der Anerkennung, in: Soziale Passagen 1, 145–161, 2009 (https://doi.org/10.1007/s12592-009-0029-8 [29.01.2022]).

[105] A. a. O., 145.

[106] Martin Buber: Ich und Du (1923), in: ders.: Das dialogische Prinzip. Ich und Du; Zwiesprache; Die Frage an den Einzelnen; Elemente des Zwischenmenschlichen; Zur Geschichte des dialogischen Prinzips, Gütersloh [13]2014, 15. Siehe dazu: Karl E. Grözinger: Jüdisches Denken: Theologie – Philosophie – Mystik: Bd. 5: Meinungen und Richtungen im 20. und 21. Jahrhundert,

abendländischen Philosophietradition, die spätestens seit Descartes ganz auf das individuelle Subjekt und dessen Selbstbewusstsein ausgerichtet war. Im Blick auf das 20. Jahrhundert resümiert Michael Theunissen: «Zweifellos gibt es nur wenige Realitäten, die das philosophische Denken unseres Jahrhunderts so stark in ihren Bann gezogen haben wie ‹der Andere›.»[107] Die sozialen Trinitätslehren sind stark beeinflusst von diesem Alteritäts- und Relationsdenken.

Man kann und muss allerdings fragen, ob bei diesem relationalen Personverständnis das Pendel nicht zu weit in Richtung der Sozialität ausgeschlagen ist, sodass dabei das Wahrheitsmoment des substanzialen Personverständnisses – und mit ihm auch die Autonomie im modernen Verständnis von Subjektivität[108] – zu kurz kommt. In salopper Formulierung präsentiert Markus Gabriel den Einwand gegen eine solche Auflösung zur Seite des relationalen Personverständnisses hin: «Allerdings treibt es der soziale Interaktionismus zu bunt. Wie soll es denn möglich sein, dass ich eine andere Person als ein Selbstbewusstsein erkenne, wenn ich nicht schon meinerseits über Bewusstsein und damit über Selbstbewusstsein verfüge? Ich kann doch nicht erst dadurch zu Bewusstsein gelangen, das an Selbstbewusstsein gekoppelt ist, indem ich lerne, dass andere Bewusstsein haben, weil sie mich auffordern, bewusst zu sein.»[109]

So sehr es zutrifft, dass ein Mensch in seiner frühkindlichen Entwicklung physisch und psychisch von seinen Bezugspersonen abhängig ist, und dass sich sein Personsein auch in späteren Lebensphasen in sozialen Bezügen formiert, so sehr gilt auch, dass die reife Person ihren Beziehungen vorausliegt und gegenübersteht, diese selbstbewusst gestalten und auch abbrechen kann. Die Person wird geprägt durch die Beziehungen, in denen sie lebt, ist aber auch relativ unabhängig von ihnen. Angewiesensein auf andere und individuelle Selbstständigkeit stehen in einem dialektischen Verhältnis zueinander. Selbstsein und Alterität des

---

Frankfurt a. M., New York 2019, 148–167.

[107] Michael Theunissen: Der Andere. Studien zur Sozialontologie der Gegenwart, Berlin 1965, 1.

[108] Siehe dazu: Klaus Müller: Subjektivität und Communio. Philosophische Rückfrage an ein selbstverständlich gewordenes Theologoumenon, in: Ferdinand R. Prostmeier, Knut Wenzel (Hg.): Zukunft der Kirche – Kirche der Zukunft. Bestandsaufnahmen – Modelle – Perspektiven, Regensburg 2014, 121–144.

[109] Markus Gabriel: Ich ist nicht Gehirn: Philosophie des Geistes für das 21. Jahrhundert, Berlin 2015, 198.

Menschen, Individualität und Sozialität, Subjektivität und Intersubjektivität bilden eine polare Spannung. Die Polarität von Ego-Zentrismus, d. h. auf sich selbst zentriert sein, und Exzentrizität, d. h. das sich vom anderen her Empfangen, ist nicht nach einer Seite hin auflösbar. Die Überbetonung des Selbststandes der Person führt zur Selbstgenügsamkeit, die Überbetonung der Beziehungshaftigkeit zur Auflösung der Person in Relationen.

Das relationale Personverständnis geht davon aus, dass der Mensch immer schon – bevor er sich selbst zur Relationalität bestimmen kann – in Beziehungen existiert. Das substanziale Personverständnis sieht dagegen das Selbstbewusstsein als das Primäre an und betont, dass die Person sich dazu bestimmen kann und muss, Beziehungen einzugehen und zu gestalten. Um sich in Beziehung zu anderen zu setzen, muss die Person zunächst eine beziehungsfähige und -willige Selbstinstanz sein. Es geht dabei nicht um ein Entweder-Oder, sondern um eine Akzentsetzung innerhalb dieser Polarität. Die eine Position betont das Person*werden* durch Beziehungen, die andere das Person*sein* als Bedingung für Relationalität. Die sozialen Trinitätslehren nehmen die erstere Position ein, die von Gott als Subjekt ausgehenden Lehrformen, die zweite.[110]

2.3.4 Radikalisierung der sozialen Trinitätslehre

Ich betrachte in diesem Abschnitt zwei Gestalten der sozialen Trinitätslehre, die deren Grundgedanken noch weiter radikalisieren. Dies geschieht in ihnen aber auf unterschiedliche Weise, indem der Personbegriff in entgegengesetzte Richtungen ausgelegt wird: Im einen Fall (a) wird das Moment der Relationalität, Kommunikabilität und Communialität so sehr in den Vordergrund gestellt, dass ein der Relation vorausliegender Selbststand der Person keinen Platz mehr hat; die Person ist ganz durch ihre Beziehung konstituiert. Im anderen Fall (b) wird das Selbstsein, die Subjektivität und der Freiheitsvollzug so sehr betont, dass die Beziehung in der wechselseitigen Gewährung von Freiheit durch diese Subjekte besteht. Für die erste der beiden Varianten beziehe ich mich auf den

---

110 Über Ausdeutungen des theologischen Personbegriffs im Kontext der neueren Trinitätstheologie informiert: Georg Essen: Person – ein philosophisch-theologischer Schlüsselbegriff in der dogmatischen Diskussion, in: ThRv 94, 1998/3, 243–254.

trinitätstheologischen Ansatz von Wolfhart Pannenberg, für die zweite auf die freiheitstheoretischen Konzepte, die in der katholischen Theologie der jüngeren Vergangenheit entwickelt wurden.

(a) Wenn in den sozialen Trinitätslehren eine relative Selbstständigkeit der miteinander kommunizierenden «Personen» Gottes angenommen wird, dann stellt sich die Frage, worin dieser Selbststand gründet. Was macht diese «Personen» zu dem, was sie sind? Die klassische Antwort, wie sie etwa von den Kappadoziern gegeben wurde und wie sie für die östliche Theologiegeschichte bestimmend war, lautete: Der «Vater» ist der Ursprung der Trinität, «Sohn» und «Geist» gehen aus ihm durch «Zeugung» und «Hauchung» hervor. Sie sind also durch ihre Ursprungsbeziehungen konstituiert. Von dort her erhalten sie ihre jeweilige Eigentümlichkeit. Die westliche Theologie sah die «Personen» demgegenüber als Hypostasierungen des einen Wesens Gottes; sie subsistieren in diesem Wesen.

Jürgen Moltmann knüpft an die Vorstellung vom «Vater» als Quelle der Trinität an, geht aber über sie hinaus. Er unterscheidet zwischen der *Konstitution* der «Personen» und dem *Beziehungsgeschehen* zwischen ihnen. Im Blick auf die *Konstitution* der Trinität ist Gott-Vater der «ursprunglose Ursprung» der Gottheit, im Blick auf das innere *Leben* der Trinität aber bilden die drei «Personen» selbst – durch ihre Perichorese – ihre Einheit und ihre jeweilige Eigenheit.[111] «Die göttliche Natur ist ihnen gemeinsam, ihre jeweilige Eigenart aber wird in ihren Beziehungen zueinander bestimmt.»[112] Sie gewinnen also ihr Sosein bzw. ihr Selbstsein aus dem Beziehungsgeschehen zwischen ihnen.

Gisbert Greshake kritisiert, dass dadurch eine Unstimmigkeit in Moltmanns Trinitätslehre eingetragen wird.[113] Mit der Annahme einer Konstitution der trinitarischen «Personen», die dem Beziehungsgeschehen zwischen ihnen vorausliegt, greife Moltmann auf ein *substanzielles* Verständnis zurück. Demnach wird die «Person» zuerst als solche konstituiert und dann erst – auf der Relationsebene – durch die Beziehungen zu den anderen «Personen» bestimmt. Sie *subsistiert* im Wesen der Gottheit und *existiert* in den innertrinitarischen Relationen. Diese Auffassung aber stehe zu dem von Moltmann favorisierten *relationalen* Verständnis in Spannung. Wenn sich die Einheit der Personen erst aus den Beziehungsgeschehen der

---

[111] Moltmann: Trinität (siehe Anm. 97 in Teil 1), 194.
[112] A. a. O., 188.
[113] Greshake: Der dreieine Gott (siehe Anm. 73), 170f.

drei relativ eigenständigen «Personen» ergebe, werde sie als Einigkeit in einer Gemeinschaft gedeutet. Auch Greshake sieht hier die Gefahr des Tritheismus heraufziehen.

Wolfhart Pannenberg löst diese Spannung auf, indem er die Auffassung zurückweist, die Trinität sei durch das Hervorgehen der «Personen» aus dem *einen* Wesen Gottes bzw. aus Gott-Vater konstituiert. Die Frage nach dem Woher der «Personen» weist er zurück und den Rekurs auf Ursprungsbeziehungen lehnt er ab. Die «Personen» gehen nicht aus dem «Vater» oder dem «Wesen» Gottes hervor, vielmehr bilden sie allererst die Gottheit Gottes. Es gibt keinen Ursprung des «Sohnes» aus dem «Vater» (wie es die Metapher der «Zeugung» nahelegt) und keinen Hervorgang des Geistes aus dem «Vater» (und dem «Sohn»). Es findet keine anfängliche Selbstunterscheidung der «Personen» statt. «Vater», «Sohn» und «Geist» stehen von Ewigkeit her in Beziehung zueinander. Ihre Identität gewinnen sie nicht durch ihre Herkunft, sondern allein durch ihre Bezogenheit aufeinander und durch ihre Beziehungsgeschehen miteinander. Ihre Einheit wie ihre Verschiedenheit liegt in ihren Beziehungen zueinander begründet und macht diese aus. Die Annahme einer Individuation, die diesem Geschehen vorausliegt, erübrigt sich damit.[114]

Zur Begründung zieht Pannenberg eine Feldtheorie heran. Er denkt die Trinität Gottes als dynamisches Feld mit drei Spannungspolen.[115] Versteht man die immanente Trinität nicht als Selbstentfaltung des göttlichen Subjekts, sondern als Interaktion in einem pneumatischen Beziehungsfeld, dann kann das göttliche Wesen nicht mehr von den trinitarischen Personen unterschieden werden. «Die als Feld gedachte

---

[114] «Als Gestalten des ewigen Gottes sind Vater, Sohn und Geist nicht ableitbar von irgendetwas anderem [...]. Auch die Einheit ihres Wesens ist nur in ihren konkreten Lebensbeziehungen zu finden.» (Pannenberg: Systematische Theologie Bd. 1 [siehe Anm. 70], 363).

[115] Vgl. auch Ingolf U. Dalferths Trinitätsdeutung. Dalferth spricht von drei «Aktivitätszentren» im «Gott-Feld». Der «Vater» markiert dabei «die schlechthinnige Ursprungslosigkeit des Gott-Feldes, damit zugleich aber auch sein unergründliches Kreativitäts- und Aktivitätszentrum.» (Kombinatorische Theologie. Probleme theologischer Rationalität, Freiburg i. Br. 1991, 134). Kritisch dazu: Ulrich Beuttler: Gott und Raum. Theologie der Weltgegenwart Gottes, Göttingen 2010, 364–366.

Gottheit kann als in allen drei trinitarischen Personen gleichermaßen in Erscheinung tretend gedacht werden.»[116]

Damit ist das relationale Trinitätsverständnis radikalisiert und die von Moltmann vorgenommene Unterscheidung zwischen Konstitutionsebene und Relationsebene[117] eingezogen.[118] Die Konstitution der Personen besteht in ihren Relationen; sie vollzieht sich in den Lebensbeziehungen zwischen ihnen. Person und Relation sind gleichursprünglich. Genauer: Die Trinität ist ein ursprungsloses Geschehen, ein ewiges Beziehungsleben. Wären die Personen in ihrer Besonderheit schon *vor* ihren Relationen konstituiert, sodass sie sich erst sekundär zueinander in Beziehung setzen würden, müsste das nach Pannenberg in einen Tritheismus führen.[119]

Der Grundgedanke dieses trinitätstheologischen Ansatzes besteht also darin, (a) die Relationalität der Begriffe «Vater», «Sohn» und «Geist» analytisch – als Beziehungsbegriffe – zu entfalten: Es gibt den «Vater» nicht ohne den «Sohn» und umgekehrt; (b) die Beziehungen dabei nicht genetisch-asymmetrisch (im Sinne einer Herkunft bzw. einer Abstammung), sondern perichoretisch-symmetrisch (im Sinne von wechselseitiger Ereignung) unter der Voraussetzung zu bestimmen, dass (c) die Relation zwischen ihnen eine ewige ist und damit auch die «Personen» von Ewigkeit her in Gott sind. Die «Ausdifferenzierung» Gottes ist ein ewiger Akt.

Darin liegt eine Neufassung der Trinitätslehre, die über die in der Geschichte der (westlichen wie östlichen) Theologie entwickelten Lehrformen hinausgeht. Diese gingen entweder davon aus, dass die drei «Personen» aus dem «Wesen» bzw. der «Natur» Gottes hervorgehen oder dass der «Sohn» und der «Geist» ihren Ursprung in «Gott-Vater» haben und dass *darin* ihre Einheit, aber auch ihre Verschiedenheit begründet liegt. Die erste dieser Varianten – die Lehre, dass die drei «Personen» aus dem «Wesen» Gottes hervorgehen – lief dabei allerdings auf die Annahme einer Quaternität hinaus: Die Gottheit Gottes konnte als eigene Größe

---

[116] Pannenberg: Systematische Theologie Bd. 1 [siehe Anm. 70], 415. Zu Pannenbergs theologischer Applikation der Feldtheorie siehe: Reinhold Bernhardt: Was heißt «Handeln Gottes»? Eine Rekonstruktion der Lehre von der Vorsehung, Gütersloh 1999, Berlin ²2008, 361–373; Beuttler: Gott und Raum (siehe Anm. 115), 368–374.

[117] Moltmann: Trinität (siehe Anm. 97 in Teil 1), 199f.

[118] Pannenberg: Systematische Theologie Bd. 1 (siehe Anm. 70), 353.

[119] A. a. O., 417.

gegenüber den «Personen» erscheinen. Ihr eignet eine Eigenschaft, die den
drei Personen nicht zukommt, nämlich die Eigenschaft, trinitarisch zu
sein. Die zweite dieser Varianten – die Zurückführung von «Sohn» und
«Geist» auf den «Vater» – hatte ein Gefälle zur Subordination dieser beiden
«Personen». Ursprungsbeziehungen, wie sie in der Rede von einer ewigen
«Zeugung des Sohnes» und einem «Hervorgang des Geistes» (durch «Hauchung») zum Ausdruck kommen,[120] sind weder auf Wechselseitigkeit
noch auf Permanenz gestellt.[121] Daran kann auch die Versicherung nichts
ändern, dass alle drei Instanzen wesensgleich sind.

Diese beiden Schwierigkeiten sind in der radikalisierten sozial-
relationalen Trinitätslehre vermieden. Dafür taucht eine andere verstärkt
auf, auch wenn sie vehement bestritten wird: die Neigung zum Tritheismus. Indem Pannenberg die trinitarischen Personen «nicht nur als
verschiedene Seinsweisen eines einzigen göttlichen Subjekts, sondern [...]
als Lebensvollzüge selbstständiger Aktzentren»[122] aufgefasst wissen will,
bewegt er sich unausweichlich auf eine tritheistische Deutung zu. Denn
relativ selbstständige (also individuelle) Aktzentren sind nicht ohne
Selbstbewusstsein zu denken.

(b) Das gilt auch – und noch mehr – für die freiheitstheoretischen
Entfaltungen der Trinitätslehre, die in jüngerer Vergangenheit in der
katholischen Theologie – angeregt von Thomas Pröpper – entwickelt
wurden. Dabei werden die innertrinitarischen Beziehungen als «Kommer-
zium dreier Freiheiten» dargestellt.[123] Da Freiheit aber ein personaler

---

[120] Vgl. auch die Formulierung des Glaubensbekenntnisses von Nizäa-Konstantinopel, derzufolge Christus «Licht *aus* Licht, wahrer Gott *aus* wahrem Gott
[dem Vater]» ist.

[121] Zu Recht konstatiert Schleiermacher, dass die Rede von der «ewigen Zeugung» des Sohnes durch den Vater – selbst wenn man sie noch so deutlich von
der Vorstellung einer zeitlichen und organischen Zeugung unterscheidet – «ein
Verhältnis der Abhängigkeit» anzeigt: «Hat also dem Vater die Macht eingewohnt
von Ewigkeit her, den Sohn als eine zweite Person zu zeugen, dem Sohn wohnt
aber eine solche Macht nicht ein [...], so ist unleugbar die Macht des Vaters größer als die des Sohnes, und auch die Herrlichkeit des Zeugenden bei dem Gezeugten
muss größer sein, als die der Gezeugte hat bei dem Zeugenden» (Schleiermacher:
Der christliche Glaube [siehe Anm. 10 in Teil 1], § 171.2, S. 521).

[122] Pannenberg: Systematische Theologie Bd. 1 (siehe Anm. 70), 347.

[123] Georg Essen: Die Freiheit Jesu. Der neuchalkedonische Enhypostasie-
begriff im Horizont neuzeitlicher Subjekt- und Personphilosophie, Regensburg

Vollzug ist, müssen dabei drei Bewusstseins- bzw. Subjektzentren bzw. drei Subjekte angenommen werden, auch und gerade wenn man den Begriff «Person» interpersonal codiert, also das Beziehungsgeschehen zwischen diesen «Personen» betont. Hier wird nun – anders als bei den «klassischen» Vertretern der sozialen Trinitätslehre (wie Moltmann) – der neuzeitliche subjektphilosophisch geprägte Personbegriff herangezogen, Person also als individuelles Subjekt verstanden.

Bernhard Nitsche versucht, die offensichtliche Konsequenz eines Tritheismus zu vermeiden, indem er Freiheit transzendentallogisch als Bedingung der Möglichkeit des Selbstvollzugs, also nicht als den Vollzug selbst, sondern als das formale Vermögen dazu, verstehen will. Diesen transzendentallogischen Freiheitsbegriff präpariert er weiterhin so, dass er auf den innertrinitarischen Freiheitsvollzug anwendbar sein soll. Dazu will er Übertragungen endlicher, raum-zeitlicher Momente (wie Zeitlichkeit im endlichen Freiheitsvollzug) und sozial-phänomenologischer Aspekte (wie gegenseitige Anerkennungsverhältnisse) vermeiden.[124] Doch abgesehen von der Frage, ob man Bedingungen für die Möglichkeit des Selbstvollzugs Gottes unterstellen kann, vermag auch eine solche Begriffsakrobatik die Gefahr des Tritheismus nicht zu bannen. Denn auch er spricht von *drei* Freiheiten, die sich gegenseitig Freiheit gewähren. Dann muss man eben auch von drei Bewusstseinszentren und damit von drei Personen und damit (im Bezugsrahmen des neuzeitlichen Personbegriffs) von drei Subjekten sprechen. Freiheit kann nicht ohne einen personalen

---

2001, 334f. Ähnliche Positionen vertreten: Bernhard Nitsche: Gott und Freiheit. Skizzen zur trinitarischen Gotteslehre, Regensburg 2008, bes. 199f.; ders.: Muslimischer Monotheismus (siehe Anm. 55), bes. 102–111; Magnus Striet: Konkreter Monotheismus als trinitarische Fortbestimmung des Gottes Israels, in: ders.: (Hg.): Monotheismus Israels (siehe Anm. 1 in Teil 1), bes. 183–193; ders.: Monotheismus und Schöpfungsdifferenz. Eine trinitätstheologische Erkundung, in: Peter Walter (Hg.): Das Gewaltpotential des Monotheismus und der dreieine Gott, Freiburg i. Br. 2005, 132–153. Siehe dazu: Helmut Hoping: Die Selbstvermittlung der vollkommenen Freiheit Gottes. Kritische Anmerkungen zu Magnus Striets trinitätstheologischem Vorstoß, in: Walter (Hg.): Das Gewaltpotential (a. a. O.), 166–177. Zu den freiheitstheoretischen Ansätzen insgesamt: Klaus von Stosch: Trinität, Paderborn 2017, 124–129; Thomas Schärtl: Trinität, Einheit und Eigenschaften Gottes, in: von Stosch, Tatari (Hg.): Trinität (siehe Anm. 11), 48–57.

[124] Nitsche: Muslimischer Monotheismus (siehe Anm. 11), 102.

Träger gedacht werden (das gleiche gilt für Liebe), auch wo sie von diesem nicht nur vollzogen, sondern im Vollzug in Anspruch genommen wird. In den freiheitstheoretischen Trinitätsauffassungen wird von «Freiheit» oft wie von einer personalen Instanz gesprochen, die Akte – vor allem den Entschluss, anderen Freiheit zu gewähren – vollzieht. Statt solche Hypostasierungen der «Freiheit» vorzunehmen kann man auch gleich von «Personen» oder «Subjekten» sprechen, die sich dieser Freiheit bedienen und sie ausüben. In der Rede vom «freien Selbstvollzug» ist der Begriff «Freiheit» redundant und kann ersatzlos gestrichen werden.

2.3.5 Kritische Auseinandersetzung mit den sozial-relationalen Trinitätslehren

Die sozialen Trinitätslehren haben das christliche Gottesverständnis in einer Weise profiliert, die die Kompatibilität mit den Gottesverständnissen des Judentums und des Islam erschweren. Das allein wäre noch kein Grund, sie zurückzuweisen, denn die Kompatibilität mit außerchristlichen Auffassungen kann nicht normativ für die christliche Theologie sein. Die sozialen Trinitätslehren sind jedoch auch theologieimmanent fragwürdig. Denn (a) sie beruhen auf fragwürdigen Basisannahmen, (b) sie projizieren Idealvorstellungen menschlicher Gemeinschaftlichkeit und herrschaftsfreier Kommunikation auf das Wesen Gottes, (c) sie lesen diese in die biblischen Überlieferungen hinein und (d) sie versteigen sich in Spekulationen der theologischen Phantasie. Diese vier Punkte werde ich im Folgenden entfalten. Zum Schluss (e) formuliere ich noch einige Einwände, die sich auf einzelne Ansätze der sozial-relationalen Trinitätslehren beziehen.

(a) Fragwürdigkeit der Basisannahmen und Hauptargumente
Die beiden zusammenhängenden Hauptargumente der sozialen Trinitätslehre lauten:

- Um das Gottsein des «Sohnes» und des «Geistes» unverkürzt auszusagen, muss eine innere Differenzierung in Gott (d. h. eine Selbstunterscheidung) angenommen werden. Es muss unterstellt werden, dass es in Gott neben der «Person» des «Vaters» eine Gottperson des «Sohnes» und eine Gottperson des «Geistes» gibt. Diesen «Personen» eignet ein je eigenes Selbstsein und Selbstbewusstsein, eine Beziehungsfähigkeit *ad intra* und eine Wirkmacht *ad extra*.

• Um die Relationalität Gottes zur Schöpfung hin (d. h. seine Selbstmitteilung, Offenbarung, sein Welt- und Heilshandeln) in Gott zu
verankern, muss eine *innere* Relationalität in Gott, d. h. ein Beziehungsgeschehen zwischen diesen «Personen» angenommen werden.
Beide Argumente sind nicht nur nicht zwingend, sondern fragwürdig.
Gegen das erste ist zu sagen: Wenn man das Gottsein des «Sohnes» und
des «Geistes» überhaupt in dieser ontologischen Weise als Gott*sein* denken
will, dann muss das keineswegs zur Annahme einer realen inneren
Differenzierung in Gott führen. Es lässt sich dies mindestens ebenso gut
als dreifache Ereignung des einen Gottseins aussagen, ohne dass das
Gottsein von diesen Ereignungsformen abgehoben werden müsste, sodass
man zur Annahme einer Quaternität gelangte.

Man mag dieser Deutung eine Tendenz zum Modalismus unterstellen,
doch ist dieser dabei nicht ontisch-statisch, sondern dynamisch als
Geschehen der dreifachen Selbstvergegenwärtigung des einen Gottes ver-
standen. Schon gar nicht ist damit ein nur äußerliches und temporäres
Erscheinen gemeint. Es geht um die von Ewigkeit her bestehende
Selbstgegenwart Gottes, die sich mitteilt. Mit dieser Deutung ist die
Hypostasierung des «Wortes» und des «Geistes» zu relativ eigenständigen
Wesenheiten in Gott bzw. «Personen» Gottes vermieden. Diese würde die
Einheit Gottes infrage stellen. Die Deutung der Gottheit Gottes als
interrelationaler Personengemeinschaft hat ein unaufhebbares Gefälle hin
zum Tritheismus,[125] auch wenn sich Moltmann – wie auch die anderen
Vertreter sozialer Trinitätslehren – davon abgrenzen. Indem den drei
«Personen» Subjektivität zugesprochen wird, ist die Gefahr, Gott als
Kollektiv zu denken, nicht mehr abzuwenden.

Jürgen Werbick hat diese Gefahr zu umgehen versucht, indem er
zwischen «Subjekt» und «Person» unterschied. Um von drei Personen,
nicht aber von drei Subjekten in Gott zu sprechen, schlägt er ein mono-
subjektives, aber interpersonales Verständnis der Trinität vor, dem zufolge
«der Sohn-Logos und der Geist am Subjektsein des Vaters auf vollkomme

---

[125] Walter Kasper diagnostizierte eine «tritheistische Gefahr» in Moltmanns
Trinitätslehre (Walter Kasper: Der Gott Jesu Christi, Mainz 1982, 360,
Anm. 183). Gisbert Greshake spricht von einem «triistischen» Personverständnis
bei Moltmann (Greshake: Der dreieine Gott [siehe Anm. 73], 168. Doch gilt das
ebenso sehr für seinen eigenen Entwurf.

Weise teilhaben».[126] Es handelt sich dabei allerdings um eine gekünstelte Unterscheidung, welche die zwei Aspekte des Personseins – Subjektivität und Interpersonalität – aufspaltet, den einen Aspekt auf die Gottheit Gottes und den anderen auf die drei Instanzen in Gott bezieht. Den Personbegriff, wie er heute verstanden wird, kann man nicht ohne den Aspekt der Subjektivität interpretieren. Das Grundproblem liegt aber tiefer: Es besteht in der Übertragung eines letztlich doch immer am Menschen gewonnenen Personverständnisses auf Gott. Das ist mit semantischen Operationen nicht zu beheben.

Gegen das zweite Argument ist zu sagen: Die Relationalität Gottes *ad extra* muss nicht auf eine *innere* Sozialität in Gott zurückgeführt werden. Sie ist im Beziehungswillen Gottes angelegt, der in dessen Wesen als Liebe verankert ist. Man kann daran festhalten, dass «Wort» und «Geist» aus dem «Innersten» Gottes hervorgehen, ohne sie zu eigenen Instanzen in Gott zu erklären, die noch dazu in einem Kommunikationsverhältnis zueinander stehen.

Allzu offensichtlich entstammt der trinitätstheologische Communio-Gedanke der Ekklesiologie und Leitvorstellungen menschlicher Sozialität, die am Ideal der Liebe bzw. der Gemeinschaftlichkeit orientiert sind. Dabei wird angenommen, dass Gott diese Liebe nicht nur *hat,* sondern *ist,* indem er sie auch in sich selbst vollzieht. Diese Annahme aber ist nicht nur nicht notwendig, sondern fragwürdig. Warum sollte Gottes Menschenliebe im Vollzug einer Selbstliebe in Gott – als Liebe zwischen drei «Gottpersonen» gründen? Dass Gott ein «glühender Backofen voller Liebe [ist], der da von der Erde bis an den Himmel reicht»[127] konnte auch Luther bekennen, ohne das mit einer sozialen Trinitätslehre zu erklären.

Um die Plausibilität seines trinitätstheologischen Entwurfs zu untermauern, sichert Jürgen Moltmann ihn mit umso steileren Geltungsansprüchen ab. Er erklärt: «Wer die Bewegung in der göttlichen Natur verneint, der verneint auch die Trinität Gottes. Damit aber ist in Wahrheit der ganze christliche Glaube verneint».[128] Damit verabsolutiert er ein bestimmtes, nämlich sein eigenes, Verständnis der Trinität. Jeder der beiden von ihm vorgenommenen Folgerungsschritte ist aber zweifelhaft.

---

[126] Jürgen Werbick: Gott verbindlich. Eine theologische Gotteslehre, Freiburg i. Br. 2007, 631.

[127] Nach WA 10/III, 56,2f. (sprachlich angepasst); vgl. WA 36, 425,13.

[128] Moltmann: Trinität (siehe Anm. 97 in Teil 1), 61.

Es lässt sich auch eine Bewegung in Gott annehmen, ohne dass sich diese zwischen distinkten Aktinstanzen in Gott vollziehen müsste und ohne dass Gott als dreipersonale kommunikative Gemeinschaft verstanden wird. Auch monosubjektive Trinitätslehren und selbst Gottesvorstellungen, die ein trinitarisches Verständnis Gottes ganz ablehnen, können eine innere «Bewegung» in Gott annehmen. Man denke nur an die in der Hebräischen Bibel über 30mal bezeugte «Reue» Gottes (die man als Ausdruck von Gottes Wesen als Liebe deuten kann)[129] oder an die islamische Lehre von den drei Herabsendungen des himmlischen Koran, deren zweite und dritte sich als Reaktion auf die Abweichung der Adressaten von der geoffenbarten Wahrheit vollzog. *Tawḥīd* meint – wie in Abschnitt 1.8 gezeigt – nicht statische Einheit der Gottheit, sondern eine Dynamik. Die Vorstellung eines aktiven Weltbezugs Gottes (im Modus der Offenbarung und/oder des Welt- und Heilshandelns) ist immer mit der Vorstellung einer Bewegung in Gott verbunden: der Bewegung des Sich-vom-Weltge-schehen-bewegen-Lassens und der Bewegung des «Aus-sich-Herausgehens». Es ist dies aber kein «emotional» konnotiertes interpersonales Beziehungs-geschehen in Gott, wie es in Moltmanns theopoetischem Trinitätsver-ständnis der Fall ist. Im Zentrum des christlichen Glaubens steht das Bekenntnis, dass Gott in Jesus Christus «aus sich herausgegangen» und sich in ihm wesenhaft repräsentiert hat. Es braucht keine soziale Trinitätslehre, um dieses Zentrum theologisch zu durchdringen und zur Sprache zu bringen. Der christliche Glaube hängt nicht an einer solchen. Ich sehe darin die Gefahr einer Remythisierung der Gotteslehre.[130]

---

[129] Eine Kurzinformation dazu gibt: Jan-Dirk Döhling: Art. «Reue Gottes (AT)», in: WiBiLex (www.bibelwissenschaft.de/stichwort/33422/ [07.08.2021]); ausführlicher: Jörg Jeremias: Die Reue Gottes. Aspekte alttestamentlicher Gottes-vorstellung, Neukirchen-Vluyn ²1997.

[130] Wenn Gisbert Greshake behauptet, dass eine «differenzlos-eine absolute Seinsmacht» unfähig sei, einem geschöpflichen Sein einen Platz neben sich zu ge-ben (Greshake: Der dreieine Gott [siehe Anm. 73], so zeigt sich darin eine frag-würdige Konsequenz der Rahnerschen Identifikation der immanenten mit der ökonomischen Trinitätslehre. Das gilt auch für Walter Kaspers Aussage, dass die göttlichen Hypostasen in der Heilsgeschichte nicht als Subjekte sprechend und handelnd auftreten könnten, wenn sie nicht auch in Gott Subjekte wären (Walter Kasper: Der Gott Jesu Christi, Mainz 1982, 368). Mit dieser Aussage setzt er sich zudem über den Grundsatz hinweg, dass die Werke der Trinität nach außen un-teilbar sind. Der Logos und vor allem der Geist handeln nicht als eigene Subjekte,

Auch um dem berechtigten Anliegen Geltung zu verschaffen, autokratischen Strukturen in Staat, Gesellschaft und Kirche die Legitimationsgrundlage zu entziehen, braucht es keine soziale Trinitätslehre. Im Rückgriff etwa auf die Sozialkritik der alttestamentlichen Propheten, der befreiungstheologischen Ansätze im Lukasevangelium sowie auf das Ethos der Jüngergemeinschaft und der späteren christlichen Gemeinden gibt es genügend biblische Anknüpfungspunkte, um demokratische, gerechte und partizipative Sozialformen im Rahmen der theologischen Sozialethik zu fordern. Das geht einher mit der Kritik an der theologischen Legitimation von autoritären-hierarchischen Herrschaftsformen.

Zu Recht kritisierte Matthias Haudel, der selbst ein Vertreter des sozial-trinitarischen Ansatzes ist, dass Moltmann «bei seinem in weiten Teilen konstruktiven Versuch, die Einseitigkeiten der westlich-intrapersonalen Trinitätslehre und ihre Konsequenzen zu überwinden, [...] der umgekehrten Tendenz einer *einseitig INTERpersonalen Trinitätslehre* [unterliegt], die mit der Vernachlässigung des intrapersonalen Aspekts das ‹Gegenüber-Sein› des einen Gottes zur Welt verschwimmen lässt.»[131] Genau dieses Gegenüber-Sein wollen der Islam und das Judentum ebenso wie weite Teile der christlichen Tradition (besonders die reformierte Theologie, in deren Tradition Moltmann steht) aber mit Nachdruck gewahrt wissen.

Den zweifelhaften Höhepunkt ihrer spekulativen Entfaltung erreicht die soziale Trinitätslehre in Moltmanns kreuzestheologischer Deutung. Das im Kreuzestod Jesu kulminierende Christusgeschehen wird in Gott lokalisiert, um dann das Leiden «Gott-Vaters» am Tod seines «Sohnes» zum Gegenstand einer geradezu leidensmystischen Kontemplation zu machen, die kaum noch anschlussfähig an exegetische Befunde ist. Hier gerät die Theologie in die Nähe einer christlichen Belletristik, der gegenüber man die in diesem Fall berechtigte Warnung vor Übertreibungen in Erinnerung rufen möchte, die der Koran gegen die Christologie und Trinitätslehre insgesamt erhebt (Q 4,171).

(b) Projektion
Die sozialen Trinitätslehren gehen aus Projektionen hervor, nur dass dabei nicht ideale Eigenschaften des *individuellen* Menschseins oder der

---

sondern Gott handelt durch sie.
[131] Haudel: Die Selbsterschließung (siehe Anm. 96), 288.

Menschen*gattung* auf Gott abgebildet werden, sondern solche von inter-personalem Austausch, von Liebe, Selbstzurücknahme, Empathie, Mit-leidensfähigkeit usw., zudem Ideale einer auf der grundsätzlichen Gleich-berechtigung und Teilhabe aller Menschen gegründeten Gesellschaft. Wie besonders im Blick auf Moltmann deutlich wurde, fließen auch Anliegen der politischen Theologie – antimonarchische Vorstellungen politischer Gewaltenteilung und einer demokratischen Staatsverfassung – in die Trinitätstheologie ein. Assoziationen einer autokratischen Herr-schaft Gottes sollen zurückgedrängt werden. Gott soll nicht als ein mit Allmacht ausgestatteter absolutistischer Monarch, sondern als ein in sich gemeinschaftlich verfasstes Wesen verstanden werden. Es ist dies eine Reaktion auf Geschichtserfahrungen mit monarchischen Herrschafts-formen und totalitären Regimen. Die davon hervorgebrachten zeitgenössi-schen Leitvorstellungen für Politik und Gesellschaftsgestaltung werden dem Gottesverständnis injiziert.

Das Problem besteht weniger darin, dass es sich dabei um Projektionen handelt – jede Trinitätslehre ist immer auch ein Kind ihrer Zeit, in dem sich politische und gesellschaftliche Verhältnisse und Vorstellungen niederschlagen –, sondern darin, dass sie diesen projektiven Charakter in der Entfaltung der Lehre nicht zum Ausdruck bringt. Sie gibt sich als eine Wesensbeschreibung Gottes und nicht als theologische Theorie aus.

(c) Exegese oder Eisegese?
Die Protagonisten der sozialen Trinitätslehren berufen sich zwar auf das Zeugnis der biblischen Überlieferung, doch interpretieren sie dieses von ihrem Demonstrationsziel her. Sie gehen von den biblischen Aussagen über das Verhältnis von Gott, Jesus Christus und dem Heiligen Geist aus, sehen darin ein lebendiges Beziehungsgeschehen zwischen drei Subjekt-zentren und Aktinstanzen *in* Gott angezeigt und deuten diese Lebens-beziehungen als Wesen Gottes. Dabei rekurrieren sie vor allem auf das Beziehungsgeschehen zwischen «Gott» und Jesus Christus, den dieser als «Vater» anredet.[132]

---

[132] So lautet die methodische Anleitung Wolfhart Pannenbergs: «Eine Be-gründung der Trinitätslehre aus dem *Inhalt* der Offenbarung Gottes in Jesus Christus muss ausgehen vom Verhältnis Jesu zum Vater, wie es im Zusammen-hang der Botschaft und der Gottesherrschaft seinen Ausdruck gefunden hat.» (a. a. O., 331, Hervorhebung W. P.).

Auf diese Weise soll die Trinitätslehre nachmetaphysisch, konsequent «von unten», vom biblischen Zeugnis her aufgebaut werden. Dabei handelt es sich aber mehr um eine Eisegese als um Exegese. Die sozial-trinitarische Gottesvorstellung wird *vorausgesetzt*. Die Theologinnen und Theologen, die diese Lehre vertreten, lesen die soziale Trinitätslehre in die biblischen Überlieferungen hinein, um sie dann – mit einem offenba-rungstheologischen Geltungsanspruch versehen – wieder aus ihnen herauszulesen.[133] Es ist dies eine *petitio principii*, ein Zirkelschluss, bei dem zudem die im Neuen Testament bezeugte Gottesgeschichte höchst selektiv aufgenommen wird. Damit erweisen sich auch die trinitäts-theologischen Ansätze, die vorgeben, diese Lehre «von unten», aus den biblischen Zeugnissen von den Beziehungen zwischen Gott-Vater, Jesus Christus und dem Heiligen Geist zu gewinnen, als Ansätze «von oben». Sie tragen ihre theologischen Prämissen und Präferenzen in die biblischen Zeugnisse ein.

Schon in der Antike hat sich die trinitätstheologische Lehrbildung weit über die biblischen Zeugnisse hinausgewagt und sehr viel mehr gesagt, als dort gesagt (und m. E. auch: gemeint) ist.[134] Als Begründung für diesen

---

[133] Beispielhaft dafür sei auf Gisbert Greshakes Deutung von 1 Kor 15,28 ver-wiesen. In der Aussage, «dass erst, wenn der Sohn sich selbst dem Vater übergibt, Gott (der Vater) ‹alles in allem› ist», sieht er einen Beleg dafür, dass sich die Va-terschaft Gottes dem Sohn verdanke (Greshake: Der dreieine Gott [siehe Anm. 73], 69). Den naheliegenden Einwand, dass sich diese Aussage nicht auf das innere Wesen Gottes, sondern auf die Gottesherrschaft in der Schöpfung bezieht, weist er zurück. Es sei hier erstens von der *Selbst*übergabe des Sohnes die Rede und zweitens leuchte in den ökonomischen Bestimmungen Gottes dessen imma-nentes Wesen auf. So glaubt er, aus dieser Aussage auf eine reziproke Abhängigkeit von Vater und Sohn schließen zu können. Auf diese Weise wird der exegetische Befund dem theologischen Interesse untergeordnet.

[134] So versucht etwa Hans-Joachim Eckstein «[d]ie Anfänge trinitarischer Rede von Gott im Neuen Testament» aufzuweisen (in: Rudolf Weth [Hg.]: Der lebendige Gott. Auf den Spuren neueren trinitarischen Denkens, Neukirchen-Vluyn 2005, 31–59; Hans-Joachim Eckstein: Kyrios Jesus. Perspektiven einer christologischen Theologie, Neukirchen-Vluyn 2010, 3–33). Klaus Wengst kriti-siert an diesem Versuch zu Recht, «dass die in einem völlig anderen Kontext ge-wonnenen Einsichten der altkirchlichen Trinitätslehre in die Texte des Neuen Testaments hineingelesen werden.» (Klaus Wengst: Neues Testament und dreiei-niger Gott. Trinitarisch von Gott reden im Angesicht Israels, in: ders.: Christsein

«Sprachgewinn» (Dietrich Ritschl) wird in der Regel angegeben, dass es sich dabei um die systematisierende Entfaltung der biblischen (vor allem: der neutestamentlichen) Gottesrede handelt. In Wirklichkeit aber wurden bestimmte biblische Aussagen zu «Wort» (etwa Joh 1,1f.) und «Geist» (etwa Joh 4,24) Gottes[135] sowie zur Gottesbeziehung Jesu (ausgedrückt in der Metaphorik von «Vaterschaft» und «Sohnschaft») selegiert und extrapoliert, d. h. zum Ausgangspunkt für Ableitungen gemacht.

Im Johannesevangelium ist die Rede von Jesus Christus als dem «Sohn» Gott-Vaters[136] über den Gedanken der Inkarnation (Joh 1,14) mit dem Motiv des «Wortes» Gottes verbunden. Genau genommen gehören diese Bezeichnungen aber zu unterschiedlichen «Sprachspielen» mit verschiedenen Bildlogiken. Sie implizieren verschiedene Beziehungsmuster: die Beziehung eines personalen Gegenübers (Vater-Sohn) und die Beziehung des Inseins und der Äußerung (Gott-Wort). Sie führen auch zu unterschiedlichen Verständnissen von «Einheit»: interpersonale Einigkeit und Einheit des Wesens, der Substanz, des Seins. Die sozialen Trinitätslehren knüpfen an die Beziehung des personalen Gegenübers an, und deuten dieses – anknüpfend an die Rede vom Wort Gottes, das Gott ist (Joh 1,1f.) – als Beziehungsgeschehen *in* Gott. Das aber geht weit über das Johannesevangelium, wie überhaupt über das NT hinaus. Die neutestamentliche Rede von «Vater» und «Sohn» ist auf die Beziehung zwischen Jesus Christus und Gott, nicht auf «Personen» Gottes und auf ein inneres Beziehungsgeschehen in Gott bezogen.

Schon in der patristischen Theologie wurde die biblische Rede von «Vater» und «Wort/Sohn» und «Geist» Gottes gewissermaßen von «außen» nach «innen» gewendet, von der Ek-sistenz zur In-sistenz. «Wort» und

---

mit Tora und Evangelium. Beiträge zum Umbau christlicher Theologie im Angesicht Israels, Stuttgart 2014, 77).

[135] «Wort» und «Geist» Gottes können im NT auch miteinander identifiziert werden, etwa in Eph 6,17.

[136] Die vor allem im Johannesevangelium (aber auch in Mt 11,27 par) gebrauchte Selbstbezeichnung Jesu als «Sohn» ist zu unterscheiden vom Titel «Sohn Gottes». Dieser Titel stammt aus der politischen Theologie des Alten Orients. In Ägypten und Babylon galt der König als «Sohn Gottes» und seine Inthronisation als «Zeugung» (in Ägypten verstanden als göttliche Herkunft, in Babylon als göttliche Adoption). Im AT wird der Titel auf das Volk Israel (Ex 4,22f.) und auf den König aus dem Hause Davids übertragen (2Sam 7,12ff.; Ps 2,7), im NT auf Jesus (Mt 16,16f.).

«Geist» Gottes galten nicht mehr nur als *Äußerungen* bzw. Wirkweisen der Gottheit Gottes (in relativer Unterschiedenheit von Gott), sondern als Instanzen («Hypostasen»/«personae») *in* Gott. Die Rede von «Vater» und «Sohn» beschrieb nicht mehr nur die Beziehung Gottes zu Jesus Christus, sondern das gottinterne Verhältnis von Gott-Vater und Gott-Sohn. Damit stellte sich die Aufgabe, die Beziehung dieser innergöttlichen Wesenheiten zueinander und zur Einheit Gottes zu klären.

In exegetischer Hinsicht beruht die Trinitätslehre also auf der Selektion bestimmter biblischer Aussagen, vor allem aus dem Johannesevangelium. Damit wurde eine «hochspekulative, exzentrische Deutung des Mannes aus Nazareth zum Ausgangspunkt der theologischen Explikation gewählt [...]. Die Fixierung auf eine der vielen biblischen Stimmen und die damit verbundene Gefahr der Vereinseitigung, Verengung, Verfremdung der christlichen Botschaft blieb angesichts der offenbaren explikativen und plausibilisierenden Kraft einer johanneischen Christologie unbemerkt.»[137] Aussagen, die sich nicht in das anvisierte Gesamtbild einpassen ließen (wie die sogar im Johannesevangelium deutlich bezeugte Subordination des «Sohnes» unter den «Vater», s. u.), wurden ignoriert oder marginalisiert. Es kam zu einer Schematisierung der innerbiblischen Pluralität nach Maßgabe soteriologischer Leitvorstellungen.

Die Normativität des biblischen Zeugnisses wurde und wird dabei nicht restriktiv, sondern expansiv ins Spiel gebracht, also nicht so, dass die theologische Gottesrede die biblische nicht überschreiten dürfe, sondern so, dass sie ihr nicht widersprechen darf. Damit ist ein weiter Interpretationsspielraum eröffnet. Selbst wenn man einräumen muss, dass theologische Systematisierungen immer mit Selektionen ihrer Materialgrundlage einhergehen und diese immer auf ihre je eigene interessegeleitete Weise interpretieren, ist doch zu fragen, ob dieser Sprachgewinn durch die jüdischen Traditionen gedeckt ist, die sich im Alten und auch im Neuen Testament artikulieren, auch wenn sie dort mehr oder weniger hellenistisch geprägt sind.

Zu bedenken ist auch, dass sich im Alten Testament neben «Wort» und «Geist» noch weitere Bezeichnungen finden, die Gottes wesenhafte Gegenwart in der Welt anzeigen: vor allem die «Weisheit», der «Name» und die «Herrlichkeit» Gottes. Auch diese sind im Neuen Testament auf Jesus

---

[137] Peter Stemmer: Perichorese. Zur Geschichte eines Begriffs (siehe Anm. 88), 9.

bezogen worden, um seine Christuswürde auszusagen. Wenn man dem Argument folgt, dass die Wesensäußerungen Gottes in eigenen Aktzentren im Wesen Gottes angelegt sein müssen, dann könnten auch sie als *personae* in Gott gelten. Das würde dann zur Vorstellung von einer Quaternität, Quintität, Sextität usw. führen. Es fällt jedenfalls nicht leicht, einen zwingenden exegetischen Grund für die Beschränkung auf drei «Personen» anzugeben. Er besteht in der soteriologisch motivierten Heraushebung des «Wortes» und des «Geistes» Gottes, die nach dem Verständnis des christlichen Glaubens in besonderer Weise die Gottinnigkeit Jesu Christi begründeten. Die herausgehobene Bedeutung des «Wortes» und des «Geistes» muss und sollte aber nicht dazu führen, andere Titulaturen für die Selbstvergegenwärtigung Gottes zurückzustellen. Es kann gar nicht genug Ausdruckformen geben, um die unerschöpfliche Weltzuwendung Gottes (als in Gott angelegt) zur Sprache zu bringen.

(d) Spekulationen

Was im Prinzip für alle Lehren von der immanenten Trinität gilt, trifft in besonderer Weise für die sozialen Trinitätslehren zu: Sie stellen spekulative Überhöhungen der biblischen Aussagen über Gott, Jesus Christus und den Heiligen Geist dar. Wenn dem «Wort» und dem «Geist» Gottes göttliche Seinsqualität zugesprochen wurde,[138] musste geklärt werden, wie sich die Gottheit des «Wortes» und des «Geistes» zum Gottsein Gottes verhält bzw. welche Rolle «Wort» und «Geist» *in* Gott spielen. Auch wenn man bedenkt, dass die enorme Denkarbeit, die in der Ausbildung der immanenten Trinitätslehren geleistet wurde, ihren Sitz-im-Leben in der gottesdienstlichen Praxis hat, dass es sich dabei nicht um abstrakte metaphysische Lehrstücke, sondern um die Formulierung von Glaubensbekenntnissen handelt, dass diese Rede nicht zuletzt soteriologisch und doxologisch zu verstehen ist, also Heilsgewissheit vermitteln will und dem Gotteslob dienen soll und dass sie zu weiten Teilen aus Grenzziehungen besteht, also aussagt, wie *nicht* über Gott gedacht werden soll, so vollzieht sie doch eine zuweilen fragwürdige Introspektion in das Wesen Gottes.

Der Einspruch von Juden und Muslimen bezieht sich nicht nur auf den *Inhalt* der Trinitätslehren, sondern noch grundlegender auf die

---

[138] In Bezug auf das «Wort» sind vor allem folgende neutestamentliche Stellen herangezogen worden: Joh 1,1; 10,30.38; 14,9–11; 17,21; 20,28; 1Joh 5,20; in Bezug auf den Geist etwa Joh 15,26; 1Kor 2,10f.; 3,16; Apg 5,4c.

Empfindung, dass dabei das göttliche Geheimnis verletzt wird – erst recht,
wo dieses auch noch bildlich dargestellt wurde. Die heilige Scheu vor der
Gottheit Gottes scheint preisgegeben zu sein. Der Eindruck entsteht, dass
sich theologische Hybris über alle Erkenntnisgrenzen hinwegsetzt und die
gebotene «docta ignorantia» verdrängt. Demgegenüber fordert etwa Pinchas
Lapide, dass «alle dogmatischen Aussagen über den ‹deus absconditus›, den
unerforschlichen, verborgenen Gott sich dem Prophetenwort beugen
müssen [...]: ‹Ich will mich nicht von euch erforschen lassen, so spricht
Gott, der Herr›».[139] Dem entspreche die jüdische Gotteserfahrung und -rede:
«Der ganze Regenbogen jüdischer Gotteserfahrungen ist und bleibt im
Judentum nichts anderes als eine Galerie von Sprachbildern, die nie und
nimmer zu steinharten Begriffen erstarrt sind, auf die man eine zünftige
Gotteswisserei, oder gar ein lückenloses System erbauen könnte.»[140]

Demgegenüber kann man darauf hinweisen, dass die theologischen
Entwürfe, die im 20. Jahrhundert die Renaissance der Trinitätslehre
heraufgeführt haben, diese Lehre gerade nicht auf spekulativem Weg
entwickeln wollten. Ihr programmatischer Ausgangspunkt war die biblisch
bezeugte heilsgeschichtliche Selbstoffenbarung Gottes. Sie haben also bei
der ökonomischen Trinität der «Werke» Gottes angesetzt und die
immanente Trinitätslehre von dort aus – als in Gott angelegte Ermög-
lichung der Heilsgeschichte – zu begründen versucht. Sie haben dabei den
methodischen Grundsatz aufgestellt, dass die immanente Trinitätslehre
nicht *mehr* sagen kann und darf, als die ökonomische zu sagen erlaubt.[141]

Es ist allerdings erstaunlich, wie selbst Theologinnen und Theologen,
die diesem methodischen Grundsatz folgen wollten, dann mit ihren
Entwürfen zur immanenten Trinitätslehre doch in spekulative Höhen

---

[139] Lapide, Moltmann: Jüdischer Monotheismus (siehe Anm. 43), 29f.; mit
Verweis auf Ez 20,3.

[140] Lapide, Moltmann: Jüdischer Monotheismus (siehe Anm. 43), 25.

[141] Karl Barth hält die Regel für grundlegend, «dass die Aussagen über die
Wirklichkeit der göttlichen Seinsweisen ‹zuvor in sich selber› inhaltlich keine anderen sein können als diejenigen, die über ihre Wirklichkeit eben in der Offenbarung zu machen sind» (KD I/1, 503). So auch Jürgen Werbick: «In der Lehre von
der immanenten Trinität [...] darf nichts behauptet werden, was sich nicht als
theo-logische Begründung der ökonomischen Trinität [...] ausweisen lässt»
(Jürgen Werbick: Trinitätslehre, in: Theodor Schneider [Hg.]: Handbuch der
Dogmatik, Bd. 2, Düsseldorf ²1995, 565).

aufgestiegen sind. Sie haben die biblischen Aussagen nach Maßgabe der vorausgesetzten Trinitätslehre spekulativ überhöht.

Auch in dieser Hinsicht gilt wieder: Die sozialen Trinitätslehren der jüngeren Vergangenheit und Gegenwart treiben diese Introspektion in das Wesen Gottes noch weiter als traditionelle Formen der (östlichen und westlichen) Lehren von Gottes immanenter Dreieinigkeit. Sie malen das innere Beziehungsgeschehen in Gott aus, indem sie es nach Maßgabe ihrer Idealvorstellungen menschlicher Sozialität interpretieren.

Besonders das Konzept der *Perichorese* verleitet dabei zu Höhenflügen der theologischen Phantasie. Zu Recht konstatiert Herbert Vorgrimler: «Das Verständnis der P[erichorese] als ‹Beziehungsgeschehen› oder ‹gegenseitige Lebensvermittlung von Personen› ist ein phantastisches Konstrukt (moderne Spekulationen gehen bis zur Geschmacklosigkeit: vom antiken Theatergebrauch des Wortes P. aus wird die göttliche Trinität mit einem Männerballett verglichen, drei ‹Tänzer› eines göttlichen Liebestanzes).»[142]

Schon die etymologische Rückführung von «Perichorese» auf χορεύω («im Chor tanzen») bzw. χορός («Reigentanz») ist falsch. Das ergibt sich aus der Schreibweise mit *omega* und nicht mit *omikron*. Χορεύω und χωρέω sind etymologisch nicht miteinander verwandt. Χωρεῖν bedeutet im klassischen Griechisch «Platz machen», «Raum geben», «gehen», περιχωρέω «herumgehen», «auf jemanden übergehen». Auch die lateinische Übersetzung des von περιχωρεῖν abgeleiteten *nomen actionis* περιχώρησις «circum-incessio» drückt die Bewegung des «Um-herum-Gehens» aus. In der Stoa kam dann die Bedeutung von «durch etwas hindurchgehen», «etwas durchdringen» hinzu.[143] Keine dieser Begriffsbedeutungen verweist auf Spiel oder Tanz.

Zu fragen ist auch, mit welcher Absicht das Motiv der Perichorese in die Trinitätslehre eingeführt wird: als Veranschaulichung oder als erklärungskräftiges Konzept? In den sozialen Trinitätslehren hat es eine eher begründende und explikative Funktion. Dagegen aber wendet Peter

---

[142] Herbert Vorgrimler: Art. «Perichorese», in: ders.: Neues Theologisches Wörterbuch, Freiburg i. Br. u. a. 2008, 489. Eine solche Deutung findet sich etwa bei Patricia Wilson-Kastner: Faith, Feminism, and the Christ, Philadelphia, PA, 1983, 127; Elizabeth A. Johnson: She Who Is. The Mystery of God in Feminist Theological Discourse, New York 1992, 220–222) und vorsichtig andeutungshafter bei Greshake: Der dreieine Gott (siehe Anm. 73), 94, 190, 393; ders.: Art. «Perichorese», in: LThK3, Bd. 8, 31–33.

[143] Stemmer: Perichorese. Zur Geschichte eines Begriffs (siehe Anm. 88), 11.

Stemmer ein: Diese Metapher «erklärt nichts, aber sie macht das Unbegriffene oder Unbegreifliche vertrauter.»[144]

Doch geht es nicht nur um einzelne Begriffe, sondern um die sozialen Trinitätslehren insgesamt. Der Versuch, den metaphysischen Theismus durch ein vermeintlich nachmetaphysisches, sozial-trinitarisches Gottesverständnis zu ersetzen, endet in einer relationsontologischen Metaphysik, die Gott als dynamisch-kommunikative Gemeinschaft denkt. Der Aufbau immer höherer Spekulationstürme und die Ausmalung durch bildhafte Vorstellungen dient dabei weder der theologischen Klärung noch auch dem Gotteslob. Diese Entwürfe bewegen sich in einer spannungsreichen Axiomatik und nehmen beim Versuch, den Axiomen gerecht zu werden, immer wieder Balanceakte vor. Sie bilden Ableitungen von Ableitungen, werfen dabei immer neue Probleme auf und verstricken sich zuweilen in ihren eigenen Konsequenzen. Die Distanz zum biblischen Gotteszeugnis wird auf diesen Denkwegen nur weiter vergrößert[145] und die Anschlussfähigkeit an Plausibilitätsstrukturen gegenwärtigen Denkens verringert. Je mehr Reflexionsarbeit zu leisten ist, um die «Esoterik des Eingeweihten»[146] zu plausibilisieren, umso geringer ist ihre Intelligibilität und damit auch ihre Glaubwürdigkeit.

(e) Einwände gegen einzelne Ansätze der sozial-relationalen Trinitätslehren
Der erste Einwand bezieht sich auf Pannenbergs Vorschlag, die innertrinitarischen Beziehungen nicht mehr als Ursprungs-, sondern als Lebensbeziehungen zu verstehen. Selbst wenn man von den johanneischen Aussagen zur Präexistenz des Gotteswortes[147] ausgeht, überzeugt diese Auslegung nicht. Zu viele neutestamentliche Aussagen und auch die Lehrbildungen nahezu der gesamten Theologiegeschichte stehen dem entgegen. Die Beziehung zwischen «Vater» und «Sohn» ist nicht nur durch das Beziehungsgeschehen, sondern zunächst durch geistliche Abstammung bzw. Einsetzung (metaphorisch im Blick auf Ps 2,7 als «Zeugung»

---

144 Stemmer: Perichorese. Zur Geschichte eines Begriffs (siehe Anm. 88), 14.

145 Zu Recht konstatiert Herbert Vorgrimler: «Mit dem Glaubensbekenntnis Jesu lässt sich diese Auffassung jedenfalls nicht vereinbaren» (Herbert Vorgrimler: Gott, Vater, Sohn und Heiliger Geist, München 2003, 121).

146 So Hans Küng im Blick auf die Trinitätslehre Greshakes: Küng: Der Islam (siehe Anm. 25 in Teil 1), 608.

147 Friederike Kunath: Die Präexistenz Jesu im Johannesevangelium. Struktur und Theologie eines johanneischen Motivs, Berlin, Boston 2016.

beschrieben) konstituiert. Selbst im Johannesevangelium finden sich – wie gesagt – klare Aussagen zur Subordination Jesu Christi unter Gott-Vater (Joh 4,34; 5,19ff.30.43; 8,49f.; 10,29; 14,24b.28; 17,1–3 u. ö.). Die Unterschiedenheit des «Sohnes» vom «Vater» wird dabei vor allem durch das Motiv der Sendung und der Rückkehr zum Ausdruck gebracht.

Die gegenseitige Konstitution der «Personen», die für die Beziehung zwischen «Vater» und «Sohn» noch nachvollziehbar sein mag, lässt sich im Blick auf die Beziehung zwischen «Vater» und «Geist» sowie zwischen «Sohn» und «Geist» kaum noch einsichtig machen, sondern nur noch behaupten. Inwiefern sollte eine «Vaterschaft» Gottes oder eine «Sohnschaft» des «Wortes/Sohnes» im Gegenüber zum «Geist» bestehen und inwiefern sollte der «Geist» die Person des «Vaters» relational konstituieren? Anders als «Vater» und «Sohn» sind «Vater» und «Geist» sowie «Sohn» und «Geist» keine relationalen Korrelatbegriffe. Allein in der Beziehung zu Jesus ist Gott «Vater».

Der «Geist» wird denn bei Moltmann auch nicht mit gleicher Eindeutigkeit als «Person» beschrieben wie «Vater» und «Sohn». Er ist (wie bei Augustin) zunächst das Band der Liebe zwischen diesen beiden. Pannenberg bestimmt den «Geist» einerseits als Pol im Kraftfeld der trinitarischen Gottheit, andererseits identifiziert er ihn mit dem Kraftfeld insgesamt, das er als Liebe versteht. Wie ein Kraftfeld aber Gegenüber einer lebendigen Beziehung zu einem «Vater» sein soll, erschließt sich mir nicht. Die Erklärung, die Pannenberg dafür gibt – dass «Vater» und «Sohn» «nur im Gegenüber zur Person des Geistes ihre Gemeinschaft untereinander in der Einheit des göttlichen Lebens haben»[148] – setzt voraus, was sie belegen will: dass der «Geist» Person ist.

Wären die «Personen» einzig durch ihre Relationen konstituiert, dann wäre der «Vater» genau genommen in der Beziehung zum «Sohn» ein anderer als in der Beziehung zum «Geist». Gleiches gälte auch für den «Sohn» und den «Geist».

In Moltmanns Trinitätslehre wird das Beziehungsgeschehen zwischen den relationalen Subjekten in Gott in einer nicht nur für Juden und Muslime anstößigen anthropomorphen Weise mit romantisierenden Aussagen über die leidenschaftliche Liebe zwischen «Vater» und «Sohn» beschrieben. Die innertrinitarische Beziehung zwischen beiden ist demnach nicht nur eine äußerliche, sondern eine innerliche: «Gott-Vater» trägt

---

148 Pannenberg: Systematische Theologie Bd. 1 (siehe Anm. 70), 415.

den «Sohn» und dieser umgekehrt seinen «Vater» in seinem Herzen.
Zusammen mit dem «Geist» bilden sie eine Lebens-, Liebes- und
Leidensgemeinschaft.

Wenn die Empathie Gottes als Charakteristikum des christlichen
Gottesverständnisses herausgestellt und dem nicht-affizierbaren Gott des
Islam gegenübergestellt wird – wie es nicht selten der Fall ist – sollte
bedacht werden, dass die Theologie des leidenden Gottes, erst seit wenigen
Jahrzehnten so hoch im Kurs steht. Die «Theologie nach Auschwitz»,
Dorothee Sölle, Jürgen Moltmann u. a. haben sie in den Vordergrund
gestellt. Sie gründet im antiken Patripassianismus sowie in der Christologie Luthers mit ihrer Vorstellung von einer *communicatio idiomatum*
und geht einher mit kreuzestheologischen Interpretationen der
Trinität.[149] Anderen christlichen Konfessionen ist sie mehr oder weniger
fremd. Zu sagen, darin zeige sich das Charakteristikum des *christlichen*
Gottesverständnisses, ist theologiegeschichtlich kurzsichtig und konfessions-
vergleichend nicht gerechtfertigt.

Damit soll die Bedeutsamkeit dieser Einsicht nicht bestritten werden.
Sie darf aber auch nicht überbetont und muss nicht gegen andere christliche und außerchristliche Gottesverständnisse ausgespielt werden. Auch
in der evangelischen und katholischen Theologie gibt es kritische Stimmen
gegen diese Auffassung.[150]

2.3.6 Trinitätslehre als Strukturprinzip des christlichen Glaubens

Im nun folgenden Abschnitt entfalte ich die Grundzüge meines eigenen
Verständnisses der Trinitätslehre im Kontext der Religionstheologie.
Dabei lege ich die folgende (idealtypische) Unterscheidung zwischen drei
Konzeptionen der Trinitätslehre zugrunde:

---

[149] Ein wichtiger Impuls ging auch von Kazoh Kitamori: Theology of the
Pain of God, Richmond 1965 aus (Originalausgabe japanisch 1946, deutsche
Übersetzung 1972).

[150] Etwa: Friedrich Hermanni, Peter Koslowski (Hg.): Der leidende Gott.
Eine philosophische und theologische Kritik, München 2000; Armin Kreiner:
Gott im Leid. Zur Stichhaltigkeit der Theodizee-Argumente. Erweiterte Neuaus-
gabe, Freiburg i. Br. 2005; James F. Keating, Thomas Joseph White (Hg.): Divine
Impassibility and the Mystery of Human Suffering, Grand Rapids, MI, Cam-
bridge, UK 2009.

- Die *spekulativ-metaphysischen* Konzeptionen fragen nach dem Wesen Gottes und beantworten diese Frage mit der Lehre der immanenten Trinität. Sie entfalten die Trinitätslehre also «von oben».
- Die *heilsgeschichtlichen* Konzeptionen gehen von den schöpferischen, heilshaften und vollendenden «Werken» und der damit verbundenen Selbstmitteilung («Offenbarung») Gottes in der Geschichte aus, setzen also bei der Lehre von der ökonomischen Trinität ein und erschließen von da aus das trinitarische Wesen Gottes.
- Die *glaubensphänomenologische* Konzeption nimmt ihren Ausgangspunkt «unten» bei der im Glauben erfassten Rezeption der Selbstvergegenwärtigung Gottes und fragt von dort aus «hinauf» nach dem Wirken und dann auch nach dem Wesen Gottes.

Ich folge der dritten dieser Konzeptionen. Sie setzt die Lehre von der Dreieinigkeit Gottes nicht als normative Vorgegebenheit voraus, sondern fragt zunächst, ob und in welcher Gestalt sie überhaupt notwendig und berechtigt ist. Deshalb muss sie mit «Prolegomena», d. h. mit grundlegenden Vorüberlegungen einsetzen (2.3.6.1). Darin zeige ich an, dass ich diese Lehre als ein Denkmodell verstehe, das die drei Grunderfahrungen bzw. Grundgewissheiten des christlichen Glaubens benennt und in einen Zusammenhang stellt. Sie ist das Strukturprinzip des auf Jesus Christus zentrierten Glaubens an Gott. In den folgenden Abschnitten entfalte ich dieses Verständnis. Zunächst benenne ich die Grunderfahrungen bzw. Grundgewissheiten des christlichen Glaubens (2.3.6.2). Dann zeige ich, wie sie in der ökonomischen Trinitätslehre zusammengefasst sind (2.3.6.3) und frage von dort aus weiter nach Sinn und Gehalt der immanenten Trinitätslehre (2.3.6.4). Anschließend erörtere ich das Verhältnis zwischen der immanenten und der ökonomischen Trinität bzw. Trinitätslehre (2.3.6.5). Wichtig für die Gotteslehre im Kontext der Religionstheologie ist die Frage nach der Beziehung von Trinität und Christus bzw. von Trinitätslehre und Christologie (2.3.6.6): Ist Jesus Christus die zweite Person der göttlichen Trinität? Die Frage, wie sich die Trinitätslehre zum monotheistischen Gottesverständnis verhält, wird in 2.3.6.7 behandelt. In diese Überlegungen beziehe ich Impulse aus der Israelstheologie der letzten Jahrzehnte ein (2.3.6.8). Am Ende des Kapitels soll erörtert werden, wie sich die Trinitätslehre in den interreligiösen Dialog einbringen lässt und wie dieser auf trinitätstheologische Reflexionen zurückwirkt (2.3.6.9).

2.3.6.1 Prolegomena

In den folgenden Vorüberlegungen zum Verständnis und zum Ansatz der Trinitätslehre zeige ich an, dass ich diese Lehre als ein Denkmodell verstehe, das die Wirksamkeit und die Wirklichkeit Gottes in der Perspektive des christlichen Glaubens zur Sprache bringt. Sie ist keine Wesensschau, sondern entfaltet das spezifisch christliche *Verständnis* der Gottesbeziehung und damit Gottes selbst (2.3.6.1.1). Dann gebe ich zu erkennen, dass und wie ich dieses Denkmodell als Reflexionsgestalt dreier Grunderfahrungen bzw. Grundgewissheiten des christlichen Glaubens entwickeln will (2.3.6.1.2).

2.3.6.1.1 Trinität als Denkmodell

Für eine Gotteslehre im Kontext der Religionstheologie ist die Frage von erheblicher Relevanz, wie die Rede von der Dreieinigkeit – noch gar nicht im Blick auf ihre inhaltliche Ausdeutung, sondern formal als Ausdruck des christlichen Glaubens und als dessen lehrhafte Reflexionsgestalt – zu verstehen ist. Wird sie als unmittelbare (allem religiösen Verstehen vorausliegende) Beschreibung des Wesens Gottes ausgegeben, dann gibt es nur die Alternative zwischen einem wahren und einem falschen Erfassen der Gottheit Gottes, je nachdem ob dieses unverzichtbare Identitätsmerkmal Gottes erfasst ist oder nicht. Wenn man die Trinität dagegen als Ausdruck des christlichen Gottes*verständnisses* zur Sprache bringt, dann ist sie damit neben andere (trinitarische und nichttrinitarische) Gottesverständnisse gestellt, denen gegenüber sie ihren Sinn ausweisen muss. Die Gottesverständnisse können in Spannung zueinander stehen, ohne dass sie in ein antithetisches Verhältnis zueinander gesetzt werden müssten.

Bei der Durchsicht der Trinitätslehren – auch solchen, die in der jüngeren Vergangenheit entstanden sind – fällt immer wieder auf, dass sie ihr Selbstverständnis als (auf einem Glaubensbekenntnis basierte) Lehre und ihren Gegenstandsbezug oft nicht eigens thematisieren. Sie treten mit dem (impliziten) Anspruch auf, das «wirkliche» Wesen Gottes darzustellen und geben bestenfalls in Eingangs- und Randbemerkungen zu erkennen, dass es sich dabei um Konstruktionen der theologischen Reflexion handelt, die das Geheimnis des Wesens Gottes in der Perspektive des christlichen Glaubens tastend umkreisen, aber nicht begrifflich zu fassen vermögen. Sie wissen um den Vorbehalt, unter dem alle menschliche Rede von Gott steht: dass Gott in unzugänglichem Licht wohnt (1Tim 6,16). Doch machen sie diesen Vorbehalt nicht durchgehen geltend, sondern versteigen sich – unter Berufung auf die Offenbarung Gottes – zu einer Wesensschau Gottes, die beschreibt, wie es im Inneren Gottes zugeht. Demgegenüber gehe ich von der Unterscheidung zwischen Trinität, trinitarischem Glauben, wie er sich in Glaubensbekenntnissen artikuliert, und Trinitäts*lehre* aus. Im Blick auf die theologiegeschichtliche Entwicklung dieser *Lehre* kann man mit Michael Weinrich konstatieren: «Die Trinität ist zunächst nicht mehr und auch nicht weniger als ein Theologoumenon, ein Lehrkonstrukt, mit dem die Kirche versucht hat, ein Problem zu lösen, dem sie sich in den ersten Jahrhunderten ihrer Geschichte auf Gedeih und Verderb ausgesetzt gesehen hat».[151] Das in ihr bearbeitete Problem besteht in der Frage, wie die Wesensgleichheit des «Wortes» und des «Geistes» mit der Gottheit Gottes bzw. mit Gott-«Vater» ausgesagt werden kann, ohne die Einheit Gottes zu gefährden. Die Trinitätslehre ist aus der Notwendigkeit entstanden, das christliche Gottesverständnis in Bezug auf Jesus Christus zu klären. Diese Einsicht muss bei ihrer Deutung berücksichtigt werden. Es ist zu unterscheiden zwischen ihrem Sachgehalt (der Trinität Gottes) und ihrer Gestalt als theologischer Lehre.

Die Trinitätslehre stellt ein *Denkmodell* für die Wirklichkeit Gottes dar. «Einem Modell aber kann keine Notwendigkeit zukommen, sondern es muss sich hermeneutisch rechtfertigen.»[152] Jeder Entwurf, der eine solche Lehre entfaltet, sollte es sich zur Pflicht machen, ihre Notwendigkeit und ihren Sinn zu begründen sowie die Methode ihrer Gewinnung anzugeben. Das soll im Folgenden geschehen.

Die Trinitätslehre ist die «Hermeneutik christlicher Gottesrede».[153] Anders als Barth, der die Trinitätslehre als trinitarisch strukturierte Hermeneutik des *Wortes Gottes* verstand, verstehe ich sie als trinitarisch strukturierte Hermeneutik des christlichen *Glaubens*. Im Rahmen dieses Glaubens stellt sie eine Verstehensanleitung Gottes als von Christus her erschlossenem Grund des Glaubens sowie der Welt und des Lebens im Licht des Gottesglaubens dar. Sie expliziert das Selbstverständnis des Glaubens in seinem Inhalt und Vollzug.

---

[151] Michael Weinrich: Christentum, Judentum und Islam – durch den Monotheismus verbunden?, in: Stiegler, Swarat (Hg.): Der Monotheismus (siehe Anm. 1 in Teil 1), 120.

[152] Hartmut von Sass: Nachmetaphysische Dreifaltigkeit: Barth, Jüngel und die Transformation der Trinitätslehre, in: ZThK 111, 2014/3, 308.

[153] Ulrich H. J. Körtner: Dogmatik, Leipzig 2018, 235.

Gemäß dieser hermeneutisch-regulativen Deutung ist die Trinitätslehre «nicht länger ein beschreibendes Modul, das sich an einem als ‹Trinität› gekennzeichneten Referenten bewahrheiten würde; vielmehr geht es in
jenem Lehrstück darum, das Wirklichkeits- und Selbstverständnis des
Glaubens in seinem spezifischen Vollzug trinitarisch zu charakterisieren.»[154] Die Lehre von der Trinität Gottes ist eine hochgradige Verdichtung des christlichen Gottesverständnisses.

Unterscheidet man zwischen Trinität und Trinitätslehre, sowie zwischen
Glauben und Theologie, so kann man sagen: Die Dreieinigkeit Gottes ist
kein Glaubensinhalt. Christinnen und Christen glauben nicht an die
Trinität, sondern an Gott, wie er sich in Jesus Christus repräsentiert hat
und wie er in der Kraft seines Geistes wirkt. Das trinitarische Gottesbekenntnis wird in der Taufformel den Christinnen und Christen mit auf
ihren Lebens- und Glaubensweg gegeben. Jeder Gottesdienst wird damit
eröffnet. Die klassischen Glaubensbekenntnisse sind trinitarisch aufgebaut, aber der Bekenntnisinhalt ist nicht die Trinität selbst, sondern eine
dreifache Prädikation Gottes als Schöpfer, Erlöser und Vollender. Erst
recht ist die Trinitäts*lehre* kein Glaubensinhalt. Christinnen und Christen
glauben nicht an Lehren, sondern an die schöpferische, heilshafte und zur
Fülle des Lebens treibende Gegenwart Gottes. Deshalb kann diese Lehre
auch nicht als unverzichtbarer Eckstein der christlichen Theologie bzw. als
Prüfstein für deren wahre Entfaltung ausgegeben werden.[155] Das bedeutet
aber nicht, dass sie aufgegeben werden könnte oder sollte.[156] Doch bedarf
es der immer neuen Reflexion, wie sie zu verstehen und auszulegen ist.

Die Sprache des Glaubens artikuliert sich – als Sprache erster Ordnung –
in überlieferungs- und erfahrungsbasierten Zeugnissen und Bekenntnissen, die Trinitäts*lehren* dagegen in einer theologischen Reflexions-
sprache, die – als Sprache zweiter Ordnung – diese Zeugnisse denkend

---

[154] Von Sass: Nachmetaphysische Dreifaltigkeit (siehe Anm. 152), 309.

[155] So bezeichnete etwa Leonard Hodgson die Trinitätslehre als «the only
truly intelligible way of thinking about God» (Leonard Hodgson: Essays on Christian Philosophy, London 1930, 133).

[156] Diese Forderung erhebt etwa Karl-Heinz Ohlig: Ein Gott in drei Personen? Vom Vater Jesu zum «Mysterium» der Trinität, Mainz 1999. Siehe auch:
Piet Schoonenberg: Der Geist, das Wort und der Sohn. Eine Geist-Christologie,
Regensburg 1992; ders.: Trinität – der vollendete Bund. Thesen zur Lehre vom
dreipersönlichen Gott, in: Orientierung 37, 1973, 115–117.

durchdringt und zu Lehren systematisiert. Auf der Ebene der theologischen Reflexion hebt sich die Trinitätslehre allerdings noch einmal von den einzelnen Glaubenslehren ab und stellt eine Art Meta-Lehre dar, die – gewissermaßen auf einer dritten Ebene[157] – die Glaubenslehren in einen strukturierten Zusammenhang stellt. Schleiermacher sah darin «nicht eine unmittelbare Aussage über christliches Selbstbewußtsein, sondern nur eine Verknüpfung mehrerer solcher».[158] Christoph Schwöbel spricht von einer «Rahmentheorie».[159]

Während die *ökonomische* Trinitätslehre dabei noch auf Glaubenserfahrungen und -gewissheiten hin transparent gemacht werden kann, trifft das für die Lehre von der *immanenten* Trinität allerdings weniger zu. Auch wenn ihre Ausbildung soteriologisch motiviert war, stellt die immanente Trinitätslehre eine höherstufige theologische Ableitung dar. Im Rahmen einer heilsgeschichtlichen Konzeption ist die Lehre von der immanenten Trinität das Resultat eines reflexiven Rückschlusses von den Gott zugeschriebenen «Werken» auf das Wesen Gottes. Damit liegt sie nicht auf der gleichen Ebene wie die reflexive Durchdringung der Zeugnisse von einer dreifachen Wirkgegenwart Gottes. Sie ist weiter von der Glaubenserfahrung entfernt und weist einen höheren Grad an theologischer Konstruktivität und Abstraktion auf. Darin liegt die Erklärung für die immer wieder konstatierte Irrelevanz, die sie de facto im Glaubensleben und -denken vieler Christinnen und Christen hat.[160]

Als Denkmodell fungiert die Trinitätslehre nicht bloß als *Explikation* von Inhalten des christlichen Glaubens, sondern vor allem als *Regulativ* des Glaubensdenkens. Sie gibt an, *wie* über Gott zu denken und zu sprechen ist. Dabei liegt diese Regel nicht dem Glaubensdenken als eine ihm *vorgegebene* Anleitung *zugrunde*. Vielmehr ist sie aus dem Glaubensinhalt selbst erhoben und zeigt dessen Struktur, d. h. den sachlichen Zusammen-

---

[157] Edward Schillebeeckx bezeichnete diese Lehre insgesamt als eine Theologie «dritten Grades» (Edward Schillebeeckx: Jesus, Freiburg i. Br. 1974, 593).

[158] Schleiermacher: Der christliche Glaube [siehe Anm. 10 in Teil 1], § 170 S. 514, Leitsatz).

[159] Schwöbel: Trinitätslehre als Rahmentheorie (siehe Anm. 71).

[160] Schon Kant hatte konstatiert, aus der Dreifaltigkeitslehre ließe sich «schlechterdings nichts fürs Praktische machen, wenn man sie gleich zu verstehen glaubte, noch weniger aber, wenn man innewird, dass sie gar alle unsere Begriffe übersteigt» (Der Streit der Fakultäten, WW IX, Darmstadt 1971, 303f.).

hang der Glaubensartikel an. Sie macht die zwischen diesen Artikeln bestehende Verweisstruktur explizit und hat ihren sachgemäßen Ort daher
am *Ende* der Reflexionskette.

Wenn man die Trinitätslehre nicht als metaphysische Aussage über das
dreieinige Wesen Gottes und auch nicht heilsgeschichtlich bzw. offenbarungstheologisch als Erfassung der dreifachen Selbstmitteilung Gottes,
sondern glaubensphänomenologisch, als Bezeugung einer dreidimensionalen Beziehung zu Gott versteht, dann steht die Rede von der Trinität
Gottes nicht am Anfang, sondern am Ende der Entfaltung des christlichen
Gottesverständnisses. Sie liegt diesem Verständnis nicht *zugrunde,* sondern
fasst die Erfahrungen, die der christliche Glaube mit Gott gemacht hat,
zusammen.

Bei der Rede von der Dreieinigkeit Gottes handelt es sich diesem
hermeneutischen Ansatz zufolge nicht um eine geoffenbarte Aussage über
das Wesen Gottes, sondern um die theologische Reflexion auf die Gottesbeziehung der Christinnen und Christen. Damit einher geht das spezifisch
christliche Gottes*verständnis,* das sich nur im hermeneutischen Zirkel des
christlichen Glaubens sinnvoll zur Sprache bringen lässt. Das heißt nicht,
dass es nicht auch Nichtchristinnen und -christen gegenüber verständlich
dargelegt werden könnte. Das ist selbstverständlich möglich und geschieht
in den theologischen Religionsdialogen. Aber seine Validität ist eine
christentumsinterne. Ihr stehen andere Gottesverständnisse gegenüber
und es gibt keine metadialogische bzw. metatheoretische archimedische
Erkenntnisposition, von der aus über deren Wahrheit geurteilt werden
könnte. Die Wahrheit des je eigenen Gottesverständnisses ist selbst eine
Glaubensüberzeugung.

Die Trinitätslehre ist also in eine Klammer zu setzen, vor der ein
hermeneutisches Vorzeichen steht. Dieses weist darauf hin, dass die
Klammer das Resultat der Denkarbeit am christlichen Gottesverständnis
enthält. Wo die Rede von der Trinität ohne dieses hermeneutische
Vorzeichen als metaphysische Beschreibung des inneren Wesens Gottes
gebraucht wird, wird sie zur Definition Gottes und ruft damit den
berechtigten Protest einer theologischen Theologiekritik hervor.

Das Setzen des hermeneutischen Vorzeichens vor der trinitätstheologischen Klammer relativiert nicht den Inhalt der Klammer. Der
«konkrete» Monotheismus des christlichen Gottesverständnisses wird
nicht einem «abstrakten» Monotheismus untergeordnet. Es wird nicht
unterschieden zwischen dem einen unbestimmten Wesen Gottes «an sich»

als einer leeren Projektionsfläche, auf die dann das trinitarische Verständnis Gottes projiziert würde. Nach dem Zeugnis des christlichen Glaubens hat sich Gott auf dreifache Weise zu erkennen gegeben. Aber diese Aussage hat den Charakter des Glaubenszeugnisses und muss als solches ausgelegt werden.

2.3.6.1.2 Ansatz bei der Glaubenserfahrung und -gewissheit

Die Trinitätslehre lässt sich nicht unmittelbar aus den biblischen Überlieferungen ableiten, sondern bestenfalls im Rückgriff auf biblische Aussagen (nachträglich) rechtfertigen.[161] Das gilt besonders für die Lehre von der immanenten Trinität.[162] Ihre Begründung muss sie anderweitig finden. Diese liegt – so meine These – nicht in einzelnen Bibelstellen und deren Kombination, sondern im Ganzen des christlichen Glaubens.

Anders als die sich offenbarungstheologisch begründenden Ansätze der Trinitätslehre «von oben» (zu denen ich auch die Ansätze rechne, die vorgeben, sie exegetisch zu erheben, sie dabei aber dieser Erhebung zugrunde legen, s. o.), entwickle ich sie «von unten», d. h. von der Glaubenserfahrung und -gewissheit der Christinnen und Christen her, wie sie im und seit dem NT immer wieder bezeugt wurde. Zu Recht warnte Schleiermacher, dass «wir keine Formel für das Sein Gottes an sich, unterschieden von dem Sein Gottes in der Welt» haben.[163] Das Sein Gottes in der Welt aber ist nicht gegenständlich wahrnehmbar. Es erschließt sich im Modus von gedeuteten Erfahrungen, Gewissheiten und Bekenntnissen.

«Glaubenserfahrungen» sind die im Licht des christlichen Glaubens erschlossenen Welt- und Lebenserfahrungen. «Erschließung» meint dabei nicht eine zur «reinen» Erfahrung hinzukommenden Deutung, sondern der Modus, in dem die Erfahrung als *diese* Erfahrung gemacht wird. Es gibt keine unerschlossenen Erfahrungen. Das unterscheidet Erfahrungen

---

[161] So auch: Eberhard Jüngel: Das Verhältnis von «ökonomischer» und «immanenter» Trinität, in: ders.: Entsprechungen: Gott – Wahrheit – Mensch. Theologische Erörterungen, 1980, 268.

[162] Friedrich-Wilhelm Marquardt hält fest: «Die Bibel kennt [...] nur opera Dei ad extra: die auf uns, die außergöttliche Wirklichkeit gerichteten Werke und Handlungen, Leidenschaften und Affektionen Gottes.» (Friedrich-Wilhelm Marquardt: Eia, war'n wir da. Eine theologische Utopie, Gütersloh 1997, 553).

[163] Schleiermacher: Der christliche Glaube (siehe Anm. 10 in Teil 1), § 172, S. 528.

von bloßen Widerfahrnissen und Wahrnehmungen. Wo dieses «experiencing-as»[164] im Licht eines religiösen Glaubens erfolgt, «zeigt» sich die widerfahrende Wirklichkeit in einer bestimmten, diesem Glauben entsprechenden Sinndimension. So kann etwa die Geburt eines Kindes als Geschenk Gottes erfahren werden. Diese Sinndimension reicht dabei über das einzelne Gegebene und Widerfahrende hinaus und stellt es in einen größeren Sinnzusammenhang, etwa in den Rahmen der Gewissheit, dass Gott der Geber allen Seins ist, der diesem eine Sinnrichtung gibt. Damit verbindet sich die Verheißung, dass diese Sinnrichtung zur Erfüllung kommt und letztlich alles Sein vollendet wird.

Wenn man die Trinitätslehre als verdichteten lehrhaften Ausdruck der für den christlichen Glauben grundlegenden dreifachen Erfahrung der Gegenwart Gottes ansieht, dann muss sie als eine «Phänomenologie» des christlichen Glaubens entfaltet werden.[165] Dieser gründet auf dem (immer wieder neu vergewisserten) Zeugnis von der dreifachen Erfahrung der Gegenwart des einen Gottes:

- Erstens in der Erfahrung der alle Wirklichkeit grundlegenden, Leben schaffenden, also alles Seiende *konstituierenden Schöpfungs-Gegenwart* Gottes als dem Urgrund allen Seins; in dieser Hinsicht kommt das in Jesus Christus personifizierte «Wort» Gottes als «Schöpfungsmittler» zur Sprache;

---

[164] John Hick: Religious Faith as Experiencing-as, in: Paul Badham (Hg.): A John Hick Reader, London 1990, 34–48.

[165] In eine ähnliche Richtung wiesen die Überlegungen, die Josef Wohlmuth zur Deutung der Trinitätslehre angestellt hat (Josef Wohlmuth: Zum Verhältnis von ökonomischer und immanenter Trinität. Eine These, in: ZKTh 110, 1988, 139–162), wobei seine metaphorische Beschreibung der drei Gegenwartsweisen Gottes als Gott *über* mir, *mit* mir und *in* mir, die für die kirchliche Verkündigung erhellend sein mag, für eine theoretische Klärung der Trinitätslehre aber wenig austrägt. Auch Karl-Heinz Ruhstorfer (Gotteslehre, Paderborn u. a. 2010, 146–300) und Bernhard Nitsche (Muslimischer Monotheismus [siehe Anm. 55], 112) verwenden diese Ausdrucksformen. Aussagekräftiger ist demgegenüber die von Eberhard Busch vorgeschlagene Umschreibung der Trinität: «Der sich uns voraussetzende Gott», «Der sich zu uns in Beziehung setzende Gott» und «Der uns zu sich in Beziehung setzende Gott» (Eberhard Busch: Der Freiheit zugetan. Christlicher Glaube heute – im Gespräch mit dem Heidelberger Katechismus, Neukirchen-Vluyn 1998, 111, 142, 176).

- Zweitens in der Erfahrung schöpferischer Neuaufbrüche («Auferstehungen»). Dazu gehört auch die Erfahrung der versöhnenden, die Gottesbeziehung immer neu wiederherstellenden und die anderen Grundbeziehungen des Menschen (die Beziehungen zur naturhaften Umwelt und zur sozialen Mitwelt sowie die Beziehung zu sich selbst) «heilenden» *Heils-Gegenwart* Gottes, wie sie in der Verkündigung und im Heilshandeln Jesu, sowie im Heilshandeln Gottes an ihm zum Ausdruck kommt; darin ist Jesus Christus der für den christlichen Glauben massgebende Erfahrungsort der Gottesgegenwart.
- Drittens in der Erfahrung der das Schöpfungswerk durchdringenden, erfüllenden und seiner Vollendung entgegenführenden Kraft, also der *Geist-Gegenwart* Gottes, von der Jesus erfüllt war und die von ihm ausging.

Die drei *Erfahrungen*[166] der machtvollen Gegenwart Gottes werden als Rezeption von drei *Wirkungen* («Werken») Gottes aufgefasst und auf diese zurückgeführt:

- das «schöpferische» Wirken: Gott konstituiert eine von ihm verschiedene Wirklichkeit;
- das «versöhnende» Wirken: Gott nimmt sich der Brüche heilend an, die in der Beziehung zu dieser Wirklichkeit immer wieder auftreten, und der Zerrüttungen, die sich aus der Eigendynamik dieser Wirklichkeit ergeben;
- das «vollendende» Wirken: Gott richtet die Schöpfung immer wieder durch die fortwährende Gabe der Kraft seines Geistes auf das von ihm vorgesehene Heilsziel hin aus.

Die Beschreibung der drei Wirkungen Gottes – in ihrer Unterschiedenheit und in ihrem Zusammenhang – ist das Thema der ökonomischen Trinitätslehre. In einem weiteren Schritt werden die drei Wirkungen –

---

[166] Auch Klaus von Stosch setzt in seiner Entfaltung der Trinitätslehre bei der Glaubenserfahrung der Christinnen und Christen an, benennt aber nur zwei Erfahrungen: die «Erfahrung des Gerufenseins – Gott im Logos» und die «Erfahrung des inneren Berührtseins – Gott im Geist». Mit Gott als Vater verbindet er hingegen lediglich die «Abgründigkeit des Urgrunds aller Wirklichkeit» (von Stosch: Trinität [siehe Anm. 123], 60–81). Damit bleibt jedoch die schöpferische Gegenwart Gottes unterbestimmt. Diese besteht nicht nur, wie es von Stosch andeutet, in den Werken der Schöpfung («Staunen über die Pracht der Gegenwart Gottes auf einem Berg», 77), sondern elementar in der Erfahrung der Gegebenheit des (eigenen und allen) Lebens wie überhaupt allen Seins.

nach dem Grundsatz, dass Gott so ist, wie er sich zeigt – auf drei
Wirkinstanzen Gottes (die ich als «Beziehungspole» interpretiere – s. u.)
zurückgeführt:

- auf die schöpferische Macht Gottes
- auf die Selbstmitteilung Gottes in seinem «Wort»
- auf die Präsenz Gottes in seinem «Geist».

Die Erörterung der Frage, wie sich diese drei Wirkinstanzen zueinander
und wie sie sich zur Gottheit Gottes verhalten, wird in der immanenten
Trinitätslehre behandelt.

Die Lehrbildung beginnt also mit der Vergewisserung der Erfahrung
und führt über die Bildung von Bekenntnissen hin zur Entfaltung systematischer Darstellungen. Diesen Weg hat die Entfaltung der Trinitätslehre nachzugehen. Dazu muss sie beim Zeugnis von der dreifachen
Gegenwart Gottes ansetzen, von dort aus Aussagen zur ökonomischen
Trinität formulieren und am Ende der Folgerungskette vorsichtige Überlegungen zur immanenten Trinität anstellen. Damit ist der weitere Darstellungsweg vorgezeichnet.

2.3.6.2 Christlicher Glaube zwischen Erfahrung und Verheißung

Die im Licht des christlichen Glaubens erschlossene Welt- und Lebens-
erfahrung und die dieser Erfahrung beigelegte Transzendierungsver-
heißung lässt sich im folgenden Viererschema beschreiben:

Gegebenheit des Seins: Es ist eine Gabe und damit sinnvoll (a)

Gebrochenheit des Seins: Erfahrung von Sinnlosigkeit (b)

Heilung der Gebrochenheit: Erlösungszusage, neuer Sinn (c)

Vollendung des Seins in seinem Sinn (d)

Ich entfalte dieses Schema in seinen einzelnen Punkten und deren Korrela-
tionen.

(a) Wo das eigene Leben und die Wirklichkeit der Welt im Licht des
Gottesglaubens als Gabe Gottes erfahren wird, stellt sich die Anschluss-
frage nach dem Grund und der Bestimmung dieser Gabe. Wenn man
hingegen – wie Bertrand Russell – davon ausgeht, dass das Leben und die

Welt einfach da sind,[167] sodass die Sinnfrage offen bleiben muss, oder – wie Albert Camus – dass es keinen Sinngrund hat,[168] sodass Sinn vom Menschen erst gestiftet werden muss, stellt sich diese Frage nicht. Auch dann ist das eigene Leben ein nicht-selbstgegebenes und die Wirklichkeit des Kosmos eine (Vor-)Gegebenheit. Doch die Frage nach einem Ursprung und einem damit verbundenen Sinn wird (im Sinne eines Agnostizismus) als unbeantwortbar zurückgewiesen oder (im Sinne eines «Absurdismus» oder Nihilismus) negativ beschieden. Wo aber das eigene Leben, das Leben überhaupt, das Vorhandensein eines Lebensraums und von Möglichkeiten zur Entfaltung des Lebens, wo darüber hinaus die gesamte kosmische Wirklichkeit als verdankt, weil gestiftet erfahren wird, ist damit unterstellt, dass eine schöpferische Instanz dieses «Werk» hervorgebracht hat und dass ihr eine Intention, ein Sinn und eine Zielbestimmung zugrunde liegt.

Judentum, Christentum und Islam verstehen die Gegebenheit der Welt und des Lebens als «Schöpfung» Gottes. Die Rede von «Schöpfung» bezieht sich dabei nicht nur auf ein zeitliches Anfangsgeschehen *(initium)*, sondern auf die ontische Konstitution allen Seins *(principium)*. Das je eigene Leben, der kosmische Lebensraum sowie alles zum Leben Notwendige ist demnach von Gott gewollt und (direkt oder indirekt) gewirkt. All das ist nicht grundlos und hat keinen anderen Grund; es ist kein Produkt des blinden Zufalls oder anonymer Notwendigkeiten, sondern verdankt sich dem göttlichen Sinngrund, von dem die biblischen Schöpfungserzählungen und der Koran Zeugnis geben.

Dem Glauben von Juden, Christen und Muslimen zufolge ist dieser göttliche Sinngrund nicht nur schöpferisch tätig, sondern wirkt als Erhalter, Begleiter und Regent von Natur und Geschichte sowie des je eigenen Lebens. Das schöpferische Handeln wird als ein andauernd gegenwärtiges aufgefasst und bezeugt. Darauf sind viele Bittgebete ausgerichtet.

(b) Zur Selbst- und Welterfahrung des Glaubenden gehört nicht nur die Überzeugung, dass Gott der Konstitutions- und Sinngrund allen Seins

---

[167] In einem 1948 geführten BBC-Gespräch mit Frederick Copleston erklärte Russell: «I should say that the universe is just there, and that's all» (Der gesamte Text der Debatte ist abrufbar unter: www.biblicalcatholic.com/apologetics/p20.htm [18.08.2021]).

[168] So vor allem in «Mythos des Sisyphos» (Reinbek bei Hamburg ¹³2018) und in: «Die Pest» (Reinbek bei Hamburg ⁸²2018).

ist und dass er in der von ihm geschaffenen Wirklichkeit kreativ am Werk ist. Es gehört auch die Erfahrung dazu, dass alle Wirklichkeit «zerbrechlich» ist, dass Leben vernichtet und Lebensräume zerstört werden können; das Lebensnotwendige kann verloren gehen. Wie die Erfahrung der Gegebenheit allen Seins, so ist auch die Erfahrung von Rissen im Gewebe des Seins eine allgemeinmenschliche, die auf unterschiedliche Weise erschlossen werden kann. Kontingente Unheilsgeschehnisse – seien sie naturbedingt oder menschengemacht – machen das Leben physisch zunichte und/oder zerstören Lebensräume und -möglichkeiten. Das bislang als tragfähig erfahrene Gewebe reißt und verursacht Leid, Beziehungen brechen ab, Funktionalitäten werden außer Kraft gesetzt und Erwartungen durchkreuzt. Nicht nur das einzelne Unheilsgeschehnis selbst, sondern auch die dadurch entstandene Situation wird als sinnlos erfahren. Es gibt auch unheilvolle *Zustände*, die nicht durch einzelne Ereignisse hervorgerufen sind, sondern im menschlichen Existenzvollzug auftreten (wie etwa Suchtstrukturen) oder sogar in der endlichen Verfasstheit des Lebens und der Welt begründet liegen (das von Leibniz sogenannte *malum metaphysicum*). All diese Gebrochenheiten kann man mit dem Begriff «Sünde» bezeichnen, der dabei in einem nicht nur moralischen, sondern metamoralischen Sinn verstanden ist.

Der Glaube kommt in dieser Hinsicht zum einen in der *Deutung* solcher Situationen und zum anderen als Quelle von *Hoffnung* und der *Kraft* zum Tragen. Die Kraft hilft, unheilvolle Zustände auszuhalten. Die Hoffung richtet sich auf Heilung oder Neuschöpfung, auf die Lösung aus schädlichen Bindungen (Erlösung) und das Aufbrechen von lebensfeindlichen Strukturen (Befreiung, Gerechtigkeit). Dies wird im folgenden Abschnitt (c) weiter entfaltet.

Die Deutung hängt vom Gottesverständnis ab. Wenn dabei das Prädikat der Allmacht Gottes betont wird, kann das Unheilsgeschehen auf Gottes direkte Intervention oder auf seine aktive Zulassung zurückgeführt werden. Wo das Prädikat der (All-)Güte Gottes mit dem der Allmacht verbunden wird, kann der Grund für dieses Handeln Gottes nicht in der Heraufführung des Unheils selbst liegen. Es muss eine letztlich heilshafte Absicht dahinterstehen, etwa die Absicht, die Gerechtigkeitsordnung wiederherzustellen, indem die Sünde der Menschen bestraft wird, oder die Absicht, die Glaubenden einer Bewährungsprobe zu unterziehen oder ihnen eine Lektion (etwa in Solidarität, Hilfsbereitschaft, Humanität) zu erteilen. Das Prädikat der Allmacht kann aber auch abgemildert werden, sodass Gott nicht als (direkter oder indirekter) *Verursacher* des Leides erscheint, sondern als vom Leid betroffener *Mitleidender*.

(c) Mit der im Glauben erschlossenen Erfahrung von Unheilsereignissen und -zuständen korreliert die Hoffnung auf Heilung der dadurch geschlagenen Wunden; der Erfahrung von Sterblichkeit steht die Sehnsucht nach Unsterblichkeit (ewigem Leben) gegenüber; die Erfahrung des Ausgeliefertseins an Verderbens-Mächte weckt das Verlangen nach Erlösung; die Erfahrung, immer wieder schuldig zu werden, hofft auf Vergebung; die Erfahrung von existenzieller Zerrissenheit streckt sich aus nach Ganzheit; die Erfahrung von Sinnverlust und Sinnlosigkeit lässt Ausschau nach neuen Sinnhorizonten halten.

Dem christlichen Glauben zufolge hat Gott seinen von Ewigkeit her bestehenden Heilswillen im Christusgeschehen auf neue und paradigmatisch verdichtete Weise zur Geltung gebracht. An *einem* Punkt in der Geschichte hat er diesen Heilswillen und damit sich selbst in einer menschlichen Person so authentisch repräsentiert, dass diese Person zum Erkenntnisgrund seines Wesens und zum Mittler seiner schöpferischen und heilshaften Gegenwart wurde. In der vom Geist Gottes ermöglichten glaubenden Partizipation an diesem Geschehen erreicht die Heilsgegenwart Gottes die Christinnen und Christen.[169] Weil es sich dabei aber um einen unbedingten und universalen Heilswillen handelt, reicht er auch über diese Repräsentation hinaus. Das zentrale Symbol der Erlösung in all ihren Dimensionen ist die Auferstehung aus dem Tod, mitten im Leben und nach dessen Ende. Die in Christus vermittelte heilende Gegenwart Gottes hat sich in der theologischen Reflexion in einer Fülle von Sprachformen zum Ausdruck gebracht: Rechtfertigung, Versöhnung, Erlösung, Wiedergeburt, Heiligung usw.

---

[169] Ähnlich lautet die These von Klaus Wengst: «Bei Gott, wie er im christlichen Glaubensbekenntnis bekannt wird, geht es um den in der Bibel bezeugten Gott Israels. Zu diesem Gott stehen wir als Nichtjuden in keiner unmittelbaren Beziehung, sondern in einer durch Jesus vermittelten. Aber auch Jesus als dieser Vermittler ist uns nicht zuhanden, sondern entzogen. Wir sind darauf angewiesen, dass er sich in der geistvollen und geistesgegenwärtigen Erinnerung seiner Worte und seiner Geschichte als lebendig erweist. Wir reden also in der Weise trinitarisch, dass wir zum Vater gekommen sind, zu ihm beten in Lob, Dank und Klage durch den Sohn kraft des heiligen Geistes.» (Klaus Wengst: Neues Testament (siehe Anm. 134), 77; auf den Seiten 77–96 ist diese These entfaltet).

(d) Die Erlösungshoffnung ist auf *Vollendung* der Schöpfung ausgerichtet. In Bezug auf das eigene Leben besteht diese Vollendung in der
ewigen Gottesgemeinschaft, in Bezug auf die «Welt» in der Realisierung
des verheißenen Heilszustands, der im Symbol des «Reiches Gottes» bzw.
der «Herrschaft Gottes» vorgestellt wird. Anvisiert ist dabei ein Zustand,
in dem die Entfremdung der Geschöpfe vom Schöpfer endgültig überwunden und dieser «alles in allem» (1Kor 15,28) sein wird, ein Zustand,
in dem die Gebrochenheiten des Seins und die dadurch entstandenen
Verletzungen geheilt sind, in dem den Opfern des Weltgeschehens
umfassende Gerechtigkeit widerfährt. Die Aufrichtung der Gerechtigkeit
Gottes wird dabei im Bild eines «Gerichts» dargestellt, in dem alles, was
vor Gott keinen Bestand hat, vor dem Eintritt in den Heilszustand
aufgelöst wird.

Während die Grunderfahrungen (a) und (b) auf basale Gegebenheiten
menschlicher Existenz bezogen sind, handelt es sich bei (c) und (d) um die
Proklamation einer diese Gegebenheiten transformierenden Wirklichkeit
und eines Verheißungsüberschusses, der diese Gegebenheiten transzendiert. Glaube besteht in dieser Hinsicht in der Gewissheit, dass Gott diese
Verheißungen erfüllen wird, weil sie in Christus bereits erfüllt sind. Für
den christlichen Glauben gründet diese Gewissheit im Christusgeschehen
und in der Hoffnung auf die Transformationskraft des Geistes Gottes.

Die Vollendungshoffnung (d) korreliert mit dem Schöpfungsglauben
(a), indem sie die Verwirklichung der Schöpfungsintention erhofft. Mit
der Erlösungsgewissheit (c) ist diese Hoffnung darin verbunden, dass die
in Christus repräsentierte Heilsgegenwart Gottes als Anbruch der definitiven Vollendung (d) angesehen wird. Die Erlösungsgewissheit steht in der
Spannung von «schon» und «noch nicht». In der Vollendung der
Schöpfung wird das «noch nicht» überwunden.

Wo diese beiden im Glauben erschlossenen Welterfahrungen (a und
b), die Heilszusage (c) und die Vollendungshoffnung (d) zu einem
Narrativ zusammengebunden werden, das den Bogen von der Konstitution (Grundlegung) über die Restitution (Heilung, Erneuerung) hin zur
Konsumation (Vollendung) des Seins und der Seinsordnung schlägt,
werden Gott drei grundlegende Modi seiner aktiven Gegenwart zugeschrieben: die kreative, die soterische und die eschatologisch-finali-
sierende. Dieses Narrativ verstehe ich aber nicht in einem heilsgeschichtlichen, sondern in einem ontischen Sinn: nicht als Abfolge von
Gottestaten in der Geschichte, sondern als Modi der Präsenz Gottes zu

allen Zeiten. Die Bezeichnung «*ökonomische* Trinität bzw. Trinitätslehre» ist in diesem Sinne aufzufassen. Im nächsten Abschnitt entfalte ich meine Kritik an einem heilsgeschichtlichen Schema weiter.

2.3.6.3 Die Lehre von der ökonomischen Trinität

In der ökonomischen Trinitätslehre werden die drei Dimensionen der Glaubenserfahrung und -gewissheit im Sinne dreier Modi des Wirkens bzw. der aktualen Gegenwart Gottes in der Welt als unterschiedliche Weisen der Selbstvergegenwärtigung des *einen* Gottes verstehbar gemacht. Es ist damit eine dreifache Beziehung Gottes zur Welt und zum Menschen beschrieben, ein dreifaches Entgegenkommen Gottes, seine dreifache Anwesenheit, ein dreifaches Gewahrwerden der Gegenwart Gottes: in den Manifestationen seines schöpferischen, heilenden und vollendenden Wirkens in Natur und Geschichte, im Leben einzelner und in ihren Gemeinschaften. Die Selbstvergegenwärtigung Gottes ereignet sich drei-dimensional:

- in der schöpferischen, kreativen Dimension konstituiert Gott alle Wirklichkeit, ruft das Leben und den Menschen ins Sein und schafft neue Anfänge und Qualitäten;
- in der neuschöpferischen Dimension, der zufolge Gott die gestörte Gottesbeziehung wiederherstellt und damit Heil stiftet, die von Gott entfremdete Schöpfung immer wieder mit sich versöhnt und sie von den in ihr waltenden Verderbensmächten erlöst;
- in der spirituellen Dimension, in der Gott die erneuerte Gottes-beziehung an die Geschöpfe heranträgt, diese dafür öffnet und sie verwandelt. Mit der Kraft seines Geistes durchdringt er die gesamte Schöpfung, beseelt sie mit diesem Lebensprinzip, richtet sie auf das Schöpfungsziel hin aus und realisiert damit die Schöpfungsintention.

Die ökonomische Trinitätslehre besagt demnach: Es ist der *eine* Gott, der schöpferisch, heilend und vollendend gegenwärtig ist. Sie fasst damit den Inhalt des christlichen Gottesglaubens zusammen, nämlich die Gewiss-heit, dass alle Wirklichkeit ihren Grund in Gott hat, dass Gottes heilshafte Gegenwart in ihr «am Werk» ist und dass er diese Wirklichkeit der von ihm vorgesehenen Vollendung entgegenführt. Sie weist weiterhin drei

Erfahrungsorte bzw. «Gottesbegegnungswirklichkeiten»[170] dieser Gegenwart aus: erstens die Schöpfung und die Geschichte des Gottesvolkes,
zweitens Jesus Christus und die Gemeinschaft der an ihn Glaubenden und
drittens die Wirkungen, welche die transformative Geistkraft Gottes in
dieser Gemeinschaft und darüber hinaus zu allen Zeiten in der Welt
hervorbringt.[171] Die Erfahrungs*orte* sind aber nicht identisch mit dem,
was an diesen Orten vermittelt wird. Beides ist nicht zu trennen, aber doch
zu unterscheiden. Im Blick auf Jesus Christus bedeutet das etwa: Es reicht
nicht aus, seine *Person* als Selbstmitteilung Gottes zu proklamieren. Vielmehr ist darüber hinaus anzugeben, wofür diese Person steht und was
durch sie vermittelt wird: die schöpferische, heilshafte und auf die
Realisierung der Gottesherrschaft zielende Präsenz Gottes. Es geht also
nicht nur um die Christus*person,* sondern immer auch um den Christus-
inhalt, der durch sie hindurchtönt («personare»), in dieser Person Gestalt
gewinnt und von ihr ausgeht.
Dem entsprechen drei Modi der Offenbarung Gottes:
* die Tatoffenbarung in den Werken der Schöpfung sowie in der
  Geschichte Israels und der christlichen Glaubensgemeinschaft;
* die Offenbarung des «Wortes Gottes» an einem bestimmten Punkt in
  der Geschichte, der damit als «Mitte der Zeit» (Hans Conzelmann)
  qualifiziert wird: Jesus Christus;
* die Geistoffenbarung, die sich in den «Früchten des Geistes»
  (Gal 5,16–26) erweist.
Den Grundtypen der aktiven Weltbeziehung Gottes (*creatio – salvatio –
sanctificatio* bzw.: *constitutio – restitutio – consummatio*) lassen sich weitere
biblisch bezeugte «Handlungsweisen» zuordnen: das segnende, rettende,
schützende, zurechtbringende, erleuchtende usw. Wirken. All diese Hand-
lungszuschreibungen gehen auf Glaubenserfahrungen und -zeugnisse
zurück, die anthropomorph als «Handlungen» Gottes bezeichnet und in
Kategorien beschrieben werden, die an der menschlichen Selbst- und

---

[170] Diesen Begriff übernehme ich von Jürgen Werbick : Christlich-trinitarischer Gottesglaube: Abkehr vom Monotheismus?, in: Stosch, Tatari [Hg.]: Trinität [siehe Anm. 11], 218.

[171] Erinnert man sich daran, dass Marcion im 2. Jahrhundert den Versuch
unternommen hatte, die schöpferische und die heilstiftende (soterische) Wirksamkeit zu trennen und mit ihr den Gott Israels, wie er im AT bezeugt ist, vom
Gott, den Jesus seinen Vater nannte, abzuscheiden, dann wird klar, wie um diese
Verbindung gekämpft werden musste.

Welterfahrung gewonnen wurden. Nur im Bewusstsein dieser Metaphorizität können sie auf Gott bezogen werden.[172]

Die Rede von unterschiedlichen Typen des göttlichen Handelns hat ihren Grund dabei nach meiner Deutung nicht in real verschiedenen Aktivitätsmodi Gottes, sondern in verschiedenen *Erfahrungen* der kreativen und transformierenden Kraft, die von Gottes Gegenwart ausgeht.[173] Die ökonomische Trinitätslehre bringt die Vielfalt dieser Erfahrungen zur Sprache, stellt aber sicher, dass sie die Kohärenz des Gottesverständnisses nicht infrage stellt. Es gibt nicht unterschiedliche Aktinstanzen in Gott, die für die einzelnen Handlungstypen «zuständig» wären. Lediglich analytisch sind sie zu unterscheiden, nicht aber in einem realen Sinn als verschiedene «Werke», die zudem den trinitarischen «Personen» zugeeignet («appropriiert») werden könnten. Die Differenzierung vollzieht sich also in der *glaubenden Wahrnehmung* der Gegenwart Gottes, die situationsspezifisch erfahren und zum Ausdruck gebracht wird. Das entspricht dem trinitätstheologischen Grundsatz, dass die Werke Gottes

---

[172] Siehe dazu auch: Bernhardt: Was heißt «Handeln Gottes»? (siehe Anm. 116).

[173] Arne Lademann interpretiert Schleiermachers Andeutungen zu einer Reformulierung der Trinitätslehre in einer ähnlichen, aber von der hier vorgelegten Deutung doch auch verschiedenen Weise als Erfahrung dreier Manifestationen Gottes: «Die erste Manifestation wäre eine unhintergehbare Differenz zwischen Gott und Mensch, wie sie in den Symbolen von Schöpfung, Kreuz und Sünde christlich zum Ausdruck gelangen kann. Die zweite Manifestation wäre die des Sohnes, dessen Nähe zu Gott stetig und ungetrübt von ihm ausstrahlt. Die dritte Manifestation ist dann im Heiligen Geist zu finden, der zum Ausdruck bringt, dass der Christ im Glauben an Christi Nähe zu Gott teilhat.» (Arne Lademann: Fragen an die Trinitätslehre. Ihre Kritik bei Friedrich Schleiermacher und die Möglichkeiten ihrer Neubestimmung, in: Anne Käfer, Constantin Plaul, Florian Priesemuth [Hg.]: Der reformierte Schleiermacher. Prägungen und Potentiale seiner Theologie, Berlin, Boston 2020, 120).

ad extra indivisa sunt (unteilbar sind).[174] Es gibt letztlich nur *eine* Gesamthandlung: das Sich-Vergegenwärtigen Gottes.[175]

Die Problematik einer *heilsgeschichtlichen* Anordnung von distinkten «Werken» Gottes liegt u. a. darin, dass damit ein zeitliches Ordnungsschema – also die Abfolge eines Nacheinanders – zugrunde gelegt wird, das dann durch Rück- und Vorbezüge der einzelnen «Werke» wieder aufgebrochen werden muss. So muss angenommen werden, dass die Heilsintention schon mit der Schöpfung gegeben ist, ihre Realisierung durch die menschheitliche Sünde aber suspendiert war und in einem gesonderten göttlichen Akt, der zu einer bestimmten Zeit an einem bestimmten Ort in der Geschichte stattfand, wieder ermöglicht werden musste. Damit stellt sich das gravierende Problem, wie Menschen, die zeitlich vor diesem Akt gelebt haben, und solche, die von seiner Wirkung nicht erreicht wurden und werden, daran teilhaben können. Und es stellt sich die Frage, warum die Heilgeschichte an einem Punkt ihre unüberbietbare Vollendung erreicht hat, sodass es im weiteren Verlauf nur noch um die Rezeption dieses einmal Erreichten gehen kann.

Die ökonomische Trinitätslehre sollte von diesem heilsgeschichtlichen Schema befreit werden. Sie *kann* davon befreit werden, weil es sich dabei um ein theologisches Konstrukt altkirchlicher Theologen – vor allem des

---

[174] In seinem ersten Brief an Serapion hatte Athanasius die Einheit des *Wirkens* der trinitarischen «Personen» mit der Einheit ihres göttlichen *Wesens* begründet (BKV1 13, 402). Die Kappadozier schlossen sich dem an (siehe dazu: Dorothea Wendebourg: Geist oder Energie. Zur Frage der innergöttlichen Verankerung des christlichen Lebens in der byzantinischen Theologie, München 1980, 222f.). Augustin konstatiert in De trin. I, 4, 7, dass «Vater, Sohn und Heiliger Geist, wie sie untrennbar sind, so auch untrennbar handelten *(inseparabiliter operentur)*» (zitiert nach BKV2 13, 11). Siehe dazu: Thomas Marschler: Opera trinitatis ad extra indivisa sunt. Ein Grundaxiom der Trinitätstheologie in augustinischer Tradition, in: Benedikt Paul Göcke, Ruben Schneider (Hg.): Gottes Handeln in der Welt. Probleme und Möglichkeiten aus Sicht der Theologie und analytischen Religionsphilosophie, Regensburg 2017, 73–109.

[175] Schleiermacher wendet sich dagegen, dass «in Gott eine auf menschliche Weise vereinzelte und geteilte Tätigkeit gesetzt werde.» (Schleiermacher: Der christliche Glaube [siehe Anm. 10 in Teil 1], § 46.1, S. 268). Die göttliche Weltregierung übe nicht durch besondere einzelne Akte einen Einfluss auf die natürliche Welt aus, um diese mit dem Reich der Gnade in Verbindung zu bringen, vielmehr sei beides – Weltregierung und Heilshandeln – «völlig eins» (a. a. O., § 164.1, S. 495).

Irenäus von Lyon – handelt, das biblische Überlieferungsstränge zu einem großen Narrativ zusammenfügt. Das Material dieser Konstruktion ist biblisch, die Konstruktion selbst aber nicht. Dieses Schema begegnet auch in der weiteren Philosophie- und Theologiegeschichte in verschiedenen Varianten, etwa in den Drei-Zeitalter-Lehren bei Joachim von Fiore und in Lessings «Erziehung des Menschengeschlechts», aber auch in Entwürfen der Trinitätslehre, die im Kontext der Israeltheologie entwickelt wurden (→ 2.3.6.8).

Die Alternative zu einem heilsgeschichtlichen Paradigma besteht nicht in einem geschichtslosen Verständnis der Gegenwart Gottes in der Welt, sondern in einem allzeitlichen: Gottes schöpferische, heilshafte und vollendende Präsenz ist allen Orten und Zeiten der Geschichte gleich nahe, tritt an bestimmten Orten aber verdichtet auf. Die drei Dimensionen kommen nicht in einer sich steigernden Abfolge von «Werken» (Schöpfung, Erlösung und Vollendung), sondern zu allen Zeiten miteinander und ineinander zum Tragen. Das Heilshandeln Gottes gründet in der Universalität des göttlichen Heilswillens und realisiert sich in der Partikularität von geschichtlichen Ereignissen, vor allem im Christusereignis.

Diese Polarität von Universalität und «Zentrizität» ist jedoch nicht nur für den christlichen Glauben, sondern auch für andere Offenbarungsreligionen grundlegend. Für das Judentum besteht die «Zentrizität» in Bezug auf die Thora, für das Christentum in Bezug auf das Leben, Sterben und Auferstehen Jesu Christi, für den Islam in Bezug auf den Koran. Besonders für das Christusereignis und für den Koran gilt dabei: Die «Zentrizität» beschränkt nicht die Universalität, sondern offenbart sie gerade.

In dieser Deutung ist die ökonomische Trinitätslehre mit einem monotheistischen Gottesverständnis problemlos vereinbar, ohne dass das spezifisch Christliche – die Zentralstellung Jesu Christi als Offenbarer und Vermittler der schöpferischen, heilshaften und vollendenden Gegenwart Gottes – unterbestimmt bliebe. In jedem dieser drei Modi der wirkenden Gegenwart Gottes sind die beiden anderen enthalten; sie stellen eine Vollzugseinheit dar. Der schöpferische Modus ist auf Heil, Heilung, Heiligung und Vollendung angelegt. Das Heilswirken ist seinerseits ein schöpferisches Wirken, das die Schöpfungsintention gegen Widerstände neu zur Geltung bringt und damit Teil des Vollendungswirkens ist. Auch

dieses ist ein schöpferisches Wirken, in dem die Heilsintention zu ihrem
Ziel kommt.

Diese Vollendung vollzieht sich aber nicht als ungehinderter
Triumphzug Gottes, sondern als fortwährender Kampf gegen die wider-
göttlichen «Mächte und Gewalten», die in der Eigendynamik der
Geschichte am Werk sind. Es sind dies keine supranaturalen, sondern
überaus «naturale» Mächte, die vor allem in individuellen und kollektiven
Egozentrismen ihren Wurzelgrund haben: Gier, Habsucht, Geltungs-
bedürfnisse, Rassismen, Nationalismen, Sexismen; menschliche Hybris,
die auf Kosten anderer geht, zu Diskriminierungen und Dehumanisie-
rungen führt usw. In Bezug auf diese «Mächte und Gewalten» führt der
christliche Glaube Gott nicht affirmativ, als Erhalter der von ihm
grundgelegten und von Menschen gestalteten Seinsordnungen, sondern
kritisch ins Feld: als Ankläger, der durch Propheten spricht, als Richter
über Unrecht, als Vernichter unheilvoller Strukturen und Mechanismen
sowie als Aufrichter humaner Lebensverhältnisse. Das «Gericht» Gottes ist
nicht erst eschatologisch zu erwarten, sondern vollzieht sich auch in der
Geschichte durch geschichtliche Handlungsinstanzen. Diesen ist dabei
aber keine Selbstermächtigung erlaubt, sondern geboten, sich immer auch
selbst dem Gericht Gottes ausgesetzt zu wissen. *Gott* ist der Richter.

Diese Konzeption der ökonomischen Trinitätslehre ist religionstheologisch von erheblicher Bedeutung: Sie bringt die Universalität des
göttlichen Heilswillens und Heilswirkens unverkürzt zum Ausdruck.
Dieser Wille und dieses Wirken ist nicht erst im Christusereignis
konstituiert, sondern besteht von Ewigkeit her und erstreckt sich über den
ganzen Kosmos, über die ganze Geschichte und damit auch über die
Religionsgeschichte. Wäre das Heil der Menschen erst in Tod und
Auferstehung Jesu Christi grundgelegt, würde es allein im Christusglauben
zugeeignet und fände es ausschließlich in der Kirche seine soziale
Realisierungsgestalt, dann wären Menschen, die vom Christusglauben
unberührt sind und in keiner Beziehung zur Kirche stehen, in einem
soteriologisch defizitären Status oder vom Heil Gottes ganz ausge-
schlossen. Wenn Gottes Wesen aus der Fülle unbedingter und unbe-
grenzter Liebe besteht, ist nicht anzunehmen, dass es von Gott verordnete
Königswege zum Empfang dieser Liebe gibt. Denn damit wären
Bedingungen und Grenzen für ihren Empfang gesetzt.

2.3.6.4 Die Lehre von der immanenten Trinität

Die Funktion bzw. die Aussageabsicht der immanenten Trinitätslehre besteht darin, die dreifache Zuwendung Gottes als ein Geschehen auszuweisen, das nicht nur voluntativ, sondern *wesenhaft* in Gott angelegt ist. Daher muss es auf Instanzen *in* Gott zurückgeführt werden. Gott *hat* nicht nur «Wort» und «Geist», sondern *ist* «Wort» und «Geist».

Die Lehre von einer immanenten Trinität stellt gewissermaßen eine transzendentale Reflexion dar. Sie fragt nach der in Gott selbst liegenden Bedingung der Möglichkeit der dreifachen Weltzuwendung Gottes, wie sie von der ökonomischen Trinitätslehre beschrieben wird. Ihre Leitfrage lautet: Wie ist Gott *in sich,* wenn er in dreifacher Weise auf den Menschen und die Welt bezogen ist; wenn er also kein in sich ruhender[176] Gott ist – wie der aristotelische –, sondern ein Gott, der ein anderes seiner selbst konstituiert (Schöpfung), dieses durch sein «Wort» heilshaft transformiert (Erlösung) und es in der Kraft seines «Geistes» auf das Ziel der vollkommenen Gemeinschaft mit sich selbst ausrichtet (Vollendung)?

Um diese Frage zu beantworten, braucht es nicht die Annahme eines interpersonalen Beziehungsgeschehens in Gott. Der Vollzug der drei-dimensionalen Beziehung Gottes zur Schöpfung und den Geschöpfen *(ad extra)* muss nicht auf eine Gott-interne Relationalität zurückgeführt werden. Es müssen auch keine drei distinkten Subjektzentren Gottes oder drei Subjekte in Gott angenommen werden, zwischen denen sich dieses Beziehungsgeschehen ereignet. Es gibt keine Notwendigkeit, die als «Werke» Gottes vergewisserten Wirkungen seiner Gegenwart nach einem Analogiemodell (dem zufolge Gott in seinem Innern so sein muss, wie er nach außen hin agiert) auf unterscheidbare Aktinstanzen in Gott zurückzuführen. Die Schöpfermacht bzw. Herrlichkeit, das «Wort» und der «Geist» stellen – nach meiner Deutung – nicht eigene Instanzen bzw. Aktivitätszentren dar. Es sind nicht Wesenheiten *in* Gott oder Wesens-bestandteile Gottes, sondern Bezeichnungen für drei Dimensionen der Selbstvergegenwärtigung Gottes. In *diesem* Sinne scheint mir Karl Rahners Rede von «Gegebenheitsweisen Gottes»[177] angemessen zu sein: nicht als

---

[176] Zwingli formulierte dieses Gottesverständnis auf eine anschauliche Weise: Gott bzw. das Gute sei keine «müßige oder untätige Sache, die faul auf dem Rücken liegt und weder anderes noch sich selbst bewegt» (Huldrych Zwingli: Schriften, hg. von Thomas Brunnschweiler, Samuel Lutz, Bd. 3, Zürich 1995, 62).

[177] Rahner: Der dreifaltige Gott (siehe Anm. 310 in Teil 1), 389 (Sämtliche

Bezeichnung von Aktzentren in Gott, sondern als Benennung unterschiedlicher Weisen der Selbstgabe Gottes. Noch treffender ist der Ausdruck «Vergegenwärtigungsgestalten»[178] oder «Kommens- und Dabeiseins- und Handlungsweisen».[179] Ich ziehe es vor, von drei «Beziehungsbewegungen»[180] zu sprechen, die von drei «Beziehungspolen» ausgehen. Doch richten sich die von diesen Polen ausgehenden Beziehungen nach außen, nicht nach innen. Und auch als «Beziehungspole» sind sie nur analytisch unterscheidbar. Es ist immer der eine und «ganze» Gott, von dem die eine dreidimensionale Beziehung ausgeht und der seine machtvolle schöpferische, heilende und vollendende Präsenz entfaltet.

Die oben skizzierte Aussageabsicht der immanenten Trinitätslehre, die Beziehungsfähigkeit, den Beziehungswillen und das Wirken Gottes *ad extra* in seinem Wesen zu verankern, bleibt auch in dieser Deutung erhalten. Bei den «Werken» Gottes handelt es sich nicht um spontane, kontingente oder arbiträre Tätigkeiten, sondern um *Wesen*äußerungen Gottes. Der Gott «für uns» *(pro nobis)* ist der Gott, wie er in sich selbst *(per se)* ist. Daher kann man nicht erst über Gott *an sich* unabhängig von seiner Weltzuwendung sprechen und dann über diesen Weltbezug wie über etwas Zweites, Nachrangiges. Der Mitteilungswille gehört zu seinem Selbstsein. Dieses ist darauf angelegt, aus sich heraus zu gehen, den Menschen nahe zu sein, ohne dabei das Gottsein einzubüßen. Gott ist ein sich Zuwendender und diese Zuwendung vollzieht sich nach christlichem Verständnis in den genannten drei Grundformen.

Es braucht keine immanente Trinitätslehre, die eine tripersonale Beziehungsgemeinschaft beschreibt, um sicherzustellen, dass es sich bei der Schöpfermacht bzw. Herrlichkeit, beim «Wort» und «Geist» Gottes um dessen authentische *Selbst*mitteilungen handelt. Die hier vorgeschlagene

---

Werke, Bd. 22/1, Teil B, 616). Rahner spricht von Jesus Christus und vom Heiligen Geist als Gegebenheitsweisen bzw. Daseinsweisen Gottes in der Welt.

[178] Hans-Joachim Kraus: Systematische Theologie im Kontext biblischer Geschichte und Eschatologie, Neukirchen-Vluyn ²1983, 71.

[179] Bertold Klappert: Geheiligt werde Dein NAME! – Dein Torawille werde getan! Erwägungen zu einer gesamtbiblischen Trinitätslehre in israeltheologischer Perspektive, in: Weth (Hg.): Der lebendige Gott (siehe Anm. 161), 104.

[180] Diesen Ausdruck übernehme ich von Paul S. Fiddes: Relational Trinity. Radical Perspective, in: Jason S. Sexton, Stanley N. Gundry (Hg.): Two Views on the Doctrine of the Trinity, Grand Rapids, MI 2014, 170.

Deutung der Trinitätslehre lässt sich auch im Rahmen eines mono-sub-jekthaften oder auch eines transpersonalen Verständnisses Gottes entfal-ten. Selbstmitteilung setzt nicht voraus, dass Gott in sich unterschieden ist und sich in sich mitteilt, sondern dass er in der ganzen Fülle seines Wesens «aus sich herausgeht». Man kann diesen Äußerungsakt als eine Selbstun-terscheidung ansehen, doch ist es keine Gott-interne Selbstunterschei-dung, sondern die Gabe seiner Schöpfermacht bzw. Herrlichkeit, seines «Wortes» und «Geistes», in dem der «ganze», ungeteilte Gott sich äussert.

Selbstmitteilung in diesem Sinn ist schon mit dem alttestamentlichen Zeugnis gegeben, dass Gott sich als der erweist, der er ist, bzw. als der, der für uns da ist (Ex 3,14), dass sein Wort *emet,* d. h. verlässliche Wahrheit ist (2Sam 7,28 u. ö.); Gott selbst wird «wahr», d. h. absolut vertrauens-würdig genannt (Jer 10,10 u. ö.). «Wort» und «Geist» sind Modi der Selbstgabe Gottes. Gott ist der «Immanuel», der Gott mit uns (Jes 7,14, LXX), der teilnimmt an der Menschenwelt. Selbst wenn man diese Teilhabe in besonderer Weise mit dem «Wort» und dem «Geist» Gottes in Verbindung bringt, macht das noch nicht die Ausbildung einer imma-nenten Trinitätslehre nötig.[181]

Besonders problematisch ist der Begriff «Person» im Rahmen der immanenten Trinitätslehre. Das wird auch in den im 20. und 21. Jahrhundert entwickelten trinitätstheologischen Entwürfen mehrheit-lich so gesehen. Wenn die Trinitätslehre christentumsintern, aber auch interreligiös nicht missverstanden werden will, sollte sie nicht als Lehre von drei «Personen» in Gott (bzw. als drei «Personen» Gottes) dargestellt werden. Das heutige Verständnis von «Person» als individueller Sub-jektivität führt nahezu unvermeidlich zu einem tritheistischen Ver-ständnis. Es ist sinnvoller, diesen Begriff zu vermeiden, als ihn mit Verstehensanleitungen zu versehen, die bestenfalls akademisch gebildete Theologinnen und Theologen zur Kenntnis nehmen. Ausdrücke wie «Seinsweisen» (Barth) oder «Subsistenzweisen» (Rahner) oder «Instanzen»

---

[181] So leitet etwa Jürgen Werbick die Notwendigkeit der Trinitätslehre aus dem Mitsein Gottes in seinem Wort und seinem Geist ab: «Gott ist in diesem Sinne wesentlich ‹innerlich› Selbstmitteilung. In der Beziehung zu den Men-schen lebt der göttliche Vater sein Wesen als der Gott, der in Sohn und Logos die Gemeinschaft der Menschen sucht und sich im Heiligen Geist zuinnerst für diese Gemeinschaft öffnet» (Christlich-trinitarischer Gottesglaube [siehe Anm. 170], 221). Dieser innerliche Gemeinschaftswille Gottes ließe sich ohne Abstriche auch ohne eine immanente Trinitätslehre denken.

(Hoping,[182] Schärtl[183]) sind sachlich durchaus angemessen, wenn sie vor ontisch-metaphysischen Essenzialisierungen geschützt werden. Dass sie aber solcher Präzisierungen bedürfen, macht sie ebenfalls nur für den binnentheologischen Gebrauch geeignet. Eine Theologie, die aber nur der Verständigung in der ingroup der akademischen Theologie dient, wird esoterisch und verfehlt die Aufgabe, die christliche Glaubensgemeinschaft zu orientieren und auch darüber hinaus auf rational nachvollziehbare Weise Rechenschaft über den Glutkern des christlichen Glaubens zu geben (1 Petr 3,15).

Ich schlage vor, die heute missverständliche Rede von «Personen» in Gott zurückzuübersetzen in die Rede von «Gesichtern» (πρόσωπα), wie sie von den griechischen Kirchenvätern gebraucht wurde. Das «Gesicht» ist dabei nicht etwas Äußerliches, das vom inneren Wesen Gottes unterschieden werden könnte. Im Gegenteil: Es gewährt einen Einblick in sein inneres Wesen. Die Trinitätslehre ist dann zu verstehen als das Resultat der theologischen Reflexion, deren Ausgangspunkt das Glaubenszeugnis von einem (metaphorisch ausgedrückt) dreifachen Angeschautwerden durch Gott ist.[184] Sie besagt: In diesem Angeschautwerden wird der Anschauende (Gott) selbst anschaulich als dreifach gnädig Anschauender. Auch wenn er dabei in seinem inneren Wesen wahrgenommen wird, bleibt er aller theologischen Spekulation letztlich entzogen.

Auch das von Irenäus gebrauchte Bild der beiden Hände Gottes[185] ist eine durchaus sachgemäße Veranschaulichung für die von mir empfohlene Deutung der Trinitätslehre im Sinne einer dreifachen Erscheinungsgegenwart Gottes. Sie lässt sich auch transponieren in die Vorstellung von dreimal ausgestreckten Händen Gottes. Die anthropomorphe Metapher

---

[182] Helmut Hoping: Göttliche und menschliche Personen. Die Diskussion um den Menschen als Herausforderung für die Dogmatik, in: ThGl 41, 1998, 162–174.

[183] Schärtl: Trinität (siehe Anm. 123), 40–57. Schärtl spricht von «Instanzen der Selbstvermittlung Gottes», statt von «Personen» Gottes (41). «Vater», «Sohn» und «Geist» sind verschiedene Ausprägungen (bzw. Artigkeiten) des Gottseins (39). Dieses deutet Schärtl als «absolutes Leben» (67f.).

[184] Vgl. die Darstellungen der Dreieinheit Gottes als «Trifrons», als dreigesichtiges Antlitz Gottes, wie sie sich etwa in einem Fresko in der Peterskirche in Basel findet (entstanden um 1400).

[185] Irenäus hatte «Sohn/Wort» und «Geist» als die beiden «Hände» Gottes bezeichnet, mit denen er die Schöpfung formte (Adv. haer. IV 20,1).

von «Händen» Gottes muss nicht im Sinne einer Subordination dieser «Hände» unter die Gottheit Gottes oder unter den «Vater» gedeutet werden (wie man es Irenäus entgegengehalten hat). Es ist Gott selbst, der sie – und damit sich selbst – zur Schöpfung hin ausstreckt. Gottes Zuwendung vollzieht sich auf dreifache Weise.

Im Interpretationsspektrum der Trinitätslehre, das sich zwischen den beiden Polen des Tritheismus und des Modalismus spannt, neigt diese Deutung unverkennbar eher dem modalistischen Pol zu, deutet diesen aber ereignishaft als dreifaches Beziehungsgeschehen *ad extra*. Damit steht sie in einer gewissen Nähe zu Schleiermachers Darstellung dieser Lehre.[186] Die Neigung in diese Richtung scheint mit weniger problematisch zu sein als die Neigung zur Seite des Tritheismus hin, wie sie für die sozialen Trinitätslehren offensichtlich ist.[187]

Wo man darüber hinausgehen und daran festhalten will, dass es für die drei weltzugewandten Beziehungspole und Aktivitätsmodi Gottes auch drei Aktinstanzen in Gott braucht, sollte dies – mit Johannes von Damaskus – als eine analytische, denkerisch-begriffliche Explikation gekennzeichnet werden, die das Seinsgeheimnis der Einheit Gottes nicht antastet.

2.3.6.5 Das Verhältnis der immanenten zur ökonomischen Trinität
In der jüngeren Geschichte der deutschsprachigen systematischen Theologie ist eine Diskussion um das Verhältnis zwischen der immanenten und der ökonomischen Trinität bzw. Trinitätslehre geführt worden, die auch für die von mir vorgeschlagene Deutung relevant ist. Es ging dabei um die

---

[186] Vgl. auch Schleiermachers Überlegungen zu einer Wiedererwägung des «Sabellianismus» (Der christliche Glaube [siehe Anm. 10 in Teil 1], § 170–172, bes. S. 531f.); ders.: Über den Gegensatz zwischen der Sabellianischen und der Athanasischen Vorstellung von der Trinität (1822), in: KGA I/10, 1990, 223–306. Siehe dazu: Eckhard Lessing: Zu Schleiermachers Verständnis der Trinitätslehre, in: ZThK 76, 1979/4, 450–488; Eilert Herms: Schleiermachers Umgang mit der Trinitätslehre, in: Michael Welker u. a. (Hg.): Der lebendige Gott als Trinität, Gütersloh 2006, 123–154.

[187] Dass eine solche Deutung auch in der islamischen Theologie auf Verständnis stoßen kann, zeigt Ayatollah Ghaemmaghami in seinem Beitrag «Einheit und Vielfalt im Gottesgedanken», in: von Stosch, Tatari (Hg.): Trinität (siehe Anm. 11), 188–191.

Frage, ob beide in eins zusammenfallen, wie Karl Rahner,[188] Eberhard
Jüngel[189] und Robert W. Jenson[190] behauptet haben, oder ob die Unter-
scheidung beibehalten werden sollte, wie es etwa Karl Barth[191] und
Gisbert Greshake[192] forderten.

Rahner und Jüngel wollten die Weltzuwendung Gottes nicht nur in
seinem Wesen verankert, sondern auch garantiert wissen, dass keine
Differenz zwischen beidem besteht. Das führte sie zur Behauptung, dass
die Weltzuwendung Gottes nicht nur aus dessen Wesen, das ihr
vorausliegt, hervorgeht, sondern dass das Wesen in der Selbstmitteilung
und der Weltzuwendung besteht.

Die Kritiker einer solchen Identifizierung der ökonomischen und der
immanenten Trinität sahen darin die Gefahr, dass Gott von seinem
heilsgeschichtlichen und offenbarenden Wirken nicht mehr zu unterscheiden sei und damit seine Souveränität eingeschränkt werde. Sie
wollten die Freiheit Gottes gegenüber seinem Handeln in der Welt gewahrt wissen. Die von ihnen geforderte Unterscheidung zwischen ökonomischer und immanenter Trinität war also dem Interesse geschuldet, das
Wesen Gottes von seinem Wirken abzuheben, um die letztliche
Entzogenheit, Geheimnishaftigkeit und Unbegreiflichkeit Gottes in all
seinem Wirken bewusst zu halten.[193] Die Bedeutung der immanenten

---

188 «Die ökonomische Trinität *ist* die immanente Trinität und umgekehrt»
(Rahner: Bemerkungen [siehe Anm. 310 in Teil 1], in: Schriften zur Theologie,
Bd. 4, 115 = ders.: Der dreifaltige Gott [siehe Anm. 310 in Teil 1], 328
(Sämtliche Werke, Bd. 22/1, Teil B, 534f).

189 Jüngel: Das Verhältnis (siehe Anm. 161), bes. 267; 275.

190 So etwa in: God's time, our time. An interview with Robert W. Jenson,
in: The Christian Century, 2.5.2006, 32.

191 KD I/1, 179.

192 Greshake: Der dreieine Gott (siehe Anm. 73), 52, unter Berufung auf
Hans Urs von Balthasar: Theodramatik II/2, Einsiedeln 1976, 466.

193 So deutet etwa Joseph Ratzinger die Trinitätslehre als «die Chiffre für die
Unlösbarkeit des Geheimnisses Gott», als «Grenzaussage», als «verweisende Geste,
die ins Unnennbare hineingreift» (Einführung in das Christentum, München
²1968, 133). Greshake schließt sich dem an: Die Trinitätslehre sei «ihrem tiefsten
Wesen nach negative Theologie» (Greshake: Der dreieine Gott [siehe Anm. 73],
57). Diese Aussagen stehen aber in Spannung zu den elaborierten «positiven»
Entfaltungen der Trinitätslehre bei den genannten (und zahlreichen anderen)
Theologen.

Trinitätslehre bestand demgemäß darin, die dreifache Selbstzuwendung Gottes zur Schöpfung mit dessen Unverfügbarkeit zusammenzudenken. Es ging bei dieser Diskussion also um das Verhältnis von Selbstsein und Selbstmitteilung Gottes.

Die von mir vorgeschlagene Deutung der Trinitätslehre versucht die Anliegen beider Positionen miteinander zu verbinden. Einerseits betone auch ich, dass das Selbstsein Gottes seiner Selbstmitteilung vorausliegt. Gott ist «mehr» oder «größer» als seine Vergegenwärtigungen, die sich zudem immer erst in der Rezeption als solche erschließen. Andererseits halte ich daran fest, dass in diesen Selbstmitteilungen die Fülle des Wesens Gottes in uneingeschränkter Authentizität zum Ausdruck kommt.

Wenn man die ökonomische Trinität mit der immanenten identifiziert, wird die zeitliche Selbstmitteilung Gottes zu seiner ewigen Wesensbestimmung erklärt. Aus der Bekundung, dass Gott sich in der Person Jesu authentisch geoffenbart hat, wird gefolgert, dass Jesus Christus zur Wesensbestimmung Gottes notwendig hinzugehört. Damit ist die Differenz zwischen Offenbarer und Offenbarung, zwischen Gott, dem Wort Gottes und seiner Personifizierung im Menschen Jesus eingezogen. Demgegenüber habe ich versucht, diese Differenz zur Geltung zu bringen. Als Selbst*aussage* Gottes bringt Jesus das Wesen Gottes zum Ausdruck. Das ist mit «Offenbarung» gemeint. Das «Wort Gottes» ist ewig, nicht aber die Offenbarung des Wortes in der Person Jesu. Das führt mich zum nächsten Punkt.

2.3.6.6 Trinität und Christologie

In diesem Abschnitt beschränke ich mich auf wenige Anmerkungen zum Verhältnis von Trinität und Christologie, soweit sie mir für eine Gotteslehre im Kontext der Religionstheologie wichtig sind. Die Christologie im Kontext der Religionstheologie habe ich in einem eigenen Band entfaltet.[194]

Jesus Christus als die zweite «Person» der göttlichen Trinität zu bezeichnen, ist nicht nur missverständlich, sondern theologisch problematisch. Jesus Christus ist das «Wort Gottes in Person». Mit der Formulierung «Wort Gottes in Person» sind zwei Verhältnisse angezeigt, die als Einheit-in-Differenz zu bestimmen sind: das Verhältnis zwischen

---

[194] Bernhardt: Jesus Christus – Repräsentant Gottes (siehe Anm. 6 in der Einleitung).

Gott und dem Wort Gottes sowie das Verhältnis zwischen dem ewigen Wort Gottes und dessen Personifizierung im Menschen Jesus, der dadurch zum Christus wird. Die erste Verhältnisbestimmung wurde in den trinitätstheologischen Debatten in der Alten Kirche erörtert, die zweite in den christologischen Auseinandersetzungen. Das Wort Gottes galt als die zweite «Person», der Trinität, nicht aber Jesus als dessen Personifizierung.

Die Diskussion um die erste Verhältnisbestimmung führte zur Formel, dass das Wort Gottes «wesensgleich» mit Gott ist. Wesensgleichheit meint aber nicht differenzlose Identität. Sonst wäre eine Verhältnisbestimmung gar nicht notwendig. Das wird noch deutlicher, wenn man von den neutestamentlichen Zeugnissen von der Beziehung zwischen «Vater» und «Sohn» ausgeht. «Vater» und «Sohn» sind *einig*, aber nicht *einer* oder *eins*. Sie bilden keine ununterscheidbare Einheit, im Gegenteil: Ihre Beziehung basiert gerade auf ihrer Unterschiedenheit. In dieser Hinsicht ist zutreffend, was die relationalen Deutungen der Trinitätslehre betonen: Nur im Gegenüber zum «Sohn» ist der «Vater» ein «Vater» und nur im Gegenüber zum «Vater» ist der «Sohn» ein «Sohn». Zwischen ihnen herrscht eine Einheit in Unterschiedenheit.

Diese Bezeichnung Gottes als «Vater» charakterisiert nicht nur seine Beziehung zu Jesus Christus, an der die Christinnen und Christen teilhaben, sondern auch die Beziehung zum Volk Israel (Ex 4,22f.) und zum König Israels (2Sam 7,12ff.; Ps 2,7; 1Chr 28,5). Nach Röm 8,14 sind «alle, die vom Geist Gottes getrieben werden, Söhne und Töchter Gottes».[195] «Sohn Gottes» ist kein exklusiv auf Jesus bezogener Titel. Man kann also die «Vaterschaft» Gottes nicht allein von der «Sohnschaft» *Jesu* verstehen. In der Hebräischen Bibel und auch im NT werden daneben zudem andere Titulaturen verwendet: mächtiger König (so etwa in den Jahwe-König-Psalmen Ps 47; 93; 96–99), leidender, weil betrogener Liebhaber (Hos 2), schützender und leitender Hirt (Ps 23 u. ö.), brutaler Kriegsherr (1Sam 15,3 u. ö.) u. a. m. Die Verlagerung der «Sohnschaft» in Gott hinein enthüllt nicht nur das Wesen Gottes, sie blendet auch wesentliche Aspekte aus.

Die zweite Verhältnisbestimmung wurde im Anschluss an Joh 1,14 durch den Gedanken der «Fleischwerdung» (Inkarnation) des Wortes vorgenommen. Auch in der Beziehung zwischen dem ewigen Wort Gottes und dem «Wort Gottes in Person» besteht eine Einheit-in-Differenz. Sie

---

[195] Siehe auch: Mt 5,45.

wurde mit der Rede von den zwei Naturen in Jesus Christus zu erfassen versucht, wobei allerdings das Differenzmoment weitgehend in den Hintergrund trat. Ich ziehe dazu den Begriff der «Repräsentation» heran, den ich im Wortsinn verstehe: Jesus Christus ist die *Vergegenwärtigung* des Wortes Gottes und damit Gottes selbst. Er repräsentiert dieses «Wort» (d. h. die schöpferische, heilshafte und vollendende Selbstmitteilung Gottes) so authentisch, dass er als dessen personale Realpräsenz erfahren und bezeugt wurde. In ihm begegnet Gott. Das heißt aber nicht, dass er Gott *ist* und eben auch nicht, dass er die zweite Person der göttlichen Trinität ist. Er ist der Mensch, der den ewigen Logos Gottes und damit die Menschlichkeit Gottes verkörpert.

In der Theologiegeschichte bestand generell die Tendenz, die Einheit in diesen beiden Verhältnisbestimmungen zu betonen und die Differenzen zu minimieren. Demgegenüber scheint es mir – auch, aber nicht nur im Blick auf die Religionstheologie – geboten, Einheit und Differenz in gleicher Weise zur Geltung zu bringen. Denn damit öffnet sich die Möglichkeit, eine Selbstmitteilung Gottes auch über die Offenbarung in Jesus Christus hinaus anzunehmen. Nur so lässt sich die Universalität und Unbedingtheit der Selbstmitteilung Gottes, die sein Wesen ausmacht, uneingeschränkt denken. In dieser Hinsicht ist Jesus Christus der *Offenbarer* und *Mittler* des universalen und unbedingten Heilswillens Gottes. Die ganze Fülle Gottes ist in ihm. Doch es ist dies eben eine unerschöpfliche Fülle. Und so kann das «Wort» Gottes auch in anderen Gestalten ergehen und so kann Gottes «Geist» auch aus spirituellen Quellen fließen, die nicht den Namen Jesu Christi tragen. Im hermeneutischen Zirkel des christlichen Glaubens bleibt Christus jedoch das unhintergehbare Kriterium für die Bestimmung des «Wortes» und für die Unterscheidung der Geister. Ein Geist, der seiner Geisteshaltung widerspricht, kann demnach nicht Geist vom Geist Gottes sein.

In Jesus Christus erschließt und ereignet sich die dreidimensionale aktive Präsenz Gottes: seine schöpferische (und neuschöpferische), heilende (und versöhnende) sowie seine auf das «Reich Gottes» zielende eschatologisch vollendende Wirksamkeit. Doch ereignet sie sich auch schon vor ihm und auch außerhalb seiner Wirkungsgeschichte. Christus ist der maßgebende Erfahrungsort der Gegenwart Gottes, was aber nicht ausschließt, dass Gottes Präsenz auch an anderen Orten erfahrbar werden kann.

Eine Gefahr der theologischen Entwürfe, welche die ökonomische mit der immanenten Trinitätslehre identifizieren, besteht darin, die Differenz zwischen dem Menschen Jesus und dem «Wort» Gottes, das in ihm Wohnung genommen hat, zu beseitigen. Bei Robert W. Jenson führt das etwa dazu, das Christusgeschehen (insbesondere den Tod Jesu) als konstitutiv für die «Identität» Gottes anzusehen. Es gibt keinen *logos asarkos*. Jesus – in seiner Beziehung zu Gott-Vater – *ist* das ewige «Wort» Gottes. In seiner Selbstaufopferung erreicht die Heilsgeschichte ihren Höhepunkt.[196]

In soteriologischer Hinsicht plädiere ich demgegenüber dafür, das Christusgeschehen – d. h. das Leben, Leiden, Sterben Jesu und seine Aufnahme in die unmittelbare Gegenwart Gottes – nicht als *Grund,* sondern als *Vermittlung* des Heils zu verstehen. Der Grund liegt im ewigen Heilswillens Gottes, den Jesus so verdichtet repräsentiert, dass er an ihm anschaulich wird und durch ihn zur Wirkung kommt.[197] Aber auch hier gilt wieder: Die Heilsgegenwart Gottes geht über die Wirkungsgeschichte des Christusgeschehens hinaus. *Gott* ist der Offenbarer und das Subjekt des Heilshandelns. Jesus Christus offenbart und vermittelt die Heilsgegenwart Gottes. Die zwischen Gott und Jesus Christus bestehende Einheit-in-Differenz erlaubt es zu denken, dass Gottes Heilsgegenwart auch *extra Christum* ihre Strahlkraft entfaltet.

2.3.6.7 Trinität und Monotheismus

In den vorangegangenen Abschnitten habe ich die sozialen Trinitätslehren mit ihrer unausweichlichen Tendenz zum Tritheismus zurückgewiesen, mich aber auch nicht dem Modell der lateinischen Trinitätstheologie – Trinität als Selbstentfaltung der Gottheit Gottes – angeschlossen, sondern die Vorstellung von einer immanenten Trinität auf die Rede von drei Beziehungspolen in Gott zurückgenommen. Diese Auffassung steht den biblischen Zeugnissen von der Weltzuwendung und der Menschenfreundlichkeit Gottes näher als die Lehre von drei Gottpersonen. Gottes Wesen besteht aus seinem Beziehungswillen, der sich in dreifacher Zuwendung zum Ausdruck bringt.

Nach der Entfaltung meines Verständnisses der Trinitätslehre im Kontext der Religionstheologie frage ich nun noch einmal zurück, wie sich

---

[196] Jenson: Systematic Theology Bd. 1 (siehe Anm. 69), 125–145; 165–206; ders.: Jesus in the Trinity, in: Pro Ecclesia 8/3, 1999, 308–318.

[197] Nicht erst in Jesus Christus hat Gott sich «ein für alle Mal entschieden [.], uns heilsam rettend auf erkennbare Weise nahe zu sein» (so Klaus von Stosch: Trinität [siehe Anm. 123], 79), sondern von Ewigkeit her.

diese Lehre zum Monotheismus verhält und beleuchte dabei zwei Bedeutungsmomente der monotheistischen Gotteskonzeption: (a) die Transzendenz und (b) die Einheit. Zu jedem der beiden Punkte stelle ich eine These auf:

(a) Meine erste These lautet: So wie die (ökonomische) Trinität die (dreifache) *Anwesenheit* Gottes zum Ausdruck bringt, so steht der «Monotheismus» für das Moment der *Transzendenz* und *Entzogenheit* Gottes.

Der zweite Teil dieser These ist angeregt von Jean-Luc Nancy. In seiner «Dekonstruktion des Christentums»[198] versteht er Monotheismus als Entzug der Göttlichkeit, als «Absentheismus».[199] Im Unterschied zu den in die Welt verstrickten Göttern des Polytheismus betont der Monotheismus die radikale Transzendenz Gottes: «Monotheismus ist in Wahrheit Atheismus».[200] Das «A» meint dabei nicht Nicht-Existenz, sondern Nicht-Anwesenheit.

Glaube an diesen Gott besteht nach Nancy im Festhalten an einer Universalität, die sich letztlich in keine inhaltliche Bestimmung einfangen lässt. Dieser Sinnraum soll offengehalten und durch fortwährende Interaktion und Kommunikation immer neu gefüllt werden. Dabei hat niemand das letzte Wort. Man ist fast versucht, vom Prophetentum aller in diesem Sinne Glaubenden zu sprechen.

Der Name Gottes ist für Nancy weder Eigenname noch Begriff: Er steht für eine Funktion, nämlich für das «Erlöschen der Bedeutung»,[201] also der inhaltlichen Bestimmtheit. Das lässt sich als Auslegung von Ex 3,14 verstehen, wo Gott nicht im Blick auf sein Wesen, sondern im Blick auf sein unverfügbares Handeln vorgestellt wird. Der Monotheismus dekonstruiert somit nach Nancy das Christentum als eine Religion, die Gottes Gegenwart verfügbar macht. Darin liegt sein Wahrheitsmoment.

In einem Kommentar dazu schreibt Fana Schiefen: «Was die drei monotheistischen Religionen – Judentum, Christentum und Islam – im Vergleich mit polytheistischen Religionen charakterisiert, ist nicht die Reduzierung der Anzahl der Götter, sondern der Modus der Präsenz dieses Gottes. Im Monotheismus bemisst sich die Gottheit des einen Gottes

---

[198] Jean-Luc Nancy: Dekonstruktion des Christentums, Bd. 1, Zürich 2008.
[199] A.a. O, 33.
[200] A.a. O, 58.
[201] A.a. O, 151.

nicht an seiner wirksamen Gegenwart in der Welt oder genauer gesagt, an bestimmten Objekten oder Orten, sondern in seinem abwesend sein.»[202]

Setzt man diese Bestimmung ins Verhältnis zu der in der Trinitätslehre beschriebenen Erfahrung einer dreifachen *An*wesenheit Gottes, dann ergibt sich eine spannende und dem Gottesverständnis durchaus angemessene Dialektik von dreifacher Anwesenheit und letztlicher Entzogenheit, von Immanenz und Transzendenz. Diesem Verständnis zufolge kommt im Monotheismus das Anliegen der apophatischen Theologie zur Geltung, während die Trinitätslehre das Moment des Kataphatischen zum Ausdruck bringt. Die Begriffe apo- und kataphatisch sind dabei nicht auf das Reden von Gottes Sein und Wesen, sondern auf seine Anwesenheit und damit auf die Gotteserfahrung bezogen.

Es geht also bei der Verbindung von Monotheismus und Trinität um die Spannung zwischen Gegenwart und Entzogenheit, Anwesenheit und Abwesenheit, Transzendenz und Immanenz Gottes.[203] Wo die Gegenwart Gottes in den Medien der Religion materialisiert und damit vergegenständlicht wird, muss der prophetische Protest des Monotheismus auf den Plan treten. Er erinnert an das «theologische Axiom» des ersten Gebots,[204] das verbietet, Gott religiös zu verleiblichen und diese verleiblichten Gestalten zu verehren. Wo umgekehrt der Monotheismus zu abstrakt

---

[202] Fana Schiefen: Öffnung des Christentums? Eine fundamentaltheologische Auseinandersetzung mit der Dekonstruktion des Christentums nach Jean-Luc Nancy, Regensburg 2018, 110. Siehe auch: Stefan Berg: Autodekonstruktion des Christentums? Eine formallogische Auseinandersetzung mit Jean-Luc Nancy, in: Friederike Rass, Anita Sophia Horn, Michael Braunschweig (Hg.): Entzug des Göttlichen. Interdisziplinäre Beiträge zu Jean-Luc Nancys Projekt einer Dekonstruktion des Christentums, Freiburg i. Br., München 2017, 17–37.

[203] Leonardo Boff lokalisiert die Transzendenz demgegenüber *in* der Trinität, indem er sie dem «Vater» zuweist. Der «Sohn» steht für Immanenz und der «Geist» für Transparenz (Boff: Der dreieinige Gott [siehe Anm. 72], 38f. Damit ist aber die Schöpfermacht Gottes – die ansonsten der ersten «Person» der Trinität zugeschrieben wird – unterbestimmt. Zudem haftet diesen Zuweisungen eine gewisse Willkür an. Ebenso – und aus der Sicht der Repräsentationschristologie mit noch größerem Recht – ließe sich dem «Sohn» die Transparenz auf Gott hin und dem «Geist» die Immanenz in der Welt zuordnen.

[204] Karl Barth: Das erste Gebot als theologisches Axiom (siehe Anm. 359 in Teil 1).

wird, braucht es die Erinnerung an die konkreten Gestalten der Selbstvergegenwärtigung Gottes. Die Betonung der Vergegenwärtigung steht in
der Gefahr der Vergegenständlichung, die Hervorhebung der Entzogenheit tendiert zur inhaltlichen Entleerung der Rede von Gott. Es braucht
eine Dialektik zwischen beiden Sinnrichtungen.

(b) Die zweite These lautet: Das für monotheistische Gottesverständnisse zentrale Bedeutungsmoment der *Einheit* ist dynamisch zu verstehen.
Es ist keine in sich ruhende, sondern eine sich entäußernde und wieder
zusammenführende Einheit. Friedrich-Wilhelm Marquardt unterscheidet
zwischen einem philosophischen und einem praktischen Verständnis von
«Einheit». Das philosophische ist auf einen Zustand bezogen, das
praktische dagegen prozesshaft. Diesem zufolge ist «Einheit das Ziel eines
gegenseitigen Sich-Einens»,[205] also E*inung*.

Nach Karl Barth bedeutet die Einheit des Eins*seins* immer auch ein
Eins*werden*,[206] eine sich ereignende Drei-*Einigkeit*. Die drei trinitarischen
Personen vollziehen die Einigkeit «unter sich» und dann auch «nach
außen».[207] Da ich nicht davon ausgehe, dass in Gott ein Beziehungsgeschehen zwischen drei sich einigenden «Personen» stattfindet, bezieht
sich mein Verständnis der dynamischen Einheit nur auf den zweiten Teil
der Aussage Barths: auf die Beziehung des einen Gottes «nach außen».

Dass auch der Begriff *tawḥīd* die dynamische Bedeutung von «die
Einheit/Einigung vollbringen» hat, wurde in Abschnitt 1.8.1 angezeigt.
Dieser Bedeutungsaspekt ist auch hier nicht auf das Wesen Gottes,
sondern auf die Gottesbeziehung bezogen: sowohl auf die Einheit-
stiftenden Kundgaben Gottes, als auch auf die Gottesverehrung und auch
auf das daran orientierte Handeln der Muslime in der Welt.

Interessant ist in dieser Hinsicht der zentrale Begriff der Kabbala: «Jichud»
(יִחוּד). Er bedeutet «Vereinigung» und ist in einem effektiven Sinn –
ähnlich wie *tawḥīd* – mit «Einung», «Einswerden», «die Einigung vollbringen» zu übersetzen. Die Einheit Gottes ist demnach keine numerische,
mathematische oder quantitative, keine erratische Einsheit, Einfachheit
oder Einzigkeit, sondern eine prozesshafte, lebendige, bewegte und
bewegende, die auf All-einigkeit zielt, auf das Einswerden der Menschheit

---

[205] Marquardt: Eia, war'n wir da (siehe Anm. 162), 540.
[206] KD I/1, 389.
[207] KD I/1, 390f.

unter der Herrschaft des einen und einzigen Gottes (vgl. Sach 14,9; 1Kor 15,28).

Martin Buber schreibt dazu: «Jichud bedeutet ursprünglich das Bekenntnis der Einheit Gottes, das dem Juden die Zentralsonne nicht allein seines religiösen, sondern seines Lebenssystems überhaupt ist. Aber auch schon dieses Bekenntnis stellt nicht eine passive Anerkennung, sondern einen Akt dar. Es ist keineswegs die Äußerung eines Subjekts über ein Objekt; es ist gar kein ‹subjektiver›, sondern ein subjektiv-objektiver, ein Begegnungs-Vorgang; es ist die dynamische Gestalt der Gotteseinheit selber. Dieser aktive Charakter des Jichud wächst in der Kabbala, reift im Chassidismus. Der Mensch *wirkt* die Einheit Gottes, das heißt: durch ihn vollzieht sich die Einheit des Werdens, die Gotteseinheit der Schöpfung, – die freilich ihrem Wesen nach immer nur Vereinigung des Getrennten sein kann, welche die dauernde Geschiedenheit überwölbt und in der die Ureinheit des ungeschiedenen Seins ihr kosmisches Gegenbild findet: die Einheit ohne Vielheit in der Einung der Vielheit.»[208]

Es geht bei «Jichud» – wie überhaupt bei dem dynamisch verstandenen, auf die Beziehung Gottes zur Welt ausgerichteten Verständnis von Einheit – nicht um die Einzigkeit Gottes, auch nicht um die Einung der Seele mit Gott und natürlich auch nicht um Einigkeit in Gott (wie bei Barth), sondern um das Verhältnis zwischen der Gottheit Gottes und den Repräsentationen seiner Herrlichkeit in der Welt, in der Geschichte und im Menschenleben. Buber spricht von der «Einung Gottes mit seiner welteinwohnenden Herrlichkeit».[209] Dies vollzieht sich nach dem Verständnis des Chassidismus im Gottesdienst im Alltag der Welt, durch die Sammlung im Gebet und durch die Heiligung des Weltlichen. «[J]eder Mensch, in jeder Stunde, kann durch jede Tat den auf der Welt gleichsam zersplitterten Namen Gottes heiligen und einen. Der Name Gottes ist in den Widerspruch der Welt gefallen, er ist in all die ungeheuerlichen

---

[208] Martin Buber: Geleitwort zu «Der große Maggid und seine Nachfolge», in: Martin Buber Werkausgabe, Bd. 17: Chassidismus II; Theoretische Schriften, hg. von Susanne Talabardon, Gütersloh 2016, 64 (Hervorhebung M. B.). Ähnlich erklärt Franz Rosenzweig: «Gottes Einheit bekennen – der Jude nennt es: Gott einigen. Denn diese Einheit, sie ist, indem sie wird, sie ist im Werden zur Einheit. Und dieses Werden ist auf die Seele und in die Hände des Menschen gelegt.» (Franz Rosenzweig: Der Stern der Erlösung, Bd. 3, Heidelberg ³1954, 192f.).

[209] Martin Buber: Vorwort zu: «Des Baal-Schem-Tow Unterweisung im Umgang mit Gott», in: Martin Buber Werkausgabe, Bd. 17 (a. a. O.), 101.

Gegensätze eingesenkt, die das Wesen des heutigen Weltlebens ausmachen, aber der Mensch, der in Reinheit und Heiligkeit handelt, soviel er mag, der einigt den Namen Gottes [...]; indem er ein Stück Weltwirklichkeit aus den Gegensätzen zur Einheit erlöst, einigt er den Namen Gottes, übt er den Jichud, wirkt er an der Erlösung der Welt mit [...].»[210]
Hermann Cohen zieht die Linie des Monotheismus weiter aus, hin zu einem theologischen Monismus. Für ihn hat «Jichud» in Bezug auf Gott eine präzise Bedeutung als das mehrdeutige Wort «ächad» (→ 1.6.2). Es meint nicht nur Einheit, sondern Einzigkeit. Wie in Abschnitt 1.7.2.3 dargestellt, bezieht Cohen dies aber nicht nur auf die Existenz anderer Götter, sondern auf alles Sein. Allein Gott ist seiend, alles andere Sein kommt von ihm.

Die beiden in diesem Abschnitt entfalteten Bedeutungsmomente der monotheistischen Gotteskonzeption – (a) Transzendenz verstanden als Entzogenheit und (b) die dynamische Einheit des Gottseins mit den Vergegenwärtigungen Gottes in der Welt – enthalten kritische und konstruktive Anregungen für das christliche Gottesverständnis. Die Betonung der Entzogenheit wirkt nicht nur spekulativen Höhenflügen entgegen, wie sie in der Entwicklung der Trinitätslehren unternommen wurden. Sie wehrt auch alle Vergegenständlichungen der Gegenwart Gottes ab. Die Vorstellung einer dynamischen Einheit Gottes, die auf das Verhältnis der Gottheit Gottes zu seinen Repräsentanzen in der Welt hin orientiert ist, lässt sich trinitätstheologisch entfalten – als das dreidimensionale «Aus-sich-Herausgehen» Gottes in seiner Schöpferkraft, im «Wort» seiner Selbstmitteilung und in der bewegenden Kraft seines «Geistes». Mit diesen Vergegenwärtigungen ist «[d]er Name Gottes [allerdings auch] in den Widerspruch der Welt gefallen», wie es in der oben zitierten Aussage heißt. Das lässt sich schöpfungstheologisch etwa in Gen 6,6 ausgedrückt finden, christologisch in Joh 1,11 und pneumatologisch in Jes 63,10f. Einheit bedeutet, diese Entfremdung einzuholen und das von Gott Getrennte mit sich und miteinander zu versöhnen.

Wie schon zu Beginn des Abschnitts 1.9 angesprochen, wurde auch in der christlichen Theologie immer wieder zwischen Gott in seinem Selbstsein *(a se)* und Gott in seinem Weltbezug unterschieden. Besonders ausgeprägt ist diese Unterscheidung bei Meister Eckhart . Er stellt Gott

---

[210] Martin Buber: Der Chassidismus, in: Martin Buber Werkausgabe, Bd. 17 (a. a. O.), 156f.

(Deus) die Gottheit (Deitas) gegenüber.[211] Die Gottheit ist das schlechthin Eine, abgesondert von aller Zweiheit. Als «ein Nicht-Gott, ein Nicht-
Geist, eine Nicht-Person, ein Nicht-Bild»[212] entzieht sie sich allem
Denken und Reden. Sie ist nicht relational, weder in ihrem Wesen noch
zur Welt hin. Damit steht sie auch über der Trinität. Diese wäre mit der
absoluten Einheit der Gottheit nicht vereinbar. Die trinitarischen «Personen» gehören nicht zur Gottheit, sondern zu Gott, der «wird und
entwird».[213] Das Ziel des spirituellen Wegs ist die Vereinigung der Seele
mit der Gottheit, also auch der Überstieg über das trinitarische Gottesverständnis.

Lutherische Dogmatiker der altprotestantischen Orthodoxie (wie
Johann Friedrich Köng und Johann Andreas Quenstedt) unterschieden in
den Lehren von den Eigenschaften Gottes zwischen *attributa absoluta* (die
sich auf das Wesen Gottes in seiner Aseität beziehen, wie: Einheit, Einfachheit, Wahrheit, Güte, Heiligkeit, Ewigkeit) und *attributa relativa* bzw.
operativa bzw. *communicativa,* in denen Gott die Beziehung zur Welt be-
tätigt (wie: Liebe, Weisheit, Wille, Gerechtigkeit, Barmherzigkeit, Wahr-
haftigkeit, [All-] Macht, Allgegenwart).

Seit der Renaissance der Trinitätslehre im 20. Jahrhundert wurde diese
Unterscheidung scharf kritisiert. So sah etwa Karl Barth darin den
«Grundfehler der ganzen altkirchlichen Gotteslehre: [...] Gott ist zuerst
und eigentlich in sich selber das unpersönliche Absolute, dann erst, uneigentlich und nach außen, der persönliche Gott der Liebe in seiner Weisheit, Gerechtigkeit, Barmherzigkeit usw.»[214] Die sozialen Trinitätslehren
gehen noch weiter, deuten alle Eigenschaften Gottes als kommunikative,
ermächtigende und anteilgebende und schreiben diese kommunikativen
Eigenschaften in das Wesen Gottes ein.

---

[211] Meister Eckhart: Deutsche Predigten und Traktate, übersetzt von Josef
Quint, Hamburg ⁷2007, 272f. Schon Gilbert de la Porrée hatte die Unterscheidung zwischen Gott und Gottheit eingeführt und war dafür von Bernhard
von Clairvaux angegriffen worden. Auf dem Konzil zu Reims 1148 wurde diese
Unterscheidung verurteilt, Gilbert aber freigesprochen, weil er sich davon
distanzierte.
[212] Meister Eckhart: Deutsche Predigten und Traktate (a. a. O.) 355, 17–20.
[213] A. a. O., 272, 17.
[214] KD II/1, 392.

Die Problematik, die Barth an der altkirchlichen Gotteslehre diagnostiziert, besteht in der Vor- und Nachordnung bzw. Über- und Unterordnung des Gottseins Gottes (und damit der absoluten Eigenschaften) vor/über dem Weltbezug Gottes (und damit der relativen Eigenschaften). Er bezeichnet sie mit den Begriffen «zuerst und eigentlich», «dann erst, uneigentlich».[215] Ob diese Über- und Unterordnung tatsächlich in den altkirchlichen Theologien vorgenommen wurde oder ob es sich dabei um eine kritische Interpretation handelt, mit der Barth sein eigenes Anliegen profilieren will, mag dahingestellt bleiben. Dem ist jedoch entgegenzuhalten, dass die relativen Eigenschaften (und damit der Weltbezug) Gottes keineswegs als akzidenziell für Gottes Sein betrachtet werden müssen, wenn man dieses zunächst in seiner Einheit bestimmt. Sie gehören zu dessen Wesen, das auf Relationalität angelegt ist, ohne dass dieses Wesen dabei in eine Dreiheit zerlegt werden müsste.[216] Man kann die Unterscheidung zwischen absoluten und relativen bzw. relationalen Eigenschaften also vornehmen, ohne sie mit einer Vor- und Nachordnung zu verbinden. Die Aseität und die Offenbarung, das Bei-sich-Sein und das Aus-sich-Herausgehen Gottes lässt sich als dialektische Polarität ohne Abstufung der Pole zusammendenken. Gott ist demnach einerseits wesenhaft auf Selbstmitteilung angelegt, andererseits über seine Selbstmitteilung aber immer auch erhaben.[217] Im Bekenntnis zur Trinität Gottes kommt dann der «Pol» der (dreifachen) Selbstmitteilung zum Ausdruck, im Bekenntnis zur

---

[215] In der neueren religionsphilosophischen Debatte wird eine solche Nachordnung etwa von Timothy J. Mawson: The Divine Attributes (Elements in the Philosophy of Religion), Cambridge 2019, 3–15, oder von Thomas Marschler und Thomas Schärtl vertreten (in der Einleitung zu dem von ihnen hg. Band «Eigenschaften Gottes. Ein Gespräch zwischen systematischer Theologie und analytischer Philosophie», Münster 2015, 1).

[216] So etwa: John Webster: The Immensity and Ubiquity of God (2005), in: ders.: Confessing God. Essays in Christian Dogmatics, London, New York ²2016, 87–107, bes. 98. Nach Stephen Holmes sind die relativen Eigenschaften «intrinsisch für Gottes Leben» (Stephen Holmes: A Simple Salvation? Soteriology and the Perfections of God, in: Ivor J. Davidson, Murray A. Rae (Hg.): God of Salvation. Soteriology in Theological Perspective. Farnham, Burlington 2011, 39).

[217] Ganz ähnlich Martin Buber: Gott «ist jeder seiner Manifestationen schlechthin überlegen» (in: Robert Raphael Geis, Hans-Joachim Kraus: Versuche des Verstehens. Dokumente jüdisch-christlicher Begegnung aus den Jahren 1918–1933, München 1966, 159).

Einheit Gottes die Überzeugung, dass er «größer» ist als alle seine Selbstmitteilungen. Aus der Tatsache, dass man beides in den loci «De Deo uno» und «De Deo trino» nacheinander darstellte, ergibt sich noch keine sachliche Nach- oder Unterordnung des ersten unter das zweite.

«Vater», «Sohn» und «Geist» sind damit «Bei-Namen»[218] Gottes, welche dessen Selbstauslegungen (nach den Grunderfahrungen und -gewissheiten des christlichen Glaubens) bezeichnen. Es sind Präzisierungen der Gottheit Gottes. Sie dürfen nicht an die Stelle des Gottesnamens treten, indem etwa das Votum zu Beginn des Gottesdienstes lautet: «Im Namen des Vaters, des Sohnes und des Heiligen Geistes». Stattdessen empfiehlt sich die Formulierung: «Im Namen Gottes, des Vaters, des Sohnes und des Heiligen Geistes». Sachlich noch treffender wäre: «Im Namen Gottes in seiner dreifachen Zuwendung als Vater, Sohn und Heiligem Geist».

2.3.6.8 Impulse aus der Israeltheologie

Entfaltungen der Trinitätslehre im Kontext der Israeltheologie bieten wertvolle Impulse für eine Gotteslehre im Kontext der Religionstheologie, müssen aber über die Fokussierung und oft auch Begrenzung auf «Israel» hinausgeführt werden. Ich beziehe mich im Folgenden auf die inhaltlich verwandten Entwürfe von Hans-Joachim Kraus und Bertold Klappert, wobei ich den letzteren etwas ausführlicher nachzeichne.

Kraus hält «die metaphysische Trinitätslehre für einen Abfall der Kirche von der Maschiach-Prophetie der hebräischen Bibel»[219] und sieht die Bedeutung des jüdisch-christlichen Dialogs darin, «daß in vorbehaltloser Bereitschaft zur Kritik an der eigenen dogmatischen Tradition dem Einfluß des ontologisch-metaphysischen Denkens und Urteilens der griechischen Geisteswelt widersprochen und widerstanden wird».[220] Die Trinitätslehre will er im Rahmen der biblischen Verkündigung des Gekommenseins Gottes und der Verheißung des eschatologischen Kommens Gottes entfalten. Der Gott Israels entäußert sich, um sich in der Geschichte seines Volkes und der Welt zu vergegenwärtigen. Er macht sich erfahrbar in der Ausstrahlung seiner Herrlichkeit, in der Ver-

---

[218] Klappert: Geheiligt (siehe Anm. 179), 105.
[219] Hans-Joachim Kraus: Rückkehr zu Israel. Beiträge zum jüdisch-christlichen Dialog, Neukirchen-Vluyn 1991, 333.
[220] Ebd.

kündigung seines Namens, in seinem Wort, seinem Geist und seiner Weisheit. Diese Selbstunterscheidung und Kondeszendenz hebt aber seine Einheit nicht auf. In seinen Vergegenwärtigungsgestalten repräsentiert sich der *eine* Gott.[221] Dem *Namen* als der Selbstvorstellung Gottes kommt dabei besondere Bedeutung zu.[222] Von hier aus will Kraus die Trinitätslehre entfalten: «Die Einzeichnung des Namensgeheimnisses Gottes in die Geschichte seines Kommens ist der notwendige und unumgängliche Ansatz christlicher Trinitätslehre.»[223] Dieses Kommen vollziehe sich in drei Weisen der Selbstvergegenwärtigung: erstens in der Namensoffenbarung an Israel und seiner Gegenwart in dem dazu erwählten Volk, zweitens in der Kondeszendenz im Christus Jesus und drittens im gemeinschaftsstiftenden Geist Gottes.

Dabei darf der Eigenname Gottes nach Kraus nicht zur Bezeichnung «Herr» anonymisiert und dann univok auf Jesus angewandt werden. Schon gar nicht darf dessen Name an die Stelle des Gottesnamens treten und diesen ersetzen.[224] Vielmehr gilt: Der Name Jesu tritt in das Geheimnis der Namensoffenbarung des kommenden Gottes ein.[225] Die Unterschiedenheit bleibt gewahrt. Nach Mk 11,9 kommt der Messias im Namen Gottes und im «Vaterunser» betet er für die Heiligung des Gottesnamens (Mt 6,9 par).

Bertold Klappert knüpft an diesen namenstheologischen Ansatz (der vor allem im Deuteronomium angelegt ist) an. Auch er will die Trinitätslehre aus der «babylonischen» «Gefangenschaft der metaphysischen Seins-Lehre»[226] mit ihrer Preisgabe des Eigennamens Gottes und mit ihrer Israel- und Judentumsvergessenheit befreien[227] und sie vergegenwärtigungsgeschichtlich als Bezeugung der Israel-, der Messias- und der Geistgegenwart

---

[221] Kraus: Systematische Theologie (siehe Anm. 178), bes. 65–78.

[222] A. a. O., 142–158.

[223] A. a. O., Leitsatz § 57, S. 146.

[224] Phil 2,9, Apg 4,12 und andere Stellen wurden nicht selten in diesem Sinn ausgelegt, so etwa von: Martin Hengel: «Setze Dich zu meiner Rechten!» Die Inthronisation Christi zur Rechten Gottes und Psalm 110,1, in: ders.: Kleine Schriften, Bd. 4: Studien zur Christologie, hg. von Claus-Jürgen Thornton, Tübingen 2006, 310f.

[225] Kraus: Systematische Theologie (siehe Anm. 178), 147.

[226] Klappert: Die Trinitätslehre als Auslegung (siehe Anm. 227), 59f.

[227] Die problematischen Punkte der traditionellen Trinitätslehre sind nach Klappert: «Die Preisgabe des Tetragramms, d. h. der NAMENtlichkeit des Gottes

Gottes verstanden wissen. Dabei ist ihm bewusst, dass in der altkirchlichen Lehrbildung nicht eine einseitige Hellenisierung des biblischen Gotteszeugnisses, sondern auch eine «Biblisierung der antiken Ontologie»[228] stattgefunden hat. Er fordert «[e]ine grundlegende gesamtbiblische Neuorientierung und Neuformulierung der Trinitätslehre [...], die von der Heiligung des NAMENs des Gottes Israels fundamental ausgeht, zur Anbetung des Vaters im Sohn durch den Heiligen Geist anleitet und im Messias Jesus, dem messianischen Sohn Gottes, die Israel- und Judentumsbezogenheit für konstitutiv erachtet».[229] Diese Lehre soll als Auslegung des Ersten Gebots entfaltet werden.[230] An die Stelle der ontischen Rede von Gott soll eine onomatheologische (namenstheologische) treten.[231] Dabei betont auch Klappert, dass der Gottesname nicht Jesus beigelegt werden dürfe. Im gesamten NT sei das an keiner Stelle der Fall.[232]

Die immanente Trinitätslehre ist nach Klappert konsequent von der ökonomischen her – als der Lehre von der dreifachen Vergegenwärtigung Gottes in seinem Namen – zu entfalten. Was diese aber beinhaltet, bleibt bei ihm offen. Er beschränkt sich auf die Aussage, dass Gott in sich so beziehungsreich sei wie in seiner Selbstmitteilung.[233] Die ökonomische

---

Israels, die Judentumsfremdheit bzw. Judentumsvergessenheit, die Eliminierung des unauflöslichen Verhältnisses des Messias Jesus zu seinem jüdischen Volk, dazu die Tendenz zur Ontologisierung der biblischen Traditionen und schließlich die Übertretung des 1. Gebotes in der liturgischen Anbetung des Sohnes und des Geistes.» (Bertold Klappert: Die Trinitätslehre als Auslegung des NAMENs des Gottes Israels. Die Bedeutung des Alten Testaments und des Judentums für die Trinitätslehre, in: EvTh 62, 2002, 54–72, abgedruckt in: ders.: Der NAME Gottes [siehe Anm. 338 in Teil 1], 37–62, Zitat: 46).

[228] A. a. O., 44.

[229] A. a. O., 46f.

[230] Siehe dazu auch: Bertold Klappert: Hat das Neue Testament das 1. Gebot übertreten und Christus vergottet? Vorläufige Erwägungen zur Christologie als Auslegung des 1. Gebotes (2002), in: ders.: Der NAME Gottes (siehe Anm. 338 in Teil 1), 93–122.

[231] Bertold Klappert: Christologie und Trinitätslehre im christlich-jüdischen und christlich-islamischen Gespräch. Von der Israel-, der Messias- und der Geistesgegenwart JHWHs erzählen (2018), in: ders.: Der NAME Gottes (siehe Anm. 338 in Teil 1), 63–92, Zitat: 64.

[232] A. a. O., 63–91, bes. 71–75.

[233] Klappert: Die Trinitätslehre als Auslegung (siehe Anm. 227), 60.

Trinitätslehre summiert ein Narrativ – die Geschichte Israels mit Gott – und sollte auf dieses hin durchsichtig gemacht werden.[234] Sie muss weniger dogmatisch und mehr nacherzählend dargestellt werden. «Denn Gottes Lebendigkeit und Sein sind in seinem Kommen Ereignis.»[235] Zudem sei zu berücksichtigen, dass sie ihren Sitz-im-Leben der christlichen Gemeinde in der Liturgie und der Doxologie, wie auch in der Missionstheologie hat.[236]

Klappert grenzt sein geschichtliches Verständnis der Trinität von einem modalistischen ab. Die drei Vergegenwärtigungen Gottes seien nicht als Erscheinungsweisen des dahinterliegenden verborgenen Gottes, sondern als dreifache Einwohnung des lebendigen und beziehungsreichen Gottes aufzufassen.[237] Die Einwohnung ereignet sich ihm zufolge in drei konsekutiven Phasen.

Aus dieser Annahme ergibt sich allerdings die problematische Folgerung, dass der Geist Gottes erst *nach* der Vergegenwärtigung Gottes im Messias Jesus von Gott ausgeht. Die Geistgegenwart wird erst an Pfingsten geschenkt und damit werden auch die Völker erst dann in das Vergegenwärtigungshandeln Gottes einbezogen. Wie steht es demnach aber um die Bezeugungen des Geistwirkens im Alten Testament?

Weiter kann man fragen, wie die Teilhabe der Christinnen und Christen an Christus zu verstehen ist, wenn dessen Messianität *Israel* gilt?

---

[234] Im Anschluss an Christoph Schwöbel (Christoph Schwöbel: Ökumenische Theologie im Horizont des trinitarischen Glaubens, in: ÖR 46, 1997, 321–340, bes. 327; abgedruckt in: ders.: Christlicher Glaube im Pluralismus, Studien zu einer Theologie der Kultur, Tübingen 2003, 85–106) sieht auch Matthias Haudel in der Trinitätslehre drei Geschichten Gottes mit der Welt miteinander verbunden: «die Geschichte vom Gott Abrahams, Isaaks und Jakobs, die Geschichte von Jesus und die Geschichte von Gottes Geist-Gegenwart in der Kirche» [Haudel: Gotteslehre (siehe Anm. 96), 286]). Gott, den Jesus Christus als «Vater» anredet, werde als der Gott Israels identifiziert, von dem der von den Propheten verheißene Geist ausgehe. Haudel geht sogar so weit, die Trinitätslehre «als Basis für grundlegende Fortschritte» (ebd.) im jüdisch-christlichen, wie überhaupt im interreligiösen Dialog auszugeben.

[235] Klappert: Die Trinitätslehre als Auslegung (siehe Anm. 227), 60.

[236] Zum missionstheologischen Kontext der Trinitätslehre siehe: Klappert: Christologie und Trinitätslehre (siehe Anm. 231), 82, mit Verweisen auf Friedrich-Wilhelm Marquardt und Karl Barth.

[237] Klappert: Die Trinitätslehre als Auslegung (siehe Anm. 227), 60.

Wie soll Israels Weigerung, diese Messianität anzuerkennen, gedeutet werden? Wie verhält sich das verheißungsgeschichtliche Narrativ Klapperts zu der ebenfalls von ihm vertretenen Auffassung von einer Mehrdimensionalität der an Abraham ergangenen Verheißung, die sich auf Isaak ebenso bezieht wie auf Ismael? (→ 1.10) Gilt die Namensoffenbarung Gottes auch für *diesen* Strang der Verheißungsgeschichte, den Klappert auf den Islam zulaufen sieht? Besteht auch dort eine Thora- und Zionsorientierung?

Der in diesem Band vorgestellte Entwurf, dem zufolge die Trinität von der dreifachen Erfahrung der Selbstvergegenwärtigung Gottes her zu verstehen ist, steht der von Kraus und Klappert skizzierten Trinitätslehre nahe. Er geht aber über sie hinaus, indem er die Vergegenwärtigung Gottes nicht nur in Israel, sondern in der ganzen Schöpfung zum Ausgangspunkt nimmt. Die Selbstauslegung Gottes ist in der Gottesgeschichte Israels *bezeugt*, was aber nicht bedeutet, dass Gott in Israel zur Welt gekommen ist, wie es Hans-Joachim Kraus formulierte.[238] Man muss zwischen dem *Geschehen* und dem *Inhalt* der Bezeugung unterscheiden. Der Entdeckungszusammenhang der heilshaften Selbstvergegenwärtigung ist ein partikularer und kontextgebundener, das, *was* entdeckt wird, reicht aber weit über diese Entdeckungsgeschichte und diesen Kontext hinaus: Es ist das Wesen Gottes, der von Ewigkeit her auf Selbstmitteilung ausgerichtet ist, der schon längst vor der Geschichte Israels und weit über sie hinaus schöpferisch, heilshaft und das Schöpfungswerk zur Vollendung führend gegenwärtig ist. Gott kommt nicht erst mit dem an Pfingsten ausgegossenen Geist zu den Völkern. Sein Angesicht leuchtet von Anfang an gnädig über die ganze Schöpfung. Um das zum Ausdruck zu bringen, ziehe ich die in 2.3.6.4 angedeutete «Theologie des Angesichts» der von Kraus und Klappert präferierten Namenstheologie vor.

Man kann die hier eingeforderte Unterscheidung zwischen Ereignung und Inhalt der Selbstvergegenwärtigung und -erschließung Gottes auch mit den Begriffen «Genese» und «Geltung» ausdrücken: Die inhaltliche Geltung dessen, was hier offenbar wurde, ist nicht an die geschichtliche Genese des Offenbarungsgeschehens gebunden. In seinen Briefen proklamiert Paulus die Erkenntnis von der *Universalität* der heilshaften Selbstvergegenwärtigung Gottes. Die Aussage, dass das Heil von den Juden kommt (Joh 4,22), bedeutet – wie aus dem Kontext dieser Stelle

---

238 Kraus: Rückkehr zu Israel (siehe Anm. 219), 150.

hervorgeht –, dass die *Erkenntnis* des Heils von den Juden, insbesondere vom Juden Jesus,[239] kommt. Das Heil selbst aber kommt von Gott. Es ist in seinem Wesen angelegt, reicht vom Anfang der Geschichte bis an deren Ende und gilt der ganzen Schöpfung. Aus dieser Universalität ergibt sich auch eine Kritik an partikularen Erwählungsprätentionen, erst recht, wenn sie zur Legitimation politischer Interessen genutzt werden.

2.3.6.9 Trinität im interreligiösen Dialog

Zu Recht warnt Eberhard Busch davor, die Trinitätslehre im interreligiösen Dialog zurückzustellen.[240] Wo christlicher Glaube in der Begegnung mit Anhängern anderer Religionen bezeugt wird, kann das grundlegende Strukturprinzip dieses Glaubens, das zugleich seine inhaltliche Zusammenfassung darstellt, nicht verschwiegen werden. Es reicht allerdings auch nicht, die tradierten Inhalte dieser Lehre abermals zu entfalten, wie es bei Busch der Fall ist, wobei er auf die Offenbarungstheologie Barths zurückgreift. Statt einer solchen Bekenntnisapologetik sollte diese Lehre – so mein Plädoyer – auf die ihr zugrunde liegende Glaubenserfahrung hin transparent gemacht werden. Auf diese Weise kann sie auch für Andersglaubende nachvollziehbar werden. Daran kann sich die Frage anschließen, ob es nicht auch in anderen Religionstraditionen vergleichbare Grunderfahrungen gibt. Im Glauben an die Geschöpflichkeit des Menschen und der Welt (wozu auch die Gewissheit der aktiven Präsenz Gottes in der Welt gehört), im Vertrauen auf seine Heilsverheißung sowie in der Hoffnung auf eine letztliche Realisierung der Schöpfungsintention bestehen ja durchaus Resonanzen zwischen Judentum, Christentum und Islam. Die christliche Glaubenserfahrung verbindet all das mit der Person Jesu Christi. An der Art, wie diese Verbindung gedeutet wird, entscheidet sich, wie tief die christliche Glaubenserfahrung von der jüdischen und der islamischen unterschieden ist. Wenn Jesus Christus – bzw. die «Fleischwerdung» des Gotteswortes in ihm, seine Kreuzigung und Auferweckung – nicht als der *Grund,* sondern als *Ausdruck* und *Vermittlung* des göttlichen

---

[239] Siehe dazu auch: Reinhold Bernhardt: Zur theologischen Bedeutung des Judeseins Jesu, in: Christian Danz, Kathy Ehrensperger, Walter Homolka (Hg.): Christologie zwischen Judentum und Christentum. Jesus, der Jude aus Galiläa, und der christliche Erlöser, Tübingen 2020, 355–375.

[240] Eberhard Busch: Die Trinitätslehre angesichts der Kritik von Judentum und Islam, in: Bärbel Köhler (Hg.): Religion und Wahrheit. Religionsgeschichtliche Studien, Wiesbaden 1998, 218.

Heilswillens verstanden werden, ist zumindest eine Annäherung erzielt, noch dazu eine, die christologisch durchaus sachgemäß ist.

Die Trinitätslehre ist aber nicht nur *Gegenstand* des theologischen Religionsdialogs, sondern kann von diesem auch wertvolle *Impulse* erfahren. Ein (imäginär oder real geführtes) christlich-jüdisches und/oder christlich-islamisches theologisches Gespräch zur Trinitätslehre, das weder auf die Gegenüberstellung unvereinbarer Gegensätze noch auf harmonisierende Vermischungen der Unterschiede zielt, stellt eine Herausforderung für die Reflexion des trinitarischen Gottesverständnisses dar. Das beginnt schon mit den Fragen nach dem theologischen Status dieser Lehre, ihrer Begründung und ihrer methodischen Entfaltung. Ist sie «von oben», als offenbarungstheologisch gewonnene und abgesicherte Bestimmung des Wesens Gottes zu entwickeln, oder – wie ich es befürworte – «von unten» als Summarium des christlichen Gottesverständnisses, wie es sich aus der Erfahrung der dreidimensionalen Gegenwart Gottes ergibt? Von dort aus sind dann zwar auch Aussagen über das Wesen Gottes möglich, doch stehen diese nicht am *Anfang* der Argumentationskette, sondern an deren *Ende.*

Das jüdische und das muslimische Verständnis der Einheit, Einfachheit und Einzigkeit Gottes bringt einen zentralen Aspekt auch des christlichen Gottesverständnisses zum Ausdruck. Das Glaubensbekenntnis von Nizäa-Konstantinopel beginnt mit den Worten: «Wir glauben an den *einen* Gott, den Vater, den Allherrscher». Calvin nannte es ein «Verbrechen», vom *Schma Israel* abzuweichen.[241] Christliche Theologinnen und Theologen wenden oft ein, die jüdische und islamische Hervorhebung der Einheit Gottes sei unterbestimmt, weil sie die Beziehungshaftigkeit Gottes *ad extra* nicht in seinem Wesen grundgelegt sieht. Demgegenüber ist darauf zu verweisen, dass die scheinbare Unterbestimmung auch aus der Zurückhaltung dieser Traditionen gegenüber *Wesens*bestimmungen Gottes resultiert. Gott erweist seine Beziehungshaftigkeit in seinem *Handeln.* Dieses aber ist in seinem Wesen angelegt. Um die Beziehungshaftigkeit im Wesen Gottes verankert zu sehen, braucht es nicht die Annahme von drei relativ distinkten Aktinstanzen in Gott. Wer dies zugestehen kann, dem wird es möglich sein, die islamische Sicht zumindest partiell anzuerkennen – etwa als außerchristliches Zeugnis

---

[241] Johannes Calvin: Auslegung der Heiligen Schrift, hg. von Karl Müller, Neukirchen-Vluyn 1903–1937, Bd. 2 (2. –5. Buch Mose, 1. Teil), o. J., 284.

für die «unvergleichliche, unverwechselbare, unüberbietbare Besonderheit Gottes gegenüber allem, was nicht Gott ist»[242] und d. h. als Kritik an Kreaturvergötterung.

Die jüdische und muslimische Kritik an der Trinitätslehre enthält wichtige Warnhinweise gegenüber einer zu einseitigen Betonung der Dreiheit Gottes, gegenüber dem Gebrauch des in diesem Zusammenhang missverständlichen Person-Begriffs, gegenüber der unerklärten Rede von der «Gottessohnschaft» und von der «Zeugung» des Sohnes. Schon in der Frühzeit des Islam haben die Diskussionen zwischen Christen und Muslimen mit dazu beigetragen, dass bei der Rede von der Dreifaltigkeit Gottes dessen Einheit, Einfachheit und Einzigkeit betont wurde.[243]

Im Dialog mit Jüdinnen und Juden, Musliminnen und Muslimen können Christinnen und Christen Zeugnis geben von der dreifachen Erfahrung der Gegenwart Gottes, wie sie in Jesus Christus erschlossen und ereignet ist: von Gottes schöpferischem (und neuschöpferischem, auferweckendem), heilendem und mit der Kraft des Geistes begabendem Wirken. Sie können ihre Überzeugung zum Ausdruck bringen, dass dieses Wirken in Gottes Wesen in drei «Beziehungspolen» verankert ist: Gott als Schöpfer, der die geschöpfliche Wirklichkeit konstituiert und in Beziehung zu ihr steht; Gott als «Wort» (Logos), das den unbedingten und universalen Heilswillen Gottes mitteilt und ausübt; Gott als «Geist», der Lebenskraft gibt, Erkenntnis eröffnet, Gemeinschaft stiftet und das Schöpfungswerk auf seine Vollendung ausrichtet.

Auch die von mir präferierte Fassung der Trinitätslehre, die bei der Glaubenserfahrung einer in Gott verankerten dreifachen Relationalität ansetzt, unterscheidet sich deutlich von jüdischen und islamischen Gottesverständnissen, ist aber an diese anschlussfähig. Auch die jüdische

---

[242] Busch: Die Trinitätslehre (siehe Anm. 240), 228.

[243] So weist etwa Werner Kahl darauf hin, dass schon in der frühesten erhaltenen arabischen Bibel von 867, dem *Mt. Sinai Arabic Codex 151. II. Acts of the Apostles. Catholic Epistles* (CSCO 463, Scriptores Arabici 43, Leuven 1984, hg. und übersetzt von Harvey Staal) der Apostelgeschichte die Formel vorangestellt ist: «Im Namen des Vaters und des Sohnes und des Heiligen Geistes, *des einen Gottes*.» (76). (Werner Kahl: Das Narrativ von der jüdisch-christlich-muslimischen Glaubensverwandtschaft, in: ders. [Hg.]: Christen und Muslime als Glaubensverwandte. Erkundungen auf dem gemeinsamen Weg von Kirchen- und Moscheegemeinden [TIMA 16], Hamburg 2019, 25–51 (www.missionsakademie.de/de/pdf/TIMA16.pdf [12.11.2019]), S. 29, Anm. 7.

Theologie sieht in Gottes Schöpferkraft, in seinem «Wort» und seinem «Geist» Ausdrucksgestalten Gottes, die sogar eine gewisse Selbstständigkeit haben können, und auch dort kann Gottes Wesen als dynamische Lebendigkeit gedeutet werden.[244] Auch die im Islam unterschiedenen 99 Namen (= Attribute) können als Beziehungseigenschaften aufgefasst werden.[245] Diese Eigenschaften stehen in (durchaus auch spannungs-reicher) Beziehung zueinander und deuten einen Aspektreichtum auch des inneren Wesens Gottes an. Der grundlegende Unterschied des christlichen vom jüdischen und islamischen Verständnis besteht darin, dass diesem zufolge die drei Grundbeziehungen Gottes von Christus her bestimmt sind. Auch im Koran kann Jesus als Gottes «Wort *(kalima),* das er der Maria entboten hat, und als Geist von ihm» (Q 4,171, Paret)[246] bezeichnet werden (vgl. Q 3,45; 21,91), aber er ist nicht *das* Wort Gottes, sondern einer der Gesandten Allahs, die es übermitteln; er wurde durch dieses Wort erschaffen. Die Deutung, dass er dieses Wort authentisch und normativ *repräsentiert,* also in seiner Person gegenwärtig macht, hebt diesen Unterschied nicht auf, kann aber zu einer Annäherung beider Verständnisse führen.

2.4   Trinitätslehre als «Rahmentheorie» der Religionstheologie

In den diesbezüglichen Debatten der letzten Jahrzehnte wurde immer wie-der die Möglichkeit ins Spiel gebracht, die Theologie der Religionen auf einer trinitätstheologischen Grundlage zu entfalten.[247] Im Folgenden

---

[244] So etwa bei Pinchas Lapide «Die Einheit Gottes, die man Israels einziges ‹Dogma› nennen könnte, ist weder eine mathematische noch quantitative Einheit im Sinne eines starren Uniformismus, sondern eher eine lebendig bewegende Ein-heit, die von ihrem Wesen her auf das Einswerden der Menschheit in der Versöh-nung des allumfassenden Schalom aus ist.» (in: Lapide, Moltmann: Jüdischer Monotheismus [siehe Anm. 43], 14).

[245] Wie es besonders bei Ibn ʿArabī der Fall ist.

[246] Der Geist Gottes ist nach islamischem Verständnis mit dem Erzengel Gabriel identisch (siehe dazu: Mahmoud M. Ayoub: The Qurʾān and its Inter-preters, Bd. 1, New York 1984, 124f.).

[247] Einen wichtigen Anstoß dazu hat der Vortrag «An Orthodox Perspective of Inter-Religious Dialogue» gegeben, den der griechisch-orthodoxe Metropolit von Zypern, George Khodre, auf der vom ÖRK einberufenen Konsultation in

Baar (Schweiz) im Jahr 1990 hielt (abgedruckt in: Current Dialogue 19, 1991, 25–31).

Weitere Publikationen in Auswahl: Die Beiträge von Rowan Williams (im Anschluss an Raimon Panikkar), Gavin D'Costa und Christoph Schwöbel in: Gavin D'Costa (Hg.): Christian Uniqueness Reconsidered. The Myth of a Pluralistic Theology of Religions, Maryknoll, NY 1990, 3–15, 16–29 und 30–46; M. Darrol Bryant: Interfaith Encounter and Dialogue in the Trinitarian Perspective, in: Peter C. Phan (Hg.): Christianity and the Wider Ecumenism, New York 1990, 3–20; Ninian Smart, Steven Konstantine: Christian Systematic Theology in a World Context, Minneapolis, MN 1992, 149–199 und 439–445; Pan-Chiu Lai: Towards a Trinitarian Theology of Religions: A Study of Paul Tillich's Thought, Kampen 1994; S. Mark Heim: The Depth of the Riches. A Trinitarian Theology of Religious Ends, Grand Rapids, MI 2001; Jacques Dupuis: Towards a Christian Theology of Religious Pluralism, Maryknoll, NY 1997, 254–279; ders.: Christianity and the Religions. From Confrontation to Dialogue, Maryknoll, NY 2001, bes. 90–95, 109–113; Kevin J. Vanhoozer (Hg.): The Trinity in a Pluralistic Age, Grand Rapids, MI 1997; Pius F. Helfenstein: Grundlagen des interreligiösen Dialogs. Theologische Rechtfertigungsversuche in der ökumenischen Bewegung und die Verbindung des trinitarischen Denkens mit dem pluralistischen Ansatz, Frankfurt a. M. 1998, 377–398; Bruno Forte: Jesus of Nazareth. History of God, God of History. Trinitarian Christology in a Pluralistic Age, in: Terrence Merrigan, Jacques Haers (Hg.): The Myriad Christ. Plurality and the Quest for Unity in Contemporary Christology, Leuven u. a. 2000, 99-120; Hans-Martin Barth: Dogmatik. Evangelischer Glaube im Kontext der Weltreligionen. Ein Lehrbuch, Gütersloh 2001, bes. 153–157, 321–340; Michael Ipgrave: Trinity and Inter-faith Dialogue. Plenitude and Plurality, Oxford, New York 2003; Ekkehard Wohlleben: Die Kirchen und die Religionen. Perspektiven einer ökumenischen Religionstheologie, Göttingen 2004, 372–394; Veli-Matti Kärkkäinen: Trinity and Religious Pluralism: The Doctrine of the Trinity in Christian Theology of Religions, Aldershot, Burlington 2004; Daniel L. Migliore: The Trinity and the Theology of Religions, in: Michael Welker, Miroslav Volf (Hg.): God's Life in Trinity, Minneapolis, MN 2006, 101–117; Declan Marmion, Rik van Nieuwenhove: An Introduction to the Trinity, Cambridge 2011, 224–237; Keith E. Johnson: Rethinking the Trinity and Religious Pluralism. An Augustinian Assessment, Downers Grove, IL 2011, 224–237. Weitere Literatur findet sich in den folgenden Anmerkungen.

Kritisch dazu: Michael Hüttenhoff: Die Trinitätslehre als Rahmentheorie der Religionstheologie? Kritische Überlegungen, in: Christian Danz, Friedrich Hermanni (Hg.): Wahrheitsansprüche der Weltreligionen. Konturen gegenwärtiger Religionstheologie, Neukirchen-Vluyn 2006, 67–92.

stelle ich einige dieser Entwürfe – eingeordnet in ein Modellschema – vor. Dabei unterscheide ich drei Modelle: ein ontologisch-phänomenologisches, ein funktionalistisch-strukturalistisches und ein inhaltlich-theologisches. Im dritten Modell kommt auch zur Darstellung, wie ich selbst diese Grundlegung der Religionstheologie durch die Trinitätstheologie vornehme.

Weil diese Modelle in unterschiedlichen Bezugsrahmen operieren, verschiedene Perspektiven einnehmen und jeweils andere Aspekte der Trinitätslehre in den Vordergrund stellen, sind sie nicht gegenseitig exklusiv, sondern können miteinander kombiniert werden.

2.4.1 Das ontologisch-phänomenologische Modell

Dieses Modell diagnostiziert eine triadische Struktur zum einen (ontologisch) in der Wirklichkeit insgesamt, zum anderen (religionsphänomenologisch) im religiösen Bewusstsein, das sich in den geschichtlichen Religionen manifestiert. In ontologischer Hinsicht geht es von der Annahme aus, dass die vom trinitarischen Gott geschaffene Wirklichkeit triadisch strukturiert ist. So glaubte Augustin, Spuren der Trinität (vestigia trinitatis) in der Schöpfung, vor allem in der Seele des Menschen – als Ebenbild Gottes – zu erkennen.[248] Hegel dynamisierte diesen Gedanken und wandte ihn auf die Deutung der Weltgeschichte an.

Wo das trinitarische Prinzip als Struktur der Wirklichkeit aufgefasst wird, reicht es weit über die Gotteslehre hinaus und erstreckt sich auch auf die Schöpfungslehre, die theologische Anthropologie, sowie auf die philosophische Geschichtsdeutung, die auch die Geschichte der Religionen einschließt. Es lässt sich auch in den Erscheinungsformen der Religionen auffinden.

Ich stelle dieses Modell, das vor allem von römisch-katholischen Theologinnen und Theologen vertreten wird, zunächst exemplarisch anhand des religionstheologischen Entwurfs von Raimon Panikkar dar, setze diesen dann in Beziehung zu dem ähnlichen Konzept von Gisbert Greshake und blicke schließlich auf die trinitätstheologischen Entwürfe von Hans Kessler, Jacques Dupuis und Gavin D'Costa .

---

[248] Siehe dazu: Johnson: Rethinking (siehe Anm. 247), bes. Kapitel 5.2.

(a) *Panikkars* Religionsphilosophie und -theologie[249] gründet auf einer triadischen Ontologie, Phänomenologie und Epistemologie. Ihm zufolge ist die religiöse Erfahrung triadisch strukturiert. Es gibt drei Grundtypen der Spiritualität:[250]

- Mit der «Person» des Vaters korreliert eine *apophatische* Spiritualität, welche die unergründliche Geheimnishaftigkeit und Verborgenheit Gottes betont. Diese Form der Spiritualität ist ausgerichtet auf die «Deitas», wie Meister Eckhart sie verstand: den «leeren» Gott jenseits aller religiösen Gottesvorstellungen. Dazu rechnet Panikkar auch die Erfahrungen, zu denen das buddhistische Streben nach *nirvâna* und *shûnyatâ* anleiten will.

- Der «Person» des Sohnes entspricht eine Spiritualität der *personalen* Beziehung zu Gott. Diese stellt die Beziehungshaftigkeit Gottes, der in der Welt handelt und zu dem die Glaubenden beten, in den Vordergrund.

- Die «Person» des Geistes verweist auf eine *mystische* Spiritualität, die das Göttliche als Macht und Energie auffasst. Diese Art der Spiritualität zielt auf eine Einheitserfahrung: auf die Vereinigung mit der göttlichen Macht und auf die damit einhergehende Überwindung aller Trennungen.

Die genannten drei Typen von Spiritualität – Panikkar nennt sie «Ikono-latrie»,[251] «Personalismus» and «Mystizismus» – stehen ihm zufolge nicht

---

[249] Eine profunde Darstellung der Religionstheologie Panikkars bietet: Bernhard Nitsche: Gott – Welt – Mensch (siehe Anm. 12). Siehe auch: Joseph Benoy: Trinity as an All-embracing Reality. A Study Based on Raimon Panikkar's Understanding of Trinity, Hamburg 2012.

[250] Siehe dazu seine zahlreichen Publikationen zu diesem Thema, vor allem: The Trinity and the Religious Experience of Man. Icon-person-mystery, London, Maryknoll, NY 1973; ders.: Trinität. Über das Zentrum menschlicher Erfahrung, München 1993. In späteren Schriften hat Panikkar die Trias von Kosmos – Gott – Mensch als «Cosmotheandric Experience» in Beziehung zur Trinität gesetzt (ders.: The Cosmotheandric Experience. Emerging Religious Consciousness, hg. von Scott Eastham, Maryknoll, NY 1993). Siehe dazu auch: Francis X. D'Sa: Der trinitarische Ansatz von Raimon Panikkar, in: Nitsche (Hg.): Gottesdenken (siehe Anm. 12), 230–248.

[251] Dieser Begriff meint das Gegenteil von Idolatrie. Er besagt, dass durch das Gottesbild («icon») bzw. die Gottesvorstellung hindurch der transzendente Gott verehrt werden soll.

getrennt nebeneinander, sondern beziehen sich aufeinander und können sich überlagern. Es sind verschiedene «Antworten» auf die kosmisch-göttlich-menschliche Ganzheitserfahrung («cosmotheandric experience/ intuition/vision/principle»). Gott, Mensch und Welt stellen drei irreduzible Konstituenten der Wirklichkeit dar.[252] Es sind nicht drei unterschiedene Realitäten, sondern interagierende Dimensionen der einen und ganzen Wirklichkeit. «The cosmotheandric intuition is the totally integrated vision of the *seamless fabric of the entire reality* [...] the undivided consciousness of the totality.»[253] Alles Seiende existiert in drei Relationen: als geschaffene Wesenheit in Beziehung zu ihrem unerschöpflichen schöpferischen Grund, als Gegenstand von Erfahrung in Relation zum menschlichen Bewusstsein und in seiner materiellen Beschaffenheit als Objekt der Welt. Für diese Deutung beruft sich Panikkar auf Traditionen des (römisch-katholischen) Christentums, auf die (vor allem von Shankara entfaltete) *Advaita*-Lehre des Hinduismus, auf den Buddhismus sowie auf philosophische Reflexionen.

Trinität ist also für Panikkar nicht ein spezifisch christliches Konzept, sondern der religionsübergreifende Schlüssel zum Verständnis der Wirklichkeit im Ganzen. Er spricht von «radical Trinity».[254] Die christliche Trinitätslehre ist eine spezielle Ausprägung dieses allgemeinen Prinzips, das allen Religionen zugrunde liegt. Diese sind demnach strukturell verwandt. Das führt schon jetzt und in Zukunft zu einer Konvergenz zwischen ihnen. Trinität ist «the junction where the authentic spiritual dimensions of all religions meet».[255] Diese Konvergenz ist aber

---

[252] Raimon Panikkar: The Cosmotheandric Experience. Emerging Religious Consciousness, hg. von Scott Eastham, Maryknoll, NY 1993, ix. In seinem Beitrag «Cosmic Evolution, Human History and Trinitarian Life» (in: The Teilhard Review XXV/3, London 1990, 70) schreibt Panikkar: «There is God, a Source, an Origin, an Abyss, Silence, Nothingness, Non-being. There is also an Image, a Result, a Book, a World, an Offspring, a People, Being. There is further a Return, a Love, an all-permeating Energy, a Spirit. There is Heaven, Earth and Man, etc.».

[253] Panikkar: The Cosmotheandric Experience, a. a. O., 1 (Hervorhebung R. P.).

[254] Es war dies der Titel der 6. Vorlesung, die er 1989 im Rahmen der Gifford Lectures «The Trinity and Atheism. The Dwelling of the Divine in the Contemporary World» hielt. Siehe dazu: Camilia Gangasingh MacPherson: A Critical Reading of the Development of Raimon Panikkar's Thought on the Trinity, Lanham 1996, 67–70.

[255] Raimon Panikkar: The Trinity (siehe Anm. 250), 42.

nach Panikkar nicht so zu verstehen, dass sich die Religionen in ihren gegenwärtigen Erscheinungsformen miteinander vermischen. Sie werden vielmehr auf diesem Weg über sich hinausgeführt und einer spirituellen Transformation bzw. Metamorphose unterzogen.

Panikkar setzt sich nicht eingehender mit der Frage auseinander, wie sich das trinitarische Prinzip zu den historischen Religionen verhält. Ewert H. Cousins erinnert sich an ein Gespräch, das er in einer frühen Phase von Panikkars Wirksamkeit mit ihm geführt hat. Darin habe dieser den drei Spiritualitätstypen bestimmte Religionen zugewiesen.[256] Der Buddhismus – als «religion of the silence» – dem Typus «Vater», die abrahamischen Religionen – als «religions of the revelation» – dem Typus «Sohn» und der Hinduismus, der mit seiner *Advaita*-Lehre die Einheit des Geistes repräsentiere, dem Typus «Geist». In seinen späteren Veröffentlichungen hat Panikkar diese Zuweisungen dann allerdings nicht mehr vorgenommen.

(b) *Gisbert Greshake* schließt sich Panikkars Konzept an und schlägt vor, den christlichen Trinitätsglauben und die Trinitätslehre als «Basistheorie»[257] auf die typologische Deutung der Religionen anzuwenden. Dabei scheut er sich auch nicht, die sogenannten Weltreligionen den drei Typen zuzuweisen.[258] Diese Anwendung soll aber nicht essenzialistisch erfolgen, indem postuliert würde, dass sich der Trinitätsglaube (oder auch nur trinitarische Strukturen) als «Urphänomen»[259] *in* den Religionen finden lasse (sodass die Vielfalt der Religionen auf eine letzte Einheit in ihren Tiefenstrukturen zurückgeführt werden könnte). Vielmehr geht er von der Frage aus, wie das Gottesverständnis und das Gottesverhältnis in den Religionen beschaffen ist und unterscheidet dabei – ganz ähnlich wie Panikkar – drei Typen:

• In den *apophatischen* Religionen wird die göttliche Wirklichkeit als unergründliches Mysterium jenseits aller Namen und Bilder aufgefasst. Das absolute Sein liegt als reine Transzendenz allem Seienden uneinholbar voraus und kann auch als «Nichts» verstanden werden. Weil es

---

[256] Ewert H. Cousins: Panikkar's Advaitic Trinitarianism, in: Joseph Prabhu (Hg.): The Intercultural Challenge of Raimon Panikkar, Maryknoll, NY 1996, 128f.

[257] Greshake: Der dreieine Gott (siehe Anm. 73), 505.

[258] A. a. O., 505–516.

[259] A. a. O., 505.

schlechthin eins ist, gibt es in ihm keine Unterscheidungen und Polaritäten. Man kann diese Letztwirklichkeit nicht erkennen und sich in
keine Beziehung zu ihr setzen. Vor ihr gibt es nur Schweigen. Diesem
Religionstypus ordnet Greshake die buddhistische Erfahrung des
nirvâna und des *shûnyatâ*, aber auch andere Formen mystischer Sprach-
losigkeit vor dem göttlichen Geheimnis zu.

- In den *theistischen* Religionen wird Gott als transzendentes personales
Gegenüber zur Schöpfung und zu den Geschöpfen vorgestellt. Er hat
die Schöpfung konstituiert, steht in einer aktiven und kommunikativen Beziehung zu ihr und führt sie einem Vollendungszustand entgegen. Die Gottesbeziehung ist logoshaft-kommunikativ verfasst; sie besteht aus Wort und Antwort, Aktion und Reaktion. Diesen Typus sieht
Greshake in den abrahamitischen Religionen – Judentum, Christentum und Islam – repräsentiert.

- Der *pantheistische* Religionstypus stellt die Immanenz des Göttlichen
in den Vordergrund. Dieses ist die essenzielle Wirklichkeit *in* allen
Dingen. Gott und Kosmos sind eins. Brahman und Atman koinzidie-
ren. Greshake denkt bei dieser «Spiritualität des Geistes»[260] vor allem
an den Hinduismus, besonders an die *Advaita*-Philosophie.

Mit der Zuweisung der drei Religionstypen zu den drei «Personen» der
göttlichen Trinität wird die Trinitätslehre zur Integrationsplattform der
genannten Religionen erhoben. Sie stellt nach Greshake eine «Einladung
zur Synthese»[261] dar, die es ermöglicht, das Absolute in drei Perspektiven
zu sehen. Die drei Typen verweisen auf drei Wege, Gott zu erfahren, wobei diese Wege in einer Spannungseinheit nebeneinander stehen gelassen
werden können. Wo immer eine dieser Perspektiven verabsolutiert wird,
öffnet die trinitätstheologische Religionstypologie den Horizont, um eine
solche Engführung aufzubrechen. Das führt Greshake dazu, die trinitarische Gottesoffenbarung als «absolute Religion»[262] zu verstehen, in die hinein die Vielfalt der Religionen eingeordnet werden kann. Und so wird der

---

[260] A. a. O., 510.
[261] A. a. O., 506; 511.
[262] A. a. O., 512.

Trinitätsglaube dann doch zur «Basistheorie [...] *für die Einheit der Religionen*».[263] Das Trinitarische liegt nicht *in* ihnen, verbindet sie aber miteinander. Wohlgemerkt bezieht Greshake den Titel «absolute Religion» nicht auf das Christentum – dieses ist dem zweiten Typus der theistischen Religionen zugeordnet –, sondern auf die Gottesoffenbarung, die der christlichen Auffassung und Praxis der Gottesbeziehung damit noch einmal vorausliegt. Doch immerhin wird die «absolute Religion» im Christentum – und nur dort – erkannt. In epistemologischer Hinsicht kommt dem christlichen Glauben also durchaus eine Superiorität gegenüber anderen Religionen zu. Hier wird das Einheitsprinzip der Religionen seiner selbst ansichtig.

Die Problematik dieses Modells liegt zum einen darin, dass verschiedene religiöse Vorstellungen von Gott (bzw. von der Beziehung zu Gott) zu Instanzen in Gott in Beziehung gesetzt werden. Die innergöttliche Perichorese setzt sich in die «Perichorese der drei ‹Gottesbilder›»[264] hinein fort. Wie ist diese Korrelation zwischen den trinitarischen «Personen» und den o. g. drei Anschauungsformen Gottes aber epistemologisch begründet?

Zum anderen besteht die Problematik dieses Modells in den Generalisierungen, die damit vorgenommen werden. Die innere Vielfalt der Religionstraditionen wird auf das *eine* Motiv konzentriert, das den jeweiligen Typus charakterisiert. Greshake will zwar nicht behaupten, dass die Religionen den Typen exklusiv zugeordnet werden können, meint aber doch feststellen zu können, dass sie ihre Gestalt dadurch gewinnen, dass sie sich vornehmlich an einer dieser drei Dimensionen orientieren. Aber es gibt

---

[263] A. a. O., 513 (Hervorhebung R. B.). Noch deutlicher kommt der religionstheologische Inklusivismus in folgender Aussage Greshakes zum Ausdruck: «Nur so und nur dann kann die Vollendung [...] anbrechen, wenn die Wege der anderen Religionen, in denen der dreifaltige Gott immer schon wirkmächtig gegenwärtig ist, einmünden in die Gestalt jener Offenbarung, in der Gott ‹sein letztes Wort› und ‹seine innerste Gesinnung› dem Menschen mitgeteilt und ihm die Verheißung gegeben hat, an seinem dreifaltigen Leben teilzuhaben. So gehört die Zukunft der sog. Großen Ökumene, dem Bemühen um Einheit unter den Weltreligionen.» (a. a. O., 522).

Jürgen Werbick schließt sich der Forderung an, die Trinitätstheologie «als Basistheorie der Würdigung anderer religiöser Traditionen» heranzuziehen (Jürgen Werbick: Theologie der Religionen und kirchliches Selbstverständnis aus der Sicht der katholischen Theologie, in: ZThK 103, 2006, 92).

[264] A. a. O., 512.

auch im Hinduismus theistische Formen der Religion und in den theistischen Religionen Gestalten der Mystik sowie zum Pantheismus neigende Formationen. Auch sind die Differenzen im Gottesverständnis und -verhältnis zwischen den Religionen, die dem theistischen Typus zugeordnet werden, gravierend. Macht es angesichts dieser intra- und interreligiösen Verschiedenheiten Sinn, Religionen als ganze in eine solche Typologie einzuordnen und diese trinitätstheologisch zu überbauen? Aus gutem Grund hat Panikkar davon wieder Abstand genommen.

(c) Wiederum ähnlich wie Panikkar und Greshake unterscheidet *Hans Kessler* drei Grunderfahrungen des Göttlichen in den Religionen: Gott als transzendenter Urgrund, als Du-artiges Gegenüber und als Kraft im Inneren aller Wesen (und damit auch im eigenen Inneren). Er sieht darin drei Aspekte des *einen* göttlichen Geheimnisses entfaltet: erstens den Urgrund- oder Transzendenzaspekt, zweitens den personalen Beziehungsaspekt und drittens den mystischen Immanenzaspekt.

Der erste Aspekt wird im Gegründet-, Getragen- und Umfangensein durch das Göttliche als Urgrund erfahren. Dieser Urgrund ist aber dem erkennenden und handelnden Zugriff des Menschen entzogen. Bestenfalls metaphorisch kann man von ihm sprechen: als «Himmel, grenzenloser Horizont, Transzendenz, das Absolute, Umgreifende, Raum, kosmischer Tanz, das Tragende (dharma), All-Eine (brahman, tao), Ursprung und Quelle allen Seins, deshalb Grund des Seins, nicht selbst Sein, sondern Nichts, Leere/shunyata (Leerstelle, die für das Andere frei und leer bleiben muss), Meer/Ozean, Schoß, – aber auch alles verschlingender Moloch, Schlund, Abgrund.»[265]

Der zweite Aspekt manifestiert sich in personalen Erfahrungen der Begegnung mit dem Göttlichen, im Angesprochen- und Beanspruchtsein, im Glauben an die Zuwendung Gottes und in der darauf antwortenden Hinwendung zu Gott. Zur Bezeichnung dieses Aspekts werden personale Ausdrücke verwendet: «Herr, Hirte, Retter, Vater, Mutter, Geliebte, Stimme usw., – aber auch Über-Vater, Aufpasser (Sure 50,16), Richter, vergeltender Rächer, Despot.»[266]

---

[265] Hans Kessler: Trinität in interreligiöser Perspektive. Zu möglichen Veränderungen einer christlichen Grundfigur, in: Nitsche (Hg.): Gottesdenken (siehe Anm. 12), 274f.

[266] A. a. O., 278.

Für den dritten Aspekt benennt Kessler vier Entdeckungszusammenhänge: die «Erfahrung der dauernden Abhängigkeit allen Lebens von fremden Kräften»,[267] die mystische Vereinigung mit dem Göttlichen, enthusiastisch-ekstatische Zustände der Geisterfülltheit und «das ozeanische Gefühl grenzenloser Zugehörigkeit zu allem».[268]

Nach Kessler haftet diesen Grunderfahrungen eine doppelte Problematik an. Zum einen sind sie inhaltlich unbestimmt; das Göttliche kann ambivalent – gnädig und rachsüchtig, beglückend und bedrückend, heilend und zerstörend – erscheinen. Zum anderen tendieren sie dazu, das Göttliche religiös zu begrenzen, zu vergegenständlichen und damit zu vereinnahmen. Erst Jesus habe diese Zweideutigkeit überwunden und Gott entgrenzt. «Er erfährt und verkündet Gott als *reine* Barmherzigkeit, *als unbedingt für alle entschiedene Güte.*»[269]

(d) Auch *Jacques Dupuis*[270] lässt sich dem ontologisch-phänomenologischen Modell zuordnen, denn auch er geht davon aus, dass Spuren der Trinität in die Schöpfung eingeschrieben sind. Dabei rechnet er auch die Religionen zur geschaffenen Wirklichkeit. Er schreibt: «As the tradition has persistently sought and found ‹traces› of the Trinity *(vestigia trinitatis)* in creation and more especially, in the spiritual activity of the human being, so must we search for and discover similar traces, outside the Biblical tradition, in the religious life of individual persons and the religious traditions to which they belong. They too in some way echo in history the Father's eternal uttering of the Word and issuing of the Spirit.»[271] Mit diesen beiden «Händen», dem Wort und dem Geist, ist Gott in der ganzen Schöpfung – einschließlich der Religionen – aktiv präsent.[272] Dabei kann

---

[267] A. a. O., 279.

[268] Ebd.

[269] A. a. O., 281 (Hervorhebungen H. K.).

[270] Jacques Dupuis: Toward a Christian Theology of Religious Pluralism, Maryknoll, NY 1997, bes. 254–279; ders.: Christianity and the Religions. From Confrontation to Dialogue, Maryknoll, NY 2003, 90–95; 123f. Zu Dupuis' religionstheologischem Ansatz siehe: Cirilo Boloron, Jr.: The Concept of Inclusive Pluralism. Jacques Dupuis's Theology of Religious Pluralism and its Implication for Interreligious Dialogue Today, Göttingen 2022; Alexander Löffler: Theologie im Grenzbereich von Inklusivismus und Pluralismus. Zu Jacques Dupuis' christlicher Theologie des religiösen Pluralismus, in: ZKTh 126/4, 2004, 415–442.

[271] Dupuis: Toward (a. a. O.), 227f.

[272] A. a. O., 300.

und soll die Trinitätslehre als hermeneutischer Schlüssel herangezogen werden, um diese Aktivität zu erkennen und die Spuren der Trinität offenzulegen.[273]

Nach Dupuis ist alle religiöse Erfahrung trinitarisch strukturiert. «In every authentic religious experience the Triune God of Christian revelation is present and operative.»[274] Diese Offenbarung liegt allerdings zumeist nicht offen zu Tage, sondern ist verborgen und begegnet in «anonymer»[275] Gestalt. Durch die Trinitätslehre wird sie entschlüsselt.

Dupuis bringt also die Trinitätslehre auf verschiedenen Ebenen ins Spiel: ontologisch und epistemologisch-hermeneutisch, in der Deutung der religiösen Erfahrung und des religiösen Pluralismus insgesamt. Auch die Christologie soll trinitätstheologisch eingebunden und entfaltet werden, um einen Christomonismus zu vermeiden. Der Christozentrismus des christlichen Glaubens soll mit einem Theozentrismus und Pneumatozentrismus einhergehen. Gott allein sei das absolute Mysterium, das sich in Jesus Christus geoffenbart habe und dessen Geist von dieser Offenbarung aus, aber auch über sie hinaus die ganze Schöpfung durchdringe. Es brauche eine integrale Christologie, verbunden mit einer «hypostatischen Unterscheidung»[276] und Zuordnung von Wort und Geist.

Mit dieser Position grenzt sich Dupuis von den religionstheologischen Modellen des Exklusivismus und des Pluralismus ab, aber auch von einem erfüllungstheoretischen Modell des Inklusivismus. Dem stellt er eine «theory of the presence of the mystery of Christ»[277] gegenüber, wie sie von Karl Rahner, Raimon Panikkar, Hans Küng und Gustave Thils vertreten werde. Während das Erfüllungsmodell die Gnade der Natur überordnet, sieht das Mysterium-Christi-Modell die Gnade in der Natur und damit auch in den Religionen am Werk. Daraus folgt, dass Angehörige anderer Religionen das Heil nicht *trotz* ihrer Religionen, sondern *durch* die Medien ihrer Religionen erlangen können. Es ist dies das Heil Christi, weil es ein anderes nicht gibt. Aber Christus wirkt in verborgener Weise auch

---

[273] «[F]rom a Christian viewpoint the doctrine of the divine Trinity serves as the hermeneutical key for an interpretation of the experience of the Absolute Reality to which other religious traditions testify.» (Dupuis: Toward [a. a. O.], 264).

[274] A. a. O., 277.

[275] Ebd.

[276] A. a. O., 206.

[277] A. a. O., 276.

in den Religionen. So kann man sagen: Es gibt eine Erlösung ohne das Evangelium, aber nicht ohne Christus.[278]

(e) *Gavin D'Costa* sieht in der Trinitätslehre ein Konzept, das es erlaubt, die Universalität der wirksamen Gegenwart Gottes im Geist mit der Partikularität der Heilsereignung und der Gottesoffenbarung in Jesus Christus zu verbinden.[279] Er entwickelt seine Religionstheologie im Anschluss an Karl Rahner und in Auseinandersetzung mit John Hicks Pluralistischer Religionstheologie. Wie Dupuis will auch er sowohl einen exklusivistischen Christomonismus als auch einen pluralistischen Theozentrismus vermeiden. Gegen den religionstheologischen Exklusivismus betont er, dass Gottes Geist auch in den nicht-christlichen Religionen am Werk ist, gegen den religionstheologischen Pluralismus hält er am Grundsatz *nulla salus extra Christum* bzw. *extra ecclesiam* fest.

Jesus Christus ist dabei nicht nur soteriologisch – als die eine und einzige Quelle des Heils für die Menschen –, sondern auch epistemologisch – als die definitive Gottesoffenbarung – von Belang. Von dieser Offenbarung aus und nicht etwa auf der Basis von freischwebenden Geisterfahrungen, die in universalreligiösen Spekulationen reflektiert werden, wird das universale Geistwirken Gottes auch in anderen Religionen erkennbar. In Christus ist das schöpferische, offenbarende und inspirierende Wirken Gottes zu einer unüberbietbaren Verdichtung gekommen, die es dann auch erlaubt, andernorts erfahrene Spuren Gottes auf ihre Authentizität hin zu prüfen, also eine Unterscheidung der Geister vorzunehmen.

Im Unterschied zu Dupuis geht D'Costa aber nicht davon aus, dass das Heil durch die außerchristlichen Religionen vermittelt wird. Diese Vermittlung bleibt an die Heilsmittel der Kirche gebunden. Gottes Geist wirkt zwar universal, aber es ist der Geist des dreieinen Gottes, der auch der Christusgeist ist und dessen Verleiblichung die Kirche ist. Dieser Geist

---

[278] A. a. O., 143.

[279] Ich beziehe mich im Folgenden vor allem auf: Gavin D'Costa: The Meeting of Religions and the Trinity, Maryknoll, NY 2000; ders.: Christ, the Trinity and Religious Plurality, in: ders. (Hg.): Christian Uniqueness Reconsidered (siehe Anm. 247), 16–29; ders.: The Trinity in Interreligious Dialogues, in: Gilles Emery, Matthew Levering (Hg.): The Oxford Handbook on the Trinity, Oxford 2011, 573–586; ders.: The Trinity and the World Religions, in: Christophe Chalamet, Marc Vial (Hg.): Recent Developments in Trinitarian Theology. An International Symposium, Minneapolis, MN 2014, 107–126.

weht auch in den Religionen, heiligt aber nicht deren Medien. Sie sind keine Heilswege, auch keine verborgenen. D'Costa kritisiert Rahners Lehre vom «anonymen Christentum».

(f) Die skizzierten Ansätze[280] haben vor allem die *ökonomische* Trinitätslehre im Blick. Dabei beziehen sie die heilsgeschichtliche Wirksamkeit des dreieinen Gottes auch auf die Religionsgeschichte. Gott ist auch dort gegenwärtig, wobei die Gegenwart im Modus des Geistes (wie bei D'Costa) oder im Modus des Wortes und des Geistes (wie bei Dupuis) postuliert werden kann. Wenn angenommen wird, dass Gott auch in seinem Wort in den Religionen gegenwärtig ist, führt das zur Vorstellung einer anonymen Christuspräsenz. «Christus» wird dabei als der Logos, das schöpfungsumspannende Ur-Wort Gottes verstanden. Panikkar und Greshake setzen das Wirken des dreieinen Gottes darüber hinaus zur religiösen Erfahrung in Beziehung und unterscheiden drei Grundtypen dieser Erfahrung, Greshake zieht diese Linie noch weiter zu einer Typologie der Religionen aus.

Diese Entwürfe operieren bewusst im hermeneutischen Zirkel der christlichen Theologie. In diesen Zirkel beziehen sie die Religionen in Geschichte und Gegenwart ein. Um einen christomonistisch unterlegten Exklusivismus zu vermeiden, ziehen sie die Trinitätslehre mit ihren Universalitätspotenzialen heran. Bei ihnen allen handelt es sich damit um

---

[280] Zu diesen Ansätzen lässt sich auch Gerhard Gädes «interioristische» Religionstheologie rechnen, die von seinem Lehrer, Peter Knauer, beeinflusst ist. Es handelt sich dabei um die Sicht anderer Religionen im Licht des trinitarischen Gottesverständnisses. Die Welt sei «von vorneherein hineingeschaffen in das Verhältnis des Vaters zum Sohn, welches als der Heilige Geist Gott selber ist» (Gerhard Gäde: Viele Religionen – ein Wort Gottes. Einspruch gegen John Hicks pluralistische Religionstheologie, Gütersloh 1998, 364; ders.: Trinität und Theologie der Religionen, in: ZKTh 139, 2017, 61–76; ders.: Viele Religionen – welche Wahrheit? Ein neuer Blick auf die nichtchristlichen Religionen, Freiburg i. Br., Basel, Wien 2021, bes. 115–135). Allein die biblisch fundierte Trinitätslehre vermöge auf das Problem der Offenbarung (das in der Einseitigkeit der Beziehung des Geschaffenen auf Gott begründet sei) eine Antwort zu geben. Dabei soll das Verhältnis des Neuen zum Alten Testament bzw. des christlichen Glaubens zu Israel als Paradigma für die Verhältnisbestimmung auch zu anderen nichtchristlichen Religionen dienen. Dieser Ansatz will sich zwar von einem religionstheologischen Inklusivismus, der Superioritätsansprüche gegenüber anderen Religionen erhebt, unterscheiden. Doch ganz offensichtlich gelingt ihm das nicht.

Ausprägungen eines religionstheologischen Inklusivismus, der sich seiner Standortgebundenheit bewusst ist und diese (mehr oder weniger) reflektiert.

2.4.2 Das funktionalistisch-strukturalistische Modell

Dieses Modell unterscheidet sich vom ontologisch-phänomenologischen dadurch, dass es aus dem hermeneutischen Zirkel der Theologie heraustritt bzw. diesen erweitert. Es abstrahiert von den spezifischen Inhalten des christlichen Glaubens und betrachtet die trinitarische – bzw. dann eher: triadische – Denkform als ein Strukturprinzip, das sich *per analogiam* auch auf Erscheinungsformen anderer Religionen anwenden lässt. Die christliche Trinitätslehre kann dann als Anwendungsfall dieses allgemeinen triadischen Schemas angesehen werden, in dem sich die Grammatik der Gottesrede zum Ausdruck bringt.[281]

Ich gehe im Folgenden von den Überlegungen Paul Tillichs zu einem «trinitarischen Symbolismus» aus, wie er sie in seiner «Systematischen Theologie»[282] entfaltet (a), und versuche sie für den Dialog der Religionen fruchtbar zu machen (b).

(a) *Paul Tillich* unterscheidet zwischen der christlichen Trinitätslehre und «trinitarischen Prinzipien»[283] bzw. einem «trinitarischen Denken»[284] bzw. einem «trinitarischen Symbolismus».[285] Die christliche Trinitätslehre hat sich aus der Christologie ergeben, also aus dem Bekenntnis, dass Jesus der Christus ist. In ihm ist der Logos Gottes unter den Bedingungen der menschlichen Existenz erschienen. Das trinitarische Denken erwächst demgegenüber aus dem Gottesgedanken, genauer: aus der Aussage, dass Gott Geist ist. Diese Aussage ist das «alles umfassende Symbol für das

---

[281] So konstatiert Ola Sigurdson: «The Trinity as a practical doctrine provides us with a grammar of how Christianity could relate to other religions.» (Ola Sigurdson: Is the Trinity a Practical Doctrine?, in: Werner G. Jeanrond, Aasulv Lande [Hg.]: The Concept of God in Global Dialogue, Maryknoll, NY 2005, 124).

[282] Paul Tillich: Systematische Theologie, Bd. 1, Berlin, New York [8]1987; Bd. 2, Berlin, New York [8]1987; Bd. 3, Berlin, New York [4]1987. Im Folgenden abgekürzt mit «ST».

[283] ST, Bd. 1, 288–290.

[284] ST, Bd. 2, 155.

[285] ST, Bd. 3, 324–328.

göttliche Leben».[286] Geist ist das Prinzip des Lebens. Die trinitarischen
Prinzipien entfalten diesen Gedanken. Sie deuten auf drei Entdeckungszusammenhänge hin, die in der Reflexion der Gotteserfahrung bzw. der
Verhältnisbestimmung zwischen dem Absoluten in seinem An-sich-Sein
zu seinen Manifestationen in der Geschichte – zwischen dem Unendlichen
und dem Endlichen, zwischen dem Ewigen und dem Zeitlichen, zwischen
dem schöpferischen Grund und dem Geschaffenen – zu Tage treten.[287]
Diese Einsichten lassen sich nicht nur aus dem *christlichen* Gottesdenken,
sondern auch aus den erfahrungsbasierten Reflexionen auf die Wirklichkeit Gottes in anderen Religionen gewinnen. Deshalb begegnet der
trinitarische Symbolismus auch dort.[288]

- «Die menschliche Anschauung des Göttlichen hat immer zwischen
  dem Abgrund des Göttlichen (dem Macht-Element) und der Fülle
  seines Inhalts (dem Sinn-Element), zwischen der göttlichen Tiefe und
  dem göttlichen *logos* unterschieden.»[289] Ohne das Prinzip des Logos
  (d. h. der Selbst-Manifestation, des Sinnes, der Form bzw. der
  Strukturbildung) wäre Gott bloße chaotische Macht, nicht aber
  schöpferischer Grund; er wäre absolut verborgen und unerfahrbar.
  Ohne das Prinzip der Macht hätte das von Gott ausgehende «Wort»
  hingegen keine Gestaltungskraft. Das trinitarische Denken vermittelt
  zwischen dem unnahbaren majestätischen Gottsein Gottes als dem
  unerschöpflichen Grund und der Macht des Seins einerseits und der
  Selbstmitteilung im Logos andererseits, zwischen Unbedingtheit und
  Konkretheit in Gott. Als drittes Prinzip vereinigt und aktualisiert der
  Geist die beiden anderen Prinzipien in eine dynamisch-polare Einheit.
  Gott wird dabei als Grund, als Form und als Akt gedacht.
- Wenn Gott als Geist aufgefasst wird, muss es in ihm eine Dynamik,
  eine Lebensbewegung geben: einen Prozess des In-sich-Seins (der
  Identität), Aus-sich-Herausgehens (der Alterität) und der Integration
  dieser Entäußerung in das Selbstsein. Es ist dies das (dialektische)
  Prinzip des Lebens und der Liebe: die Bewegung von Trennung und
  Wiedervereinigung.

---

[286] ST, Bd. 1, 288.
[287] ST, Bd. 3, 324.
[288] ST, Bd. 2, 155. Siehe auch: ST, Bd. 1, 265–267.
[289] ST, Bd. 1, 289.

- Das trinitarische Denken bindet drei verschiedene (Offenbarungs-) Erfahrungen der wirkenden Präsenz Gottes zusammen: die Erfahrung Gottes als schöpferischer Macht (im Gegenüber zur Endlichkeit des essenziellen Seins des Menschen), die Manifestation seiner rettenden Liebe (im Gegenüber zur Entfremdung der menschlichen Existenz), und die Kraft, die das menschliche Leben am universalen Leben partizipieren lässt und es damit ekstatisch verwandelt (im Gegenüber zu den Ambiguitäten des Lebens).

Das trinitarische Denken hat nach Tillich die weit über das Christentum hinausreichende Funktion, die «Einheit in der Vielheit göttlicher Selbst-Manifestationen»[290] zu plausibilisieren – oder anders: «in umfassenden Symbolen die Selbst-Manifestation des göttlichen Lebens für den Menschen zum Ausdruck zu bringen».[291]

Die trinitarischen Prinzipien bereiten die christliche Trinitätslehre vor, sind aber nicht identisch mit ihr. Sie sind nicht – wie diese – von der Christologie abhängig, sondern ergeben sich aus der Logik des Gedankens, dass Gott ein lebendiger, aus sich herausgehender und sich mitteilender ist, dass er als Unendlicher also in Beziehung zum Endlichen steht, ohne dass dadurch seine Unendlichkeit begrenzt wird. Dieses Gottesverständnis reicht weiter als die christliche Trinitätslehre. Diese darf nicht als definitorische Wesensbeschreibung Gottes aufgefasst werden. Vielmehr gilt für Tillich: «Der Gott, der in den trinitarischen Symbolen geschaut wird, hat seine Freiheit nicht verloren, sich für andere Welten auf andere Weise zu offenbaren.»[292]

(b) Tillichs Überlegungen zum trinitarischen Symbolismus basieren auf einer Analyse des Vollzugs von Selbstmanifestation bzw. Offenbarung. Dieses Geschehen bestimmt er in strikter Analogie zur Dynamik des

---

[290] ST, Bd. 3, 335.

[291] ST, Bd. 3, 337.

[292] ST, Bd. 3, 332. Zu Tillichs Trinitätslehre siehe: Gert Hummel, Doris Lax (Hg.): Trinität und/oder Quaternität – Tillichs Neuerschliessung der trinitarischen Problematik (Beiträge des IX. Internationalen Paul-Tillich-Symposiums, Frankfurt/Main 2002) = Trinity and/or Quaternity – Tillich's Reopening of the Trinitarian Problem (Proceedings of the IX. International Paul-Tillich-Symposium, Frankfurt/Main 2002), Münster 2004. Zur religionstheologischen Applikation der Trinitätslehre Tillichs siehe Lai: Towards a Trinitarian Theology of Religions (siehe Anm. 247); Bernhardt: Protestantische Religionstheologie auf trinitätstheologischem Grund (siehe Anm. 1), 113–117.

Lebens als dialektischem Akt der Selbstunterscheidung und Vermittlung in Gott. Die innergöttliche Selbstunterscheidung ist dabei die Bedingung der Möglichkeit der Selbstmanifestation in der endlichen Wirklichkeit. Ich nehme diese Überlegungen auf und versuche sie religionstheologisch fruchtbar zu machen, indem ich frage, ob ein *formales* Verständnis der Trinitätslehre anschlussfähig für jüdische und muslimische Theologien sein könnte. Dabei frage ich aber nicht – wie Tillich – nach dem gottimmanenten Prozess der Selbstunterscheidung und Vermittlung in Gott, sondern nach seiner Selbstvergegenwärtigung in der Schöpfung.

Im Blick auf ihren *Inhalt* markiert die klassische Trinitätslehre eine grundlegende Unterschiedenheit des christlichen Gottesverständnisses vom jüdischen und muslimischen. Diese Differenz besteht vor allem in den folgenden drei Punkten:

- in der Annahme einer inneren Unterscheidung in Gott: «Wort» und «Geist» werden als Momente an Gott selbst, als Existenzformen Gottes und als Aktivitätszentren in Gott aufgefasst;
- in der damit verbundenen Überzeugung, dass sich eine der drei Gott-«Personen» inkarniert hat;
- darin, dass dieser Inkarnationsgestalt, ihrem Leiden und Sterben sowie ihrer Auferstehung vom Tod Heilsbedeutung zugeschrieben wird: sie wirkt Versöhnung, Erlösung, Neuschöpfung.

Betrachtet man die Trinitätslehre aber *formal* bzw. *funktional* als Klärung des Zusammenhangs zwischen Gottes Selbstsein und seinem Bezug zur Schöpfung, der sich in verschiedenen Dimensionen entfaltet – erstens als schöpferische, das Seiende konstituierende Macht, zweitens als normative Offenbarung an *einem* Punkt in der Geschichte, der dadurch zum Scheitelpunkt der Geschichte wird, und drittens als aktive, das Geschaffene durchdringende und auf das Schöpfungsziel hin ausrichtende Allgegenwart –, dann eröffnen sich interessante Gesprächsmöglichkeiten mit der jüdischen und der islamischen Theologie.[293] Denn auch dort ist

---

[293] In eine ähnliche Richtung weist der Vorschlag von Hans-Martin Barth, die Trinitätslehre als «formales Integrationsangebot» zu verstehen (Hans-Martin Barth: Dogmatik [siehe Anm. 247], 153–157; 321–340, Zitat: 155). «Trinitarisches Denken macht bewusst, dass für die Beziehung von Absolutem und Relativem drei Momente konstitutiv sind: das Absolute selbst, das Absolute in der Gestalt des Relativen und die Inspiration, das Absolute in der Gestalt des Relativen als das Absolute zu identifizieren» (a. a. O., 337). Diese Grundstruktur ist nach Barth im religiösen Bewusstsein angelegt und gilt deshalb für alle Religionen (338;

ja die Rede von Gott als Schöpfer des Himmels und der Erde, von seiner einmalig normativen «Wort»-Offenbarung in der Geschichte und von den immer wieder neu stattfindenden Erhellungs- und Transformationswirkungen, die von dieser Offenbarung in der jeweiligen Gegenwart ausgehen, mit dem Ziel, den Geschöpfen eine ihrem Wohl und Heil dienende Lebens- und Handlungsorientierung zu geben.

Dem Judentum gilt die Thora als die normative Wortoffenbarung Gottes. Sie ist gerahmt von den prophetischen Ansagen des Willens Gottes, wie sie in den Prophetenbüchern bezeugt sind *(Neviim)*, und den Überlieferungen der «Schriften» *(Ketuvim)*. Der Thora wird zwar keine essenzielle Göttlichkeit zuerkannt. Sie ist der Erstling der Schöpfung; Bereschit Rabba 1,4, 2. Teil[294] zufolge wurde sie erschaffen, als es den Thron Gottes noch nicht gab. Doch spricht die Stimme Gottes in und aus ihr. Darin liegt ihre Autorität und Verbindlichkeit begründet, die sie über alles Geschaffene erhebt.

Für den christlichen Glauben ist die Wortoffenbarung als Selbstmitteilung Gottes nicht nur hörbar und lesbar, sondern auch sichtbar, weil personifiziert in Jesus Christus. Dem Islam gilt der Koran als Gottes definitive Proklamation in der Geschichte.

Wie die Christusoffenbarung so müssen auch die Zentraloffenbarungen der Thora und des Korans ihre Adressaten immer wieder neu erreichen und von ihnen an- und aufgenommen werden. Das geschieht nach christlichem Verständnis im geistgewirkten Glauben, nach islamischer Auffassung in der Rezitation des Korans und der göttlichen Rechtleitung, nach jüdischer Überzeugung in der Lesung und der aktualisierenden Auslegung der Thora, sowie in den individuellen und kollektiven Kult- und Lebensformen der Glaubensgemeinschaft, die sich daran orientiert. Sofern auch auf jüdischer und islamischer Seite in diesen Erhellungs- und Transformationswirkungen Gott selbst «am Werk» gesehen wird, besteht eine Analogie zur christlichen Rede vom Heiligen Geist.

Im Dialog mit jüdischer und islamischer Theologie kann es daher zum einen um die Darlegung der christlichen Trinitätslehre in ihrer formalen

---

340). Ob dies tatsächlich der Fall ist, scheint mir allerdings fraglich zu sein. Diese Grundstruktur findet sich nur in den Offenbarungsreligionen und auch dort ist sie höchst unterschiedlich ausgeprägt. Sie stellt kein religiöses apriori dar.

[294] http://bereschitrabba.hypotheses.org/91 (29.06.2022).

Struktur, in ihrer inhaltlichen Bedeutung und in der von ihr erbrachten Klärungsleistung gehen, zum anderen aber auch um die Frage, wie die damit bearbeiteten theologischen Probleme dort – also im jüdischen und islamischen Gottesverständnis – zum Austrag kommen. Wie wird Gottes Transzendenz mit seiner Immanenz im Modus seiner schöpferischen Macht, seiner normativen Offenbarung in der Geschichte und seiner aktiven Präsenz, die (epistemisch) auf die Rezeption der Offenbarung und (ontisch) auf Vollendung des Schöpfungswerkes zielt, in der jüdischen und islamischen Theologie zusammengedacht? Handelt es sich bei der (aus christlicher Perspektive entwickelten) Unterscheidung zwischen der schöpferischen, der offenbarend-transformativen und der orientierend-teleologischen Wirksamkeit um die theologisch-analytische Differenzierung *einer* Gesamthandlung oder um real verschiedene Wirkweisen? Wenn letzteres angenommen wird, wie verhalten sich diese Vergegenwärtigungsformen Gottes dann zueinander und zur Gottheit Gottes? Wie kann Gott sich entäußern, ohne seine Gottheit preiszugeben?

Denken wir etwa an die Vorstellung von der *Schechina,* wie sie in der jüdischen «Mystik»[295] ausgebildet worden ist. Franz Rosenzweig beschreibt die *Schechina* als «die Niederlassung Gottes auf den Menschen und sein Wohnen unter ihnen».[296] Diese «Einwohnung» Gottes als Inbegriff seiner Gegenwart bei seinem Volk konnte in der Kabbala sogar hypostasiert und personifiziert gedacht werden. Damit aber stellt sich die Frage, in welchem Verhältnis das von Gott Unterschiedene zu ihm selbst steht. Oder denken wir an die islamische Diskussion um die Unerschaffenheit des himmlischen Korans (→ 1.8.3). Was bedeutet die damit vorgenommene Zuschreibung eines göttlichen Prädikats für das Grundbekenntnis zur Einheit Gottes?

Auch im Blick auf das islamische Offenbarungsverständnis lässt sich zwischen der *Universalität* der Zuwendung Gottes in der ganzen endlichen Wirklichkeit (etwa durch die von ihm gegebenen Zeichen in der Schöpfung oder durch die Botschaft von Propheten) und der *Partikularität* der Offenbarung Gottes in *einem* Ereignis der Geschichte (in der

---

[295] Ich wende diesen Begriff nur mit großer Zurückhaltung auf außerchristliche Religionsformen an, denn er ist erst von der religionswissenschaftlichen Mystikforschung im ausgehenden 19. und beginnenden 20. Jh. geprägt worden und fasst unterschiedliche Phänomene zusammen.

[296] Franz Rosenzweig: Der Stern der Erlösung, Bd. 3, Heidelberg ³1954, 192. Die Wurzel des Wortes bedeutet «ruhen», «liegen».

Herabsendung des Korans) unterscheiden. Die Zuordnung wird auf eine ähnliche Weise wie im christlichen Verständnis der Offenbarung vorgenommen: Der normativen Offenbarung wird eine universale und definitive Bedeutung zuerkannt, auf die alle Zeichen und Prophetien hinweisen. Gegenüber diesen gilt sie als vollkommen, als eindeutig und unmissverständlich.

Unterschiedliche Antworten werden auf die Frage nach dem Verhältnis von (Offenbarungs-)Wahrheit und Geschichte gegeben. Auch wenn es in der islamischen Theologie Ansätze gibt, die davon ausgehen, dass die Offenbarung auf konkrete historische Anlässe bezogen ist, wird der Koran doch als absolut authentische, zeitübergreifend gültige Kundgabe Gottes verstanden. Für die christliche Theologie ist der Geschichtsbezug der Christusoffenbarung schon im Motiv der Inkarnation des «Wortes» Gottes angelegt. Damit ist die Vergeschichtlichung der Gott-Wahrheit im Menschen Jesus ausgesagt. Auch die Bibel als Bezeugung dieser Offenbarung wird zumindest in der neuzeitlich westlichen Theologie als historisches Dokument aufgefasst.

In den theologischen Dialogen mit jüdischer und islamischer Theologie über die Trinität kann also die Frage aufgeworfen werden, inwiefern und in welcher Weise die in der Trinitäslehre vorgenommenen Verhältnisbestimmungen auch dort zu klären sind und welche Antworten dafür angeboten wurden und werden. Gibt es in dieser Hinsicht Strukturanalogien und Funktionsäquivalente oder sogar inhaltliche Berührungs- und Anknüpfungspunkte? Von «Gemeinsamkeiten» würde ich nicht sprechen. Denn bei näherem Hinsehen erweisen sich auch die vermeintlichen Gemeinsamkeiten doch wieder als Verschiedenheiten.

In diesen Dialogen kann die Leistungsfähigkeit der zunächst formal betrachteten Trinitätslehre dargestellt werden. Hinsichtlich der Seinsordnung verweist sie auf verschiedene Wirkungen bzw. Wirkweisen Gottes: die kreative, die soterische und die vollendende. Diese stellt sie in einen Zusammenhang und verankert sie im Wesen Gottes. Im Blick auf die Erkenntnisordnung benennt sie «Orte» (bzw. Sphären) der Gottesgegenwart: die ganze Schöpfung (insbesondere die Geschichte Israels), Christus, die Dynamiken und Gestaltwerdungen des Gott-«Geistes». Christus kommt dabei nach christlichem Verständnis eine herausgehobene Bedeutung zu. In ihm gibt Gott sich wesenhaft zu erkennen; dadurch wird er zum hermeneutischen Schlüssel der Gotteserkenntnis und zum Mittler der Gottesbeziehung; in ihm gewinnt

das schöpferische und erlösende «Wort» Gottes Gestalt; in ihm verdichtet
sich der universale «Geist» Gottes und strahlt von ihm aus.

Offenbarungstheologisch betrachtet wird in der Trinitätslehre die
doppelte Verhältnisbestimmung zwischen Gott und seiner normativen
Offenbarung sowie zwischen dieser Offenbarung und deren (von Gott
gewirkten) Rezeption vorgenommen. Diese Sichtweise berührt sich mit
Karl Barths Analyse der Offenbarung Gottes im Dreischritt von
Offenbarer, Offenbarung und Offenbarsein (→ 1.9) Reinhard Leuze hält
Barths Analyse für geeignet, um in ein Gespräch mit dem Islam
einzutreten, auch wenn Barth an dieser Anwendung seines Konzepts kaum
Gefallen gefunden hätte.[297] In Barths grundlegender Maxime «Gott
offenbart sich als der Herr»[298] sieht Leuze «eine hervorragende
Zusammenfassung des islamischen Gottesverständnisses».[299] Inhaltlich
betrachtet ist die Differenz zwischen dem islamischen Offenbarungsverständnis und der Barthschen Dogmatik mit ihrem Christozentrismus
und ihrer trinitarischen Gesamtkonzeption natürlich gravierend.

Wenn die Rede von Gottes «Wort» und «Geist» allerdings – wie hier
vorgeschlagen – in einem stärker jüdischen Sinn aufgefasst, d. h. wenn
diese nicht zu «Personen» Gottes hypostasiert, sondern eher relational und
funktional betrachtet werden – als von «Beziehungspolen» in Gott
ausgehende *Beziehungen* des einen Gottes *ad extra,* in denen sich immer
auch eine Selbstmitteilung ereignet –, dann lassen sich auch inhaltliche
Bezüge zum jüdischen und islamischen Gottesverständnis herstellen.

Um nicht missverstanden zu werden, sei nochmals betont: Es geht
nicht um die Nivellierung der tiefgreifenden Unterschiede zwischen dem
jüdischen, dem christlichen und dem islamischen Gottesverständnis,
sondern um die Frage nach Anknüpfungspunkten für einen Dialog über
diese Unterschiede. In der Christentumsgeschichte wurde das Proprium
des christlichen Glaubens oft durch scharfe Abgrenzungen bestimmt. Dem
soll hier der Versuch entgegengestellt werden, es relational zur Sprache zu
bringen, d. h. bezogen auf außerchristliche Gottesverständnisse. Relationalität ist dabei nicht gleichzusetzen mit Relativierung. Nicht vergessen
werden darf zudem, dass es auch innerhalb der christlichen Theologie

---

[297] Leuze: Christentum und Islam (siehe Anm. 37 in Teil 1), 128.
[298] KD I/1, 331.
[299] Leuze: Christentum und Islam (siehe Anm. 37 in Teil 1), 128.

tiefgreifende Unterschiede in der Auslegung dieses Propriums gibt – bis hin zur Bestreitung der Trinitätslehre insgesamt.

2.4.3 Das inhaltlich-theologische Modell

Die funktionalistisch-strukturalistische Betrachtung der Trinitätslehre kann dem theologischen Religionsdialog fruchtbare heuristische Impulse geben. Diese Lehre kann aber darüber hinaus auch für die christliche Theologie der Religionen in Dienst genommen werden: zur Entfaltung der religionsübergreifenden Heilsgegenwart Gottes, wie sie sich in Christus zu erkennen gegeben hat.

Dazu ist eine Vorüberlegung notwendig, die sich mit der kritischen Rückfrage auseinandersetzt, ob es sich bei einer solchen Inanspruchnahme nicht um einen religionstheologischen Inklusivismus handelt, der ein spezifisch christlich-theologisches Deuteschema auf andere Religionen anwendet und diese damit vereinnahmt.[300]

2.4.3.1 Vorüberlegung

Auf die soeben aufgeworfenen Frage erwidere ich, dass jede (auch eine scheinbar religionsphilosophisch «neutrale») Sicht auf andere Religionen, diese in die je eigene Perspektive stellt. Die damit einhergehende, letztlich unvermeidbare «Vereinnahmung» kann und sollte jedoch im Sinne eines hermeneutischen «mutualen Inklusivismus»[301] auf Gegenseitigkeit gestellt werden. Der *hermeneutische* Inklusivismus ist nicht – wie der *religionstheologische* Inklusivismus – mit soteriologischen Überlegenheitsansprüchen verbunden, die für den christlichen Glauben oder gar die christliche

---

[300] So konstatiert Arnulf von Scheliha, dass die «Versuche, die andere Religion unmittelbar aus der eigenen Perspektive heraus zu würdigen, zu unauflöslichen Problemen führen» (Arnulf von Scheliha: Der Islam im Kontext der christlichen Religion, Münster 2004, 58). Er identifiziert solche Versuche mit offenbarungstheologischen Ansätzen der Theologie und fordert demgegenüber, von einer Religionstheorie auszugehen, die er in der Orientierung an Schleiermacher gewinnt.

[301] Siehe dazu: Bernhardt: Ende des Dialogs? (siehe Anm. 1), 206–275. – Michael von Brück sprach von einem «reziproken» Inklusivismus (Michael von Brück: Heil und Heilswege im Hinduismus und Pluralismus. Eine Herausforderung für christliches Erlösungsverständnis, in: ders.: Jürgen Werbick [Hg.]: Der einzige Weg zum Heil? Die Herausforderung des christlichen Absolutheitsanspruches durch pluralistische Religionstheologien, Freiburg i. Br. 1993, 62–106; 88).

Religion bzw. für die Kirche gegenüber anderen Religionen erhoben werden.

Der «Inklusivismus auf Gegenseitigkeit» nimmt keine religionsphilosophische, von den religiösen Traditionen unabhängige Erkenntnisposition für sich in Anspruch. Er bleibt standortgebunden, d. h. bewusst in der eigenen Religion und Konfession verankert. Als göttliche Letztwirklichkeit gilt ihm nicht ein numinoses Absolutum hinter allen Transzendenzbezügen, die von den Religionen gelehrt und praktiziert werden. Er verweist auch nicht auf einen soteriologischen Grundvorgang, der ihnen allen gemeinsam sein soll.[302] Ausgangs- und Bezugspunkt bleibt stattdessen der Gottesglaube, wie er in den grundlegenden und normativen «Offenbarungen» der je eigenen Religion erfahren und konzeptualisiert ist. Das schließt das Bewusstsein der sozio-kulturellen Prägung dieser Erfahrungen und Konzepte keineswegs aus, sondern ein. Dass die «Sicht» von einem bestimmten religiösen Standort aus erfolgt und dabei immer auch kulturell geprägt ist, bedeutet nicht, dass das Blickfeld, das von dieser Perspektive erfasst wird, beschränkt wäre. Dieses erstreckt sich über die gesamte Wirklichkeit und damit auch über die ganze Religionsgeschichte. Es ist eine Universalperspektive, die um ihre Standortbindung weiß. In ihr erscheint die Wirklichkeit im Licht der Gegenwart des Gottes, den Jesus «Vater» nannte: als von ihm geschaffen, unter der (in Christus besiegelten) Verheißung einer heilshaften Vollendung stehend und von der Kraft des Geistes Gottes durchdrungen. Weil dieser Gott Grund und Ziel der gesamten Schöpfung ist, darf man annehmen, dass sich seine Schöpfermacht, sein Heilswille und seine Geistpräsenz auch in anderen Religionskulturen in anderer Weise, aber doch authentisch manifestiert haben. Es ist dies eine naheliegende, wenn auch nicht eine notwendige Konsequenz aus dem Glauben an die Universalität der heilshaft wirkenden Gegenwart Gottes.

Die Loyalität zur eigenen Tradition und ihren Grundüberzeugungen braucht also nicht mit deren Verabsolutierung (im Sinne einer Alleingeltungserklärung) verbunden zu sein. Wenn einerseits die Universalität der Gegenwart Gottes betont und andererseits die Perspektivität, Kontextualität und Historizität des Glaubensbewusstseins in Rechnung

---

[302] Wie es bei John Hick der Fall ist: An Interpretation of Religion (siehe Anm. 71), 36–55.

gestellt wird, kann es nicht zu Verabsolutierungen der eigenen Gottesvorstellungen und des Gottesdenkens kommen. Stattdessen ist der christliche Glaube – zu seinem eigenen Vorteil – herausgefordert, sein Selbstverständnis in interreligiöser Kommunikation zu entwickeln.

Es kann zwischen den Religionskulturen nur einen Dialog «ptolemäischer» Perspektiven geben, nicht aber den Durchbruch zu einer «kopernikanischen» Einheitsschau.[303] Es gibt keinen archimedischen Punkt über den Glaubensüberzeugungen, keine Position, von der aus die absolute Wahrheit erkennbar wäre. Es gibt nur den Austausch der unterschiedlichen Überzeugungen und dieser sollte dialogisch, in einer Haltung der Wertschätzung, geführt werden.

Es kann also nicht darum gehen, die Trinitätslehre zu einer metareligiösen (ontischen, religionsphänomenologischen und/oder epistemischen) Supertheorie aufzubauen. Andererseits soll sie in dieser inhaltlich-theologischen Anwendung aber auch mehr leisten, als zu einer formalen Analyse des Offenbarungsgeschehens und des aktiven Weltbezugs Gottes anzuleiten, dabei religionsübergreifende Problemstellungen herauszuarbeiten und diese dann in den interreligiösen Dialog einzubringen. Das inhaltlich-theologische Modell zielt vielmehr darauf, aus den drei Glaubensartikeln, die in dieser Lehre zusammengefasst sind, Ansätze für eine theologische Wertschätzung anderer Religionen zu gewinnen. Dazu nimmt die religionstheologische Rezeption der Trinitätslehre ihren Ausgangspunkt bei den Inhalten dieser Artikel und legt sie auf die Frage hin aus, wie sich die darin ausgesagte dreifache Präsenz Gottes zur Pluralität der Religionen verhält.

Dabei ist besonders die in den drei Artikeln zum Ausdruck gebrachte Universalität der dreifachen Weltzuwendung von religionstheologischem Belang. Die kreierende, salvierende und inspirierende Präsenz erstreckt sich über die ganze Schöpfung, die ganze Menschheitsgeschichte und damit auch über die ganze Religionsgeschichte. Darin ist das von Jesus verkündete und praktizierte Evangelium vom unbedingten und universalen Heilswillen Gottes ausgelegt.

---

[303] Die unter dem Stichwort «Kopernikanische Wende der Religionstheologie» zusammengefasste Analogisierung religionstheologischer Ansätze zur Unterscheidung zwischen ptolemäischer und kopernikanischer Kosmologie findet sich in den frühen religionstheologischen Werken John Hicks: God and the Universe of Faiths, London u. a. 1973, 9; 124f.; God has many Names, London u. a. 1980, 7; 119.

Diese Auslegung grenzt sich einerseits von einem Christozentrismus ab, der im «Heilswerk» Jesu Christi – vor allem in seinem unschuldigen und ungeschuldeten Kreuzestod – das Heil Gottes für die Menschen «erwirkt» sieht, das dann allein durch die Taufe zugeeignet, im christlichen Glauben angeeignet und in der Kirche immer wieder neu vermittelt wird. Diese Auffassung führt zu einer christomonistischen Engführung der Heilsgeschichte. Andererseits hält sich der von mir vertretene religions-theologische Ansatz aber auch auf Distanz zur Pluralistischen Religions-theologie, welche die Religionen als «alternative soteriologische ‹Räume› [betrachtet], innerhalb derer – oder ‹Wege›, auf denen – Männer und Frauen Erlösung / Befreiung / letzte Erfüllung finden können».[304] Für eine solch weitreichende Feststellung gibt es keine Erkenntnisgrundlage in den Religionstraditionen. Wohl lässt sich aus den Zentralinhalten des christ-lichen Glaubens die Einsicht gewinnen, dass Gottes heilshafte Gegenwart auch in den Religionsgemeinschaften ihre Macht entfaltet und von den Religionstraditionen (auf unterschiedliche Weise) bezeugt wird. Aber das erhebt diese selbst noch nicht zu soteriologischen «Räumen», vor allem dann nicht, wenn es keine Erlösungsreligionen sind (wie im Fall des Islam).

2.4.3.2 Entfaltung
Nach dieser Vorüberlegung skizziere ich, wie die Trinitätslehre inhaltlich als «Rahmentheorie»[305] für eine Theologie der Religionen herangezogen werden kann. Ausgangspunkt ist der Gedanke, dass eine theologische Positionsbestimmung zur religiösen Pluralität vom Kern des christlichen Glaubens ausgehen muss. Wo immer man sich in Geschichte und Gegenwart veranlasst sah und sieht, diesen Kern darzustellen, geschah und geschieht das in Form eines trinitarischen Bekenntnisses. Die Trinitäts-lehre bildet das Strukturprinzip des christlichen Glaubens.

(a) Der erste Glaubensartikel bekennt sich zu Gott als dem Schöpfer des Himmels und der Erde, dessen Allmacht die «alles bestimmende

---

[304] John Hick: Gotteserkenntnis in der Vielfalt der Religionen, in: Reinhold Bernhardt (Hg.): Horizontüberschreitung. Die Pluralistische Theologie der Reli-gionen, Gütersloh 1991, 62f.

[305] Ich übernehme diesen Begriff von Christoph Schwöbel, der ihn allerdings nicht auf die religionstheologische Applikation der Trinitätslehre bezieht, sondern auf die «Bedeutung der Trinität in der christlichen Dogmatik», so der Untertitel seines Aufsatzes (Schwöbel: Trinitätslehre als Rahmentheorie [siehe Anm. 71]).

Wirklichkeit»[306] des Kosmos ist. Gott ist der schöpferische Grund allen Seins (Röm 4,17), der die Schöpfung als ein anderes seiner selbst aus sich heraussetzt und damit eine Beziehungsgeschichte konstituiert. Diese grundlegende Selbstentäußerung Gottes schafft den Raum für weitere Selbstmitteilungen. Doch schon in dieser Entäußerung und in dem Beziehungswillen, der ihr zugrunde liegt, kommt sein Wesen zum Ausdruck. Es besteht in Relationalität (symbolisiert im «Bund») und ist darauf ausgerichtet, am Ergehen des Geschaffenen Anteil zu nehmen, dieses heilshaft zu transformieren und es in die Gemeinschaft mit ihm zu führen. Die schöpferische, heilshafte und vollendende Präsenz erstreckt sich über den ganzen Kosmos und ist zu allen Zeiten im Sinne der *creatio prima, creatio continua* und *creatio nova* tätig.

Die universale Gegenwart Gottes ist auf das ganze Menschengeschlecht, die ganze Geschichte und damit auch die ganze Religionsgeschichte bezogen.[307] Gott hat den Menschen – unabhängig von dessen sozialen, kulturellen, ethnischen und religiösen Prägungen – nach seinem Bilde geschaffen und lässt seinen Segen über das erwählte Volk hinaus allen Völkern zukommen (siehe dazu etwa Am 9,7; Jes 19,24f.; 42,6; Sir 18,13). In seiner Rede auf dem Areopag in Athen versichert Paulus den («heidnischen») Griechen, dass Gott «keinem von uns fern» ist (nach Apg 17,27, wobei er den griechischen Dichter Aratos aus dem 3. Jh. v. Chr. zitiert). Auf diese Weise kann jede Begegnung mit einem Menschen als Geschöpf Gottes zur Begegnung mit Gott, dem Schöpfer, werden.

Der unbedingte und universale Heilswille Gottes kommt nicht erst im zweiten Glaubensartikel zur Sprache, sondern ist schon im ersten angesprochen. Die schöpferische Kraft Gottes steht im Zeichen dieses Heilswillens. Die Beziehungsgeschichte Gottes mit der Menschheit wird in der Bibel als Bundesgeschichte dargestellt. Diese beginnt mit dem «ewigen» Noahbund (Gen 9,1–17), der sich über die ganze Schöpfung erstreckt. Sie setzt sich fort im Bund mit Abraham (Gen 17,1–14), in den auch seine Nachkommen – Isaak und Ismael sowie die Völker, die auf diese Stammväter zurückgeführt werden – eingeschlossen sind. Nach der

---

[306] Rudolf Bultmann: Glauben und Verstehen. Gesammelte Aufsätze, Bd. 2. Tübingen ⁵1968.

[307] Auch im Koran wird diese Universalität betont: In der ersten Sure wird Gott als der Herr der Welten bezeichnet, in der letzten Sure als Herr der Menschheit.

Interpretation der «Abrahamischen Ökumene» (→ 1.10) lässt sich dies auf die Anhängerinnen und Anhänger der «abrahamischen» Religionen – Judentum, Christentum und Islam – beziehen. Der Sinaibund mit Mose gilt dem Volk Israel (Ex 19–24). Im «neuen» Bund wird Gottes Gnade allen Menschen zugesagt, die im Glauben an Jesus Christus mit Gott verbunden sind (Lk 22,20; 1Kor 11,25; Hebr 9,15 u. ö.).

Religionstheologisch bedeutsam ist nun die Frage, wie die späteren Bünde zu den früheren in Beziehung stehen: Ersetzen, überbieten oder bestätigen sie diese? Wenn man sagt, die späteren Bünde heben die früheren auf, ist «aufgehoben» dann im Sinne von *eliminare, elevare* oder *conservare* zu verstehen? Für alle drei Auslegungen finden sich Anknüpfungspunkte im NT.[308] In der Revision der theologischen Beziehungsbestimmung zum Judentum wurde das Substitutions- und das Überbietungs- bzw. Erfüllungsmodell zugunsten der Rede vom ungekündigten Bund Gottes mit dem Volk Israel zurückgestellt. Wendet man den damit vollzogenen Paradigmenwechsel auch auf die dem Sinaibund vorausgehenden früheren Bünde an, dann besteht auch deren Geltung uneingeschränkt fort. Das betrifft auch den schöpfungsumspannenden Noahbund.

(b) Der zweite Artikel des christlichen Glaubensbekenntnisses verweist auf Jesus Christus als den für den christlichen Glauben zentralen Mittler der Gotteserkenntnis und der Gottesbeziehung. Die Selbstmitteilung Gottes in seinem «Wort» – d. h. die Mitteilung seines unbedingten und universalen Heilswillens – hat in ihm eine menschliche Repräsentationsgestalt gefunden. Als die (mit-)menschliche Realpräsenz des Heilswillens Gottes *verkündete* Jesus Christus die unbedingte und universale Heilszusage Gottes nicht nur, sondern *vollzog* sie auch in seinem Wirken – und bezahlte sie mit seinem Leben. Ich verstehe «Repräsentation» dabei nicht als bloße Darstellung oder Stellvertretung, sondern als Vergegenwärtigung: Jesus vergegenwärtigt den gegenwärtigen Gott und «offenbart» ihn damit. Als *Christus praesens* verleiblichte und verleiblicht er diese Präsenz so intensiv, dass er das «Ebenbild des unsichtbaren Gottes» genannt wurde (Kol 1,15; vgl. 2Kor 4,4). In ihm hat Gottes «Wort» Wohnung genommen und sein

---

[308] Anknüpfungspunkt für das Substitutionsmodell war vor allem 1Petr 2,9f. Das Überbietungsmodell konnte sich auf die Rede vom «besseren Bund» in Hebr 7,22 u. ö. stützen. Dass der frühere Bund bestehen bleibt, proklamiert Paulus in Röm 9,4; 11,1f.29.

«Geist» hat ihn durchdrungen. Als Repräsentant der Gottesgegenwart konnte und kann er diese Gegenwart an seine Anhänger aller Zeiten vermitteln. Darin besteht seine Göttlichkeit. Und als Mensch, der ganz und gar aus der Beziehung zu Gott lebte, verkörperte er zudem wahres, d. h. gottoffenes Menschsein im wirklichen Menschsein.[309]

Die in Jesus Christus repräsentierte Unbedingtheit und Universalität des Heilswillens Gottes lässt es nicht zu, die Geltung der damit verbundenen Heilszusage an religiöse Bedingungen zu binden. Dass sie in der Taufe und im Glauben zu- und angeeignet wird, bedeutet nicht, dass sie nur dort zur Geltung käme, wo diese Aneignung stattgefunden hat. Als von Gott ausgehende ist sie nicht abhängig von den Modi ihrer Annahme durch die Menschen. Die im Neuen Testament bezeugte Verkündigung und Praxis Jesu bietet hinreichend Anschauungsmaterial dafür.

Die repräsentationschristologische Interpretation erlaubt die Unterscheidung zwischen dem Repräsentanten – der Person Jesu Christi – und dem, was er repräsentiert: den Heilswillen Gottes. Damit ist die Möglichkeit eröffnet, den Heilswillen Gottes in seiner ganzen Universalität zu erfassen. Er reicht über die Verkündigung der Christusbotschaft und deren glaubende Rezeption hinaus. Dort kommt er in einer für den christlichen Glauben definitiven und für die Beziehung zu Gott vollkommen suffizienten Gestalt zum Ausdruck. Doch bedeutet das nicht, dass er auf diese Gestalt beschränkt wäre. Er ist *konzentriert* in Christus, aber nicht *begrenzt* auf ihn.

Die neutestamentlichen Aussagen, die davon sprechen, dass das Heil erst durch Christus erworben wurde, dass dieses Heil allein durch die Taufe auf seinen Namen und durch den Glauben an ihn zu erlangen ist (etwa Apg 12; Joh 3,5; Joh 14,6), sind zu verstehen als Ausdruck der Heilsgewissheit derer, die diese Bekenntnisse abgelegt haben. Es sind Zeugnisse der Glaubenserfahrung, dass Jesus Christus der wahrhafte Gottesmittler ist, aber keine theologischen Bedingungssätze.

(c) Der dritte Artikel des christlichen Glaubensbekenntnisses bezeugt die universale Gegenwart Gottes in der Kraft seines Geistes. Nach den biblischen Charakterisierungen setzt diese ausstrahlende und einbeziehende Kraft die davon Affizierten in Beziehung zu Gott, schließt sie für seine Präsenz auf und gibt ihnen «Mut zum Sein» (Tillich). Der Geist

---

[309] Die ausführliche Darstellung meines christologischen Ansatzes findet sich in: Bernhardt: Jesus Christus – Repräsentant Gottes (siehe Anm. 6 in der Einleitung).

aktualisiert damit den artikulierten Beziehungswillen, das «Wort» Gottes. Die Kraft des Geistes Gottes wird von Glaubenden erfahren als Quelle von Lebenskraft und Lebensorientierung und gibt ihnen die Hoffnung, dass die Schöpfungsbestimmung letztlich realisiert wird. Sie wirkt kreativ und heilend, bringt Leben hervor, weckt Glauben, Liebe und Hoffnung, stiftet Heilung und Vollendung; sie weckt Erkenntnis und Verstehen, bewirkt Versöhnung, Verständigung und Gemeinschaft, auch über soziale, ethnische und religiöse Grenzen hinweg; sie öffnet neue Bewusstseinshorizonte und überschreitet Grenzen zwischen Sprachen, Kulturen und Religionen. Auf diese Weise führt sie auch in die Begegnung mit Menschen anderer Glaubens- und Existenzausrichtungen. Diese Kraft umspannt und durchdringt die ganze Schöpfung. Nach Augustin ist der ganze Kosmos wie ein großer Schwamm, der im unendlichen Meer Gottes liegt, vom Wasser dieses Meeres durchtränkt.[310] Universalität meint dabei nicht, dass der Geist immer und überall zur Wirkung kommt, sondern dass seine Verwandlungskraft kontingent, in einer nicht vorhersagbaren und nicht eingrenzbaren Weise immer und überall begegnen kann.

Ohne dass sich genau bestimmen ließe, wie sich die Geistgegenwart in den Medien der Religionen manifestiert, ist doch anzunehmen, dass sie dort am Werk ist, wo Liebe (d. h. Überwindung von Selbstzentrierung) aufscheint, wo existenztragende Sinnentwürfe vermittelt werden, die das Leben auf seinen Grund und sein Ziel hin ausrichten, wo menschenfeindliche Konventionen und Strukturen aufbrechen, wo sich neue Lebensmöglichkeiten auftun usw. In alledem vermittelt der Gottgeist Teilhabe am göttlichen Leben. Der «Geist» ist das universale Kraftfeld der Gegenwart Gottes (→ 1.14.5), das wahrgenommen und bezeugt wird in Transformationen von Geisteshaltungen, existenziellen Zuständen, sozialen Verhältnissen, sogar von naturhaften und geschichlichen Ereignissen. Diese können sich in, mit und unter menschlichen Handlungsweisen und den Eigendynamiken der Naturprozesse vollziehen, aber auch über diese hinausgehen.

Mehrfach wurde der Vorschlag gemacht, die Religionstheologie auf der Basis der Pneumatologie zu entfalten, so etwa von Amos Yong,[311] Veli-

---

[310] Confessiones 7,5.

[311] Amos Yong: Beyond the Impasse. Toward a Pneumatological Theology of Religions (2003), Eugene, OR 2014; ders.: The Spirit Poured Out on All Flesh. Pentecostalism and the Possibility of Global Theology, Grand Rapids, MI 2005.

Matti Kärkkäinen,[312] Clark H. Pinnock[313] und Stanley J. Samartha.[314] «The Spirit's economy liberates theology from the categorical constraints of Christology», schreibt Yong.[315] Eine pneumatologisch basierte Theologie der Religionen ermögliche es eher, dem Selbstverständnis der Religionen mehr Aufmerksamkeit zu schenken als eine christologisch begründete. Yong vertritt die Auffassung, dass Gott in seiner universalen Geistgegenwart auch die Religionen in Anspruch nimmt, um das Gottesreich heraufzuführen. Auch dort ließen sich Zeichen seiner Herrschaft entdecken.

Im Anschluss an Joh 3,8 bestimmt Samartha das Wesen des Geistes Gottes als «bondless freedom».[316] Er hebt die kosmische Weite des Geistwirkens hervor, das nicht auf die Kirche und auch nicht auf Religionen generell beschränkt werden dürfe. Dabei akzentuiert er auch die *kritische* Dimension der Geistgegenwart Gottes. Alles, was sich der Gottesherrschaft in den Weg stellt, ziehe diese Kritik auf sich.

Die pneumatologischen Religionstheologien, die vor allem von charismatisch orientierten Theologinnen und Theologen vertreten werden, sollten in einen trinitätstheologischen Ansatz eingebunden werden. Sie stellen ein wichtiges Korrektiv gegenüber einer zu starken Christozentrik dar, können aber auch – wenn sie sich verselbstständigen – zu Einseitigkeiten durch die Überbetonung der Geistdimension führen.[317] Insgesamt erlaubt es die trinitätstheologisch konzipierte Religionstheologie, die Anliegen der

---

[312] Veli-Matti Kärkkäinen: Toward a Pneumatological Theology: Pentecostal and Ecumenical Perspective on Ecclesiology, Soteriology and Theology of Mission, Lanham 2002; ders.: Pentecostal Pneumatology of Religions. The Contribution of Pentecostalism to our Understanding of the Work of God's Spirit in the World, in: ders. (Hg.): The Spirit in the World: Emerging Pentecostal Theologies in Global Contexts, Grand Rapids, MI 2009, 155–180.

[313] Clark Pinnock: Flame of Love: A Theology of the Holy Spirit, Downers Grove, IL 1996. Siehe dazu: Kärkkäinen: Toward a Pneumatological Theology (siehe Anm. 312), Kap. 6.

[314] Stanley J. Samartha: One Christ – Many Religions. Toward a Revised Christology, Maryknoll, NY 1991; ders.: Between Two Cultures. Ecumenical Ministry in a Pluralist World, Bangalore 1997.

[315] Yong: Beyond the Impasse (siehe Anm. 311), 167.

[316] Samartha: Between Two Cultures (siehe Anm. 314), 73–74.

[317] Siehe dazu auch: Benno Van Den Toren: The Relationship between Christ and the Spirit in a Christian Theology of Religions, 2012 (https://doi.org/10.1177/009182961204000304) (02.07.2022).

theozentrischen, der christozentrischen und der pneumatozentrischen Entwürfe balanciert zur Geltung zu bringen.

2.4.3.3 Bilanz

Es geht bei der religionstheologischen Applikation der Trinitätslehre nicht darum, diese als Metatheorie den Religionen überzuordnen, sondern das Selbstverständnis des christlichen Glaubens so zu entfalten, dass die religionsübergreifende Unbedingtheit und Universalität des Heilswillens und -wirkens Gottes zur Sprache kommt. Andere religiöse Traditionen werden ihre eigenen Rahmentheorien ausweisen und den christlichen Glauben von dort aus zu deuten unternehmen. Es wird also keine religionstheologische Vogelperspektive eingenommen, sondern die eigene Innenperspektive auf die Pluralität der Religionen hin ausgelegt.

Der hier skizzierten Interpretation zufolge offenbart und vermittelt sich der Heilswille Gottes in der und durch die Person Jesu Christi: in seinem Leben, seiner Verkündigung, seiner Praxis, seinem Leiden und Sterben sowie in seinem Sein und Bleiben in Gott auch über den Tod hinaus. Er ist aber nicht auf das Christusgeschehen und seine Folgewirkungen begrenzt, sondern ereignet sich immer und überall dort, wo Gottes Schöpfermacht, sein «Wort» und sein «Geist» zur Entfaltung kommen. Die Unterscheidung zwischen Welt- und Heilshandeln Gottes ist damit hinfällig. In einer «Gemeinsamen Erklärung» schreiben Pinchas Lapide und Jürgen Moltmann: «der unendliche Gott des Weltalls [ist] viel zu groß für die Monopolansprüche selbstherrlicher Heils-Chauvinisten.»[318] Mit dieser Überzeugung ist die Bedeutsamkeit Jesu Christi für den Christen in keiner Weise relativiert, sondern das Evangelium, das er gelehrt und gelebt hat, expliziert.

Aus den so verstandenen Zentralinhalten des christlichen Glaubens ergibt sich demnach keine theologische Abwertung anderer Religionen oder deren Überbietung durch den christlichen Glauben, aber auch nicht eine pauschale Anerkennung als «Heilswege». Die Heilsgegenwart Gottes kann nicht mit dem Anspruch auf Ausschließlichkeit an eine bestimmte Vermittlung gebunden sein. Wenn es so wäre, würde das unmittelbar in die Theodizeefrage hineinführen, die sich nicht nur angesichts des (unschuldigen) Leids stellt, sondern auch angesichts einer «soteriologischen Chancenungleichheit». Andererseits ergibt sich daraus aber auch nicht die

---

[318] Lapide, Moltmann: Jüdischer Monotheismus (siehe Anm. 43 in Teil 1), 85.

Vorstellung, die Gottesoffenbarung in Christus müsse durch außerchristliche Offenbarungen ergänzt oder angereichert werden. Christinnen und
Christen finden in ihm den wahren Weg zu Gott und zum Leben in Gott
(in Anlehnung an Joh 14,6). Auf diesem Weg erfahren sie die Unbedingtheit und Universalität des Heilswillens Gottes. Das veranlasst sie zur Hoffnung, dass Gott auch Wege zu den Anhängerinnen und Anhängern anderer Religionen bahnt.

In der Israeltheologie ist das Zugeständnis, dass es theologisch
vollgültige Gestalten der Selbstvergegenwärtigung Gottes neben der
Christusoffenbarung gibt, gemacht worden.[319] Bei aller Notwendigkeit,
die Besonderheit der theologischen Beziehung zum Judentum zu
würdigen, stellt sich doch die Frage, inwiefern und mit welchem Recht
sich das Zugeständnis, dass es uneingeschränkte Gottesgemeinschaft auch
ohne den Glauben an Christus geben kann, auf das Judentum beschränken
lässt. Die Unbedingtheit und Universalität des Heilswillens Gottes legt es
nahe, «Gestalten der Gnade»[320] zu erwarten, die nicht durch Christus
vermittelt sind.[321] Doch handelt es sich dabei um eine theologisch

---

[319] Exemplarisch: «Was wir durch Jesus Christus an Vertrauen zu Gott gewinnen und an Vergebung der Sünden, an Erbarmen und an Rechtfertigung erfahren, kennt und erfährt das Judentum in Vergangenheit und Gegenwart auch
ohne Jesus.» (Klaus Wengst: Jesus zwischen Juden und Christen: Re-Visionen im
Verhältnis der Kirche zu Israel, Stuttgart ²2004, 135).

[320] Paul Tillich: Protestantische Gestaltung (1929), in: Gesammelte Werke,
Bd. 7 (Der Protestantismus als Kritik und Gestaltung), Stuttgart 1962, 57–61.

[321] Man kann diese zeit- und ortsunabhängige Universalität der Gegenwart
Gottes in dem Motto ausgedrückt finden, das Lessing seinem dramatischen
Gedicht «Nathan der Weise» vorangestellt hat: «Introite, nam et heic Dii sunt»
(«Tretet ein, denn auch hier sind Götter»). Nach Johannes von Lüpke ist dies kein
Plädoyer für einen Pantheismus, sondern ein «Bekenntnis des Vorsehungs-
glaubens, der die gesamte Lebenswirklichkeit vom göttlichen Wirken durch-
drungen und bestimmt weiß» (Johannes von Lüpke: Das erste Gebot und die
Frage nach der wahren Religion, in: Sören Asmus, Manfred Schulze [Hg.]: «Wir
haben doch alle denselben Gott». Eintracht, Zwietracht und Vielfalt der
Religionen, Neukirchen-Vluyn 2006, 110, Anm. 4). Siehe dazu auch: Hendrik
Birus: Introite, nam et heic Dii sunt! Einiges über Lessings Mottoverwendung
und das Motto zum «Nathan», in: Euphorion 75, 1981, 379–410. Nach
Aristoteles (De partibus animalium, 1,5 p. 645a17ff. = DK 12 A 9) geht das Zitat
auf Heraklit zurück, der seine Gäste mit diesem Ausspruch in seine Küche
eingeladen hat und ihnen damit zu verstehen geben wollte, dass Gott nicht nur

zuzugestehende Möglichkeit, nicht aber um eine festzustellende Gegebenheit. Letztlich muss diese Frage – wie im Grunde alle theologischen
Fragen – offengehalten werden.

Als Einstiegspunkt in eine trinitätstheologische Religionstheologie bietet sich die Pneumatologie an. Die Religionen werden dabei als potenzielle
Ereignisräume der wirksamen Geistgegenwart Gottes angesehen. Dabei ist
aber immer auch in Rechnung zu stellen, dass sich diese Wirksamkeit auch
anderer Äußerungsformen bedienen kann als den aus der christlichen Tradition bekannten. Entscheidender Urteilsmaßstab ist nicht die äußere Vergleichbarkeit, sondern die Konformität mit der Geisteshaltung, von der
Jesus erfüllt war.

Nicht von einem freischwebenden Geistwirken ohne Anbindung an
das in Christus vergeschichtlichte Gotteswort ist also die Rede (die Gefahr
des Spiritualismus), sondern von der Wirksamkeit *des* Geistes, von dem
Jesus in seinem Leben und Leiden durchdrungen war und der über seinen
Tod hinaus bis in die Gegenwart seine Kraft entfaltet. Mit diesem Gedanken ist auch der Intention des *filioque* Rechnung getragen: Ohne den Geist
an den geschichtlichen Wirkungskreis der Wortverkündigung (d. h. des
Christusglaubens) zu binden, kann von einer qualitativen Identität der
universalen kreativen und innovativen Energie Gottes mit der partikularen
Manifestation dieser Energie in Jesus, dem Christus, gesprochen werden.
Dadurch ist das Christusgeschehen zu der für den Christusglauben maß-
geblichen Instanz für die Bestimmung des Geistwirkens – und auch für
die Unterscheidung der Geister – erhoben.

In die theologische Auseinandersetzung mit anderen Religionen und
auch in die praktische Begegnung mit ihren Anhängerinnen und Anhängern kann man daher in der Erwartungshaltung gehen, auch dort auf
die Präsenz des schöpferischen, heilenden und erleuchtenden Geistes
Gottes zu treffen.

---

im Tempel, sondern auch in alltäglichen Lebensräumen präsent ist.

Personenregister

Die Namen der Autorinnen und Autoren der in den Fußnoten angegebenen Literatur sind nicht in das folgende Register aufgenommen.

Beiträge zu einer Theologie der Religionen

Herausgegeben von Reinhold Bernhardt und

Hansjörg Schmid